I CONGRESSO DO DIREITO
DE LÍNGUA PORTUGUESA

JORGE BACELAR GOUVEIA
Coordenação

I CONGRESSO DO DIREITO DE LÍNGUA PORTUGUESA

Adriano Moreira
Armando Marques Guedes
Assunção Cristas
Carlos Feijó
Fernando Horta Tavares
Jaime Valle
Jorge Duarte Pinheiro
Marcelo Campos Galuppo
Mário Ramos Pereira Silva
Paulo Cardinal
Raul C. Araújo
Rui Chancerelle de Machete
Rui Pinto

I CONGRESSO DO DIREITO DE LÍNGUA PORTUGUESA

COORDENAÇÃO
JORGE BACELAR GOUVEIA
(JorgeBacelarGouveia@fd.unl.pt)

EDITOR
EDIÇÕES ALMEDINA. SA
Av. Fernão Magalhães, n.º 584, 5.º Andar
3000-174 Coimbra
Tel.: 239 851 904
Fax: 239 851 901
www.almedina.net
editora@almedina.net

PRÉ-IMPRESSÃO | IMPRESSÃO | ACABAMENTO
G.C. GRÁFICA DE COIMBRA, LDA.
Palheira – Assafarge
3001-453 Coimbra
producao@graficadecoimbra.pt

Junho, 2010

DEPÓSITO LEGAL
312987/10

Os dados e as opiniões inseridos na presente publicação são da exclusiva responsabilidade do(s) seu(s) autor(es).

Toda a reprodução desta obra, por fotocópia ou outro qualquer processo, sem prévia autorização escrita do Editor, é ilícita e passível de procedimento judicial contra o infractor.

Biblioteca Nacional de Portugal – Catalogação na Publicação

CONGRESSO DE DIREITO DE LÍNGUA PORTUGUESA, I, Lisboa, 2010

I Congresso de Direito de Língua Portuguesa
coord. Jorge Bacelar Gouveia
ISBN 978-972-40-4264-0

I – INSTITUTO DE DIREITO PÚBLICO
II – GOUVEIA, Jorge Bacelar, 1966-

CDU   34
      061

Nota Prévia

É com indisfarçável orgulho que se assinala a oportunidade desta publicação, contendo a quase totalidade das comunicações apresentadas no âmbito do *I Congresso do Direito de Língua Portuguesa*.

Este foi um evento científico, realizado em Maio de 2009, que reuniu em Lisboa um leque considerável de excelentes especialistas oriundos de todos os Estados de Língua Portuguesa, tendo-se proficuamente discutido, numa lógica comparatística, alguns dos mais candentes temas, na dupla perspectiva do *law in books* e do *law in action*.

Gostaria, por isso, de não apenas felicitar os palestrantes que brindaram o Instituto de Direito Público, o Instituto do Direito de Língua Portuguesa e a Comunidade Jurídica em geral com a qualidade das suas intervenções como também de agradecer à Livraria Almedina mais este inestimável serviço à divulgação de estudos que vão contribuindo para a afirmação da singularidade do Direito de Língua Portuguesa.

O Presidente do Instituto de Direito Público

Prof. Doutor Jorge Bacelar Gouveia

Lisboa, 19 de Fevereiro de 2010.

I Congresso do Direito de Língua Portuguesa

PROGRAMA

**Lisboa, Auditório da Reitoria
da Universidade Nova de Lisboa**

06 e 07 de Maio de 2009

1.º dia – 06 de Maio de 2009

09.30 – **Cerimónia de Abertura**
- Prof. Doutor Jorge Bacelar Gouveia, Coordenador do I CONDILP – I Congresso do Direito de Língua Portuguesa
- Prof.ª Doutora Teresa Pizarro Beleza, Directora e Professora da Faculdade de Direito da Universidade Nova de Lisboa
- Prof. Doutor António Bensabat Rendas, Magnífico Reitor da Universidade Nova de Lisboa
- Sua Excelência, o Ministro da Administração Interna do XVII Governo Constitucional, Prof. Mestre Rui Pereira

10.00 – **Sessão de Abertura**
- Moderador: Prof. Doutor Jorge Bacelar Gouveia, Professor da Faculdade de Direito da Universidade Nova de Lisboa e da Universidade Autónoma de Lisboa (Portugal)
- Prof. Doutor Adriano Moreira, Professor Catedrático Jubilado e Presidente do Conselho Geral da Universidade Técnica de Lisboa, Presidente do Instituto de Altos Estudos da Academia de Ciências de Lisboa (Portugal): "O Direito de Língua Portuguesa no Mundo Global"
- Prof. Doutor Marcelo Campos Galuppo, Coordenador dos Cursos de Pós-Graduação e Professor da Faculdade de Direito da Pontifícia Universidade Católica de Minas Gerais (Brasil): "Direito, Literatura e Lusofonia"

11.15/11.30 – **Intervalo para café**

11.30 – 1.º Painel: "A propriedade pública da terra e a actividade económica privada: entre a lei e a prática"
- Moderador: Prof. Doutor Carlos Ferreira de Almeida, Professor Catedrático Jubilado da Faculdade de Direito da Universidade Nova de Lisboa (Portugal)
- Prof.ª Doutora Assunção Cristas, Professora da Faculdade de Direito da Universidade Nova de Lisboa (Portugal)
- Prof. Doutor Rui Pinto, Professor da Faculdade de Direito da Universidade de Lisboa (Portugal e Moçambique)
- Prof. Mestre Carlos Feijó, Professor da Faculdade de Direito da Universidade Agostinho Neto (Angola)

13.00/13.30 – Debate

13.30/15.00 – Interrupção para almoço

15.00 – 2.º Painel: "O Semipresidencialismo na África Lusófona: experiências, (in)viabilidades, tendências"
- Moderador: Prof. Doutor Luís Salgado de Matos, Investigador do Instituto de Ciências Sociais da Universidade de Lisboa e Professor Catedrático Convidado da Universidade Autónoma de Lisboa (Portugal)
- Prof. Doutor Armando Marques Guedes, Professor da Faculdade de Direito da Universidade Nova de Lisboa (Portugal)
- Prof. Doutor Wladimir Brito, Professor da Escola de Direito da Universidade do Minho (Portugal e Guiné-Bissau)

16.00/16.15 – Intervalo para café
- Prof. Doutor Raul Araújo, Presidente do Conselho Científico e Professor da Faculdade de Direito da Universidade Agostinho Neto (Angola)
- Prof. Mestre Mário Silva, Deputado à Assembleia Nacional de Cabo Verde, Professor do Instituto Superior de Ciências Jurídicas e Sociais (Cabo Verde)

17.15/17.45 – Debate

18.00/19.00 – Lançamento da nova *Revista de Direito Público*, na Livraria Almedina (Atrium Saldanha – Praça Duque de Saldanha), com a presença dos Professores Doutores Diogo Freitas do Amaral e Jorge Miranda

2.º dia: 07 de Maio de 2009

10.00 – 3.º Painel: "Estado de Direito e fiscalização da constitucionalidade dos actos do poder público: qual o ponto de situação?"
– Moderadora: Prof.ª Doutora Cristina Montalvão Sarmento, Professora da Faculdade de Ciências Sociais e Humanas da Universidade Nova de Lisboa (Portugal)
– Prof. Mestre João André Nguenha, Juiz-Conselheiro do Conselho Constitucional de Moçambique e Professor do Instituto Superior de Ciências e Tecnologia de Moçambique – ISCTEM (Moçambique)
– Dr. Silvestre Leite, Juiz-Conselheiro Presidente do Supremo Tribunal de Justiça de São Tomé e Príncipe (São Tomé e Príncipe)

11.00/11.15 – Intervalo para café
– Prof. Doutor Fernando Horta Tavares, Professor da Faculdade de Direito da Pontifícia Universidade Católica de Minas Gerais (Brasil)
– Dr. Paulo Cardinal, Assessor da Assembleia Legislativa da Região Administrativa Especial de Macau (Macau)

12.00/12.30 – Debate

12.30/14.30 – Interrupção para almoço

14.30 – 4.º Painel: "Casamento civil, união de facto, casamento religioso e casamento tradicional: que modelo familiar nos Estados de Língua Portuguesa?"
– Moderadora: Prof.ª Doutora Cláudia Trabuco, Professora da Faculdade de Direito da Universidade Nova de Lisboa (Portugal)
– Prof. Doutor José Octávio Serra Van-Dunem, Decano e Professor da Faculdade de Direito da Universidade Agostinho Neto (Angola)
– Prof. Doutor Jorge Duarte Pinheiro, Professor da Faculdade de Direito da Universidade de Lisboa (Portugal e Goa)
– Prof. Mestre Jaime Valle, Assistente da Faculdade de Direito da Universidade de Lisboa (Timor-Leste)

16.00/16.30 – Debate

16.30/17.00 – Intervalo para café

17.00 – Conferência Geral de Encerramento
– Prof. Doutor Rui Machete, Presidente do Conselho Executivo da Fundação Luso-Americana para o Desenvolvimento (Portugal): "O presente e o futuro do Direito de Língua Portuguesa"

17.30 – Cerimónia de Encerramento
- Prof. Doutor Diogo Freitas do Amaral, Fundador e Professor Catedrático Aposentado da Faculdade de Direito da Universidade Nova de Lisboa
- Prof. Doutor António Bensabat Rendas, Magnífico Reitor da Universidade Nova de Lisboa
- Sua Excelência, o Secretário-Executivo da Comunidade dos Países de Língua Portuguesa, Eng. Domingos Simões Pereira
- Sua Excelência, o Ministro da Presidência do XVII Governo Constitucional, Mestre Pedro Silva Pereira

Organização: FDUNL – Faculdade de Direito da Universidade Nova de Lisboa (fd.unl.pt); IDP – Instituto de Direito Público (idp.org.pt); CEDIS – Centro de Investigação & Desenvolvimento sobre Direito e Sociedade (fd.unl.pt)

Local: Auditório da Reitoria da Universidade Nova de Lisboa – Campus de Campolide, 1099-032 Lisboa; +351213847400

Coordenação científica: Prof. Doutor Jorge Bacelar Gouveia; Prof.ª Doutora Assunção Cristas

Secretariado: Dr.ª Isabel Falcão (ifalcao@fd.unl.pt)

Entrada: livre, mediante inscrição on-line, a partir de 20 de Abril de 2009 (www.fd.unl.pt)

Apoios: CPLP – Comunidade dos Países de Língua Portuguesa; Fundação Luso-Americana para o Desenvolvimento; Fundação Portugal-África

O Direito Português da Língua

ADRIANO MOREIRA[1]

Talvez a primeira consideração a sublinhar, no que toca à relação da língua com o Estado Português, é o facto de ser considerada como elemento fundamental do nosso património imaterial, um valor que a UNESCO considera essencial nesta época em que a mudança acelerada das estruturas políticas se afasta frequentemente da coincidência entre identidade cultural, designadamente nacional, e Estado independente.

A própria Europa tem exemplos numerosos desta circunstância, em que por vezes tiveram longa vida políticas de soberanias plurais, outras vezes assistimos à desagregação dessas entidades multiculturais. No passado, não muito longínquo, o Império Austro-Húngaro foi um caso de pluralismo de *patrimónios imateriais* a exigirem preservação. Sem independências soberanas à vista, continua a ser o caso de minorias numerosas amparadas no Direito Internacional, e finalmente é o exemplo de Estados ameaçados de desagregação, em função do pluralismo interno, como acontece com o Reino da Bélgica, como aconteceu com a separação da República Checa e da Eslováquia, como é ameaça interna da Espanha, como se passou com a independência abusiva do Kosovo.

A consciência portuguesa do valor primacial da língua, como pilar estruturante da identidade, foi secularmente assumida, e ainda ilumina a versão possível do sonhado V Império, desde o Padre António Vieira ao último dos seus visionários que foi Agostinho da Silva.

Almeida Garrett, o primeiro analista da posição de *Portugal na Balança da Europa*, um tema recorrente que abordou na época da

---

[1] Presidente do Instituto de Altos Estudos da Academia das Ciências de Lisboa, Presidente do Conselho Geral da Universidade Técnica de Lisboa.

Independência do Brasil, e admitindo doridamente a impossibilidade de impedir a alternativa da "União com a Espanha", foi tendo presente esta convicção: "grande semelhança há entre o português e castelhano; nem podia ser menos quando suas capitais origens são as mesmas e comuns... Este ar de família enganou os estrangeiros, que, sem mais aprofundar, decidiram logo, que o português não era língua própria... Esse achaque de decidir afoitamente de tudo, é velho, sobretudo entre franceses, que são o povo do mundo entre o qual (por filáucia decerto) menos conhecimento há das alheias coisas".

O sentido desse património imaterial, que é a língua e o talento de a usar, encontra-o Lopes Rodrigues quando afirma do Padre Manuel Bernardes que "quanto à *linguagem portuguesa*", não sofre contestação o lugar de autêntica glória que ao Padre Manuel Bernardes muito justamente lhe é atribuído... por direito incontestado, é-lhe garantido assento nos cadeirais duma *"Academia de Linces"* das Letras Pátrias .... Saber-se-ia assim... quem são... aqueles que, na sucessão dos tempos e no apreço universal, são os morgados ou fazem parte da "cadeia responsável" dos criadores e transmissores fiéis deste património de língua portuguesa".

Destes merecedores de pertencerem a uma *Academia de Linces*, o homem que mais nos parece de destacar, em relação à dimensão actual da língua como alicerce do património imaterial português, é o Padre António Vieira.

Ao apresentar a edição completa dos seus *Sermões*, em 1959, o Reverendo Padre Gonçalo Alves refere-se-lhe nestes termos: "Possuir a acção perfeita, o estilo próprio e a serenidade evidente; transfundir o orador a sua própria alma na palavra que fala e operar a comunicação imediata dela com tudo quanto nele há de belo, impressionando e decisivo, para o auditório que o escuta; dar, enfim, à tribuna religiosa a glória do absoluto domínio, produzindo o orador a vibração uníssona do seu coração com o coração de todos, eis aqui o especialíssimo condão do génio".

Ao longo dos tempos, o legado de Vieira foi enaltecido por algumas das mais brilhantes inteligências portuguesas, mas, para o propósito de hoje, julgo de destacar os livros que serviram de base à intervenção da Inquisição, e que foram: *As esperanças de Portugal – Quinto Império do Mundo, a História do Futuro*, e *Clavis Prophetarum*. Em vez de reconhecer fundamento às acusações que o descreviam como pecador de *"adivinhações, nigromâncias, explicações proféticas das Escrituras"* (Padre Gonçalo Alves), firmou-se no sebastianismo que seria um legado recebido por alguns dos inspiradores da actual CPLP – Comunidade dos Países de Língua Portuguesa, um legado que Adriano Freixo interpretou como – *A língua portuguesa como utopia*, ao intervir nas comemorações do Centenário de Agostinho da Silva (2007).

É neste ponto que a língua exige ser avaliada numa dupla vertente – a de *elemento fundamental do património imaterial português*, e a de *dinamizadora da utopia do V Império*.

Quanto ao primeiro aspecto, é de sublinhar que se trata da parcela portuguesa de um problema europeu, da Europa em evolução institucional, composta de Estados-Nações, cada um deles correspondendo a um *espaço público* com história, procurando uma *identidade* que se articula com a identidade das dezenas de *patrimónios imateriais* em que se apoia o projecto da unidade política europeia[2].

Quanto ao primeiro ponto, toda a meditação que acompanha a evolução da relação entre a *identidade* e o *poder político*, sugere que a primeira pode sobreviver à inexistência do segundo, este o "repugnante assunto" sobre o qual Garrett não queria alongar-se, mas que é a condição de minorias europeias importantes.

Todavia, o *repugnante assunto* foi revestido de outra luz quando os herdeiros do sebastianismo de Vieira, fiados na viabilidade do V Império, e finalmente, na versão de Agostinho da Silva, acalentados pela visão de Joaquim Fiore, vaticinaram que Portugal sofreria a perda final do seu último Império colonial político, para se reassumir como dinamizador de um *património imaterial partilhado* por novos Estados, por comunidades descendentes de portugueses, e ainda por comunidades filiadas na cultura portuguesa, todas ligadas pela língua portuguesa, transportadora ela de valores em comum partilhados.

Antes de 1974, o I Congresso das Comunidades de Cultura Portuguesa realizado em Lisboa em 1964, e o II Congresso realizado em Moçambique em 1966, foram inspirados por tal perspectiva, e deles disse o congressista Moniz de Aragão que estava a ser dado o primeiro passo para a implantação da Pátria Maior. De facto, foi em plena guerra do ultramar que esses Congressos decorreram, com a participação de Agostinho da Silva, pelo que foi com fundamento que se afirmou: "A CPLP é uma visão de carácter mais ou menos

---

[2] Dominique Wolton, *La Nation*, in *L'Esprit de L'Europe* (Dir. de Antoine Compagnon e Jacques Seebacher), vol. 2, *Mots et Choses*, Flammarion, Paris, 1993.

utópico, a partir da década de 50, trazida por intelectuais da craveira de Agostinho da Silva, Gilberto Freyre, Joaquim Barradas de Carvalho, Adriano Moreira, Darcy Ribeiro, entre outros. Era o sonho que antes de designava por Comunidade Luso-Afro-Brasileira"[3].

Foi José Aparecido de Oliveira, então Embaixador do Brasil em Lisboa, sendo ali Presidente Itamar Franco, quem dinamizou a criação da CPLP em 1996, numa cimeira que reuniu em Lisboa os Chefes de Estado e de Governo de Portugal, Brasil, Angola, Moçambique, Guiné-Bissau, Cabo Verde e São Tomé e Príncipe, a que Timor viria a aderir. Aparecido de Oliveira nunca deixou de citar os citados Congressos das Comunidades Portuguesas como a primeira pedra em que assentou a sua histórica intervenção, de que as mudanças políticas brasileiras o afastaram injustamente[4].

Posto isto, a meditação sobre os preceitos constitucionais que se referem à língua talvez não possam deixar de ser lidos em função desta descida da utopia à realidade política internacional que é a CPLP.

A revisão constitucional de 2001 acrescentou este n.º 3 ao artigo 11.º da CRP – "A língua oficial é o português". A língua portuguesa já era considerada em vários preceitos constitucionais como pressuposto da identidade nacional e como suporte das tarefas do Estado. Era o caso dos artigos 7.º/4, 15.º/3 e 78.º/2/d, referentes aos laços especiais ou privilegiados com os Estados e povos de língua portuguesa; do artigo 9.º/f, relativo à tarefa de promoção do ensino, valorização permanente, e ao uso e a difusão internacional da língua portuguesa; do artigo 74.º/2/i, respeitante à incumbência do Estado de assegurar aos filhos de emigrantes o ensino da língua portuguesa e o acesso à cultura portuguesa. Depois temos as questões decorrentes de o português ser a língua oficial da República, que se prendem com as publicações e cerimónias oficiais, e as traduções no contexto da supranacionalidade. Tem interesse anotar que, para Gomes

---

[3] José Alberto Braga (coord.), *José Aparecido: o homem que cravou uma lança na lua*, Lisboa, Trinova Editora, 1999, pag. 37. Adriano Freixo, *A língua portuguesa como utopia: Agostinho da Silva e o Ideal da Comunidade Lusófona*, in Convergência Lusíada, Real Gabinete Português de Leitura, Rio de Janeiro, 2007.

[4] A criação do Instituto Internacional de Língua Portuguesa, por iniciativa do Presidente Sarney, e agora sediado em Cabo-Verde, visou responder ao facto de que apenas Portugal e Brasil possuíam Academias responsáveis pela língua, e que era necessária uma instância onde todos os Estados estivessem em igualdade de intervenção.

Canotilho, há um direito à língua portuguesa que é análogo aos direitos, liberdades e garantias constitucionais.

O tema ganhou actualidade com a assinatura do Acordo Ortográfico de 1990 (para vigorar a partir de Janeiro de 2009), dando origem a vigorosa controvérsia, a qual imediatamente revelou ser a questão do *património imaterial* e a sua relação com a *identidade* que suscita as divergências inconciliáveis.

Não faz parte desta comunicação a história das normas oficiais materializadas em acordos ortográficos, mas deve aprofundar-se a questão de saber se a língua, e designadamente a ortografia, devem ser objecto de *Textos Imperativos* assumidos pelos Estados, ou mais prudentemente aprovados em *Declarações* com directivas inspiradas pela convicção de que a língua é viva e não deixará de sofrer evoluções diferenciadas conforme a sua circunstância, usada esta palavra no sentido de Ortega.

Uma *língua* que emigra da sua matiz para ser usada numa comunidade submetida à colonização, esta orientada para fazer aceitar, na condição de cera mole dos povos submetidos, os padrões culturais do colonizador, vai eventualmente implicar uma aceitação deformada das palavras pelos nativos, e a resignação do colonizador a adoptar a deformação para ser compreendido; uma sociedade agrícola, e ao mesmo tempo de trabalho compelido, vai sofrer um ritmo de vogais abertas e gritadas, que se perdem numa sociedade livre em que a industrialização e a tecnologia aceleram o ritmo; uma sociedade ocupada pelo invasor, ou dominada por um regime totalitário, sussurra a língua que perde a claridade da liberdade: na Europa da convergência dos Estados, com diferentes patrimónios imateriais já foi dito que *a língua europeia se chama tradução*.

Com isto inclino-me para concluir que o Direito que regula a língua, na formulação constitucional, tem de entender-se neste sentido: *a língua não é nossa, também é nossa*, e toda a regulação interna e internacional está orientada por um conceito estratégico português que tem de ter em conta a projecção internacional variável dos outros Estados que a falam, o interesse diferenciado das comunidades que não são Estados e a consideram sua, a dos Estados de outras falas, que a pretendem usar para os seus objectivos económicos e políticos: a variável da relação dos diferentes interesses estaduais com a língua portuguesa exige consideração flexível de Portugal.

Repetiria agora comentários recentes. Temos necessariamente que meditar sobre "a língua e o conceito estratégico português", como fazem todos os países que participaram com essa realidade da língua na definição do tecido globalista, mas é inteiramente possível e indispensável conciliar necessidade com lucidez.

Todos os Estados que participaram no Império Euromundista procuram definir uma fronteira cultural envolvente dos antigos territórios e comunidades, agora a partir de uma perspectiva de contratualização. Neste processo, a avaliação das componentes do poder efectivo nacional condiciona as formas de intervenção que podem agregar-se à intervenção cultural, podendo esta ser apenas auxiliar das restantes, designadamente da intervenção económica nas suas variadas formas.

Nessa avaliação de componentes do poder nacional, em função dos objectivos definidos pelos programas de governo, vem reflectida a hierarquia efectiva das potências, e talvez não exija minuciosa demonstração concluir pela importância excepcional da língua no caso português, num quadro em que a competição pelas hegemonias, nas antigas áreas do regime colonial, tem todas as grandes potências como actores. Temos sinais de que, no âmbito da CPLP, e não obstante os reduzidos recursos financeiros existentes, a avaliação destes factos ganha consistência.

As solidariedades horizontais, no caso do português sendo em primeiro lugar a da língua, são um elemento que fortalece, enriquece de tonalidade, o tecido da globalização das dependências, que contribui para uma articulação entre a linha da territorialização dos poderes políticos e a linha da mundialização da sociedade civil organizada em rede: textos de Amílcar Cabral, ou de Eduardo Mondlane, testemunham que esta preocupação lhes foi comum nas distâncias geográficas em que agiam.

Como foi recentemente recordado por Xanana Gusmão, Presidente do mais jovem dos Estados da CPLP, o milagre da língua traz uma iluminação irrecusável ao conjunto, pelo que a intensa cooperação nas áreas da cultura, da ciência e da tecnologia é um corolário evidente. Do Oriente chegam outros importantes incitamentos. Vejamos o caso da China.

A novidade, mesmo no domínio das técnicas das relações internacionais, está em que o governo da China delegou no governo de Macau a responsabilidade pela condução do processo de aproximação com os Estados de língua oficial portuguesa. A delegação traduz-se em que Macau desempenhará a função de plataforma negocial na área das relações económicas que a China pretende fortalecer com aqueles Estados, usando a herança cultural portuguesa.

Neste projecto, são de salientar os motivos que levaram a adoptar um modelo que supomos sem precedente. Para tornar o ponto claro é suficiente conhecer os termos em que o "South China Morning Post" relata o acontecimento. Depois de recordar que a presença de Portugal na Ásia é antiga de quatro séculos, vinda de um tempo em que "o pequeno Estado europeu era uma grande potência marítima", assinala: "A língua e o restante legado cultural ainda ligam Macau a Portugal na Europa, Angola, Cabo-Verde, Guiné-Bissau e Moçambique em África, Timor no Pacífico e Brasil na América do Sul. *Estes laços são parte da rica herança de Macau*".

O Vice-Primeiro Ministro da China Wu Yi não hesitou em declarar que "o fórum dos Estados de língua oficial portuguesa... fará crescer dramaticamente a importância política de Macau nas relações internacionais".

Da União Indiana, e de Goa em particular, chegaram notícias relacionadas com a visita do Presidente da República de Portugal que alertam para a dimensão da presença da língua portuguesa, e interesse internacional dela para o relacionamento da União Indiana com os países da CPLP.

Por muito que o soberanismo clássico resista à reformulação do conceito que adianto, para atender à dureza dos factos, a crise das soberanias, e nelas das capacidades, é evidente, com uma erosão que empurra muitos dos antigos médios e pequenos Estados para a categoria de *Estados exíguos*.

Uma novidade que despertou por exemplo a atenção de Friedman quando, em *The Lexus and the Olive Tree* (2000), vaticinou que o futuro, num mundo global, pertencerá a *inovadores* e *simples utilizadores* ligados às redes da informação e do saber, podendo na relação estarem empresas ou consumidores, superpoderes ou indivíduos dotados de altas capacidades de intervenção.

Na previsão de Friedman, os pequenos países, que são os mais atingidos pela crise do Estado-soberano ainda quando são sólidos como Estados-Nação, também cada vez mais sabem que as despesas de soberania exigem reformulação; e que o seu acento tónico se desloca para conseguir uma relação sólida da população, dos responsáveis pela formação científica e técnica, das entidades económicas, e dos quadros estaduais, às redes da informação e do saber. Trata-se de uma situação em que a diplomacia também necessariamente se reformula para encontrar, e reconhecer como interlocutores, não apenas governos, também multinacionais e activistas, centros eventualmente a lutar por objectivos contraditórios, por vezes a vitória na guerra, por vezes o lucro, mas por vezes, e acima de tudo, a dignidade dos homens e dos povos.

Estamos numa circunstância de fortes carências financeiras do Estado, de crise económica, de quebra dos valores da sociedade de confiança. A exigência de uma meditação sobre o núcleo essencial e renovado das despesas de soberania, na sua relação com a sociedade da informação e do saber, com uma identificação dos interlocutores emergentes para além dos Estados, com uma perspectiva de sociedade transnacional em mudança, deriva imperativamente de um conceito responsável de governo. As despesas de soberania não são um conceito que inclui apenas as tradicionais funções, entre as quais avultam a defesa e a segurança. Temos desafios que são identificadamente novos, entre eles o desafio científico e técnico, e com relevância o da língua, que exigem uma perspectiva de soberania. O financiamento não pode ser decidido com critérios de pequenas e médias empresas, tem de ser definido como despesa de soberania: trata-se de uma parcela do interesse permanente da república, que a Constituição disciplina como um dever do Estado para com o património imaterial da Nação, em defesa da língua que não é nossa, também é nossa.

A rede do ensino e da investigação, por iniciativa das Universidades, já articula a comunicação interna da lusofonia amparada pelos escassos meios financeiros ocasionais. Mas talvez esteja ao alcance dos recursos disponíveis organizar na CPLP essa antena sólida de estímulo, cooperação, e solidariedade com base na Associação das Universidades de Língua Portuguesa, que reconheça nessa vertente uma das frentes do interesse nacional permanente, afirmada pela internacionalização que não pode ser apenas europeizante e transatlântica. Reconhecendo que a importância e função da língua portuguesa, em relação a potências terceiras, ganham relevância nas comunidades de destino em que, pela história de vida, se fala português: reconhecendo que o Brasil é, nessa perspectiva, um participante privilegiado. Por isso mesmo reforçando a dinamização do Instituto Internacional da Língua Portuguesa, uma proposta que Sarney aceitou e à qual deu forma, mas que ao qual não tem sido proporcionado um apreciável desempenho. Um desempenho que, da nossa parte, ganhará em não esquecer que a língua não é nossa, também é nossa. Para além de também ser nossa, é uma variável estruturante da unidade brasileira, do processo de consolidação da unidade dos Estados africanos de língua portuguesa, um alicerce da unidade independente de Timor, um instrumento da expansão económica de países como o Japão e a China, e uma ferramenta essencial para a indagação das raízes de numerosas comunidades espalhadas ao redor da terra.

Não basta, por isso, legislar sobre a indomável língua, ou fixar directivas rígidas sobre a língua: é permanente a exigência de apoiar em recursos humanos, financeiros, e institucionais, a relação da língua com os interesses diferenciados de cada uma das comunidades que adoptou, não podendo impedir-se as suas liberdades criativas e diferenciadoras. Porque não é nossa, também é nossa.

Direito e Lusofonia:
o que podemos aprender da Literatura

MARCELO CAMPOS GALUPPO[1]

1. Os direitos humanos

No Romanceiro da Inconfidência, Cecília Meireles tocou em um tema muito caro a juristas e filósofos. Ao longo do *Romance XXIV, ou Da bandeira da Inconfidência*, ela diz "Liberdade – essa palavra que o sonho humano alimenta: que não há ninguém que explique, e ninguém que não entenda!"[2]

Os direitos fundamentais não são assim? De fato, se há algo realmente difícil para Constitucionalistas e Filósofos do Direito é definir o que eles são. A principal dificuldade reside no fato de que toda tentativa de defini-los esbarra, sempre, no problema de que toda definição é uma limitação arbitrária de algo.

Por isso, vou ensaiar uma outra forma de aproximação do tema, mais intuitiva, mas, parece-me, mais frutífera para compreender o que são os direitos fundamentais. Nessa exposição, vou demonstrar como a teoria da narrativa, em sua conexão com Direito, pode nos esclarecer acerca da **visibilidade** e da **abertura** dos direitos fundamentais.

---

[1] Coordenador do Programa de Pós-graduação em Direito da PUC Minas. Presidente do Conselho Nacional de Pesquisa e de Pós-graduação em Direito – CONPEDI. Presidente da Associação Brasileira de Filosofia do Direito e Sociologia do Direito – ABRAFI. Professor da PUC Minas, do Centro Universitário UNA e da Faculdade Estácio de Sá (Belo Horizonte). marcelogaluppo@uol.com.br

[2] MEIRELES, Cecília. *Poesia completa*. Rio de Janeiro: Nova Fronteira, 2001, vol. I, p. 813.

2. Direito e literatura

A relação entre Direito e Literatura pode ser articulada de dois modos: o Direito na Literatura e o Direito como Literatura. O Direito na Literatura pretende analisar e teorizar as concepções de justiça, de Direito e de Estado contidas nas obras literárias. O Direito como Literatura pretende apresentar um modelo interpretativo do Direito empregando para isso os conceitos da teoria da literatura. No Direito na Literatura, o que se faz é tomar obras da literatura universal, como *Antígona*, de Sófocles, *O Mercador de Veneza*, de Shakespeare e *O processo*, de Kafka e verificar como seus autores conceberam a justiça, e que importância tal concepção tem para nossa compreensão teórica do que ela representa. No Direito como Literatura, o que se faz é tomar conceitos da teoria literária, como autor, narrador, descrição, narração e tempo ficcional, e verificar em que medida esses conceitos correspondem aos conceitos jurídicos e como podem auxiliar-nos a compreendermos tais conceitos. Nesta conferência, vamos explorar esse último modo de abordagem: o direito como literatura.

Certamente, a Literatura coloca para o Direito muitos problemas.

O primeiro problema, e o mais importante para nós ao abordarmos a questão dos direitos fundamentais, é o fato de que, diferentemente do Direito, a Literatura sempre se recusou a reduzir a complexidade daquilo que pretende compreender. A razão cartesiana, predominante na reflexão jurídica, sempre tentou compreender a realidade reduzindo a complexidade que lhe é imanente. A criação de sistemas racionais é inerente a essa tendência. Por meio de definições e de classificações, paradoxalmente excludentes e inclusivas, a lógica cartesiana pretende apresentar um sistema que compreenda toda a realidade. Por exemplo: o Direito é público ou privado; as categorias básicas são pessoa ou bem; os direitos ou são pessoais ou são reais; podemos fundamentá-lo no ser ou no dever-ser. Não é necessário muito esforço para saber que sistemas criados dessa forma são falsos, e não conseguem compreender adequadamente os chamados *hard cases*, casos difíceis.

No entanto, o Direito recorre, continuamente, a tais reduções de complexidade. Trata-se de verdadeiras mitologias. Vejamos uma mitologia criada pelo Direito Contemporâneo. Diz o inciso XLV do artigo 5.º da Constituição: "nenhuma pena passará da pessoa do condenado". Ora, somente por um processo de mitologização e de falsa redução de complexidade alguém pode acreditar que a condenação de um réu a trinta anos de reclusão não traz consequências para seus filhos e para toda a comunidade em que vive. Poderia responder-se que o inciso se refere apenas ao plano da normatividade. Mas a distinção entre o plano da normatividade e do plano da faticidade já é, em si mesma, uma mitologia e uma redução sistemática de complexidade. Ao contrário, a Literatura, em todas as suas formas, sabe que isso não é verdade. Lembremo-nos, por exemplo, de *Charles, Anjo 45*, de Jorge Benjor.

Outro exemplo de como o Direito realiza uma redução de complexidade que a Literatura se recusa a fazer é a comparação entre a linearidade do conceito de pessoa no Direito e a complexidade mutante da construção do personagem na Literatura. Como diz Fraçois Ost, o conceito jurídico de pessoa "é o papel estereotipado, dotado de um estatuto (direitos e deveres) convencionado. Na encenação que opera da vida social, o direito endurece o traço, impondo aos indivíduos uma máscara normativa (*persona*, em Roma, é a máscara de teatro que ao mesmo tempo amplifica a voz e facilita a identificação do papel). Essas pessoas (...) são dotadas de um papel exemplar destinado a servir de referência ao comportamento padrão que os cidadãos esperam: o bom pai de família combina com o usuário prudente e avisado, o concorrente leal com o profissional diligente"[3]. Mas será que o papel do homicida condenado a 30 anos de reclusão combina com o papel do bom pai de família? A vida humana real é muito mais complexa do que como o direito a concebe.

Na verdade, a vida humana deveria ser compreendida como uma unidade, como indica Alasdair MacIntyre[4]. No entanto, o Direito operou, de forma esquizofrênica, uma ruptura nessa unidade. Na Literatura, ao contrário, os personagens possuem uma ambigüidade de natureza que lhes é característica, mas que é unificada na própria trama.

Ora, por causa disso, o conceito jurídico de pessoa não consegue captar nem a singularidade de cada indivíduo, nem a universalidade do ser humano. Diferentemente, a Literatura apresenta, por meio da singularidade do personagem, o universal do ser humano.

Por isso, talvez devamos partir de um personagem, e não do conceito jurídico de pessoa, se quisermos compreender todo o conteúdo do conceito de direitos fundamentais.

---

[3] OST, François. *Contar a lei*. São Leopoldo: Unisinos, 2005. p. 16.
[4] MACINTYRE, Alasdair. *Depois da virtude*. Bauru: EDUSC, 2001. p. 343 e ss.

3. Narração e Direito

Várias correntes do movimento *Law and Literature* têm proposto a adoção de uma concepção narrativa de Direito como solução para esse problema, em especial uma corrente intitulada *legal storytelling*[5].

Durante muito tempo, o Direito ocidental assumiu uma estrutura narrativa. Se pensarmos os mitos de fundação do Direito, elaborados no início da modernidade, como, por exemplo, as teorias do contrato social, veremos que o jusracionalismo sempre assumiu a função narrativa como doadora de significado para o direito. A narrativa está, pois, na origem do Direito. No entanto, se retomarmos a história do pensamento jurídico dos últimos 200 anos, ou seja, se considerarmos a evolução do Positivismo Jurídico e a sua elevação a modelo compreensivo dominante do fenômeno jurídico, veremos que a função descritiva tem prevalecido sobre a função narrativa no Direito. Para ficarmos apenas com um texto clássico, Kelsen diz que a função da ciência do Direito é somente descrever o Direito ("die Rechtswissenschaft kann das Recht nur *be*schreiben"[6]).

Que significa dizer que hoje o conhecimento jurídico é essencialmente descritivo? Se retomarmos um célebre texto de Lukács, chamado *Narrar ou descrever*[7], será fácil compreendermos as diferenças que há entre a descrição e a narração. A distinção mais importante consiste em que a descrição é realizada a partir do ponto de vista de um espectador, com uma intenção de imparcialidade, de completude e de precisão científica, quase taxonômica. Isso pressupõe que o observador seja externo à trama[8], ou seja, pressupõe uma cisão entre o sujeito e o objeto. Essa cisão entre sujeito e objeto se manifesta na Literatura como separação entre as funções de autor, de narrador, de personagem e de leitor. Mas essa cisão é, pelo menos no caso do

---

[5] BROOKS, Peter; GEWIRTZ, Paul (orgs.). *Law's Stories*: Narrative and Rhetoric in the Law. New Haven: Yale University, 1996.

[6] KELSEN, Hans. *Reine Rechtslehre*. 2te Auf. Wien: Österreichische Staatsdruckerei, 1992. p. 75.

[7] LUKÁCS, Georg. Narrar ou descrever? Contribuição para uma discussão sobre o naturalismo e o formalismo. *In*: _____. *Ensaios sobre literatura*. Rio de Janeiro: Civilização Brasileira, 1965. p. 43 e ss.

[8] Kelsen diz que a ciência do direito "hat das Recht – gleichsam von außen her – zu erkennen und auf Grund ihrer Erkenntnis zu beschreiben" (tem que conhecer o direito – de um ponto de vista externo – e descrevê-lo com base em seu conhecimento) KELSEN, Hans. *Reine Rechtslehre*, p. 74.

Direito, evidentemente artificial. Tomemos o caso do juiz. Ele deve ser entendido como alguém interno ou externo à trama do Direito? Ele é seu narrador, leitor, personagem ou autor? Contra essa forma de abordar a trama, a narração é realizada a partir da perspectiva do participante, de alguém que se insere no interior da trama. Por isso, as funções de personagem, narrador, autor e leitor são geralmente intercambiantes na narração.

Em que medida a narratologia pode nos ajudar a compreender o Direito, e a resolver os problemas acima apontados? Para tentar responder a essa questão, vou lançar mão de uma obra de Paul Ricoeur, intitulada *Temps et récit* (Tempo e narrativa)[9].

Ricoeur propõe que a inteligibilidade da narração assenta em uma tríplice atividade mimética, que ele chama de pré-figuração, configuração e refiguração.

Inicialmente, existe uma estrutura narrativa inerente à própria vida, à própria existência. É inerente à vida e ao mundo, pelo menos enquanto mundo vivido, uma estrutura temporal que, graças a essa própria temporalidade, torna esse mundo inteligível. A inteligibilidade das coisas depende do fato de que elas são captadas em uma estrutura temporal. Se os eventos não se sucedessem temporalmente, eles não seriam compreensíveis.

Evidentemente, isso não significa que exista uma lógica, um sentido imanente à própria estrutura do mundo e da vida. Ao contrário, acredito que o sentido simbólico é atribuído pela razão discursiva à própria realidade, através da configuração e da refiguração. Mas isso só pode ser feito na dimensão temporal, porque é preciso que o mundo do autor, o mundo do personagem, o mundo do narrador e o mundo do leitor compartilhem alguma dimensão para que possa haver também um sentido a ser compartilhado. É porque a mente do autor, a mente do personagem, a mente do narrador e a mente do leitor compartilham uma estrutura temporal que a vida e o mundo são compreensíveis.

---

[9] Essa obra já foi utilizada como marco teórico por François OST, em *Contar a Lei*, e por Rogério Monteiro Barbosa, em sua dissertação de mestrado, defendida no Programa de Pós-graduação em Direito da PUC Minas em 2008 e por mim orientada (BARBOSA, Rogério Monteiro. *A narração e a descrição*: uma análise do positivismo e do pós-positivismo a partir da literatura. 2007. (Mestrado em Teoria do Direito) – Faculdade Mineira de Direito, Pontifícia Universidade Católica de Minas gerais, Belo Horizonte, 2008).

Mas a pré-figuração não é o único momento da narrativa. A narrativa precisa ser configurada pelo autor. Uma série de mediações são realizadas pelo autor para que a sucessão de eventos da pré-figuração se transforme em uma tessitura, em um texto. Na verdade, os eventos que se sucedem na dimensão pré-narrativa, da pré-figuração, são descontínuos. Eles não são conexos em si mesmos. Não há relação entre eles. É um ato posterior do autor que torna-os uma estrutura contínua, atribuindo uma conexão de sentido entre todos eles. A passagem da pré-narratividade à configuração da narrativa propriamente dita é um ato ordenador da razão, do discurso, da fala, ou seja, do *logos*. É a razão que opera a mediação entre os eventos que se sucedem, encontrando neles um sentido unificador.

Mas a obra literária não se encerra com a configuração narrativa. Intervém, finalmente, um terceiro momento mimético, que Ricoeur chama de refiguração. Como todo texto é feito para ser lido, o seu sentido não se esgota no ato criativo do autor. Esse pressupõe, como uma continuação da cadeia de significado, o ato de sua leitura. Para que a tessitura urdida pelo autor se complete, ou seja, para que ela possa ganhar de fato um significado unificado, é preciso que intervenha o ato da leitura. De certa forma, o leitor é quem termina a obra, ou, melhor dizendo, lhe dá continuidade narrativa, através da fusão de seu horizonte com o horizonte do autor. Por meio do autor, o tempo passado da estrutura pré-narrativa se prolonga no presente. Por meio do leitor, o tempo passado da estrutura pré-narrativa e o tempo presente da narração se prolongam no futuro. Por meio da refiguração, o leitor torna a história narrada pelo autor a *sua* história.

Pré-figuração, configuração narrativa e refiguração pressupõem-se, então, mutuamente, como condição de inteligibilidade do texto. "Assim como a experiência (...) está à espera de narrativa, assim também a narrativa está à espera de (...) de leitores"[10]

Ora, toda essa reflexão sobre a pré-figuração, a configuração e a refiguração, coloca para o direito duas questões, e, assim, chegamos ao tema dos direitos fundamentais. O primeiro problema é o problema da visibilidade. O que faz com que uma sociedade e uma civilização despertem para a existência de um direito fundamental? Isso tem relação com o tema da pré-figuração e da configuração. O segundo

---

[10] OST, François. *Contar a lei*, p. 38.

problema é o problema da abertura: qual é o significado de um direito fundamental? Isso tem relação com o tema da refiguração.

4. Os direitos fundamentais a partir da literatura: um exemplo

Como disse no início, não acredito ser muito frutífera uma análise puramente conceitual do tema dos direitos fundamentais. Ao contrário, minha abordagem exige a singularidade de um exemplo. Por isso, para analisar essas duas questões, vou partir de uma grande obra da literatura brasileira: *A hora da estrela,* de Clarice Lispector. A história é conhecida de todos. Mas recontá-la significa apropriar-me dela, torná-la a minha história. Clarice Lispector conta a história de uma moça, nordestina, mais propriamente alagoana, de 19 anos, doce e obediente, chamada Macabéa. Macabéa é descrita pelo narrador, Rodrigo S. M., como "incompetente. Incompetente para a vida"[11]. Essa moça vivia "num limbo impessoal, sem alcançar o pior nem o melhor. Ela somente vive, inspirando e expirando, inspirando e expirando. Na verdade – para que mais que isso? O seu viver é ralo"[12]. Essa moça muda-se para o Rio de Janeiro, para o Sul Maravilha, e passa a ganhar a vida com o único ofício de que é capaz, já que, não possuindo nenhum atrativo, nem prostituta poderia ser. Seu ofício é o ofício de datilógrafa. Sua vida é vazia. Seu viver não possui sentido. Seu namorado, Olímpico de Jesus, um retirante, como ela, mas um ambicioso, que um dia será deputado, troca-a por sua colega de trabalho, Glória. Um dia, Glória a leva a uma cartomante. A cartomante prevê um grande futuro para Macabéa. Mas o Destino, esse velho embusteiro, prega-lhe uma peça, e troca a sua sina pela de outra pessoa. "Ao dar o passo de descida da calçada para atravessar a rua, o Destino (explosão) sussurrou veloz e guloso: é agora, é já, chegou a minha vez! E enorme como um transatlântico o Mercedes amarelo pegou-a – e neste mesmo instante em algum único lugar do mundo um cavalo como resposta empinou-se em gargalhada de relincho"[13]. Macabéa pode viver então, sua hora de estrela: a hora em que a mocinha morre sob os holofotes da ilusão.

---

[11] LISPECTOR, Clarice. *A hora da estrela.* Rio de Janeiro: Rocco, 2006, p. 26.
[12] LISPECTOR, Clarice. *A hora da estrela*, p. 25.
[13] LISPECTOR, Clarice. *A hora da estrela*, p. 99.

5. Visibilidade

O primeiro aspecto sobre o qual gostaria de chamar atenção no texto de Clarice é que ele nos ensina algo sobre a visibilidade. Como outras milhares de nordestinas, "incompetentes para a vida", de "vida rala", ou seja, marginalizadas pela sociedade, a vida de Macabéa poderia ter passado desapercebida. Mas, como diz o narrador, algo despertou *nele* a atenção sobre Macabéa. Um encontro furtivo, talvez, fez acender no narrador a ânsia por contar a história de alguém que a sociedade considerava ninguém. E ao descobrir a verdade sobre a vida de Macabéa, de todas as nordestinas que vivem no Rio de Janeiro, o narrador encontra a sua própria vida na vida do outro. Vejamos isso no texto. A certa altura, o narrador diz: "Escrevo neste instante com algum prévio pudor por vos estar invadindo com tal narrativa tão exterior e explícita. De onde, no entanto, até sangue arfante de tão vivo de vida poderá, quem sabe, escorrer e logo se coagular em cubos de geléia trêmula. Será essa história um dia o meu coágulo? Que sei eu. Se há veracidade nela – e é claro que a história é verdadeira embora inventada – que cada um a reconheça em si mesmo porque todos nós somos um e quem não tem pobreza de dinheiro tem pobreza de espírito ou saudade por lhe faltar coisa mais preciosa que ouro – existe a quem falte o delicado essencial. Como é que sei tudo o que vai se seguir e que ainda desconheço, já que nunca o vivi? É que numa rua do Rio de Janeiro peguei no ar de relance o sentimento de perdição no rosto de uma moça nordestina. Sem falar que eu me criei no Nordeste. Também sei das coisas por estar vivendo. Quem vive sabe, mesmo sem saber que sabe. Assim é que os senhores sabem mais do que imaginam e estão fingindo de sonsos"[14]. Quando o narrador descobre a história de Macabéa, ele se descobre a si mesmo, um reflexo no rosto do outro, como diria Lévinas, deste outro oprimido e marginalizado pela sociedade. Há uma passagem em que o narrador diz: "Vejo a nordestina se olhando no espelho e – um rufar de tambor – no espelho aparece o meu rosto cansado e barbudo"[15]. Ele revela na última página do texto que, ao descobrir Macabéa, ele descobre a si mesmo: "E agora – agora só me resta acender um cigarro e ir para casa. Meu Deus, só agora me

---

[14] LISPECTOR, Clarice. *A hora da estrela*, p. 10.
[15] LISPECTOR, Clarice. *A hora da estrela*, p. 23.

lembrei que a gente morre. Mas – mas eu também?! Não esquecer que por enquanto é tempo de morangos. Sim."[16]. Também com a autora é assim. Clarice Lispector, uma ucraniana, portanto uma retirante, como Macabéa, que viveu sua infância no nordeste, como Macabéa, que viveu e morreu no Rio de Janeiro, como Macabéa, *é* Macabéa. Todos nós somos Macabéas.

Rodrigo S. M., o narrador, Clarice Lispector, a autora, e eu, leitor, só nos tornamos conscientes da existência de Macabéa quando, por uma eventualidade, ela se torna visível ao narrador. Quantas Macabéas existem ao nosso lado, completamente invisíveis, simplesmente porque nós nunca olhamos para elas? É assim, também, que os direitos fundamentais se afirmam ao longo da história. Há lutas por reconhecimento que se travam na história, uma ordem pré-narrativa, uma pré-figuração, que antecede a fixação histórica dos direitos fundamentais. A Constituição é cheia de exemplos de como os direitos fundamentais são narrativamente configurados a partir de uma pré-figuração historicamente dada.

Tomemos um exemplo: o inciso XLII do artigo 5.º da Constituição Federal, que diz: "a prática do racismo constitui crime inafiançável e imprescritível, sujeito à pena de reclusão, nos termos da lei". Se considerarmos a história constitucional brasileira, perceberemos que a primeira menção que se fez ao repúdio ao racismo ocorreu na constituição de 1967. O parágrafo 1.º de seu artigo 150 prescrevia: "Todos são iguais perante a lei, sem distinção de sexo, raça, trabalho, credo religioso e convicções políticas. O preconceito de raça será punido pela lei.". Antes disso, nas constituições anteriores, sequer havia menção ao racismo, sendo a matéria tratada sob a rubrica geral do princípio da isonomia. Gostaria de chamar atenção para o primeiro aspecto contido na questão: a inclusão do inciso XLII no artigo 5.º é fruto de um processo por reconhecimento realizado por populações que se viram à margem do Direito e da Política ao longo da história brasileira. Ninguém pensaria que a inclusão do termo *racismo* na Constituição de 1967, ou que sua configuração como crime imprescritível e inafiançável e sujeito à pena de reclusão, na Constituição de 1988, indiquem um progressivo acirramento do preconceito de raça no Brasil. Mas não se pense, também, que significam uma progressiva atenuação do preconceito de raça. Trata-se, ao meu ver, apenas de

---

[16] LISPECTOR, Clarice. *A hora da estrela*, p. 108.

uma maior visibilidade sobre a questão do preconceito de raça, que nos leva a reconhecer que, se não podemos ser socialmente uma democracia racial, tampouco o conceito de raça pode gerar juridicamente discriminações, o que representa um inegável avanço na luta pela construção de uma sociedade democrática. Mas notem que há, aqui, dois níveis de visibilidade. O primeiro tem a ver com a pré-figuração: as lutas sociais, a partir de Zumbi dos Palmares, tornaram a necessidade do repúdio ao racismo visível para o povo e para o constituinte. O segundo nível tem a ver com a configuração narrativa: a sua positivação como direito fundamental pelo constituinte tornou-o visível para as questões daí decorrentes, como o caso Siegfried Ellwanger. Em outros termos, a positivação de tais direitos no texto constitucional é fruto da visibilidade que as questões que o originaram conquistaram nas lutas sociais e torna visível a pretensão por ele envolvida em um novo patamar.

Se essa minha hipótese estiver correta, então não assiste razão à tese segundo a qual os direitos fundamentais passaram por um processo de trivialização durante sua positivação nos textos constitucionais contemporâneos. O professor Tércio Sampaio Ferraz Jr. define a trivialização da seguinte forma: "uma coisa se torna trivial quando perdemos a capacidade de diferenciá-la e de avaliá-la, quando ela se torna tão comum que passamos a conviver com ela sem nos apercebermos disso, gerando, portanto, alta indiferença em face das diferenças"[17]. Eu, ao contrário, como Rodrigo S. M., sempre levo um susto, quando me encontro com as várias Macabéas no texto constitucional. A visibilidade é a única forma real de efetivação dos direitos fundamentais. Em *A hora da Estrela*, quando Olímpico de Jesus diz a Macabéa que iria embora porque ela era impossível, ela responde: "Que é que eu faço para conseguir ser possível?"[18]. Essa é a pergunta que todas as macabéas nos fazem. Essa é a pergunta que a positivação dos direitos fundamentais tenta responder. É como se eles, assim como Rodrigo S. M., dissessem: "preciso falar dessa nordestina, senão sufoco. Ela me acusa e o meio de me defender é escrever sobre ela"[19].

---

[17] FERRAZ JR., Tércio Sampaio. *Introdução ao estudo do direito*: Técnica, decisão, dominação. 4.ª ed. São Paulo: Atlas, 2003. p. 171.
[18] LISPECTOR, Clarice. *A hora da estrela*, p. 58.
[19] LISPECTOR, Clarice. *A hora da estrela*, p. 17.

6. Abertura

O segundo aspecto sobre o qual gostaria de chamar atenção no texto de Clarice é para o tema da abertura, manifestada no texto como defesa da *estética da recepção*. Aqui emergem as questões relativas à refiguração do texto narrado pelo leitor, que revitaliza seu significado em uma cadeia de atribuição de sentidos. Clarice Lispector e o narrador, Rodrigo S. M., acreditam que o texto e seu significado não se encerram com o ato do autor. Ao contrário, a configuração narrativa é um ato que pressupõe a refiguração pelo leitor, sem o que ela seria destituída de sentido. Comecemos pelo título. Na primeira página da obra, Clarice inscreve 15 títulos: "A hora da estrela / A culpa é minha / ou / A hora da estrela / ou / Ela que se arranje / ou / O direito ao grito / Clarice Lispector / Quanto ao futuro / ou / Lamento de um blue / ou / Ela não sabe gritar / ou / Uma sensação de perda / ou / Assovio no vento escuro / ou / Eu não posso fazer nada / ou / Registro dos fatos antecedentes / ou / História lacrimogênica de cordel / ou / Saída discreta pela porta dos fundos"[20]. Clarice acredita que todos esses títulos são possíveis para a obra. Cada um deles refere-se a um aspecto essencial da trama, inclusive seu próprio nome, já que Clarice, como já disse, é Macabéa. Além disso, todos eles aparecem como trechos do texto. Ao transcrever todos os possíveis títulos, é como se Clarice oferecesse ao leitor a possibilidade de escolher entre eles. Mas quem escolhe algo no texto não é o autor? Em outros termos, Clarice exige do leitor que ele se transforme em co-autor do texto.

Mais adiante, a autora afirma: "Como começar pelo início, se as coisas acontecem antes de acontecer? Se antes da pré-pré-história já havia os monstros apocalípticos? Se esta história não existe, passará a existir"[21]. De fato, a história não existe, no momento presente em que Clarice a escreve, mas ela passará a existir quando o leitor intervier, lendo, interpretando o texto.

Não é exatamente assim que ocorre com os direitos fundamentais? Não é à-toa que Dworkin, em seu artigo intitulado *Em que medida o Direito se assemelha à Literatura*, afirma que, para compreendermos adequadamente o que é o Direito, devemos pensá-lo

---

[20] LISPECTOR, Clarice. *A hora da estrela*, p. 5.
[21] LISPECTOR, Clarice. *A hora da estrela*, p. 9.

como uma corrente, em que cada novo autor (e leitor) acrescentam um novo elo. Deixe-me explicar isso. Dworkin pede-nos que consideremos o Direito como sendo um romance em cadeia. O romance em cadeia é aquele em que um grupo de autores se reúne para escrever um único romance, competindo a cada um deles escrever um capítulo da história[22]. Cada um deles não deve propriamente interpretar o que o autor do capítulo anterior escreveu, mas encontrar um modo de desenvolver a história consistente com o que já foi escrito. Se não fosse assim, eles não escreveriam um romance, mas, quando muito, um tratado de interpretação. Segundo Dworkin[23], é exatamente assim que funciona o Direito. Compete a cada novo autor anexar um novo elo à corrente do direito. Seu objetivo é continuar uma história iniciada antes dele. Assim, ao juiz não cabe propriamente apenas interpretar o que disse o constituinte, mas continuar a sua obra.

Note que, se essa hipótese estiver correta, então fracassa toda a estratégia do positivismo jurídico de recorrer à descrição como procedimento apto a compreender o direito. A descrição só é possível se também for possível separar, de modo absoluto, autor e personagem, ou seja, autor e objeto. No entanto, quando o juiz se vê como continuador da obra do constituinte, essa separação não é mais possível.

Quando o Supremo Tribunal Federal julgou o caso Siegfried Ellwanger (HC 82.424/RS), novos significados do termo "discriminação racial" foram descobertos, ou seja, refigurados a partir do texto configurado pelo constituinte. Vale à pena transcrevermos alguns trechos da ementa do referido acórdão, que evidenciam como o tribunal refigurou o texto constitucional: "A edição e publicação de obras escritas veiculando idéias anti-semitas, que buscam resgatar e dar credibilidade à concepção racista definida pelo regime nazista, negadoras e subversoras de fatos históricos incontroversos como o holocausto, consubstanciadas na pretensa inferioridade e desqualificação do povo judeu, equivalem à incitação ao discrímen com acentuado conteúdo racista, reforçadas pelas conseqüências históricas dos atos em que se baseiam (...) As liberdades públicas não são incondicionais, (e) por isso devem ser exercidas de maneira harmônica, observados os limites definidos pela própria Constituição Federal (...).

---

[22] Por exemplo, o romance *Brandão entre o Mar e o Amor*, escrito por Jorge Amado, José Lins do Rego, Graciliano Ramos, Aníbal Machado e Raquel de Queirós. (Rio de Janeiro: Record, 2000).

O preceito fundamental de liberdade de expressão não consagra o direito à incitação ao racismo, dado que um direito individual não pode constituir-se em salvaguarda de condutas ilícitas, como sucede com os delitos contra a honra (...) Existe um nexo estreito entre imprescritibilidade, este tempo jurídico que se escoa sem encontrar termo, e a memória, apelo do passado à disposição dos vivos, triunfo da lembrança sobre o esquecimento. No Estado Democrático de Direito, devem ser intransigentemente respeitados os princípios que garantem a prevalência dos direitos humanos. Jamais podem se apagar da memória dos povos que se pretendam justos os atos repulsivos do passado que permitiram e incentivaram o ódio entre iguais por motivos raciais de torpeza inominável. (...) A ausência de prescrição nos crimes de racismo justifica-se como alerta grave para as gerações de hoje e de amanhã, para que se impeça a reinstauração de velhos e ultrapassados conceitos que a consciência jurídica e histórica não mais admitem"[24]. É pouco provável que o Constituinte tivesse em mente um caso como esse ao formular o direito contido no inciso XLII do artigo 5.º da Constituição Federal, mas é evidente que o desenvolvimento realizado pelo Supremo Tribunal Federal, ao resignificar o texto constitucional, torna-o efetivo. A Constituição só pode ser concebida como algo vivo se o seu significado não se esgotar na configuração narrativa empreendida pelo constituinte. Sua vida depende, sempre e cada vez mais, de uma refiguração realizada pelo poder judiciário e, em última instância, por todos nós.

7. Conclusão

Chegamos agora, à conclusão dessa exposição. Diante a dificuldade história de se compreender o que são os direitos fundamentais pela Filosofia do Direito e pelo Direito Constitucional, recorremos à literatura para verificar se ela poderia nos auxiliar a compreender como surgem e se desenvolvem tais direitos, e como eles devem ser interpretados. Com a Literatura, aprendemos que a estrutura narrativa inerente aos direitos fundamentais pressupõe não só sua configuração pelo constituinte, mas também uma pré-figuração no próprio seio

---

[23] DWORKIN, Ronald. *A Matter of Principle*. Harvard: Belknap, 1985. P. 146 e ss.
[24] BRASIL, STF, HC 82.424/RS, in BULOS, Uadi Lammêgo. *Constituição federal anotada*. 7 ed. São Paulo: Saraiva, 2007. p. 261.

da sociedade e uma refiguração desses direitos pelos seus intérpretes. Algo que não foi explicitado, mas que se encontra contido nessa idéia, é que os direitos fundamentais são dinâmicos: lutas sociais e interpretação aplicativa sempre dão origem a novos direitos fundamentais. Verificamos, finalmente, que essa teoria da narrativa implica duas questões importantes: os direitos fundamentais tornam visíveis determinadas parcelas da sociedade e são naturalmente abertos a uma reinterpretação constante.

A Propriedade Pública da Terra e a Actividade Económica Privada: entre a lei e a prática

Assunção Cristas[1]

Introdução

Coube-me com gosto, tomar parte neste painel.

Estando aqui juristas e personalidades conhecidas dos diferentes países de língua portuguesa, que podem dar testemunho do que é a prática da actividade económica privada nos seus países, eu entendo a minha intervenção dirigida sobretudo a uma leitura da lei um pouco numa perspectiva de comparação de modelos.

Esta comparação assenta essencialmente em dois instrumentos legislativos centrais: a Constituição e o Código Civil. A tarefa está facilitada não só porque a Constituição dos diferentes PALOPs tem grandes proximidades com a Constituição portuguesa, mas também porque o Código Civil é, com pequenos desvios, comum a Portugal e aos PALOPS. As alterações introduzidas na generalidade dos PALOPS tiveram a ver, sobretudo, com o domínio do direito da família e das sucessões. O mesmo aconteceu em Portugal com a revisão do Código Civil de 1977, destinada a conformar o Código com a nova ordem constitucional. Outras alterações, nos domínios que mais interessam para o nosso tema, foram meramente pontuais (veja-se, por exemplo, o regime do contrato-promessa). Diria, portanto, que os dois institutos jurídicos centrais mais relevantes para o desenvolvimento da iniciativa privada são a propriedade e o contrato e em relação a eles o quadro

---

[1] Doutora em Direito e Professora Associada da Faculdade de Direito da Universidade Nova de Lisboa.

teórico técnico-jurídico é comum a todos os países de língua portuguesa, em particular aos países africanos.

Isto não quer dizer, contudo, que a forma que os diferentes países encontraram para utilizar estes instrumentos seja a mesma e que por isso os resultados sejam iguais. Quer dizer que todos estão dotados dos mesmos instrumentos técnico-jurídicos e poderão fazer uso deles conforme considerem mais adequado ao seu desenvolvimento económico e social. Essas modelações e limitações aos próprios instrumentos têm, sobretudo, sede nas Constituições. Elas serão, portanto, o meu ponto de partida

A minha intervenção está organizada em 4 partes essenciais: coexistência de diferentes sectores de propriedade e de meios de produção; princípios estruturantes da constituição de direitos sobre a terra; direitos que podem ser constituídos sobre a terra e, por fim, a questão do registo.

1. Coexistência de diferentes sectores de propriedade e de meios de produção

Em todas as Constituições está prevista a coexistência de diversos sectores de meios de produção: o sector público, o sector privado e o sector cooperativo, sendo que algumas Constituições, como a portuguesa, referem-se a "sector cooperativo e social" (art. 82.º CRP) e outras ao sector comunitário (art. 90.º da Constituição cabo--verdiana). O detalhe com que são referidos e qualificados é variável, bem como o local onde se encontram inseridos na Constituição: o art. 82.º da CRP, o art. 90.º da Constituição cabo-verdiana ou o art. 99.º da Constituição moçambicana integram-se nas partes relativas à organização económica; o art.12.º da Constituição angolana ou da Constituição guineense ou o art. 9.º da Constituição são-tomense integram-se logo no início, nos princípios gerais, e referem-se antes à coexistência dos vários sectores de propriedade. Não obstante esta diferente inserção sistemática e de técnica, a ideia subjacente é a mesma: o modelo assumido como modelo estruturante da propriedade ou da organização dos meios de produção é um modelo misto, que conjuga Estado e demais entidades públicas, organizações cooperativas ou comunitárias e entidades privadas.

Tomo como base o art. 82.º da CRP. O sector público é constituído pelos meios de produção cujas propriedade e gestão pertencem ao Estado ou a outras entidades público. O sector privado é constituído pelos meios de produção cuja propriedade ou gestão pertencem a pessoas singulares ou colectivas privadas. Por fim, o sector cooperativo e social compreende os meios de produção possuídos e geridos por cooperativas, os meios de produção comunitários, possuídos e geridos por comunidades locais, os meios de produção objecto de exploração colectiva por trabalhadores e os meios de produção possuídos e geridos por pessoas colectivas, sem carácter lucrativo, que tenham como principal objectivo a solidariedade social, designadamente entidades de natureza mutualista.

O Estado prossegue os seus fins através da conjugação destes diferentes modelos de propriedade dos meios de produção. O modo como os conjuga varia de país para país.

Centrando-me na propriedade privada, é ponto assente o seu reconhecimento. Exceptuando o caso da Constituição da Guiné-Bissau, que se cinge com o mero reconhecimento da propriedade privada sobre bens distintos do Estado [art. 12.º/1/c) e com o reconhecimento geral do direito à herança no art. 14.º], todas as outras Constituições, mais uma vez nem sempre no mesmo local, ou com a mesma dignidade, contêm disposições análogas à do art. 62.º da CRP: "A todos é garantido o direito à propriedade privada e à sua transmissão por vida ou por morte (...)" e a previsão de que só pode haver requisição e expropriação por utilidade pública com base na lei e mediante o pagamento de justa indemnização (art. 82.º da Constituição de Moçambique, art. 46.º da Constituição de São Tomé, art. 12.º da Constituição de Angola, art. 66.º da Constituição de Cabo-Verde).

Onde nascem as diferenças é no objecto possível do direito de propriedade privada. Também aqui a técnica não é totalmente coincidente, mas no essencial todos os Estados determinam objectos insusceptíveis de titularidade privada (veja-se o n.º 2 do art. 202.º que considera fora do comércio, logo insusceptíveis de apropriação individual, as coisas que se integram no domínio público). As Constituições reservam um conjunto de bens para o domínio público do Estado, que podem depois ser ou não ampliados pela lei ordinária e em termos também eles mais ou menos amplos. O caso mais marcante é porventura o angolano: a lei das terras de Angola determina na al. j) do n.º 1 do seu art. 29.º que se integram no domínio público do Estado "outras coisas afectadas, por lei ou por acto administrativo".

O ponto central de distanciamento num modelo que, na letra, é muito parecido, reside na admissibilidade ou não de constituição de direitos de propriedade privada sobre prédios rústicos ou urbanos (utilizando aqui a designação do Código Civil). Normalmente a questão vem colocado, tal como no título deste painel, sob a designação de propriedade da terra.

Enquanto que em Portugal, Cabo-Verde ou São Tomé e Príncipe, a terra *qua tale* não está integrada no domínio público, porque se reconhece originariamente o direito de propriedade dos privados, em Angola, Moçambique ou Guiné Bissau, as Constituições são muito claras em determinar que a propriedade pertence, na sua totalidade, originariamente ao Estado.

Depois, o Estado poderá ou não, dentro de certas condições, alienar essa propriedade.

Assim:

- o n.º 3 do art. 12.º da Constituição angolana dispõe que: "A terra, que constitui propriedade originária do Estado, pode ser transmitida para pessoas singulares ou colectivas, tendo em vista o seu racional e integral aproveitamento, nos termos da lei";
- o art. 109.º da Constituição moçambicana determina que "A terra é propriedade do Estado"(n.º 1) e que "A terra não deve ser vendida, ou por qualquer outra forma alienada, nem hipotecada ou penhorada" (n.º 2);
- o n.º 2 do art. 12.º da determina que o solo é propriedade do Estado e o art. 13.º prevê apenas a possibilidade de o Estado concessionar a exploração da propriedade estatal.

Destas disposições podemos retirar dois modelos essenciais quanto à titularidade originária da terra:

- o que entende que a toda a terra pertence originariamente ao Estado;
- e o que apenas procede à reserva de certas coisas para o domínio público do Estado.

Por seu turno, quanto aos direitos que é possível constituir sobre a terra, seja ou não considerada originariamente do Estado, há também dois modelos:

- o que considera possível a constituição de direito de propriedade sobre a terra;
- o que apenas admite outros modelos de uso e exploração da terra, assentes noutro tipo de direitos reais ou na mera concessão da exploração da terra.

A Constituição moçambicana é muito clara ao dispor que "o uso e aproveitamento da terra é direito de todo o povo moçambicano" (art. 109.º/3). Este direito de uso e aproveitamento da terra é depois disciplinado na lei das terras e pode ser concedido a pessoas singulares e colectivas tendo em conta o seu fim económico e social. Mesmo quando admite o reconhecimento de que os direitos adquiridos por herança ou ocupação devem ser tidos em conta na "titularização" do direito de uso e aproveitamento da terra, essa ocupação como forma de aquisição do direito é sempre reportada a este direito de uso e aproveitamento e não ao direito de propriedade, referindo-se, por isso, a ocupação, à posse relevante para efeitos de usucapião deste direito[2].

Já a Constituição guineense não reconhece a propriedade privada sobre terras, admitindo a possibilidade de concessão, dada a cooperativas e outras pessoas jurídicas singulares ou colectivas, da exploração da propriedade estadual "desde que sirva o interesse geral e aumente as riquezas sociais" (art. 13.º). Contudo, como já foi notado, a evolução pode levar subtilmente a que o reconhecimento dos direitos privados seja na prática e na consciência social bastante mais amplo do que a letra da lei parece admitir.

O caso de Angola, sobre o qual não me alongarei pois é objecto de uma intervenção específica, é diferente destes, uma vez que é admitida a propriedade privada. Contudo, a lei é bastante menos generosa do que a Constituição aparenta ser. Quer isto dizer que o legislador ordinário tem ampla margem para, sem ofender a Constituição, alargar os casos em que admite a constituição de direitos de propriedade sobre a terra. Neste momento, o art. 35.º da lei das terras angolana esclarece que apenas o direito de propriedade sobre os "terrenos urbanos concedíveis integrados no domínio privado" podem ser objecto de transmissão a pessoas singulares, de nacionalidade angolana. Mesmo integrados no domínio privado do Estado, o

---

[2] Neste sentido, R. Pinto, *Direitos Reais de Moçambique*, Almedina, Coimbra, 2006, pp. 289 e 290.

direito de propriedade sobre terrenos rurais não pode ser transmitido a pessoas singulares ou a pessoas colectivas de direito privado (n.º 2).

Não está em causa o reconhecimento da terra e da sua exploração como factor de criação de riqueza e de bem-estar e progresso social. Veja-se o n.º 3 do art. 109.º da Constituição moçambicana que considera o uso da terra "como meio universal de criação de riqueza e do bem-estar social" ou o art. 13.º da Constituição guineense que admite a concessão da exploração da terra desde que "sirva o interesse geral e aumente as riquezas sociais". Está em causa apenas a forma como os diferentes países consideram admissível a utilização dessa terra pelos particulares. Aqui as abordagens são muito matizadas. A mais radical talvez seja a guineense, onde a Constituição apenas admite a concessão de exploração[3]. A moçambicana também é intransigente no que respeita ao direito da propriedade, centrando todo o modo de utilização da terra no "direito de uso e aproveitamento da terra" nos termos definidos na lei das terras. A angolana, relativamente generosa na Constituição, acaba por ser mais restritiva na lei e assenta o uso da terra numa paleta alargada de direitos. De acordo com o art. 34.º da lei das terras, esses direitos são, para além do direito de propriedade, o domínio útil consuetudinário, o domínio útil civil, o direito de superfície e o direito de ocupação precária. Estes últimos direitos recebem a designação legal de "direitos fundiários limitados".

2. Princípios estruturantes da constituição de direitos sobre a terra

Não obstante a similitude de muitos preceitos constitucionais, a prática constitucional portuguesa, comparada com a que resulta da generalidade dos países africanos – e aqui reporto-me mais à realidade moçambicana e angolana, que conheço um pouco melhor – e pese embora as críticas que frequentemente se ouvem relativamente à intervenção/presença excessiva do Estado, assume o respeito pela propriedade privada, inclusivamente da terra, como estruturante da intervenção do Estado.

Depois do período pós-revolucionário, marcado pelas nacionalizações e pelo ambiente político de predomínio do público e do cooperativo sobre o privado, Portugal foi fazendo o caminho inverso,

---

[3] Embora a prática, como referido, possa levar a uma maior abertura.

de privatizações e de promoção e respeito pela iniciativa privada, pelo mercado e pela concorrência. É certo que continua a haver, e bem, o domínio público previsto no art. 84.º da Constituição e uma cascata de legislação que, visando assegurar o interesse público, introduz limitações maiores ou menores aos direitos dos privados, sejam pessoas singulares ou colectivas, mas as restrições introduzidas devem pautar-se pelo princípio da proporcionalidade.

Obviamente que as interpretações são naturalmente múltiplas, mas tenderia a dizer que o princípio mais estruturante no domínio do direito de propriedade e demais direitos sobre as terras assenta no art. 62.º da Constituição: reconhecimento em primeiro lugar, restrição na medida do necessário à salvaguarda do interesse público, de todos, em segundo lugar, indemnização em caso de expropriação em terceiro lugar. É certo que o próprio núcleo de faculdades que o direito de propriedade comporta não é consensual, e que a doutrina, discute, por exemplo, se o *jus aedificandi* lhe é co-natural ou não. Nessa medida, as restrições que planos de ordenamento do território, a escalas mais gerais ou mais circunscritas (planos de urbanização, planos directores municipais, etc.) podem ter interpretações diferentes.

Em todo o caso, e não obstante algumas vozes defenderem linhas como a da função social da propriedade, admite-se consensualmente que a propriedade privada atende, antes de mais, a interesses e a fins privados. É a esta luz que se compreende que o não uso, por si só, não seja causa de extinção do direito de propriedade. Será se a esse não uso do proprietário corresponder o uso de outrem, consolidado na posse, por certo período e com certas características. Nesse caso, a aquisição originária da propriedade por usucapião determinará a extinção correspectiva de propriedade do anterior titular.

Diria, portanto, que o princípio estruturante é o de reconhecimento da propriedade privada da terra e da restrição desse direito na estrita medida da necessidade de salvaguarda do interesse público e da prossecução das atribuições do Estado (aqui entendido no sentido amplo, que engloba as autarquias).

Já em países como Angola ou Moçambique o princípio estruturante parece ser o oposto. Isto porque não obstante o reconhecimento constitucional da propriedade privada em termos análogos ao do nosso art. 62.º, há também a assunção de que a terra pertence ao Estado no caso de Angola, refere-se mesmo "originariamente" – art. 12.º/3 da Constituição e depois o art. 5.º da lei das terras – no caso de Moçambique veja-se o art. 109.º/1 e 2 da Constituição e o art. 3.º da lei das terras). Assim, embora em sede geral também se afirme constitucionalmente, por exemplo, o princípio de justa indemnização em caso de expropriação, a verdade é que no que toca à propriedade das terras a lógica é precisamente a inversa. A terra pertence ao Estado a quem compete, caso entenda que tal traz benefícios para a comunidade, assegurar a melhor forma da sua gestão, que pode ou não passar pela constituição de direitos de propriedade sobre a mesma. Em Angola admite-se em casos bastante circunscritos, em Moçambique não é admissível. Neste domínio há claramente o predomínio do público sobre o privado. É o Estado que decide como e quando os particulares podem usar a terra.

Esta construção estrutural é bem visível nos regimes legais relativos à propriedade e ao uso da terra que extravasam do Código Civil.

O regime das terras angolano, por exemplo, está carregado de referências ao fim económico e social, à prevalência do interesse público sobre o interesse privado, ao desígnio de reconstrução nacional (cfr. art. 7.º sobre o aproveitamento útil e efectivo, e depois também os artigos 44.º e 45.º, este último reportando-se à "capacidade adequada" para garantir o aproveitamento útil e efectivo e também o artigo 64.º/b), c) e d) relativo às causas de extinção dos direitos fundiários; o art. 17.º sobre prioridade do interesse público e do desenvolvimento económico e social do País; o art. 18.º, relativo ao exercício dos direitos fundiários em conformidade com o fim económico e social que justificou a sua atribuição, e a remissão expressa para o instituto do abuso do direito). Note-se ainda o reconhecimento dado às terras comunitárias.

O regime das terras moçambicano exclui a possibilidade de propriedade privada, admitindo apenas o direito de uso e aproveitamento da terra. Toda a terra constitui o Fundo Estatal das Terras (art. 4.º da lei das terras) e é possível constituir, nos termos dos arts. 10.º e seguintes, o direito de uso e aproveitamento da terra. Para além desta limitação estrutural ao nível do próprio direito que pode ter por objecto a terra, o artigo 17.º determina que o direito de uso e aproveitamento da terra para fins de actividades económicas está sujeito a um prazo máximo de 50 anos, renovável por igual período a pedido do interessado. E acrescenta que findo este período de renovação tem de ser apresentado novo pedido.

O pedido de direito de uso e aproveitamento da terra, quando esta se destinar ao exercício de actividades económicas, e sem prejuízo do cumprimento de todas as exigências legais relativas ao licenciamento das actividades em causa, deve ainda ser acompanhado de um plano de exploração (art. 19.º da lei das terras). Esta questão é tão relevante quanto o não cumprimento do plano de exploração ou do projecto de investimento no caso de pessoas estrangeiras (art. 11.º) sem motivo justificado no calendário estabelecido na aprovação do pedido determina a extinção do direito. Neste regime é visível de forma muito clara que, quando se trata de actividade económica, a terra é passível de exploração por particular desde que cumpra um plano previamente validado, não é possível deter terra sem que nenhuma actividade se desenvolva.

3. Propriedade pública e meios de organizar o uso da terra: direito de superfície, direito de uso e aproveitamento

Estando excluída ou muito limitada a possibilidade de propriedade da terra, o modo como os diferentes países alicerçam o uso da terra é diverso.

No caso moçambicano, viu-se como o regime é totalmente dominado pelo direito de uso e aproveitamento da terra e é modelada por este regime que se admite a constituição de garantias. O n.º 5 do art. 16.º determina que o titular do direito de uso e aproveitamento da terra pode constituir hipoteca sobre os bens imóveis e as benfeitorias que, devidamente autorizado, edificou no terreno ou sobre os quais legalmente tenha adquirido o direito de propriedade.

No caso angolano, há uma panóplia de direitos que podem ser constituídos. A lei assume o princípio da taxatividade (art. 8.º), no que respeita aos direitos constituídos sobre o domínio privado do Estado, o que exclui a aplicação directa do CC na parte dos direitos reais ditos menores. Contudo, nalguns casos ele vem a ser aplicado por remissão da própria lei das terras. Assim, de acordo com o art. 34.º os direitos que podem ser constituídos sobre a terra são:

– o direito de propriedade;
– o domínio útil consuetudinário;
– o domínio útil civil;
– o direito de superfície;
– o direito de ocupação precária.

O primeiro corresponde ao que conhecemos como "direito de propriedade", os restantes correspondem aos designados nesta lei por "direitos fundiários limitados".

Não me vou alongar sobre a explicação dos requisitos para a constituição destes direitos, nomeadamente do direito de propriedade privada, porquanto o meu colega Carlos Feijó dedicará a sua intervenção também a estes pontos. Mas queria deixar algumas notas sobre o assunto.

No que respeita à propriedade privada, o modelo legislativo parece assumir um período transitório. É certo que muitos terrenos – desde logo os rurais – são excluídos da titularidade privada, no entanto aqueles que podem ser objecto de propriedade privada se numa primeira fase conhecem grandes restrições (cfr. art. 35.º da lei das terras), depois são regidos pela regra da livre transmissibilidade (art. 36.º/3, que é certo, contudo, que precisa de ser conjugada com outras leis, nomeadamente as relativas ao investimento estrangeiro).

Na primeira fase, correspondente à entrada da terra no regime de propriedade privada, o direito de propriedade adquire-se por contrato, arrematação em hasta pública ou remição do foro enfitêutico (art. 36.º). Na segunda fase, quando já está abrangido pelo regime da propriedade privada, o regime passa a ser, essencialmente, o do Código Civil, transmitindo-se a propriedade por qualquer das formas aí previstas.

O domínio útil consuetudinário (art. 37.º) corresponde ao direito das famílias que integram as comunidades rurais e o seu reconhecimento é feito por título emitido pela autoridade administrativa competente. Rege-se pelo costume e, supletivamente, pelo regime da enfiteuse do Código Civil.

O domínio útil civil (art. 38.º) corresponde à enfiteuse, prevista no Código Civil nos artigos 1491.º e seguintes e para a qual a lei das terras remete expressamente. O aspecto porventura mais relevante – e que me levantou dúvidas – tem a ver com a possibilidade de remição do foro (art. 38.º/7) e por essa via a aquisição da propriedade pelo enfiteuta [note-se que a remição do foro leva à aquisição do domínio directo pelo enfiteuta – art. 46.º/b) o que conduz à extinção do direito por confusão – art. 1513.º do CC]. Admitindo que nos termos do número 3 do artigo 38.º/3 os terrenos sobre os quais pode recair o domínio útil civil podem ser rurais ou urbanos e considerando que o direito do enfiteuta tem a natureza de um direito potestativo [veja-se o art. 46.º/b)], quer isto dizer que, por esta via, é possível adquirir o direito de propriedade sobre terrenos rurais?

O direito de superfície, previsto no artigo 39.º da lei das terras, que remete para o regime do Código Civil, corresponde ao direito real mais vulgarizado em Angola. Até porque os números 1 e 2 do artigo 83.º, relativo a disposições transitórias, determina a aplicação do regime do direito de superfície não só ao direito de superfície constituído ao abrigo da lei das terras de 1992, mas também aos direitos fundiários constituídos no termos da legislação vigente antes da entrada em vigor dessa lei, preenchidos certos requisitos. Note-se que o direito de superfície é constituído por prazo não superior a sessenta anos [art. 55.º/1/d)], embora renovável por períodos sucessivos se nenhuma das partes a tal se tiver oposto (art. 55.º/2).

Por fim, o direito de ocupação precária corresponde, nos termos do artigo 40.º, a um contrato de arrendamento por tempo determinado, que, nos termos do artigo 55.º será de um ano renovável. É de realçar o número 3 deste artigo, que admite a constituição, por contrato de arrendamento, do direito de uso e ocupação precária de bens fundiários integrados no domínio público, contanto que a natureza destes a permita.

4. O problema do registo

A propriedade e outros direitos reais que se possam constituir sobre coisas são sem dúvida um elemento central em todo o processo de desenvolvimento económico de um país. Atrevia-me até a dizer que, a par com um bom sistema de administração da justiça, o registo predial a funcionar correctamente é porventura a questão mais relevante para o desenvolvimento económico de um país. Sem um sistema de registo organizado e fiável não é possível constituir e transmitir direitos com segurança nem constituir direitos reais de garantia – nomeadamente hipotecas – sobre coisas.

Tudo o que está na lei sobre estes direitos pode ficar letra morta se não existir um registo predial eficaz. Para além do funcionamento do registo é muito relevante reflectir sobre o modelo de registo pretendido. A generalidade dos PALOP rege-se pelos princípios do registo predial português pré independência. Quer dizer que legalmente acolhe um modelo de registo não obrigatório, embora com efeitos relevantes relativamente à eficácia perante terceiros. Penso que vale a pena pensar na adopção de um modelo de registo obrigatório, que contribuirá para um acrescento muito considerável na segurança jurídica e uma previsível diminuição da litigância.

Conclusão

Há dois instrumentos centrais no Direito Privado que confluem no desenvolvimento económico: a propriedade e o contrato. A propriedade pode ser entendida aqui como sinónimo de um conjunto mais alargado de direitos sobre coisas, mas está por provar que esse seja o melhor caminho.

O desafio do presente é pois perceber se economias que têm feito um caminho de abertura à iniciativa privada, sendo hoje cada vez mais economias de mercado, conseguem evoluir positivamente prescindindo de uma maior abertura à admissibilidade da propriedade privada. Se é certo que é possível constituir garantias sobre outros direitos reais – veja-se a possibilidade de hipotecar o direito de superfície – também não é menos certo que o sistema bancário tende a ser muito cauteloso na concessão de crédito, quando não se consegue garantir através da oneração da propriedade. Mais ainda quando tende a somar um sistema judiciário pouco desenvolvido e eficaz e um risco político elevado. Neste contexto, a própria limitação à propriedade privada pode ser um sério entrave ao desenvolvimento. Basta olhar para os países mais desenvolvidos do mundo, que alcançaram um nível mais elevado de bem-estar. Todos eles reconhecem a propriedade privada e consideram, reconhecem ou entendem a iniciativa privada como um instrumento poderoso e desejável do progresso.

Caberá aos diferentes países sentir o pulsar das suas economias, saber ouvir as necessidades do desenvolvimento e fazer escolhas, sem com isso prescindir, muito pelo contrário, de colocar na primeira linha a luta pela melhoria de vida de todas as populações. Porque é para isso que serve o crescimento económico. Para todos poderem viver melhor!

Muito obrigada.

O Direito de Uso e Aproveitamento da Terra de Moçambique: uma introdução[1]

Rui Pinto[2]

§ 1.º Introdução

A nossa presença aqui deve-se a duas condições, uma subjectiva e a outra objectiva.

A condição subjectiva foi o convite honroso que me foi dirigido pelo Senhor Professor Jorge Bacelar Gouveia, que em boa hora organizou este evento.

A condição objectiva foi a publicação dos meus *Direitos Reais de Moçambique* há alguns anos, como o resultado de vários anos de ensino da Cadeira de Direitos Reais, entre 1992 e 1995 na Faculdade de Direito de Lisboa, e de 1997 a 1999, na Faculdade de Direito da Universidade Eduardo Mondlane, aqui como regente.

§ 2.º Enquadramento normativo

1. Evolução legislativa até ao Decreto n.º 12/90, de 4 de Julho

I. É possível historicamente distinguir três períodos distintos na evolução da propriedade sobre a terra em Moçambique: *antes da independência, da independência até ao Decreto n.º 12/90, de 4 de Julho, deste decreto à actualidade*, incluindo a Lei 19/97, de 7 de Outubro (Lei de Terras).

---

[1] Comunicação proferida no I Congresso de Direito de Língua Portuguesa no dia 6 de Maio de 2009, na Faculdade de Direito da Universidade Nova de Lisboa.

[2] Doutor em Direito e Professor Auxiliar da Faculdade de Direito da Universidade de Lisboa.

Antes da independência funcionava aquilo que podemos designar como um *sistema de direitos reais plenamente privado*. A base do sistema era a propriedade privada. Sem prejuízo da existência de propriedade do Estado, o direito de propriedade dos particulares era o direito real por excelência de afectação de bens aos sujeitos da ordem jurídica. À volta dele, onerando-o, gravitavam os direitos menores – usufruto, uso e habitação, superfície, servidões.

Esta importância da propriedade privada, tinha correspondente expressão económica no funcionamento efectivo de garantias reais, bem como de direitos reais de aquisição sobre aqueles direitos reais de gozo de incidência particular ou privada.

O fundamento normativo desse sistema era o Código Civil que entrara em vigor em Portugal continental e na Madeira e Açores, em 1 de Junho de 1967 (art. 2.º, n.º 1 do Decreto n.º 47 344, de 25 de Novembro de 1966) e cuja aplicação o art. 1.º da Portaria n.º 22 869, de 4 de Setembro de 1967 estendera às, então ditas, *províncias ultramarinas*, para nelas vigor a partir do dia 1 de Janeiro de 1968, *ex vi* art. 2.º, n.º 1 da dita portaria. No Preâmbulo da referida Portaria, ressalvavam-se, nos termos permitidos pelo art. 3.º, n.º 2 CC, os *"usos e costumes legalmente reconhecidos, e só na medida em que a lei admite a sua observância"*. E ainda também se salvaguardaria *"a diversa legislação privativa de natureza civil das províncias ultramarinas quando traduza interesses superiores, situações enraizadas nas tradições locais ou condicionalismos próprios que convém respeitar"*. Segundo o art. 3.º, n.º 2, do mesmo diploma essa legislação seria a *"emanada pelos órgãos legislativos metropolitanos ou provinciais"* que, no caso, vigorasse em Moçambique[3].

A dinâmica deste sistema tinha expressão registal no rol de vicissitudes a que se refere o art. 2.º e o art. 3.º do Código de Registo Predial em vigor desde 1 de Junho de 1967 (Decreto-Lei n.º 47 611, de 28 de Março de 1967, tornado extensivo a Moçambique pela Portaria n.º 23 088, de 30 de Dezembro de 1967), e inerentes inscrições registais

---

[3] Por conseguinte, alguns regimes do Código Civil relevantes para os direitos reais não vigoraram em Moçambique: o *regime do arrendamento*, quer rural – arts. 1064.º a 1082.º – quer urbano – arts. 1083.º a 1119.º – em virtude da preexistência de legislação em Moçambique (Regulamento do Inquilinato); o *regime da parceria pecuária* – arts. 1121.º a 1128.º – sujeito, em Moçambique, às disposições que regulavam o arrendamento rural (art. 10.º da Portaria).

II. **Após a independência e até ao Decreto n.º 12/90, de 4 de Julho,** o cenário de direito material mudou radicalmente.

Ocorreram importantes movimentos político-sociais de confisco e nacionalização. O seu objectivo foi a substituição do quadro económico-social dominante por outro em que os interesses e anseios de todas as parcelas do povo moçambicano fossem verdadeiramente tidos em conta. A sua expressão legal veio a ser o Decreto-Lei n.º 5/76, de 5 de Fevereiro.

Assim, foram objecto de confisco[4] – *reversão* na terminologia legal –, já que "sem direito a qualquer indemnização" (art. 7.º, n.º 1, desse diploma).

a. o *direito de propriedade "sobre bens imóveis* pertencentes a estrangeiros que não tenham o seu domicílio na República Popular de Moçambique" (art. 3.º, n.º 1), bem como de "pessoas colectivas ou sociedades estrangeiras" (art. 4.º, n.º 1) e de "moçambicanos residentes no estrangeiro e que não se encontrem ao serviço do país, ou que não estejam devidamente autorizados pelas autoridades competentes" (art. 5.º, n.º 1);

b. os *restantes direitos reais "imobiliários* constituídos a favor dos estrangeiros não domiciliados em Moçambique" (art. 3.º, n.º 2);

c. os "prédios de rendimento ou parte deles" (art. 6.º, n.º 1), *i. e.*, "todos os edifícios que, sendo destinados a habitação ou outros fins, designadamente comércio, indústria ou agricultura, não sejam ocupados pelos proprietários ou usufrutuários" (art. 6.º, n.º 2)[5].

Em especial, a propriedade sobre a terra passava para a titularidade do Estado moçambicano *ex vi* art. 8.º da Constituição pós--independência. As condições do uso e aproveitamento da terra foram depois concretizadas na Lei n.º 6/79, de 3 de Julho [primeira *Lei de*

---

[4] Actualmente, o confisco é, em nossa opinião absolutamente inconstitucional por violação do art. 82.º, 1 CRM, salvo o confisco de coisas móveis usadas em práticas criminosas – o chamado confisco-sanção.

[5] Quanto a estes imóveis podia ter direito a indemnização o proprietário que provasse que o capital próprio investido no imóvel tinha já sido amortizado pelo rendimento obtido (art. 7.º, n.º 2). A amortização de capital era vista como compensação pelo investimento, o que, tecnicamente, não era uma indemnização.

Terras, alterada pela Lei n.º 1/86, de 16 de Abril e completada pelo respectivo *Regulamento* (Decreto do Conselho de Ministros n.º 16/87, de 15 de Julho, revogado pelo Decreto n.º 66/98, de 8 de Dezembro)] e pelo *Diploma do Ministério da Agricultura* n.º 118/87, de 21 de Outubro (valor do aproveitamento da terra).

Quanto aos edifícios, guardava-se porém, a propriedade de pessoas colectivas legalmente autorizadas que necessitassem dos imóveis em atenção e na medida do seu objecto social (arts. 4.º, n.º 3, e 6.º, n.º 3, do Decreto n.º 5/76.º, de 5 de Fevereiro), bem como a propriedade de pessoas singulares sobre prédios de habitação, desde que se não ultrapassasse um fogo (art. 14.º do Decreto n.º 5/76.º, de 5 de Fevereiro)[6]. Admitia-se ainda a propriedade de uma casa ou apartamento de praia ou campo (art. 13.º, n.º 1 do dito Decreto). Em qualquer caso, os imóveis não podiam ser por nenhum forma alienados ou onerados sem autorização prévia do Estado, beneficiário, aliás, de preferência real (art. 12.º, n.º 1 ainda do mesmo Decreto).

Já sobre as infra-estruturas, construções e benfeitorias feitas sobre os talhões dados em uso e aproveitamento, bem como sobre imóveis, tratando-se de prédios urbanos, o particular tinha um direito de propriedade, como parecia decorrer do art. 33.º, n.ºs 1 e 3 da mesma Lei n.º 6/79, de 3 de Julho.

2. Depois do Decreto n.º 12/90, de 4 de Julho: a Lei n.º 19/97 de 7 de Outubro e a Constituição de 2004

I. A partir do *início da década de noventa*, este quadro começou a alterar-se no sentido de uma revalorização e revitalização dos direitos reais privados. Correlativamente, *o registo predial foi recuperando – pelo menos no papel – boa parte da sua importância inicial*. Este processo está longe de ter chegado ao fim.

O movimento começou com o Decreto n.º 12/90, de 4 de Julho. Este, no seu art. 1.º, veio impor o registo de toda a propriedade imobiliária do Estado resultante de nacionalização ou reversão. Essa propriedade foi registada em nome do Estado, pelo Ministério das Finanças (art. 5.º do mesmo Decreto). E, precisamente, tudo o que fosse omisso relativamente ao registo seria regulado pela legislação

---

[6] Cada família tinha, aliás, direito a ser proprietária da sua própria habitação (art. 1.º do Decreto n.º 5/76, de 5 de Fevereiro), num quadro de não exploração económica.

em vigor (art. 8.º daquele Decreto), ou seja, pelo Código do Registo Predial. Desta forma, procurava-se regularizar a situações do parque imobiliário do Estado, preparando-o para subsequentes alterações.

Tal veio efectivamente a suceder: a Lei n.º 5/91, de 9 de Janeiro veio conceder aos inquilinos do Estado o direito de adquirir a título oneroso imóveis de habitação do Estado, aquisição sujeita a registo. Este processo de venda de casas do Estado aos locatários veio renovar o papel da propriedade horizontal, a qual estava desde as nacionalizações reduzida a situações praticamente teóricas dada a raridade dos casos de propriedade particular. O *Regulamento do Regime Jurídico do Condomínio* (Decreto n.º 53/99, de 8 de Setembro) veio dar corpo legal a esta valorização.

Quanto ao solo surgiu, uma vez terminada a guerra civil a *Lei de Terras* (Lei 19/97, de 7 de Outubro) e respectivo *Regulamento de Terras* para o solo não urbano (Decreto n.º 66/98, de 8 de Dezembro, com as alterações aos arts. 20.º e 39.º, introduzidas pelo Decreto n.º 01/2003 de 18 de Fevereiro). Mais recentemente foi introduzido o *Regulamento do Solo Urbano* (Decreto n.º 60/2006, de 26 de Dezembro).

II. Finalmente, em 2004 a nova Constituição da República Popular de Moçambique de 2004 guarda os princípios directores do direito patrimonial privado, e desse modo, também dos direitos reais: as garantias de estado de Direito (art. 3.º), liberdade (Preâmbulo, art. 11.º al. f)), igualdade (arts. 11.º, al. e), 35.º) e de propriedade privada (art. 82.º, n.º 1) e a regra da excepcionalidade das expropriações (art. 82.º, n.º 2) ("A expropriação só pode ter lugar por causa de necessidade, utilidade ou interesse públicos, definidos nos termos da lei e dá lugar a justa indemnização") na previsão de um sector privado dos meios de produção (art. 99.º).

Mas centremo-nos na questão da propriedade. O referido art. 82.º, n.º 1, CRM estatui que "O Estado reconhece e garante o direito de propriedade". Portanto, à partida dir-se-ia que pode, em abstracto, existir apropriação jurídico-privada de coisas em Moçambique. Sim, mas importa distinguir consoante o objecto da afectação.

A *terra* – expressão cujo sentido jurídico melhor precisaremos adiante – não pode ser afectada nos termos do direito de propriedade, i.e., de um direito subjectivo de exclusivo no aproveitamento e na disposição e oneração da coisa. O art. 109.º CRM declara que "A terra é propriedade do Estado" e que está fora do comércio jurídico da transmissibilidade, não devendo ser "vendida, ou por qualquer outra forma alienada, nem hipotecada ou penhorada".

No entanto, admite-se uma afectação privada da terra que seja um "meio universal de criação da riqueza e do bem-estar social" de "todo o povo moçambicano" no dizer do art. 110.º CRM: o *direito de uso e aproveitamento da terra* (DUAT). Cabe ao Estado determinar as condições de uso e aproveitamento da terra (art. 110.º, n.º 2, CRM).

III. Actualmente, é o seguinte o leque de legislação avulsa em matéria de direitos reais, ao lado do Código Civil e do Código de Registo Predial.

    a. Legislação sobre a terra – Estatuto – tipo das Cooperativas Agrárias (Decreto n.º 7/89 , de 18 Maio), *Estatuto-tipo das Uniões de Cooperativas Agrárias (*Decreto n.º 8/89, de 18 Maio)*,* Resolução do Conselho de Ministros n.º 10/95 de 17 de Outubro (*Politica Nacional de Terras*), Resolução do Conselho de Ministros n.º 11/95 de 31 de Outubro (*Politica Agrária*), *Lei de Terras* (Lei 19/97, de 7 de Outubro), *Regulamento de Terras* (Decreto n.º 66/98, de 8 de Dezembro, com as alterações aos arts. 20.º e 39.º introduzidas pelo Decreto n.º 01/2003 de 18 de Fevereiro[7]), *Decreto do Conselho de Ministro n.º 15/2000* (Articulação dos órgãos locais do Estado com as autoridades comunitárias), *Anexo Técnico ao Regulamento da Lei de Terras* (Diploma Ministerial (Ministério da Agricultura e Pescas) n.º 29-A/2000, de 17 de Março*), Regulamento do Solo Urbano* (Decreto n.º 60/2006, de 26 de Dezembro);

    b. Legislação sobre o arrendamento de imóveis do Estado – Decreto-Lei n.º 5/76, de 5 de Fevereiro, *Lei n.º 8/79*, de 3 de Julho (alterada pela Lei n.º 8/87, de 19 de Setembro) e respectivo *Regulamento* (Diploma Ministerial n.º 71/80, de 30 de Julho), o *Decreto n.º 24/87*, de 27 de Outubro, o *Decreto n.º 12/90*, de 4 de Julho, a *Lei 5/91*, de 9 de Janeiro, o *Decreto n.º 25/95*, de 6 de Junho, o *Decreto n.º 26/95*, 6 de Junho e o *Respectivo Regulamento de Cessão da Posição Contratual de Locatário entre Cidadãos Nacionais* (Diploma Ministerial n.º 95/95, de 19 de Julho);

    c. Regulamento do Regime Jurídico do Condomínio (*Decreto n.º 53/99*, de 8 de Setembro);

---

[7] E mais recentemente ensaia-se a alteração do art. 30.º deste regulamento.

d. *Decreto n.º 01/2003, de 18 de Fevereiro* (compatibilização dos procedimentos entre o Cadastro Nacional de Terras e o Registo Predial);
e. Diplomas que impõem *restrições negativas* ao conteúdo da propriedade e aos direitos de gozo em geral, ou fixam *direitos de aquisição* sobre certos bens, nas áreas

   i. ambientais – Resolução do Conselho de Ministros n.º 5/95 de 3 de Agosto (*Política Nacional do Ambiente*) e Lei n.º 20/97, de Outubro (*Lei do Ambiente*), Resolução do Conselho de Ministros n.º 8/97 de 1 de Abril (*Política e Estratégia de Florestas e Fauna Bravia*), Decreto n.º 76/98, de 29 de Dezembro (*Regulamento de Avaliação de Impacto Ambiental*), Lei n.º 10/99, de 07 de Julho (*Lei de Florestas e Fauna Bravia*), com o seu *Regulamento de Lei de Florestas e Fauna Bravia* aprovado pelo Decreto n.º 12/2002 de 6 de Junho[8], com as alterações do Decreto n.o 11/2003, de 25 de Março[9]

   ii. de águas – Lei n.º 16/91, de 3 de Agosto (*Lei de Águas*) e Resolução do Conselho de Ministros n.º 7/95 de 8 Agosto (*Política Nacional de Águas*);

   iii. marítima – Lei n.º 3/90, de 26 de Setembro (*Lei das Pescas*) e Lei n.º 4/96, de 4 de Janeiro (Lei do Mar);

   iv. mineira – Lei n.º 14/2002, de 26 de Junho (*Lei de Minas*)[10], com o seu *Regulamento de Lei de Minas,* aprovado pelo Decreto 28/2003, de 17 de Junho;

   v. energia – Lei n.º 21/97, de 1 de Outubro (*Lei da Energia Eléctrica*) e Lei n.º 3/2001, de 21 de Fevereiro (*Lei dos Petróleos*);

   vi. turismo – Resolução do Conselho de Ministros n.º 2/95, de 30 de Maio (*Política Nacional de Turismo*), e Lei n.º 4/2004 (*Lei do Turismo*);

---

[8] Primariamente vigoraram sobre a caça o Decreto n.º 7/78, de 22 de Abril e a Portaria n.º 117/78, de 16 de Maio.

[9] Foram entretanto alterados os valores das taxas de exploração dos recursos florestais previstos nas tabelas I e II do Regulamento, pelos Diplomas Ministeriais n.ºs 96/2003, de 28 de Julho e 57/2003, de 28 de Maio, respectivamente.

[10] Revogando a anterior Lei n.º 2/86, de 16 de Abril e com ela o respectivo Regulamento (Decreto n.º 13/87, de 24 de Fevereiro).

vii. Decreto-Lei 38382, de 7 de Agosto de 1951 (*Regulamento Geral das Edificações Urbanas*), sucessivamente alterado, em especial, pelo Decreto n.º 2/2004, de 31 de Março sobre a licenciamento de obras.

§ 3.º Aspectos gerais

1. Noção e objecto

I. O art. 1.º, n.º 1, LT define o **direito de uso aproveitamento da terra como o** "direito que as pessoas singulares ou colectivas e as comunidades locais adquirem sobre a terra, com as exigências e limitações da presente Lei".

Antecipando o núcleo do respectivo regime no quadro geral dos direitos reais e dos direitos subjectivos, podemos nós mesmos defini-lo como *a afectação, eventualmente temporária, em termos reais de uma parcela de solo ao gozo de uma pessoa individualmente considerada dentro dos limites da propriedade que o Estado tem sobre a mesma*[11].

II. O seu objecto imediato é o gozo, pelo uso e aproveitamento, e o objecto mediato é a terra. Trata-se de um conceito que a lei não define, mas *terra* é sinónimo de *solo ou terreno*, seja de prédio rústico, seja de prédio urbano (cf. art. 204.º, n.º 2, CC e arts. 1.º, n.º, 18.º, 13.º, n.º 1, e 16.º, n.º 4, LT)[12].

O art. 9.º LT prevê que não podem ser adquiridos direitos de uso e aproveitamento da terra nas zonas de protecção total e parcial listadas nos arts. 7.º e 8.º LT podendo, no entanto, ser emitidas licenças especiais para o exercício de actividades determinadas.

Consideram-se zonas de protecção total as áreas destinadas a actividade de conservação ou preservação da natureza e de defesa e segurança do Estado e de zonas de protecção parcial

---

[11] Relembre-se a nossa noção de direitos reais enquanto direitos subjectivos *apud Direitos Reais de Moçambique*, Coimbra, Coimbra, Almedina, 2004: "situação jurídica activa através da qual se faz a afectação de coisas de modo inerente aos interesses de uma pessoa individualmente considerada".

[12] Os prédios podem ser rústicos e urbanos segundo o n.º 2 do art. 204.º O prédio rústico é uma parte delimitada de solo, incluindo as construções neles existentes sem autonomia económica. O prédio urbano é uma construção incorporada no solo, incluindo os terrenos que lhe sirvam de logradouro

a. o leito das águas interiores, do mar territorial e da zona económica exclusiva;
b. a plataforma continental;
c. a faixa da orla marítima e no contorno de ilhas, baías e estuários, medida da linha das máximas preia-mares até 100 metros para o interior do território;
d. a faixa de terreno até 100 metros confinante com as nascentes de água;
e. a faixa de terreno no contorno de barragens e albufeiras até 250 metros;
f. os terrenos ocupados pelas linhas férreas de interesse público e pelas respectivas estações, com uma faixa confinante de 50 metros de cada lado do eixo da via;
g. os terrenos ocupados pelas auto-estradas e estradas de quatro faixas, instalações e condutores aéreos, superficiais, subterrâneos e submarinos de electricidade, de telecomunicações, petróleo, gás e água, com uma faixa confinante de 50 metros de cada lado, bem como os terrenos ocupados pelas estradas, com uma faixa confinante de 30 metros para as estradas primárias e de 15 metros para as estradas secundárias e terciárias;
h. a faixa de dois quilómetros ao longo da fronteira terrestre;
i. os terrenos ocupados por aeroportos e aeródromos, com uma faixa confinante de 100 metros;
j. a faixa de terreno de 100 metros confinante com instalações militares e outras instalações de defesa e segurança do Estado.

2. **Titularidade**

I. Podem ser sujeitos do direito de uso e aproveitamento da terra as pessoas *nacionais*, colectivas [13]e singulares, homens e mulheres, bem como as comunidades locais (art. 10.º, n.º 1, LT), Estas são agrupamento de famílias e indivíduos, vivendo numa circunscrição territorial de nível de localidade ou inferior, que visa a salvaguarda de interesses comuns através da protecção de áreas habitacionais, áreas agrícolas, sejam cultivadas ou em pousio, florestas, sítios de importância cultural, pastagens, fontes de água e áreas de expansão.

As pessoas singulares ou colectivas nacionais podem obter o direito de uso e aproveitamento da terra, individualmente ou em conjunto com outras pessoas singulares ou colectivas, sob a forma de contitularidade (art. 10.º, n.º 2, LT e art. 12.º RLT) nos termos dos arts. 1403.º ss. CC, como resulta da remissão do n.º 3 do art. 10.º LT. Esta contitularidade pode, por exemplo, constituir-se quando o DUAT é recebido em herança (cf. art. 16.º, n.º 1, LT).

II. Também as pessoas singulares ou colectivas *estrangeiras*, i.e., sociedades ou instituições constituídas nos termos de legislação moçambicana ou estrangeira, cujo capital social seja detido em mais de cinquenta por cento por cidadãos, podem ser titulares de um DUAT, desde que tenham projecto de investimento devidamente aprovado e observem as seguintes condições

- *a.* sendo pessoas singulares, desde que residam há pelo menos cinco anos na República de Moçambique;
- *a.* sendo pessoas colectivas, desde que estejam constituídas ou registadas na República de Moçambique.

3. Duração

O DUAT é eventualmente temporário. Esse carácter depende da finalidade

- *a.* se for para actividade económica está sujeito a um prazo máximo de 50 anos, renovável por igual período a pedido do interessado; após o período de renovação, um novo pedido deve ser apresentado;
- *a.* Se for para habitação própria ou para exploração familiar por pessoa singular nacional não tem prazo.

Em qualquer caso, não está sujeito a prazo o DUAT adquirido por ocupação pelas comunidades locais;

4. Tipicidade fechada

I. Importa determinar com algum cuidado e precisão como se relaciona o direito em estudo com o princípio da tipicidade dos direitos reais, ou da proibição legal como surge enunciada no art. 1306.º enquanto *numerus clausus*.

O objecto da tipicidade geral é, *prima facie*, o *tipo de direito real*, i.e., o *conteúdo*, a que o sujeito pode aspirar constituir na sua esfera jurídica: apenas pode ser um dos tipos de direitos reais previstos na lei, não sendo permitida a constituição privada de direitos reais que a mesma não preveja.

Pela mesma *ratio* decorre da norma a proibição de aplicação por analogia do regime de um dado direito real a situações ou direitos não reais[14] e não puderem os sujeitos partir de direitos legalmente previstos e modificá-los: o direito modificado já não seria o mesmo, mas, seguramente, um direito novo.

Mas este sistema do art. 1306.º CC permite os *tipos abertos*, pois pode apurar-se se, em relação a um dado direito real legalmente previsto, os interessados apenas podem aderir ao quadro legal previsto ou se este é maleável, porque apresenta normas supletivas.

Ora, se em relação a certos direitos reais de gozo, como o usufruto (cf. art. 1445.º CC), as partes podem, em maior ou menor grau, apurar a sua configuração final por via de normas supletivas, já quanto ao DUAT não se vislumbra essa possibilidade. É que parecem não existir normas supletivas na LT e nos seus regulamentos e, em especial, o titular do DUAT não poderá negociar com o Estado o conteúdo do direito: pode determinar a finalidade pela formulação de um plano de exploração, mas não os direitos e deveres. Ou seja: o DUAT não é passível de estipulações contratuais.

Por isso, o tipo do DUAT tem *carácter fechado*, sem prejuízo da intervenção do interessado ao formular o plano de exploração.

II. Por outro lado, ficam de fora do âmbito da tipicidade imposta pelo art. 1306.º CC as categorias de vicissitudes por que o direito real pode passar – constituição, modificação, transmissão, extinção – e, bem assim, os factos jurídicos concretos – *v.g.*, os negócios jurídicos[15] – de que essas vicissitudes derivam.

Por exemplo, o art. 1306.º CCi não impede as partes de pretenderem constituir direitos reais usando de formas contratuais atípicas – essa é uma questão obrigacional. O que pretende é o que o *efeito real* se coadune com o quadro de tipos legais.

---

[13] Qualquer sociedade ou instituição constituída e registada nos termos da legislação moçambicana com sede na República de Moçambique, cujo capital social pertença, pelo menos em cinquenta por cento a cidadãos nacionais, sociedades ou instituições moçambicanas, privadas ou públicas (art. 1.º n.º 8 LT).

[14] CARVALHO FERNANDES, *Lições de direitos reais*, 2004, 80

[15] OLIVEIRA ASCENSÃO, *Direito Civil. Reais*, 2000, 157; PENHA GONÇALVES, *Curso de Direitos Reais.*, 112-113; CARVALHO FERNANDES, *idem*, 80.

Ora, este aspecto não se verifica nos mesmos termos com o DUAT. O legislador criou para este direito uma *tipicidade reforçada* ao fixar de *modo taxativo* os factos jurídicos de **constituição do direito** (cf. art. 12.º LT), **transmissão do direito** (cf. art. 16.º, n.ºˢ 1 e 4, LT) e **extinção do direito** (cf. art. 17.º LT).

Estas normas, ao contrário das normas congéneres do Código Civil, pretendem não ser exemplificativas.

5. Onerosidade eventual

Segundo o art. 28.º n.ºˢ 1 e 2, LT, os titulares do DUAT estão sujeitos ao pagamento de taxas (de autorização provisória, de autorização definitiva e anual), cujo valor é determinado tendo em conta a localização e dimensão dos terrenos e a finalidade do uso e aproveitamento, prevendo-se taxas preferenciais para os cidadãos nacionais. Esses valores e os respectivos pressupostos constam dos arts. 41.º a 44.º e anexo com Tabelas I e 2 ss RLT.

Mas o uso e aproveitamento da terra é gratuito quando se destina (cf. Art. 29.º LT)

a. ao Estado e suas instituições;
b. às associações de utilidade pública reconhecidas pelo Conselho de Ministros;
c. às explorações familiares, às comunidades locais e pessoas singulares que as integram;
d. às cooperativas e associações agro-pecuárias nacionais de pequena escala.

Pode ser pedida isenção temporária nos termos do art. 44.º RLT em casos de falta de condições para explorar o prédio, por razões não imputáveis ao titular.

---

[16] *Direito Civil. Reais* cit., 179.

§ 4.º Conteúdo

1. Conteúdo positivo

a. *O uso e aproveitamento*

I. O direito de uso é um direito real de gozo sobre imóvel que é da propriedade do Estado, sujeito, por isso a limites.

Efectivamente, o DUAT confere ao seu titular poderes que são, no essencial, semelhante aos do direito de superfície: *manter ou fazer plantação ou obra sua em solo do Estado*, consoante seja um prédio rústico ou urbano (cf. o art. 1524.º CC). Ou seja: a terra é usada e aproveitada através da *implantação* ou da *manutenção* de uma plantação ou obra e ao, mesmo tempo, o titular do DUAT *tem o direito de propriedade sobre as coisas que plantar ou construir sobre o solo*. Essas infra-estruturas, construções e benfeitorias podem ser objecto de transmissão autónoma entre os vivos como referiremos adiante.

Por outro, o termo dual *uso e aproveitamento* parece apontar para os dois primeiros termos da propriedade, constantes do art. 1305.º CC, onde se diz que o proprietário goza de modo pleno e exclusivo dos *"direitos de uso, fruição e disposição"* das coisas que lhe pertencem. Segundo OLIVEIRA ASCENSÃO, o uso consiste no *"poder de utilizar facticamente a coisa para a satisfação de necessidades"*, enquanto a fruição consiste *"no poder de retirar da coisa utilidades que dela periodicamente se desprendem"* [16].

Mas, porventura, deve fazer-se uma leitura estrutural daquela designação: ela aponta para o direito de manter o solo *como é recebido* (uso) ou de nele se *incorporar plantação ou construção* (aproveitamento), i.e., uma benfeitoria.

II. Deste modo, o direito de uso e aproveitamento tem como conteúdo positivo *o uso e fruição do solo como é recebido ou após benfeitorias*. O sentido funcional desse uso e fruição serão ditados pela finalidade.

O conteúdo concreto desse uso ou dessa fruição dependerá do modo pelo qual o direito se constituiu: será nos termos da posse nos casos de constituição por ocupação ou por usucapião (cf. art. 12.º, als. a) e b), LT); será nos termos do plano de exploração no caso de concessão administrativa (cf. arts. 12.º, al. c), e 19.º LT).

Essa posse ou esse plano de exploração podem traduzir-se em

a. Uso habitacional (cf. Arts. 1.º, n.º 1, e 17.º, n.º 2, al. b), LT)
b. Uso rústico
   i. Exploração florestal (cf. Art. 1.º, n.º 1 e 4, LT)
   ii. Exploração agrícola (cf. Art. 1.º, n.º 1, LT)
   iii. Exploração pecuária (cf. Arts. 1.º, n.º 1 e 20.º, al. a), LT)
   iv. Exploração mineira e aquífera (cf. Art. 1.º, n.º 1, e 20.º, al. a), LT)
   v. Protecção do meio ambiente (cf. Art. 20.º, al. a), LT)
c. Uso industrial e agro-industrial (cf. Art. 20.º, al. a), LT)
d. Uso comercial, incluindo o turístico (cf. Art. 20.º, al. a), LT)

III. Como sobre o solo incide a propriedade do Estado o DUAT tem a natureza de direito real de gozo *menor* a par da compropriedade (art. 1403.º CC), da propriedade horizontal (art. 1414.º CC), do usufruto (art. 1439.º CC), do uso e habitação (art. 1484.º CC), e da superfície (art. 1524.º CC), pelo qual o titular está em *relação jurídica real* com o Estado.

Note-se, a este propósito, que o art. 1.º, n.º 15, LT quando define o que é a "propriedade da terra" estatui que esta integra, para além de todos os direitos do proprietário, a faculdade de determinar as condições do uso e aproveitamento por pessoas singulares ou colectivas.

b. Servidões prediais de passagem

O titular de um DUAT que incida sobre uma parcela de solo não urbano tem, por força do art. 13.º n.º 1 al. b) RLT um poder potestativo de constituição de servidões de passagem sobre as parcelas vizinhas para acesso à sua parcela ou para acesso a águas de uso público (cf. os lugares paralelos dos arts. 1550.º e 1556.º CC). Trata-se, pois, de servidões legais que, nos termos gerais do art. 1547.º, n.º 2, CC, na falta de constituição voluntária, podem ser constituídas por sentença judicial ou por decisão administrativa, conforme os casos.

O seu regime há-de ser também o regime comum do Código Civil naquilo que seja compatível com a natureza e o regime do DUAT. Assim, e por exemplo, faz sentido o funcionamento do art. 1553.º CC – passagem deve ser concedida através do prédio ou prédios que sofram menor prejuízo, e pelo modo e lugar menos inconvenientes para os prédios onerados – mas já não do art. 1555.º CC – direito de preferência do titular do prédio onerado.

c. Posse

I. De acordo com o art. 1251.º CC, a posse é o *"poder que se manifesta quando alguém actua por forma correspondente ao exercício do direito de propriedade ou de outro direito real"*.

No que aos direitos reais de gozo diz respeito, *a posse é manifestação externa do conteúdo de direitos reais de gozo, i.e., do gozo e fruição*. A posse é, assim, uma situação de facto: o próprio aproveitamento material da coisa.

O direito de uso e aproveitamento, sendo um direito real de gozo, confere, por isso, posse.

II. Ora, a presunção da titularidade do direito, afirmada no art. 1268.º, é o efeito mais importante da posse. A presunção da titularidade do direito significa que *quem tem a posse tem o direito correspondente*.

O direito que se presume, que se aparenta, é, *em regra*, o direito de propriedade. Mas, no caso do solo, como termos do n.º 1 do art. 109.º da Constituição da República de Moçambique, a terra é propriedade do Estado, consequentemente, a posse de um sujeito sobre um talhão não pode apresentar como efeito a presunção da titularidade do direito de propriedade, constatado que na República de Moçambique a terra é propriedade do Estado.

Exemplo: Grácio usa um talhão para habitação em construção de caniço.

Nesses casos a posse faz, sim, presumir a titularidade do direito máximo que um particular pode ter sobre a terra: o direito de uso e aproveitamento

Naturalmente que a presunção da titularidade do DUAT pode ser afastada, pois *é ilidível*.

2. Conteúdo negativo

a. A função social

A função social que está associada à titularidade do direito real traduz-se, por vontade do legislador, em alguns aspectos do regime dos direitos reais.

O *direito de uso e aproveitamento* está imbuído fortemente pela ideia de função social: o direito de uso e aproveitamento é concedido "tendo em conta o seu fim social ou económico" declara o art. 110.º, n.º 2, CRM.

E, em especial, ver-se-á mais adiante como a autorização de uso e aproveitamento de uma parcela de solo está dependente da apresentação de um plano de exploração ou de um projecto de investimento, com um calendário. O seu não cumprimento acarreta a extinção do direito de uso e aproveitamento, nos termos do art. 18.º, n.º 1, al. a), LT.

Além disso, a Lei de Terras, no seu art. 12.º, al. b), favorece aquele que de facto fez uso do solo em detrimento de quem o abandonou ao admitir a aquisição do DUAT a favor das pessoas singulares que, de boa fé, a tenham utilizado, ou seja, efectiva e continuamente explorado, há, pelo menos, dez anos. Trata-se de um prazo *mais curto* que o prazo normal de 15 anos para a usucapião de imóveis de boa fé e sem registo – cf. art. 1294.º, al. a), CC.

Estes aspectos do regime do direito de uso e aproveitamento justificam-se pela utilidade social que está subjacente ao uso da terra em Moçambique.

b. Servidões administrativas

I. Os titulares de direitos reais estão sujeitos a ver a afectação de coisas que os seus direitos possibilitam, limitadas por *poderes administrativos ou judiciais* do Estado. Deste modo, no conteúdo negativo do direito real, incluem-se *estados de sujeição à ocorrência do uso daqueles poderes*.

No grupo dos primeiros, a *servidão administrativa* é a figura mais importante. A servidão administrativa consiste numa *"afectação de direito público a que se podem encontrar sujeitas alguma ou algumas das utilidades proporcionadas por um prédio"*[17], dito prédio serviente. O titular do direito real não pode realizar certo tipo de actos ou sujeita-se à realização de outros pelo Estado, o que conduz a uma diminuição do seu campo de afectação.

Uma vez que através destas servidões prediais procura a Administração realizar fins de utilidade pública, a sua natureza, em conformidade, é pública, não é privada[18].

---

[17] MENEZES CORDEIRO, *Direitos Reais*, 1979 (reimp. 1996), 417; com definição semelhante, CARVALHO FERNANDES, *Lições* cit., 206.
[18] MENEZES CORDEIRO, *idem*, 418.

II. Em face da pequena expressão da propriedade sobre imóveis em Moçambique, o direito onerado pelas servidões administrativas tenderá a ser o DUAT.

É certo que, antes de mais, muitas das necessidades de salvaguarda do interesse público são solucionadas logo à cabeça, pela inclusão, pura e simples, da respectiva extensão de terreno no domínio público, nas chamadas zonas de protecção total e parcial – cf. arts. 6.º, 7.º e 8.º LT.

Como resultado, as *servidões de linhas férreas, de linhas telegráficas, telefónicas e eléctricas, aeronáuticas e militares*, terão pouca expressão concreta porque a Lei de Terras ao reservar faixas de terreno circundantes ou necessárias para o domínio público, diminui a necessidade de criação legal de servidões administrativas, pois não pode incidir direito de uso e aproveitamento sobre solos integrantes das zonas de protecção total e parcial – cf. art. 9.º LT[19].

Ainda assim, parece antever-se uma evolução no sentido do nascimento de um universo importante de servidões administrativas.

III. Em primeiro lugar, e para os solos não urbanos, o art. 17.º do Decreto n.º 66/98, de 8 de Dezembro (Regulamento da Lei de Terras), já prevê, em abstracto, que "por motivo de necessidade de utilização de parte de um terreno objecto do DUAT (...), haja "restrição desse direito". Os motivos poderão ser: "instalação de condutores aéreos, superficiais ou subterrâneos de electricidade, de telecomunicações, petróleo, gás, água ou outros".

Nesses casos, deverá a entidade pública ou privada "indemnizar o titular do direito, em quantia que represente o efectivo prejuízo pela não utilização da parte afectada" (art. 17.º n.º 1 LT)[20], constituindo-se sobre a parte afectada uma *servidão de interesse público* que deve ser registada no Cadastro Nacional de terras.

---

[19] Já no caso das *servidões de margem* elas mantém-se, salvo nos casos em que se trate de margens marítimas, de barragens ou albufeiras, que nos termos fixados nas als. c), e e) do art. 8.º LT pertencem ao domínio público. Entretanto a delimitação das áreas de domínio público feita na Lei de Terras, ao não coincidir com a anterior – cf. arts. 26.º e 27.º da Lei n.º 6/79, de 1 de Julho e os arts. 7.º e 8.º da actual LT – implicará a perda de direitos de particulares – de propriedade ou, sobretudo, de uso e aproveitamento – quando existam. Sendo assim, os respectivos sujeitos terão direito a ser indemnizados.

[20] Cf., ainda, a garantia de indemnização adequada do art. 82.º, n.º 2 CRM, vertido ordinariamente no disposto no Código Civil em matéria de expropriações e requisições – art. 1310.º CC.

Em nossa opinião, o registo da constituição dessa servidão também deve ser feito na conservatória do registo predial competente, pois sendo um facto restritivo do direito de uso e aproveitamento implica a modificação do seu conteúdo, tal como resulta da própria Lei de Terras – o art. 14.º, n.º 1 LT – e do art. 2.º, n.º 1, al. z) CRP.

IV. Em segundo lugar, o Regulamento de Solo Urbano, bem como ainda, os próprios futuros planos municipais de ordenamento do território – plano de estrutura, plano de urbanização, plano de pormenor – incluirão regras que limitarão o uso e construção em certas áreas, para algum daqueles fins públicos ou outros.

c. Relações de vizinhança

I. Será possível aplicar o regime das relações jurídicas reais de vizinhança ao DUAT, *maxime* dos arts. 1344.º ss CC?

Pensamos, que, de um modo geral, normas em questão têm natureza comum e, por isso, condicionam também o uso e aproveitamento da terra, naquilo que não for contrário à sua natureza. Trata-se, nomeadamente, das matérias de:

i. Limites materiais do objecto do DUAT (cf. Art. 1344.º CC);
ii. Emissões e instalações prejudiciais (cf. arts. 1346.º e 1347.º CC);
iii. Passagem forçada momentânea (cf. 1349.º CC);
iv. ruína de construção (cf. art. 1350.º CC);
v. sujeição ao escoamento natural de águas (art. 1351.º, n.º 1, CC);
vi. direito de demarcação (cf. arts 1353.º ss CC);
vii. comunhão forçada (cf. art. 1370.º CC)[21]
viii. presunção de compropriedade (cf. art. 1371.º CC);
ix. propriedade e aproveitamento de águas (cf. arts 1385.º a 1389.º e 1391.º CC);
x. despesas de conservação com águas comuns (cf. art. 1398.º CC).

Há, ainda, regimes da propriedade que apenas funcionarão se as obras que permitem couberem nos poderes do titular do DUAT de usar e aproveitar o solo:

---

[21] As normas dos arts. 1370.º. ss CC são vistas por parte significativa da doutrina como fonte de relações de vizinhança (assim, MENEZES CORDEIRO, *Direitos Reais* cit., 434), mas na verdade, e salvo o devido respeito, elas regulam a propriedade e o uso dos proprietários (ou titulares de DUAT) de prédios confinantes em relação a *uma coisa composta de várias partes*: a parede ou muro de divisão. Essas partes estão afectadas individualmente a proprietários diferentes.

i. Escavações (cf. Art. 1348.º CC);
ii. Obras que estorvem o escoamento de águas (art. 1351.º, n.º 2, CC);
iii. Obras defensivas de águas (cf. Art. 1352.º CC);
iv. direito de tapagem (cf. arts 1356.º ss CC);
v. construções e edificações (cf. arts 1360 .º ss);
vi. plantações de árvores e arbustos (cf. arts 1366.º ss);
vii. abertura de janelas ou frestas (cf. Art. 1372.º);
viii. construção, alçamento, reparação e reconstrução do muro comum (cf. arts 1373.º a 1375.º);
ix. mudança do curso das águas (cf. arts 1392.º, n.º 1, e 1393.º CC);
x. procura de águas subterrâneas (cf. Art. 1394.º, n.º 1, CC)

Finalmente, já não parecem aplicáveis ao DUAT, por suporem a propriedade, os regimes de: qualificação das águas (cf. Arts. 1386.º e 1397.º), títulos de aquisição de água (arts. 1390.º e 1395.º CC), indemnização por mudança do curso das águas (cf. Art. 1392.º, n.º 2, e 1393.º CC), afectação de direitos de terceiro sobre águas (cf. Art. 1394.º, n.º 2, CC e 1396.º) e divisão de águas comuns (cf. Art. 1399.º CC).

d. Relações de sobreposição

I. Finalmente, as relações de sobreposição de direitos reais sobre uma mesma coisa surgem em todas as suas categorias[22] no direito de uso e aproveitamento.

Assim, há relações de comunhão entre os vários contitulares do direito de uso e aproveitamento: vários direitos sobrepostos em afectação *em simultâneo* de uma mesma coisa *qualitativamente iguais*. Relembre-se que pessoas singulares ou colectivas nacionais podem obter o DUAT em conjunto com outras pessoas singulares ou colectivas regendo-se pelo arts. 1403.º ss CC (cf. art. 10.º, n.ºˢ 2 e 3, LT).

II. Mas também nesta sede sucede existirem direitos sobrepostos em afectação *em simultâneo* do solo que *não são qualitativamente iguais*, mas desiguais, distinguindo-se pelo seu conteúdo. Nesse caso, das duas, uma: ou *o exercício de um deles exclui o exercício do outro*; ou *o exercício de um deles não exclui o exercício do outro*.

Na primeira hipótese, estamos perante uma *relação jurídica real de hierarquia*.

---

[22] Seguimos de perto a lição de OLIVEIRA ASCENSÃO, *Direito Civil. Reais* cit., 274-275.

Assim, sobre um mesmo talhão incidirá, ao mesmo tempo, um direito de propriedade e o direito de uso e aproveitamento. A existência daquele direito menor, limitando a propriedade, implica que no âmbito de afectação daquele a propriedade seja excluída no seu exercício. Assim, o Estado não pode usar aquele solo. A propriedade está *onerada* por um direito menor, no sentido de *direito de conteúdo menos vasto*.

Mas o fenómeno da hierarquia e inerente oneração não sucede apenas por relação com a propriedade, pois também o direito de uso e aproveitamento pode ser onerado por direitos de conteúdo menos vasto como as servidões

III. Na segunda hipótese, configura-se uma *relação jurídica real de prevalência*. De entre as duas hipóteses que são apontadas por OLIVEIRA ASCENSÃO[23] em que um direito real de gozo prevalece sobre outro direito real de gozo há uma que *não vigora em* Moçambique – a situação em que um *proprietário consente no estabelecimento de um direito de uso sobre o seu pomar nos termos do art. 1484.º* CC[24] – mas já parece ser possível que de *"relações entre o titular de um direito de gozo e os beneficiários de certas servidões, como a de pastos ou de lenha"*[25]. Estas situações são possíveis no ordenamento moçambicano, pois nada impede, sendo inevitável pela natureza das coisas, a constituição de servidões onerando talhões explorados a título de uso e aproveitamento: ao abrigo do art. 1544.º, o titular do prédio serviente – seja o proprietário (o Estado), seja o titular do direito de uso e aproveitamento – acorda que o titular de prédio onde existem animais pode trazê-los para os pastos do seu prédio para se alimentarem.

Naturalmente que quando os animais não vierem pode o titular do prédio serviente por o seus próprios animais a pastar no seu prédio.

---

[23] Os casos legais mais significativos têm sido individualizados por OLIVEIRA ASCENSÃO, *idem*, 274-276. Na esteira de OLIVEIRA ASCENSÃO, ver MENEZES CORDEIRO, *Direito reais* cit., 449-450.

[24] Efectivamente esta situação não é possível na ordem jurídica moçambicana. Nesta, a terra integra um Fundo Nacional de Terras (art. 4.º LT), cujo proprietário é o Estado, o qual, por regra, apenas pode ceder o gozo desta aos particulares mediante o direito de uso e aproveitamento, e não mediante o direito de uso. Por sua vez, o titular de um direito de uso e aproveitamento não pode ceder o talhão em termos de direito de uso e habitação.

[25] OLIVEIRA ASCENSÃO, *Direito Civil. Reais* cit., 274.

§ 5.º **Constituição**

1. **Concessão administrativa**

I. A Lei de Terras prevê no seu art. 12.º os modos ditos de aquisição da titularidade do direito. Na verdade, são modos de constituição originária de uma situação jurídica que não pré-existia.

Em primeiro lugar, o direito de uso e aproveitamento pode ser concedido *mediante autorização de pedido apresentado por pessoas singulares ou colectiva* na forma estabelecida na Lei de Terras (art. 12.º al. c) LT).

Trata-se de um acto jurídico-administrativo de natureza procedimental.

II. Quanto ao solo não urbano, seguem-se os termos dos arts. 24.º ss RLT.

O procedimento inicia-se pela apresentação de um pedido de DUAT acompanhado de um plano de exploração (cf. Art. 19.º LT). O requerimento dever ser instruído com documento de identificação, esboço da localização do terreno, indicação da natureza e dimensão do empreendimento, plano de exploração (cf. art. 24.º n.º 1 RLT), acompanhado, sendo projecto de investimento privado, de um estudo prévio dos serviços de cadastro, autoridades e comunidades locais (cf. art. 25.º RLT).

O pedido deve ser dirigido ao Governador Provincial, ao Ministro da Agricultura e Pesca ou Presidentes dos Conselhos Municipais e de Povoação e aos Administradores do Distrito, consoante as áreas e tipo de competências respectivas (cf. arts. 22.º e 23.º LT). Depois afixa-se um edital na sede do distrito respectivo e no próprio local, durante 30 dias ((cf. art. 24.º n.º 1 al. f) RLT), ao mesmo tempo que se pedem pareceres do Administrador do Distrito (cf. art. 27.º RLT) e às comunidades locais (cf. art. 27.º n.º 2 RLT).

Uma vez junta guia comprovativa do depósito para pagamento da taxa de autorização provisória, é o processo remetido ao Governador da Província ou entidade competente (cf. art. 28.º RLT).

III. Não havendo motivo para indeferimento, é emitida uma autorização provisória (art. 25.º n.º 1 LT). O requerente terá, no entanto, de obter as demais licenças administrativas legalmente exigíveis (cf. art. 20.º e 21.º LT).

A autorização provisória terá os elementos do art. 29.º RLT: entidade autorizadora, número de autorização, requerente, esboço, área, localização e número da parcela, prazo da autorização, tipo de exploração, taxas, data e local da emissão, assinatura da autoridade emissora.

Emitida a autorização provisória será o requerente notificado para demarcar o talhão, nos termos do art. 30.º RLT, pelos serviços de Cadastro ou por agrimensor ajuramentado.

IV. A autorização provisória tem a duração máxima de cinco anos para as pessoas nacionais e dois anos para as pessoas estrangeiras.

Findo esse período, ou mesmo antes se o interessado o requerer, será feita uma vistoria para verificar se o calendário aprovado de exploração está a ser cumprido ou o empreendimento está a ser construído. Depois, de duas, uma, conforme os arts. 26.º e 27.º LT e 31.º e 32.º RLT

a. Será dada autorização definitiva e emitido o título, constatado o cumprimento do plano
a. Será revogada a autorização provisória e cancelado o processo, constatado o não cumprimento do plano de exploração ou a realização do empreendimento sem motivos justificados

Neste caso o sujeito não tem direito a indemnização pelos investimentos não removíveis entretanto realizados (art. 27.º LT). Se for cumprido o plano de exploração dentro do período de autorização definitiva de uso e aproveitamento da terra, será emitido o respectivo título (art. 26.º LT).

No termo do mesmo prazo o interessado pedir a redução da área inicialmente autorizada ao abrigo do art. 33.º RLT.

2. Ocupação e usucapião consuetudinárias

I. Um segundo modo de aquisição da titularidade do DUAT é a aquisição por *ocupação por pessoas singulares e pelas comunidades locais, segundo as normas e práticas costumeiras que não contrariem a Constituição* ((art. 12.º al. a) LT). E também o art. 111.º CRM reconhece e protege *no momento da titularização do direito de uso e aproveitamento* "os direitos adquiridos por herança ou ocupação, salvo havendo reserva legal ou se a terra tiver sido legalmente concedida à outra pessoa ou entidade".

Preliminarmente, trata-se de uma *aquisição por apossamento feito nos termos de um costume*. Só que a expressão *ocupação* utilizada no art. 12.º al. a) LT pode abranger dois sentidos, dependendo do próprio costume: o sentido próprio de ocupação, como o Código Civil o usa nos arts. 1316.º ss, e o sentido impróprio que o legislador utiliza no mesmo artigo, logo a seguir na al. b) do mesmo art. 12.º LT, para se referir à *posse* e, por aí, à *usucapião*.

II. Efectivamente e antes de mais, relembre-se que o Código Civil prevê nos arts. 1316.º ss a ocupação como modo de aquisição da propriedade. Aquela consiste num *mero apossamento ou domínio físico sobre uma coisa de que decorre, em certas circunstâncias legalmente estabelecidas, um efeito legal de aquisição da propriedade sobre coisas sem dono*. Mas apenas se admite no Código para coisa móveis que nunca tiveram dono ou foram abandonadas, perdidas ou escondidas pelos seus proprietários (cf. Art. 1318.º CC), sendo certo que no período colonial vastas extensões de terra eram consideradas como não tendo dono, porventura ignorando o direito costumeiro local. Por isso era admitida a ocupação, verdadeira e própria, de terras que não tivessem proprietário.

Contudo, por outro lado, também a usucapião exige a posse no art. 1287.º CC e esta pode, por exemplo, constituir-se por apossamento nos termos da al. a) do art. 1263.º: a "prática reiterada, com publicidade, dos actos materiais correspondentes ao exercício do direito".

Ora, na al. a) do art. 12.º LT exige-se um *apossamento da terra*, o qual é em si mesmo o *corpus* comum à ocupação e ao apossamento. A partir desta base, tudo dependerá das normas costumeiras:

a. possibilitarão uma aquisição por **ocupação consuetudinária**, *quando não façam depender a aquisição do decurso do tempo;*
b. possibilitarão uma aquisição por **usucapião consuetudinária**, *quando façam depender a aquisição do decurso de algum prazo, naturalmente diferentes dos prazos da lei civil e do art. 12.º, al. b) LT;*

Em qualquer caso, esta aquisição de direitos por uma comunidade local levanta várias questões, *maxime*, quanto à titularidade do DUAT, sendo, talvez, razoável pensar que haverá aqui algum tipo de comunhão, como a Lei de Terras refere no art. 10.º, n.º 3.

III. A comunidade local terá de invocar o costume num processo administrativo que passará, conforme o art. 35.º RLT, por:

i. Denominação da comunidade
ii. Processo técnico de demarcação
iii. Parecer do administrador de distrito
iv. Despacho do governador de província
v. Guia comprovativa do depósito para pagamento das despesas do processo

Demonstrados os fundamentos ser-lhe-á emitido título.

3. Usucapião legal

I. A *usucapião*, também chamada de *prescrição aquisitiva, é a aquisição do direito de propriedade ou de outro direito real de gozo por efeito da posse nos termos desse direito, mantida por certo lapso de tempo* (ar. 1287.º).

O art. 12.º, al. b), LT prevê como uma causa de aquisição do direito de uso e aproveitamento a "ocupação por pessoas singulares nacionais que, de boa fé, estejam a utilizar a terra há pelo menos dez anos"[26]. Esses sujeitos não podem adquirir o direito de propriedade nos termos gerais do Código Civil, mas um direito real de gozo menor.

Sucede que novamente o termo ocupação *não é aqui usado no seu sentido próprio*, mas como sinónimo de posse, um dos requisitos da usucapião. No rigor dos conceitos, o que se prevê nesta norma é uma aquisição por usucapião.

E é, afinal, uma usucapião especial: o prazo para aquisição do direito *é mais curto* que o prazo normal de 15 anos para a usucapião de imóveis de boa fé e sem registo – art. 1294.º, al. a).

II. Nesta eventualidade, a pessoa interessada terá de requerer a emissão do título de uso e aproveitamento do solo, juntando os elementos já referidos, exigidos pelo art. 24.º, n.ᵒˢ 1 e 2, RLT (cf. art. 34.º

---

[26] Temos algumas dúvidas sobre a plena conformidade constitucional da Lei de Terras quanto a esta matéria: não fixará ela restrições inadmissíveis àqueles sujeitos com direitos adquiridos? É que a Constituição além de parecer estabelecer um direito de preferência aos sujeitos com direitos adquiridos, não remete para a lei ordinária o que parece indiciar que o legislador tem um campo de conformação legislativa reduzido nesta matéria.

RLT) e os da demarcação. Estão dispensados o esboço, memória descritiva e autorização provisória.

4. Factos constitutivos atípicos: a acessão

I. A acessão imobiliária escapa, no plano da letra do art. 12.º LT, ao regime do DUAT mas deve ser considerada.

Ora, o sentido, quer da atribuição da propriedade da terra ao Estado, quer do regime do direito de uso e aproveitamento, não parece ser condizente com a possibilidade de aquisição destes direitos por acessão industrial. Na verdade, o legislador tanto ordinário, quanto constitucional, quis restringir fortemente os modos de exploração privada da terra, como sabemos

O DUAT não é, por isto, susceptível de aquisição por acessão imobiliária.

O que pode suceder é o Estado adquirir a liberdade do prédio por acessão se, por exemplo, o titular do DUAT prolongar a construção de um edifício para além do seu talhão (cf. art. 1345.º CC), estendendo-se a talhões vagos e que sejam, por isso, do Estado.

Se o talhão já é de outro titular de um DUAT, não nos parece, repetimos, que respectivo sujeito perca o seu DUAT a favor do primeiro. O facto terá de ser relevado em sede administrativa de cumprimento adequado e conforme à lei, do plano de exploração. Mas é uma questão que merecerá, sem dúvida, um estudo mais aprofundado.

II. Diversamente, deve entender-se que o titular do direito de uso e aproveitamento pode beneficiar da aquisição do direito de propriedade por acessão sobre coisas móveis alheias – materiais, plantas ou sementes – que sejam utilizados no uso e aproveitamento do solo, nos termos do art. 1339.º CC.

O mesmo se poderá, em parte, dizer quanto aos casos em que um terceiro levantar uma construção ou fizer sementeira ou plantação em talhão propriedade do Estado, mas já concedido em uso e aproveitamento.

Aí estaremos em sede dos regimes dos arts. 1340.º a 1342.º CC e o autor da incorporação nunca poderá adquirir nem propriedade nem uso e aproveitamento, mesmo que esteja de boa fé. Se, por força do mesmos regimes, o beneficiário da acessão houver de ser o titular do terreno alheio, i.e., do talhão, haverá que distinguir:

a. se as obras pudessem também ter sido levadas a cabo pelo titular do DUAT por o uso e aproveitamento o permitir – *v. g.*, obras de reabilitação – então será ele e não o Estado moçambicano o beneficiário;

b. se as obras não pudessem ter sido levadas a cabo pelo B por o uso e aproveitamento o permitir – *v. g.*, obras fora do uso económico ou finalidade fixados no plano de exploração – então o Estado moçambicano será o beneficiário.

Ora isto coloca o problema da relação entre o titular do DUAT que seja beneficiário da acessão e o Estado, proprietário. Poderá este último impedir a aquisição daquele? Poderá ou deverá mesmo substitui-lo se o primeiro não quiser adquirir?

A nosso ver, o titular do direito maior ao ceder o gozo da coisa nos termos de um direito menor, obriga-se a não interferir, excepto nos casos estritos previstos na lei, na esfera de acção daquele. Por isso, não pode impedir o titular do direito menor de estender por acessão o objecto do seu direito.

No final, quando se extinguir o direito menor, *o Estado receberá coisa alterada*, mas sempre dentro do que eram as suas justas expectativas quando constituiu tal direito, pois, lembre-se o funcionamento da acessão a favor do titular do direito menor pressupõe que as benfeitorias cabem nos limites legais e contratuais do mesmo.

Se o titular do direito menor não quiser exercer o seu poder – porque a acessão é quase sempre potestativa, como sabemos – não se vê razão para se não se criar um mecanismo de devolução desse poder ao proprietário. Funcionará, então, pura e simplesmente, o regime legal, como funcionaria se só houvesse propriedade.

5. Factos constitutivos do RSU

O recente Regulamento de Solo Urbano veio admitir novos modos de aquisição originária do direito de uso e aproveitamento do solo no seu art. 24.º.

Destacam-se o sorteio, hasta pública e negociação particular. Curiosamente, parece ter sido excluída a aquisição através de ocupação por pessoa singular segundo práticas costumeira.

Quanto a esta última, Eduardo Chizane avançou com a proposta a sua revogação por ser desconforme à Lei de Terra. Esse autor aponta que o "RSU não determina os critérios a serem observados para a atribuição de DUAT através da negociação particular, prevendo que poderá ser feita uma prospecção de candidatos e pré-qualificação, sem indicar quais os critérios que serão usados na selecção dos mesmos, bem como os mecanismos que estes poderão usar para contestar os resultados".

Não "existem garantias de transparência na prática do sorteio", acrescenta[27].

§ 6.º **Publicidade**

1. Registo cadastral

I. O Regime do Registo Predial em Moçambique tem conhecido um valor prático variável, determinado por dois factores: a evolução do papel da propriedade privada e do Estado no quadro constitucional legal da apropriação e uso de bens; a concorrência aparente com o Cadastro Nacional de Terras.

Ora, no caso do DUAT, o art. 14.º LT, conjugado com o art. 20.º RLT, veio estabelecer claramente a obrigação de registo quanto a

a. A Autorização Provisória do pedido de DUAT;
b. O Título;
c. Os factos jurídicos que determinem a constituição, o reconhecimento, a aquisição ou a modificação do DUAT;
d. Os factos jurídicos que determinem a constituição, o reconhecimento, a aquisição ou a modificação de servidões a que se refere a alínea b) do número 1 do artigo 13 e alínea b) do artigo 14 do RLT;
e. Os contratos de cessão de exploração celebrados para a exploração parcial ou total de prédios rústicos ou urbanos;

Trata-se, porém, de um registo em sede de Cadastro como decorre da definição legal de *registo* feita no art. 1.º n.º 6 RLT: "sumário do conteúdo de documentos legais definindo o direito de uso e aproveitamento da terra, organizado segundo o número da parcela" e que consiste "numa parte textual e num mapa cadastral". Esse registo

---

[27] *Implicações jurídicas do debate sobre a implementação da legislação de terras* apud http://www.estig.ipbeja.pt/~ac_direito/chizianeeduardo2.pdf

"faz parte do Cadastro Nacional de Terras a nível central e local", lê-se na parte final do mesmo preceito.

II. O Cadastro é um sistema de informação criado pela Lei n.º 6/79, de 3 de Julho (primeira Lei de Terras), para a gestão económico--jurídica do Fundo Estatal de Terras, ou seja, de toda a terra de Moçambique, propriedade do Estado (arts. 1.º, n.º 1, e 2.º, n.º 1, daquele Decreto e art. 4.º da actual Lei de Terras).

Actualmente, lê-se no art. 5.º da Lei n.º 19/97, de 7 de Outubro, que o Cadastro tem como função fornecer "a totalidade dos dados necessários" para

a. "conhecer a situação económico-jurídica da terras" (*maxime* da existência de direito de uso e aproveitamento);
b. "conhecer os tipos de ocupação, uso e aproveitamento, bem como a avaliação da fertilidade dos solos, manchas florestais, reservas hídricas de fauna e flora, zonas de exploração mineira e de aproveitamento turístico;
c. "organizar eficazmente a utilização da terra, sua protecção e conservação;
d. "determinar as regiões próprias para produções especializadas"[28].

O Cadastro Nacional de Terras é realizado pelos Serviços de Cadastro, organizados provincialmente (art. 3.º, n.º 2 RLT)[29], mas as Autarquias Locais – *maxime*, o Município – quando tenham serviços próprios de Cadastro têm competências em matéria de uso e aproveitamento da terra – cf. arts. 23.º; cf. art. 56.º, n.º1, al. k) LAL[30].

---

[28] Mantêm-se, deste modo, o essencial das finalidades já constavam do art. 37.º da Lei n.º 6/79, de 3 de Julho.

[29] O primeiro *Regulamento da Lei de Terras (Decreto n.º 16/87, de 15 de Julho)* definia que a realização dos serviços de cadastro localmente cabia aos Conselhos Executivos de Cidade (art. 9.º, al. a). Fora das cidades, tal competência residia nos Concelhos Executivos de Distrito, de Posto ou de Localidade (art. 10.º, n.º 1, al. a). Nos casos em que os Conselhos Executivos não dispusessem de serviços organizados de cadastro, a tarefa passava para os serviços provinciais de Geografia e Cadastro (art. 10.º, n.º 2). O Cadastro Nacional de Terras seria realizado pela Direcção Nacional de Geografia e Cadastro (art. 61.º, n.º 1). A fiscalização da execução devida do Cadastro Nacional de Terras foi, então, cometida ao Ministro da Agricultura (art. 7.º, al. a)).

[30] Há uma clara contradição entre a Lei de Terras e a Lei das Autarquias locais quanto ao órgão autárquico com competência para autorizar pedidos de uso e aproveitamento da terra. A primeira atribui-a aos Presidentes dos Conselhos Municipais e de Povoação (art. 23.º), a segunda aos Conselhos Municipal e de Povoação (art. 56.º, n.º 1, al. k), e 88.º, n.º 1, al. i).

A informação jurídica constante do Cadastro centra-se no direito de uso e aproveitamento.

Esta informação destina-se, essencialmente, ao uso do Estado, servindo de suporte à gestão com eficácia das tarefas de distribuição, uso e aferição do potencial económico da terra. No entanto, é possível aos *interessados* aceder à informação do Cadastro – *v.g.*, saber juntos dos serviços de cadastro se determinado talhão foi ou não já concedido, ou que outros incidem sobre (cf. art. 22.º, al. g) RLT[31].

Deste modo, *parece-nos que o Cadastro partilha com o registo uma função de publicidade institucional de situações jurídicas reais.* Essa função de publicitação parece divergir da publicitação registal pelo objecto: esta refere-se à propriedade e demais direitos menores, de gozo, garantia ou aquisição, que a onerem; o Cadastro refere-se ao DUAT.

III. Antes das alterações trazidas pelo Decreto n.º 01/2003, de 18 de Fevereiro, eram os Serviços de Cadastro que procediam oficiosamente e em obediência ao art. 20.º RLT ao registo dos factos atinentes ao DUAT. Actualmente, tal diligência deve ser promovida pelo titular do direito de uso e aproveitamento, como decorre do mesmo art. 20, n.º 1 RLT.

No entanto, não parece que isso afaste a possibilidade de nos termos gerais do art. 87.º CRP, do titular do direito fazer-se representar por outrem com procuração bastante.

IV. Nos termos gerais do registo predial, o registo cadastral é condição de oponibilidade do facto jurídico a terceiros.

Os factos jurídicos em relação aos quais o registo cadastral é meramente enunciativo, à semelhança do previsto no n.º 2 do art. 5.º CRPd, constam do art. 14.º LT e do art. 20.º n.º 3 RLT.

Assim, o direito de uso e aproveitamento nas hipóteses em que se haja constituído por *usucapião* enquanto modalidade do conceito legal de *ocupação* (art. 12.º, als. a) e b) LT) não carece de ser registado para ser oponível *erga omnes*: é a própria Lei de Terras que confirma isto ao dispor que "a ausência de registo não prejudica o DUAT adquirido por ocupação, nos termos das alíneas a) e b) do artigo 12, desde que devidamente comprovado nos termos da presente Lei" (art. 14.º, n.º 2, LT).

---

[31] Cf. no Regulamento de Terras anterior (Decreto n.º 16/87, de 15 de Julho) o art. 27.º.

E o mesmo sucede quando o DUAT se constitui por *ocupação proprio sensu* (art. 12.º, al. a) LT), ou seja, quando as comunidades adquiriram direito sobre a terra com fundamento em pressupostos costumeiros que não se possam reconduzir a uma verdadeira usucapião – *maxime*, que dispensem a posse ou o decurso do tempo. Mais uma vez se é certo que a lei exige o registo da sua "constituição, modificação, transmissão e extinção" (art. 14.º, n.º 1 LT); contudo admite-se que "a ausência de registo não prejudica o DUAT adquirido por ocupação, nos termos das alíneas a) e b) do artigo 12" (art. 14.º, n.º 1)".

Por outro lado, o art. 20.º, n.º 3 RLT, ao concretizar aquele regime do art. 14.º, n.º 1 Lei de Terras, *alarga ainda mais os casos de registo meramente enunciativo*, pois além do registo do uso e aproveitamento – presumivelmente adquirido por ocupação – nas suas duas vertentes – nos termos do art. 12.º, al. a) LT – abrange ainda as servidões de acesso comunitário e de passagem de gado e "outros direitos reconhecidos por lei" por comunidades locais. Todos eles não ficam "prejudicados no caso de ausência de registo". No entanto, pensamos que teleologicamente estas previsões de dispensa de registo em sede de uso e aproveitamento dos arts. 14.º, n.º 1 LT e 20.º, n.º 3, RLT referem-se tão só ao primeiro facto levado a registo – maxime, o factos constitutivos – e já não para as sucessivas vicissitudes. Compreende-se a dispensa de registo para um primeiro registo, mas não para todos os seguintes.

A não ser assim, a segurança jurídica fica completamente postergada, contrariando a garantia constitucional do Estado de Direito prevista no art. 3.º CRM.

V. *A contrario*, a omissão de registo dos factos reais que tenham por objecto o uso e aproveitamento adquirido nos termos da restante al. c) do art. 12.º LT "prejudica" o direito: o direito de uso e aproveitamento concedido existe e produz efeitos entre o Estado e a pessoa que obteve autorização, mas, porém, não poderá ser oposto a terceiros enquanto não for registado.

2. Titulação e prova

I. A prova dos direitos de uso e aproveitamento – *i. e.*, o que faz fé pública – é feita por meio de um título emitido pelos serviços de Cadastro, conforme o art. 13.º, n.º 1, e 15.º, al. a), LT: a "certidão de extracto do registo", no dizer do art. 21.º, n.º 1, al. a), RLT (cf. ainda art. 13.º LT).

No entanto, segundo al. b) deste art. 15.º LT a respectiva prova pode ainda ser feita por via prova testemunhal apresentada por membros, homens e mulheres, das comunidades locais e peritagem e outros meios permitidos por lei.

No caso de reivindicação por mais de um sujeito, dita o n.º 2 do art. 21.º RLT que se ambas apresentarem prova testemunhal "prevalecerá o direito adquirido em primeiro lugar", com ressalva da usucapião: "a aquisição tiver sido de boa fé e dure há pelo menos dez anos".

II. Aquele título é o acto final do Processo de titulação regulado nos arts. 22.º e ss RLT. Esse processo difere consoante o modo de aquisição originária como já se viu. O conteúdo do título consta do art. 36.º RLT e é o seguinte:

a. entidade autorizadora, data e número do despacho
b. número do título
c. área e definição geométrica, localização e número da parcela e das parcelas confrontantes
d. prazo a que estiver sujeito o direito
e. tipo de exploração,
f. descrição de benfeitorias
g. taxas, data e local da emissão,
h. assinatura da autoridade emissora.

Estarão sujeitas a averbamento no título

a. A transmissão de infra-estruturas, construções e benfeitorias,
b. a transmissão de prédios urbanos,
c. co-titularidade,
d. renovação do prazo,
e. encargos, ónus
f. e outras operações legalmente autorizadas

§ 7.º Transmissão e oneração

O art. 16.º, n.ºˢ 1 e 4, LT e, bem assim, os arts. 13.º, n.º 5, LT e 15.º, n.º 1, RLT prevêem os seguintes factos transmissivos do solo *a. herança*, nos termos gerais, sem prejuízo da necessidade de autorização em matéria mineira (cf. art. 43.º LM e 104.º RLM);

b. no caso de prédio urbano, *a transmissão* inter vivos *como resultado da transmissão* inter vivos *do respectivo imóvel*;

c. por divisão ou desmembramento do uso e aproveitamento na titularidade de uma comunidade local

Por contraponto aos já referidos factos do art. 12.º LT, estes são factos modificativos desse direito: modos de constituição derivada de uma situação jurídica que pré-existia na esfera jurídica de outrem.

Em especial, o art. 16.º, n.º 2 prevê que as próprias infra-estruturas, construções e benfeitorias podem ser objecto de transmissão autónoma entre os vivos, mediante escritura pública precedida da autorização da entidade estatal competente (cf. art. 16.º, n.º 2, LT). Essa transmissão deverá ser averbada no título do uso e aproveitamento.

Ora, no caso de prédios *urbanos* a transmissão dessas construções é indissociável da transmissão do solo: com a transmissão do imóvel, transmite-se o direito de uso e aproveitamento do respectivo terreno, pode ler-se no n.º 4 do dito art. 16.º LT. Ao contrário, no caso de prédios rústicos vale o disposto no art. 15.º n.º 2 RLT que estatui o carácter não automático da transmissão do direito de uso e aproveitamento na compra e venda de infra-estruturas, construções e benfeitorias: aquela fica dependente de autorização pela entidade que emitiu o título.

II. Por outro lado, seja qual for o tipo de prédio, se o solo em si não pode ser onerado já o podem essas mesmas construções e benfeitorias desde que, naturalmente, constituam coisas autónomas, admitindo a lei hipoteca a hipoteca (cf. art. 16.º n.º 5 LT) sobre elas.

Ora, claramente isso significa uma transmissibilidade plena a terceiros, nomeadamente por via judicial, em sede de execução de hipoteca e de garantias patrimoniais. Portanto, também o arresto e a penhora são possíveis.

III. Esta abertura legal à transmissibilidade do direito de uso e aproveitamento reveste a maior importância pois abre porta ao efectivo tráfego jurídico do direito de uso e aproveitamento.

IV. Os arts. 13.º n.º 5 LT e 15.º n.º 1 RLT prevêem que as "pessoas singulares, homens e mulheres, membros de uma comunidade local podem solicitar títulos individualizados, após desmembramento do respectivo terreno das áreas da comunidade".

Pode discutir-se se há aqui uma transmissão do mesmo direito anteriormente numa comunhão ou uma constituição de novos direitos singulares. Esse desmembramento não pode abranger áreas comuns e exige processo de consulta (art. 15.º, n.º 1, RLT).

§ 8.º Extinção

1. Causas especiais

I. A Lei de Terras prevê os seguintes factos extintivos do direito de uso e aproveitamento, segundo o seu art. 18.º:

a. *o não cumprimento do plano de exploração ou do projecto de investimento,* sem motivo justificado, no calendário estabelecido na aprovação do pedido;
b. *a revogação por motivos de interesse público;*
c. *o termo do prazo ou renovação;*
d. *a renúncia do titular.*

Há aqui alguma similitude com o direito de superfície, como o demonstra a confrontação com o art. 1536.º n.º 1 als. a), c) e f).

II. Duas notas curtas.

Quanto ao prazo que já referimos atrás, já sabemos que o direito de uso e aproveitamento que não se enquadre nas hipóteses do n.º 2 do art. 17.º LT só existe como direito temporário – cf. art. 17.º, n.º 1 LT.

Esse período de tempo é fixado *por autoridade administrativa* no limite de 50 anos, o qual pode ser o prazo requerido pelo interessado ou outro prazo (arts. 17.º, n.º 1, e 21.º, segunda parte LT).

Por seu lado, a renúncia é um negócio jurídico unilateral e gratuito de abdicação ou exclusão da titularidade de um direito real. Fala-se a seu respeito de renúncia *abdicativa*[32].

A renúncia, quando seja expressa, deve seguir as exigências de forma legal que ao caso se apliquem "se as razões de exigência

---

[32] Algo diferente desta é a renúncia *liberatória* ou *abandono liberatório* presente nos arts. 1375.º, n.º 5, e 1411.º, n.º 1, CC.

especial da lei lhes forem aplicáveis" (art. 221.º, n.º 1). Assim, apenas parece dever ser feita por *escritura pública* a renúncia a direito adquirido automaticamente por aquisição de construção nos termos do art. 16.º n.º 4, ex vi n.º 2 do mesmo artigo. Nos demais casos, a renúncia poderá ser feita por *simples declaração* à entidade administrativa competente

2. Causas gerais

a. Destruição, não uso e impossibilidade definitiva de exercício

I. A lei refere em várias sedes de direitos reais, como causa de extinção, a *perda* ou *destruição objectivas* ou *perecimento* da coisa. Assim, no penhor (art. 677.º), na hipoteca (art. 730, al. c)), na posse (art. 1267.º, n.º 1, al. b), na propriedade horizontal (art. 1428.º, n.º 1), no usufruto (art. 1476.º, n.º 1, al. d)), na superfície (art. 1536.º, n.º 1, als. b) e e)), entre outras.

Mas isso não significa que nos outros direitos a coisa não possa perder-se ou ser destruída. Assim, e sem prejuízo das causas de extinção elencadas no art. 18.º LT, deve-se entender que o direito de uso e aproveitamento sobre um talhão se extingue se, por efeito de enxurrada, desabamento ou outro fenómeno natural, o solo houver desaparecido.

II. Por outro lado, no art. 298.º, n.º 3, CC, admite-se que a propriedade, usufruto, uso e habitação, enfiteuse, superfície e servidão podem extinguir-se por *não uso* "nos casos especialmente previstos na lei".

No direito civil português, conhece-se apenas a situação prevista no art. 1397.º do Código Civil Português de extinção da propriedade sobre águas particulares, originariamente públicas: se "não se fizer delas um uso proveitoso correspondente ao fim a que eram destinadas ou para que foram concedidas", revertendo, então, para o domínio público. Trata-se de um preceito não vigora actualmente, a nosso ver, pois as águas são recursos naturais, "propriedade pública" nos termos dos arts. 97.º, al. e) e 98.º CRM

Mas já quanto ao DUAT, deve entender-se que se pode extinguir por não uso, dado tratar-se de um direito real de gozo como os direitos referidos no art. 298.º, n.º 3. Exige-se, no entanto, uma previsão legal de extinção por não uso. Ora, em nosso entender, essa norma é o art. 18.º, n.º 1, al. a), LT, onde se estatui que o "não cumprimento do plano de exploração ou do projecto de investimento, sem motivo justificado, no calendário estabelecido na aprovação do pedido" implica a extinção do direito. Ora, esse não cumprimento pode ser absoluto e total, i. e., resultar de o sujeito não exercer o direito que lhe foi concedido: um abandono ou renúncia tácita. Por conseguinte, o não uso tem uma relevância indirecta.

Contudo, essa extinção por não uso não é imediata, carecendo de ser declarada pelos serviços oficiais após a constatação de que terminado o prazo ("calendário") fixado para a realização do investimento de exploração o sujeito nada fez – art. 19.º, n.ºˢ 1, 2 e 4 RLT. Este prazo não se confunde com o prazo de duração que o direito teria nos termos do art. 17.º LT.

A exigência de plano de exploração não parece ser pedida aos adquirentes do uso e aproveitamento por ocupação nos termos das als. a) e b) do art. 13.º LT. Por isso, valerão no primeiro caso eventuais normas de direito costumeiro, enquanto no segundo não há norma que permita a extinção por não uso.

III. As situações de impossibilidade definitiva de exercício correspondem a situações de *inutilização da coisa* e, por conseguinte, sem que haja ocorrido a sua destruição.

Pela mesma analogia com o não uso, deve-se entender-se que também o DUAT pode-se extinguir por impossibilidade de exercício, enquanto causa indirecta do não cumprimento do plano de exploração (art. 18.º, n.º 1, al. a), LT).

Nas situações de titularidade que dispensam esse plano valem ou as normas costumeiras, sendo o caso, ou não sendo caso disso deve-se entender que o direito se há-de extinguir de imediato se a inutilização da coisa for *manifesta*. Se a inutilização da coisa é não *manifesta* a eficácia extintiva é eventual, carecendo do decurso de um prazo que será o prazo pelo o qual o direito foi concedido ou que o costume determine, consoante os casos.

b. Usucapio libertatis a favor do Estado

A *usucapio libertatis* é prevista e regulada expressamente em sede de servidão. Aí, a lei designa-a como "aquisição, por usucapião, da liberdade do prédio no art. 1569.º, n.º 1, al. c), e ocorre "quando haja, por parte do proprietário do prédio serviente, oposição ao exercício da servidão", decorrido certo prazo (cf. art. 1574.º, n.º 2).

Deste maneira, o titular do direito maior consegue a extinção do direito menor

a. se impedir o exercício da servidão,
b. acompanhado por uma atitude passiva ou omissiva do titular da servidão,
c. decorrido certo prazo

Esse prazo "só começa a contar-se desde a oposição" e há-de ser de 20 anos atenta a má fé e falta de título do opositor para fazer uso da coisa como se não existisse a servidão – cf. art. 1296.º

Apesar de estar prevista apenas nesta sede não se vêm motivos para não se generalizar como facto extintivo de direitos reais menores, resultante de comportamento ilícito do titular do direito maior[33]. Assim, o Estado pode opor-se a quem use e aproveite um certo talhão, qualquer que seja o título da sua aquisição, já que o uso e aproveitamento surge, face à propriedade do Estado, como um direito menor que a onera.

No caso do uso e aproveitamento, o prazo será o do art. 12.º al. b), LT, parece-nos.

c. *Confusão: sua exclusão*

I. Nos termos gerais de direito, de que o art. 868.º é uma manifestação em sede de Obrigações, a cumulação superveniente na esfera jurídica de uma pessoa da titularidade de uma situação jurídica passiva com a titularidade da situação jurídica activa correlativa gera a extinção das duas posições jurídicas ou da posição.

De igual modo a cumulação superveniente na esfera jurídica de uma pessoa da titularidade do direito real menor com a titularidade do direito maior onerado importa o desaparecimento daquele. É o que a lei impõe em particular para o direito de superfície no art. 1536.º, n.º 1, al. d), CC.

Mas mesmo quando a lei nada diga para um específico direito real menor, a confusão pode ter sempre lugar, salvo se a sua natureza o afastar.

---

[33] Neste sentido, OLIVEIRA ASCENSÃO, *idem*, 413. Tratam a *usucapio libertatis* como causa extintiva apenas da servidão predial, entre outros: MOTA PINTO, *Direitos Reais*, 1971, 340-341; PENHA GONÇALVES, *ob. cit*., 476-477; CARVALHO FERNANDES, *Lições* cit., 449 ss.

Portanto, em abstracto pode ocorrer também no direito de uso e aproveitamento.

II. Contudo, o seu regime específico afasta a possibilidade de ocorrer confusão em concreto.

Assim como a terra não pode ser propriedade de privados, qualquer venda de parcelas de solo a titulares do respectivo uso e aproveitamento é nula nos termos do art. 280.º, n.º 1. Identicamente também será nula a concessão de talhões ao próprio Estado.

Num caso e noutro, os pressupostos da confusão não chegam sequer a ter lugar, portanto.

d. Acto administrativo

I. A Constituição da República de 2004 enuncia no art. 82.º, n.º 2, que a "expropriação só pode ter lugar por causa de necessidade, utilidade ou interesse públicos, definidos nos termos da lei e dá lugar a justa indemnização".

Esse enunciado ganha expressão na lei ordinária, no Código Civil: "ninguém pode ser privado, no todo ou em parte, do seu direito de propriedade senão nos casos fixados na lei" (art. 1308.º)[34]. De igual modo, "só nos casos previstos na lei pode ter lugar a requisição temporária de coisas do domínio privado" (art. 1309.º), o que vale, por maioria de razão, para a requisição definitiva.

Ocorrendo expropriação ou requisição, "é sempre devida a indemnização adequada ao proprietário e aos titulares de outros direitos reais afectados" (art. 1310.º). Mais uma vez, estamos perante normas valem para todo o direito real quando este não apresente previsão própria.

Ora, a Lei de Terras prevê, como causa de extinção daquele direito, "a revogação (...) por motivos de interesse público, precedida do pagamento de justa indemnização e/ou compensação" (art. 18.º, n.º 1, al. b), sendo que "o processo de extinção" correrá em paralelo com "o processo de expropriação" (art. 19.º, n.º 3, RLT).

---

[34] À data da independência vigorava legislação sobre expropriação – o Decreto-Lei n.º 46 027, de 13 de Novembro de 1964. Não é seguro se ele está em vigor ou não. Por um lado, com a nacionalização da maior parte dos direitos sobre imóveis, bem como da terra, e alteração do quadro constitucional poder-se-ia, eventualmente, defender a sua revogação por sistema; mas, no novo quadro constitucional de 2004 relativo à expropriação quase que diríamos ter havido uma repristinação das normas que não sejam contrárias à Constituição.

II. Mas também se ocorrer o pagamento, mas a coisa não chegar a ser afecta ou deixar de ser afecta ao interesse público a que se destinava, deverá ser devolvida ao antigo titular, que a recuperará – a chamada *reversão*.

Na verdade, o reconhecimento e garantia constitucionais da propriedade feito no art. 82.º, n.º 1 da Constituição moçambicana de 2004, implica que a privação da titularidade do direito real por expropriação é excepcional, pelo que faltando a *causa* do regime excepcional não pode ser legalmente mantida essa privação. Tal resulta, aliás, do próprio art. 1308.º CC.

§ 9.º **Violação e tutela**

I. Sendo um direito real de gozo o uso e aproveitamento pode ser objecto das respectivas vias de tutela. Aliás, o art. 13.º n.º 1 al. a) RLT prevê, em termos muito genéricos, que os titulares do DUAT têm direito a "defender-se contra qualquer intrusão de uma segunda parte, nos termos da lei".

A questão dos meios de tutela levanta o problema da natureza jurídica do DUAT: direito privado, público ou misto?

PAULO COMOANE defende a natureza "híbrida", ao mesmo privada e pública do DUAT: ele "se apresenta como um direito real quando se trata de o situar no âmbito das relações jurídicas entre particulares", enquanto que "nas relações em que o Estado ou outros entes públicos (...) travam com o cidadão e quando estes entes agem nos termos do poder público, o DUAT apresenta feições de um direito regulado pelo direito público"[35].

Com o devido respeito, parece laborar aqui uma imprecisão: o DUAT tem partes do seu regime, maxime, de constituição e publicitação, que são administrativas. Porém, não é essa a sua essência: o uso e aproveitamento são realizados sempre em termos privados, i.e., sem *ius imperii*, seja na relação do titular com terceiros, seja na relação com o Estado enquanto proprietário.

Deste modo, os meios de tutela serão de direito privado, salvo, naturalmente, o uso das vias administrativas em sede de concessão do direito e publicidade registal.

---

[35] *A natureza jurídica do direito de uso e aproveitamento da terra*, Conferência Comemorativa dos 10 anos da Lei de Terras, 27.

II. Por desnecessidade de maior concretização nesta sede de estudo recorde-se que essas podem ser extrajudiciais e judiciais.

Os *meios de tutela extrajudicial* do direito de uso e aproveitamento são

a. *acção directa*, nos termos do art. 336.º (cf. art. 1314.º CC) e ainda das relações de vizinhança – cf. arts. 1349.º, n.º 1, 1352.º, n.ºs 1 e 2, 1366.º, 1367.º CC[36].

b. *legítima defesa* (art. 337.º CC)[37].

Os *meios de tutela judicial* do direito de uso e aproveitamento são

a. *acção de reivindicação* (cf. art. 1311.º CC)

Exemplo: A instaura no tribunal judicial competente acção de reivindicação do talhão de que é titular em uso e aproveitamento, talhão que lhe fora tirado pelo Estado com o fundamento de incumprimento do plano de exploração.

b. *Acção negatória*, i.e., é uma acção declarativa de simples apreciação negativa de um direito (art. 4.º, n.º 2, al. a) CPC) em que o autor, titular de um direito real, pede ao tribunal que declare o mesmo não está onerado por direito real menor ou ónus real.

Exemplo: A, titular de uso e aproveitamento de uma parcela de terreno para fins agrícolas, pretende que se declare que não está obrigado dar servidão de passagem ao titular de parcela confinante.

c. *acção confessória*, i.e., uma acção declarativa de simples apreciação positiva de um direito (art. 4.º, n.º 2, al. a), CPC) em que o autor pede ao tribunal que reconheça a sua titularidade sobre uma parcela nos termos de um direito de uso e aproveitamento

Exemplo: A, a quem foi concedido um talhão em uso e aproveitamento, requer ao Tribunal da Cidade de Maputo que seja reconhecido seu direito sobre o talhão se B pedir a concessão de autorização para o mesmo talhão e se, estranhamente, nada constar do registo

d. *acção de demarcação*, regulada em especial nos arts. 1058, dentro das acções de arbitramento (arts. 1052 e ss. CPC) em

---

[36] Aqui o próprio poder de actuação integra o conteúdo do direito real do vizinho.

[37] Por força de um argumento de maioria de razão entre o ataque que é a acção directa e a defesa legítima – neste sentido, PIRES DE LIMA / ANTUNES VARELA, *CCAnot* III, 1984, 48 e 118.

que *o* autor pede ao tribunal que proceda à delimitação do seu prédio, em face dos interessados; não se vê razão para que não possa ser utilizada pelo titular de uso e aproveitamento, se os serviços de cadastro não o poderem eficazmente auxiliar a resolver extrajudicialmente o problema.

Residualmente, devem ainda ser consideradas

a. acções de condenação e respectivas *acções executivas.*

Exemplos (1): pode titular de direito real pedir a *condenação em indemnização por dano* nos termos gerais da responsabilidade civil (art. 483.º, n.º 1, CC), bem como ao abrigo de previsões específicas de direito a indemnização – *v.g.*, nos casos abrangidos pelo n.º 3 do art. 1347.º, e pelo n.º 3 do art. 1349.º CC.

Exemplos (2): o titular do direito de uso e aproveitamento tem legitimidade para pedir a condenação do titular de prédio vizinho em parar com a emissão de fumo, produção de ruídos e factos semelhantes, fundado no art. 1346.º CC.

b. providências cautelares

i. especificadas – v.g., o embargo de obra nova (arts. 412.º e ss. CPC)

ii. não especificadas quando o caso não caiba nas providências especificadas e o requerente demonstre fundado receio de lesão grave e dificilmente reparável do seu direito real – *v.g.*, uma providência de restituição provisória de posse sem que ocorram as circunstâncias previstas no art. 393.º ou uma providência inominada de depósito judicial, destinada a proteger bens em relação aos quais o depositário requerido é gravemente descuidado, tendo os bens ao abandono

III. Por outro lado, sendo um direito real que confere posse ao seu titular o uso e aproveitamento pode ser objecto de ***acções possessórias*** como a

a. acções declarativas especiais autónomas – assim, as *acções de prevenção, manutenção* e *restituição de posse*, previstas nos arts. 1276.º, 1278.º e reguladas nos arts. 1033.º a 1036.º; a *acção de posse ou entrega judicial* (arts. 1044.º a 1051.º CPC.

b. declarativas especiais não autónomas instauradas por apenso a acção já pendente – os *embargos de terceiro* (art. 1285.º), regulado nos arts. 1037.º a 1043.º CPC;

c. a *restituição provisória de posse* (art. 1279.º) uma providência cautelar nominada, tratada nos arts. 393.º a 395.º

A Propriedade Pública da Terra e a Actividade Económica Privada em Angola: entre a lei e a realidade

CARLOS FEIJÓ[1]

1. Introdução

Em Angola, problemática fundiária em geral e, em particular, o enquadramento jurídico do problema da terra não estava equacionado até 2004, quando foi objecto de tratamento multidisciplinar que merecia.

Com efeito, a problemática da terra, na sua dimensão jurídica não pode deixar de ser tratada de forma integrada e em função dos seus múltiplos usos, a saber:

- ✓ Suporte de abrigo ou habitação da população residente no território: o que implica um adequado regime urbanístico;
- ✓ Abrigo de riquezas naturais, cujo uso e aproveitamento releva do direito mineiro, agrário, florestal e de ordenamento do território;
- ✓ Suporte do exercício de actividades económicas, agrárias, industriais e de prestação de serviços;
- ✓ Suporte de todos os efeitos resultantes da acção desregrada ou degradante do homem com impacto negativo no equilíbrio ecológico que releva para o direito do ambiente.

Até há bem pouco tempo, a legislação que vigorava, em especial, a Lei n.º 21-c/92, não tratava da problemática da terra em todas aquelas dimensões.

---

[1] Mestre em Direito e Professor da Faculdade de Direito da Universidade Agostinho Neto.

Não houve da parte do legislador da Lei de Terras uma visão integrada e multidisciplinar, sugerindo mesmo afirmar que a Lei em vigor é uma Lei agrária, pois não se procedeu ao tratamento dos fins económicos e sociais e urbanísticos e, em geral, da imbricação entre a problemática fundiária e o ordenamento do território.

Essa visão limitada da sua intervenção foi superada com a adopção dos novos projectos legislativos da Lei de Terra e do Ordenamento do Território.

Vamos, por isso, fazer um enquadramento jurídico global das questões conexas à problemática fundiária e ao ordenamento do território e urbanismo em Angola.

2. A legislação sobre a problemática fundiária e o ordenamento do território e urbanismo antes da entrada em vigor da nova Lei de Terras

2.1. A Constituição Fundiária e a Lei n.º 21-c/92

A Constituição Fundiária pode ser entendida como "o núcleo de normas e princípios fundamentais que regem o uso da terra estruturados em razão dos múltiplos fins que ela serve, ou das múltiplas actividades que nela são exercidas".

Numa perspectiva mais vasta ou ampla, a Constituição Fundiária integra normas do domínio agrário, mineiro, ambiente e urbanismo.

A Lei Constitucional angolana (Lei n.º 23/92, de 16 de Setembro) não trata de forma desenvolvida e sistemática a problemática fundiária.

Na verdade a questão fundiária é tratada, no essencial, pelo artigo 12.º, da seguinte maneira:

- Todos os recursos naturais existentes no solo e no subsolo, nas águas interiores, no mar territorial, na plataforma continental e na zona económica exclusiva, são propriedade do Estado que determina as condições do seu aproveitamento;
- O Estado promove a defesa e conservação dos recursos naturais, orientando a sua exploração e aproveitamento em benefício de toda a comunidade;
- A terra, que constitui propriedade originária do Estado, pode ser transmitida para as pessoas singulares ou colectivas, tendo em vista o seu racional e integral aproveitamento, nos termos da Lei;

– O Estado respeita e protege a propriedade das pessoas, quer singulares quer colectivas e a propriedade e a posse das terras pelos camponeses, sem prejuízo da possibilidade de expropriação por utilidade pública, nos termos da Lei.

Esta norma constitucional foi desenvolvida, a nível infra-constitucional, pela Lei n.º 21-c/92, de 28 de Agosto, Lei n.º 1/92, de 17 de Janeiro ou Lei mineira, Lei n.º 13/78, de 13 Agosto ou Lei das actividades petrolíferas, e o regulamento de concessão da titularidade da terra, aprovado pelo Decreto n.º 32/95, de 8 de Dezembro.

Este complexo de normas, regras e princípios constitucionais e infra-constitucionais suscita uma série de problemas e questões que urge diagnosticar e dar solução nos projectos que se pretende aprovar.

Em primeiro lugar, é necessário precisar o sentido e alcance do artigo 12.º da Lei Constitucional (L.C.) e o desenvolvimento que lhe deu a Lei n.º 21-c/92 (a partir de agora designada Lei de terras).

Com efeito, diz o artigo 12.º da L.C. que a terra constitui propriedade originária do Estado e no preâmbulo da Lei de terras que *"com isso se entende que o Estado é proprietário de terrenos que não tenham entrado definitivamente no regime de propriedade privada de pessoas singulares ou colectivas e, por outro lado, que o Estado pode transmitir a outrem a terra de que seja proprietário..."*.

Entretanto, nem a L.C. nem a Lei de terras utilizaram os conceitos jurídicos de domínio público e domínio privado do Estado pelo que logo, a seguir coloca-se a questão de saber se a terra (propriedade originária do Estado) se integra no domínio público ou no domínio privado, ou ainda, no domínio eminente do Estado.

É que se a terra for integrada no domínio público do Estado, no termos do Direito Civil, será "inalienável, intransmissível e imprescritível".

Por isso, se a própria L.C. fala na possibilidade de transmissão a terceiros só pode estar a referir-se a terra como um bem integrado no domínio privado do Estado e, por essa razão, transmissível nos termos do artigo 1304.º do Código Civil, com as necessárias adaptação.

Tão-somente a transmissibilidade, nos termos do próprio artigo 1304.º do Código Civil, deve atender a circunstância da titularidade da terra pertencer ao Estado o que lhe empresta alguma peculiaridade do Direito Público.

Em segundo lugar, é necessário dar conteúdo e expressão normativa ao princípio da transmissibilidade da propriedade originária da terra, nos limites e marcos referidos nos parágrafos anteriores.

No âmbito do princípio da transmissibilidade, várias outras questões carecem de tratamento quer porque ainda não o foram, quer, por terem merecido um tratamento limitado ou deficiente.

Assim, se por um lado é certo que a transmissibilidade inculca a ideia da constituição da propriedade da terra na esfera de terceiros que não o Estado ou de direitos reais menores, por outro também é certo que nem toda a terra do Estado (por exemplo, as praias) é invariável e indistintamente transmissível nos termos do Código Civil.

Por exemplo, se todas as normas civilísticas fossem aplicáveis em particular, as referentes à prescritibilidade, estar-se-ia a admitir a aquisição originária da terra, por parte dos particulares, através da usucapião, o que poderia atentar contra os princípios do aproveitamento racional e integral a julgar pela ocupação desordenada e desenfreada que este Instituto Jurídico poderia conduzir.

Não menos importante é a necessidade de a Lei precisar melhor que para além da terra estar incluída no domínio privado do Estado com as limitações assinaladas, existe um domínio eminente do Estado sobre a terra que se traduz numa posição de controlo, de impedir invasões de terceiros e eventualmente a permitir a passagem gradual destes bens para nova situação jurídica.

Só assim se poderá falar em terrenos concedíveis que, em boa verdade, seria a fórmula substitutiva dos chamados terrenos vagos da legislação colonial.

O legislador ordinário, sobretudo, na Lei n.º 21-c/92, ao não dar a máxima efectividade ao artigo 12.º da Lei Constitucional limitou-se a consagrar, apenas, um único tipo de direito fundiário, o direito de uso e aproveitamento, sob o regime do direito de superfície.

Este desenvolvimento legislativo da Constituição não integra no seu conteúdo a propriedade privada fundiária nem outros tipos de direitos reais menores que correspondam a ideia da transmissibilidade para entidades distintas do Estado em termos que preencham fins públicos do ordenamento territorial, de aproveitamento efectivo e desenvolvimento social.

Com efeito, a consagração de um único direito fundiário, o direito de superfície, traduz-se apenas num direito a construir ou a plantar, o que significa dizer que tem como objecto restrito a obra e as plantações, nada tendo a ver com terreno que a Lei (artigo 1524.º do Código Civil) destaca claramente como sendo um terreno alheio.

Finalmente, uma palavra sobre o sentido e alcance do princípio do respeito pelos direitos fundiários das populações camponesas pois, nos termos do n.º 4 do artigo 12.º da L.C. "o Estado respeita e protege (...) a propriedade e posse das terras pelos camponeses".

A maior dificuldade interpretativa dos termos constitucionais é saber se os conceitos de "propriedade" e "posse" utilizados coincidem ou não com os sentidos que lhes dá o código civil.

Por um lado, não se pode dizer que de "propriedade plena" se trata pois, como se afirmou, anteriormente, apesar da propriedade originária do Estado da terra ser transmissível ela deve comportar limitações ou excepções que afastam a aplicabilidade, sem mais, de algumas das disposições do código civil.

Por outro, a "posse" referida na Constituição não pode ser a posse civilista porque a aquisição, a perda e a defesa da posse regulada no código civil não é aquela que revela, como é no caso angolano, da prática costumeira.

Ora, apesar de a Constituição não se referir ao costume como fonte reguladora do regime de aquisição, perda e defesa da posse, a verdade é que a Lei n.º 21-c/92 regula a posse fundiária dos camponeses remetendo para as práticas tradicionais do sistema agrário transumante como critério jurídico regulador da constituição, modificação e extinção das posses iterantes ou transumante.

Por tudo isto, pode dizer-se que a "propriedade" e "posse" referida pela Constituição não é a civilista.

O que se trata é de qualificar o conjunto de poderes fundiários reconhecidos aos camponeses como sendo os de um domínio útil que age sobre a terra "como se fosse sua", isto é, um domínio fundiário como se fosse o da propriedade, ou seja, o poder de "usar e fruir como coisa sua".

É este o sentido que mais se aproxima ao Direito consuetudinário que não vê a terra como propriedade privada mas colectiva (comunitária), cabendo as famílias apenas um domínio de uso e fruição.

2.2. *A legislação sobre o Ordenamento do Território e Urbanismo*

A problemática do ordenamento do território e do urbanismo nunca foi objecto de tratamento coerente, harmonioso e sistemático.

Nem a Lei Constitucional nem a Lei de Terras contêm uma referência expressa ao princípio do ordenamento do território. Apenas a Lei n.º 5/98, de 19 de Julho, designada Lei de Bases do Ambiente, inclui no anexo ponto 17, uma definição de ordenamento do território como "o processo integrado da organização do espaço biofísico, tendo como objectivo o uso e transformação do território de acordo com as suas capacidades, vocações, permanência dos valores de equilíbrio biológico e estabilidade geológica numa perspectiva de manutenção e aumento da sua capacidade de suporte à vida".

Entretanto, o facto de a Constituição não lhe dedicar qualquer referência expressa não quer significar que não se possa falar, em Angola, de um Direito Constitucional do Ordenamento do Território.

Na verdade, ao consagrar no artigo 12.º, n.º 2 e 3, o princípio do aproveitamento ou utilização racional e integral dos recursos naturais, é possível retirar daí uma dimensão global que mais não é do que uma concepção ampla de ordenamento do território que integra medidas ou técnicas de ocupação da terra (solos) para determinados fins que podem ser económicos, sociais, urbanísticos e ambientais, visando a localização de aglomerados humanos.

Nesta senda, particular relevância deve ser dada à relação íntima entre o planeamento económico e o planeamento territorial, em particular, o planeamento urbanismo.

Enquanto os planos de desenvolvimento económico e social e cultural que podem ser classificados de diferentes modos (planos anuais, pluri-anuais, de curto, médio e longo prazo), o segundo tem como objecto o território, as formas de intervenção, uso, ocupação e transformação da terra (solos).

Nestes termos, embora planeamento económico e planeamento territorial, em particular, urbanístico não sejam expressões que se equivalem, são realidades que estão em permanente contacto. Não há plano de desenvolvimento económico e social que não tenha em conta o plano territorial e, de resto, uma das peças de que se deve compor um plano económico seriam os planos territoriais.

É esta concepção integrada de ordenamento do território que não foi objecto de um enquadramento normativo global e que levaram a aprovação das Leis de Terras e de Ordenamento do Território se pretendeu superar.

3. Os Princípios Fundamentais e Estruturantes da Lei de Terras

3.1. *A designação da Lei*

A Lei poderia designar-se Lei de Terras ou Lei dos Solos. Optou-se pela designação Lei de Terras não tanto por razões semânticas mas, sobretudo, por razões de opção legislativa.

Quer-se com isto dizer que o âmbito, objecto de aplicação da Lei não se limita à ocupação, uso e aproveitamento do solo, entendido como a "camada superior da crosta terrestre constituída, principalmente, por elementos minerais e húmus", aplicando-se de igual modo, aos recursos naturais, nomeadamente os recursos mineiros muitos deles situados no subsolo.

Por conseguinte, a Lei não se limita aos terrenos aráveis, mas estende o seu campo de aplicação aos recursos naturais situados no subsolo.

Note-se, no entanto, que esta opção legislativa não quer significar que outros diplomas legais designadamente, a Lei de Minas, a Lei das Actividades Petrolíferas, regulem, na especialidade, matérias ligadas aos recursos naturais.

Na sua essência, ela desenvolve os direitos fundiários que têm como objecto apenas o solo

3.2. *Princípio da Implementação Diferenciada da Propriedade Privada Fundiária da Terra*

A Lei de Terras tem subjacente uma estratégia de implementação diferenciada.

É diferenciada porque as opções legislativas são diferentes quanto ao seu regime de admissão e implantação no mundo urbano (terrenos urbanos) e no mundo rural (terrenos rurais).

É progressiva, porque não deve ser nem precipitada nem apressada, mas prudente e passível de intervenção dos poderes de controlo do Estado, no sentido de evitar excessos de concentrações de terras numa só pessoa singular ou colectiva sobretudo no mundo rural e na compra de terrenos para fins especulativos.

Por estas razões, preconiza-se um modo de implementação a curto e longo prazo.

A curto prazo, prevê-se que "a constituição da propriedade fundiária privada é admissível a favor de pessoas singulares e colectivas nacionais e apenas quando incidir sobre terrenos urbanos".

A razão dessa opção radica no facto de ser, no imediato, o meio urbano onde se fará mais apelo a propriedade privada sobre terrenos como meio de eficiência e afirmação de uma economia de mercado.

A longo prazo, a implantação da propriedade privada de terrenos rurais agrários só é possível como consequência do longo exercício através de décadas e sob outros tipos de direitos fundiários de que se destaca a enfiteuse e o domínio útil por aforamento (artigo 37.º).

Com efeito, a figura da enfiteuse (será retomada quando se explicar a tipologia dos direitos fundiários) desempenhará, por um lado, uma função de transição entre a propriedade do Estado e a propriedade privada da terra conservando poder de controlo estatal do aproveitamento e, por outro, a da propriedade privada da terra.

Com esta opção, o Estado mantém o domínio directo apenas concedendo o domínio útil cujos poderes se aproximam muito (não o sendo ainda) da propriedade privada.

3.3. *Princípio da Propriedade Fundiária Originária do Estado (Artigo 12.º da Lei Constitucional e Artigo 5.º do Projecto)*

Já foi feito um enquadramento geral e procurou-se determinar o sentido e alcance do artigo 12.º da Lei Constitucional.

A Lei vem dizer que "a terra é por princípio geral, propriedade originária do Estado, em regime de domínio privado destinado por natureza a concessão de terceiros, nos termos e limites da presente Lei, para o seu aproveitamento útil".

Com esta nova formulação legal, pretende-se clarificar o texto constitucional, dizendo que a terra integra o domínio privado e, por isso, transmissível para terceiros.

Na verdade, sem esta clarificação legal ordinária teremos de concluir que a terra integraria o domínio público não podendo ser transmissível a terceiros, porque os bens integrados no domínio público são inalienáveis, intransmissíveis e imprescritíveis.

Ao integrar a terra no domínio privado do Estado, a Lei quer, por um lado, acentuar por um lado, quer acentuar a ideia de transmissibilidade característica do Direito Privado comum e, por outro, que apesar de serem aplicados as normas jurídicas de Direito Privado estas terão de ser interpretadas e aplicadas com as necessárias adaptações *ex vi* estarmos em presença do domínio do Estado, ainda que privado, com as necessárias adaptações *ex vi* de estarmos em presença do domínio privado do Estado.

3.4. *Princípio da Transmissibilidade do Domínio Privado do Estado (Artigo 6.º)*

"A propriedade fundiária originária é, por natureza do seu regime transmissível a terceiros com vista a fomentar o seu aproveitamento útil".

No mesmo sentido, diz o n.º 3 do artigo 6.º que não é admitida a aquisição do direito de propriedade por usucapião, nem por acessão de direitos sobre a propriedade fundiária originária do Estado, considerando-se, como tal, indisponível o domínio privado do estado.

Este princípio não deve ser dissociado do anterior porquanto, como se disse, só integrando a terra no domínio privado ela pode ser transmissível a terceiros nos termos do direito privado comum.

Em suma e uma palavra: algumas regras de Direito Privado não deverão ser aplicados, designadamente, a usucapião e a acessão de direitos.

Em relação a acessão como forma de aquisição da propriedade, não há dúvidas que, estabelecendo a Lei Constitucional no seu artigo 12.º a propriedade do Estado sobre recursos naturais, foi revogado o artigo 1327.º do Código Civil (acessão natural, por exemplo de nascentes de água num terreno privado).

No que diz respeito a usucapião a Lei reitera um limite à transmissibilidade da propriedade, proibindo a usucapião como forma de aquisição.

A razão de ser dessa opção repousa no seguinte: a transmissibilidade da terra do Estado, sem limites ou sem que seja pela via do processo de concessão, poderia contrariar um dos princípios estruturantes do projecto que é o do aproveitamento racional (útil e efectivo).

Com efeito, proibindo-se a usucapião como fonte de aquisição de direitos fundiários (o que é uma excepção ao regime geral da propriedade privada regulada pelo Código Civil), pretende-se reafirmar o aproveitamento útil do ordenamento do território bem como do planeamento urbanístico que devem presidir ao regime de direitos sobre a terra, isto é, segundo determinadas regras de aproveitamento ordenado.

Note-se, por outro lado, que a propriedade originária do Estado traduz-se num autêntico domínio eminente do Estado porque este, ao contrário do proprietário particular, actua como garante do aproveitamento fundiário pelos particulares das suas terras (estes sim é que irão exercer os poderes de transformação da terra que lhes são transmitidos/concedidos) e como supervisor que orienta e conduz o aproveitamento da terra por terceiros.

3.5. *Princípio do Aproveitamento Útil e Efectivo (Artigo 7.º)*

Este princípio completa o núcleo definidor do regime das terras do Estado, isto é, das terras transmissíveis, e marca o regime de transmissibilidade da propriedade fundiária do Estado bem como a estrutura, o conteúdo e tipo (s) de direito (s) fundiário (s) transmissíveis *maxime* o direito de uso e aproveitamento.

Com efeito, o Estado não transmite a propriedade que tem sobre a terra para qualquer outro fim que não sejam os fins imediatos de aproveitamento útil e fins mediatos de desenvolvimento do País.

O direito de uso e aproveitamento é, de resto, hoje, o único tipo de direito fundiário previsto na actual Lei de Terras.

Em boa verdade, não se trata de um mero tipo de direito real, mas antes de um direito de superfície regulado pelo código civil com alteração que lhe dá o regulamento da própria Lei de Terras.

3.6. *Princípio da Tipicidade (Artigo 8.º)*

Ao contrário do sistema monista ou da unicidade, isto é, a previsão de um único tipo de direito fundiário, o direito de uso e aproveitamento, no fundo, o direito de superfície, o projecto de Lei de terras prevê uma tipologia diversificada de direitos fundiários.

Assim, o legislador colocará à disposição da Administração Pública e dos particulares vários tipos de direitos fundiários para, nos prudentes limites impostos, poderem escolher o tipo de direito que pretendam constituir/onerar ou alienar e que melhor se adaptam as capacidades financeiras ou a outras condições de cada requerente concessionário em relação a cada projecto versus cada tipo de terreno urbano ou rural que visa.

3.7. Princípio do Respeito Pelos Direitos Fundiários das Comunidades Rurais (Artigo 9.º)

O sentido e alcance constitucional desse princípio foi já esclarecido quando se interpretou, no ponto 2.1 do enquadramento geral do presente texto, o artigo 12.º da Lei Constitucional, quando diz que o Estado "respeita e protege a posse e propriedade dos camponeses".

O problema dos direitos das comunidades locais é complexo e vem ganhando contornos internacionais na problemática jurídica moderna.

Com efeito, a propriedade comunitária, em especial, da terra coloca-se em relação ao regime de terras praticados pelas diferentes comunidades rurais.

Diga-se, em abono da verdade, que os direitos costumeiros/tradicionais sobre terras, em Angola, não constituem um quadro homogéneo. Variam de região para região e em função das práticas reiteradas da comunidade em causa.

De todo o modo, os vários sistemas tradicionais de direitos sobre terras apontam, claramente, no sentido da terra não ser considerada propriedade nem ser susceptível de constituir posse de um único titular sendo antes uma pertença de toda a colectividade/comunidade.

Por isso, não se pode falar de posse e propriedade nos termos do Código Civil mas apenas e só segundo o Direito consuetudinário ou costumeiro.

Na verdade, ao abrigo deste direito, trata-se de uma propriedade colectiva.

Assim, os membros das famílias que compõem a comunidade são titulares de um direito de uso e fruição (domínio de uso fruição) e, em termos jurídicos, pode dizer-se que aos membros da comunidade são reconhecidos poderes fundiários como sendo de domínio útil que age sobre a terra "como se fosse sua", isto é, um domínio fundiário como se fosse o da propriedade.

O artigo 9.º da Lei procura apenas operacionalizar o reconhecimento legislativo de uma realidade pré-existente e que é extra-estadual: o sistema fundiário tradicional.

É certo que outros problemas jurídicos se colocarão, designadamente o de saber se a comunidade, no ordenamento jurídico, é ou não uma pessoa jurídica, titular de direitos que possa invocar em Tribunal ou ainda o modo de resolução de situações de conflitos entre as comunidades e o Estado, relativamente a áreas e conteúdos de direitos.

Tão-somente estes problemas não são resolvidos em sede da Lei de Terras, mas das "válvulas de escape" que o sistema jurídico considerado como um todo coerente oferece.

3.8. *Princípio da Propriedade do Estado Sobre os Recursos Naturais (Artigo 4.º)*

O sentido e alcance desse primeiro constitucional foi já abordado no ponto 2.1 do enquadramento geral do presente artigo, cumprindo-nos agora, apenas, reforçar o que já foi afirmado.

A afirmação deste princípio num contexto fundiário próprio da Lei serve para estabelecer as fronteiras entre o regime da propriedade do Estado dos recursos naturais e o regime da propriedade originária da terra (também um recurso natural, afinal).

O alcance é o do esclarecimento técnico do regime, sustentado nas clássicas figuras do domínio público e do domínio privado.

Com efeito, a terra é incluída no regime do domínio privado do Estado, mas nos termos do artigo 10.º do projecto "o Estado pode sujeitar determinados bens fundiários ao regime excepcional de domínio público, nos termos da Lei ".

3.9. *O Princípio da Irreversibilidade das Nacionalizações e Confiscos (Artigo 11.º)*

A introdução deste princípio justifica-se, em sede de uma Lei de Terras, porquanto na sequência da Lei n.º 3/79, de 3 de Março e ao Decreto n.º 4/92, de 17 de Janeiro, foram confiscados em bloco os bens e património das sociedades e propriedades agrárias, pecuárias, agro-industriais e agro-pecuárias que tenham sido abandonadas e integradas na estruturas estatais "Esta integração no património do Estado, abrange não só os direitos de concessão agrária como também a propriedade de todas as edificações, instalações incorporadas no solo e os equipamentos".

Os efeitos jurídicos dos confiscos e nacionalizações, para além de terem transferido para a titularidade do Estado os direitos fundiários e da propriedade das benfeitorias, traduziu-se na dissolução "ope legis" das sociedades abrangidas pelo confisco.

O que se pretende com a introdução deste princípio, de resto reiterado no artigo 13.º da Lei Constitucional, é dizer o seguinte:

a) O confisco é válido e irreversível (intocável) se foi praticado com estrita observância das Leis n.º 3/76 e n.º 43/76 sobre confisco e nacionalização. Se estas Leis foram respeitadas, nomeadamente se houve ausência injustificada do País pelos proprietários por tempo superior a 45 dias ou sabotagem económica, o confisco é irrevogável, intocável, não podendo ser anulado (se o for, o acto de anulação é inconstitucional por violação do artigo 13.º da Constituição;

b) Se o confisco foi praticado irregularmente por inobservância das Leis n.º 3/76 e n.º 43/76 (por exemplo, o proprietário nunca se ausentou do País, ou fê-lo devidamente autorizado, ou houve erro na identificação do imóvel), esse confisco é ilegal, não está protegido pelo artigo 13.º da Constituição (justamente por vício de inobservância da Lei aplicável, isto é, ilegalidade) e pode/deve ser declarado nulo a pedido dos interessados, por via administrativa (Decreto de desconfisco) ou por decisão judicial revogatória;

c) A Constituição só permite que se faça um desconfisco no caso concreto e perante prova irrefutável se confirmar que não se verificou nesse caso nenhuma das causas de confisco ou nacionalização prevista na Lei, nomeadamente:
  ✓ Infracção cambial, fiscal, aduaneira;
  ✓ Sabotagem económica (descapitalização, desvio de fundos, redução ou paralisação da produção, etc.);

d) Os bens regularmente confiscados e nacionalização, embora não possam ser "desconfiscados" ou "desnacionalizados", podem entretanto ser reprivatizados pelo Estado ao abrigo da Lei competente. Nisso consiste a reprivatização de que fala o artigo 13.º da Lei Constitucional, para a qual podem concorrer os antigos proprietários desde que se habilitem para o efeito e seja desencadeado um processo de privatização ou redimensionamento.

Neste, os antigos proprietários agrários só poderão aspirar a reinstalarem-se nas antigas fazendas senão pelo processo de reprivatizações.

É no quadro de uma Lei de reprivatizações que o Estado pode ou não garantir condições especiais aos candidatos que sejam antigos proprietários.

3.10. *Princípio da Expropriação por Utilidade Pública (Artigo 12.º)*

Embora a expropriação por utilidade pública não seja propriamente um princípio fundiário, ele tem repercussão em matéria fundiária porquanto "O Estado e as autarquias locais podem expropriar terrenos sem prejuízo do direito a indemnização nos termos da Lei".

Na verdade, no que diz respeito a relação entre direito sobre a terra e expropriação, pode dizer-se que um instrumento fundamental da gestão urbanística e, especialmente da gestão dos planos territoriais, é a expropriação de terrenos. A expropriação é, assim, um instrumento fundamental da execução das opções do ordenamento físico de gestão territorial e urbanística. Por isso, os terrenos e edifícios necessários à execução dos planos territoriais podem ser expropriados por utilidade pública e, hoje, no ordenamento jurídico angolano são aplicáveis a Lei n.º 2030 de 22 de Junho de 1948 e o Decreto n.º 43.589, de 8 de Abril de 1961.

4. A Intervenção Fundiária

Terminados os princípios fundamentais ou estruturantes, é altura de se dedicar a outros aspectos do regime fundiário, começando pelas intervenções fundiária (artigo 14.º a 18.º da Lei).

Com este artigos da Lei, pretende-se reiterar que o Estado, sobretudo na sua função de planeamento do desenvolvimento económico e social e, em particular, do planeamento territorial, tem, nas suas mãos, instrumentos de gestão e intervenção nas matérias fundiárias.

Neste particular, evidencia-se a imbricação necessária entre o ordenamento do território e o urbanismo.

Com efeito, prevê-se vários instrumentos de intervenção do Estado na gestão e concessão de terras, designadamente:

a) Ordenamento do Território e Urbanismo (Artigo 15.º)

O n.º 3 do artigo 12.º da Lei Constitucional impõe a racionalidade na utilização das terras.

Esta utilização racional e integral não pode ser conseguida se não for feita de uma forma ordenada, isto é, coerente com o quadro global de ocupação do território pelas diferentes actividades económicas sectoriais e de urbanização, o que vale por dizer objectos de desenvolvimento económico e social.

No fundo, a ocupação das terras e o desenvolvimento económico e social estão intrinsecamente conexos, pelo que se exige uma utilização combinada do instrumento do planeamento territorial (em sede de um ordenamento do território) e, em especial, do planeamento urbanístico.

É esta a "ratio essendi" da inclusão desse princípio no artigo 15.º da Lei.

b) Protecção do Ambiente e Utilização Sustentável das Terras (Artigo 16.º)

O artigo 24.º da Lei Constitucional consagra o direito ao ambiente como meio "da defesa e conservação dos recursos naturais".

A Lei de Bases do Ambiente – Lei n.º 5/98, ao desenvolver a Lei Constitucional, formula uma noção de solo, considerando-o uma das componentes ambientais, isto é, "[um] dos diversos elementos que integram o ambiente e cuja interacção permite o seu equilíbrio...".

Assim, a terra aparece, também, numa perspectiva jus-ambiental e que, por isso, sujeita a um regime pluridimensional.

O artigo 16.º da Lei fala, também, na relação entre a protecção do ambiente e a utilização sustentável das terras, o que significa afirmação a necessidade de defesa do ambiente e acção pública que promovam um desenvolvimento harmonioso das actividades económicas bem como uma expansão contínua e equilibrada;

c) Princípio do Interesse Nacional e do Desenvolvimento Económico e Social (Artigo 17.º)

Este princípio traduz um desenvolvimento dos artigos 9.º e 10.º da Lei Constitucional.

Ao incluí-lo na de Lei de Terras quer-se tão-só acentuar o seguinte: sendo o Estado o senhor das terras não ocupadas ou apropriadas definitivamente, em termos privados tem (o Estado) por missão promover o seu uso e interesse nacional ao desenvolvimento económico e social e ao bem-estar social;

d) Limitação ao Exercício de Direitos Fundiários (Artigo 18.º)

O artigo 18.º da Lei serve para invocar e fundamentar uma função social dos direitos fundiários.

Com efeito, o exercício dos direitos fundiários têm limites que decorrem do fim económico e social à que a utilização da terra está vinculado.

Superada a perspectiva liberal e individualista da propriedade, nos termos da qual "os direitos reais não têm outros limites senão aqueles que lhes forem assinalados pela natureza das coisas, por vontade do proprietário, ou disposição expressa da Lei, "proclama-se hoje que os direitos reais – incluindo os direitos fundiários – têm como limites o fim económico e social e o abuso de direito".

O artigo 18.º é, assim, um expediente técnico ao serviço da teologia económica e social inerente a todo o diploma.

5. Classificação de Terrenos

O capítulo II, que vai dos artigos 19.º a 27.º, desenvolve o princípio da classificação das terras ou terrenos.

A Lei de Terras procura fazer uma classificação dos terrenos que supera a Lei anterior que se reconduzia as terras para fins agrárias e especiais e a destacar as áreas de protecção.

A nova Lei assenta num critério que tenha em conta o regime das terras, em razão quer dos múltiplos fins que os terrenos sustentam, quer da multiplicidade e diversidade de sujeitos que titulam os terrenos e dos direitos que os mesmos exercem.

Assim, a nova Lei oferece um quadro global, mais completo possível, do regime geral da terra e dos regimes específicos de cada tipo, sub-tipo e classe de terrenos.

Neste termos, o artigo 19.º diz que os terrenos são classificados em função dos fins a que são destinados e do regime jurídico a que estão sujeitos nos termos da Lei.

Diz, ainda, o artigo 19.º que os terrenos do Estado classificam-se em concedíveis e não concedíveis, sendo os primeiros os terrenos urbanos e rurais e os segundos os comunitários e os que integram o domínio público.

Estão, assim, presentes no artigo 19.º dois critérios definidores:

i) O critério da situação do terreno conforme os terrenos se situem nos aglomerados urbanos n.º 5 do artigo 19.º ou fora dos aglomerados urbanos isto é os terrenos rurais nos termos do n.º 6 do artigo 19.º;

ii) O critério dos fins a que se destinam designadamente, terrenos agrários (artigo 24.º), terrenos de instalação (artigo 25.º), terrenos viários (artigo 26.º).

Para a compreensão do conceito urbano e rural, é importante o conceito básico de aglomerados urbanos que tal como definido na própria Lei.

Assim, os aglomerados urbanos compreendem "as áreas territoriais que abrigam aglomerados populacionais que estão dotados de infra-estruturas urbanísticas, designadamente, rede de abastecimento de água e de electricidade, saneamento básico e cuja estruturação se desenvolve segundo planos urbanísticos aprovados ou, na sua falta segundo instrumento de gestão urbanística legalmente equivalentes".

A propósito do artigo 19.º (classificação dos terrenos) são necessárias, ainda, as seguintes notas explicativas.

Em primeiro lugar, os terrenos concedíveis traduzem-se naquelas categorias de terrenos que integram a propriedade originária da terra do Estado e que são transmissíveis a terceiros.

É o conceito de terrenos vagos que foi utilizado pela legislação colonial como sendo "os terrenos que não tenham entrado definitivamente no regime de propriedade privada ou de domínio público".

Os terrenos não concedíveis são aqueles que integram o domínio público e, os comunitários.

Nesta medida, a nova Lei de terras superou também, o conceito de Fundo Nacional de Terras utilizado Lei n.º 21-c/92, deste modo, se supera os terrenos incluídos no domínio público e, por isso, transmissíveis a terceiros.

Infelizmente, a Lei n.º 21-c/92 e o Decreto n.º 32/95 integra no conceito Fundo Nacional de Terras quer o solo, subsolo, leito dos cursos de águas, quer a plataforma continental, as águas territoriais, lagos e lagoas.

Em segundo lugar, que entre os terrenos não concedíveis, para além dos integrados no domínio público, incluem-se os terrenos rurais comunitários, isto é, titulados por domínio úteis consuetudinário, compreendendo, sempre e conforme o caso, áreas complementares ou corredores de transumância para agricultura itinerante e a identificação doa atravessadouros em regime de servidão ou não para acesso do gado as fontes de água e pastagens (artigo 23.º).

Está-se, afinal, a tratar dos terrenos ocupados pelas famílias das comunidades rurais, para fins habitacionais e de exercício da sua actividade familiar e outros reconhecidos sob o regime consuetudinário e os terrenos (terras) (artigo 22.º alínea a).

Em terceiro lugar, que a qualificação específica dos terrenos é feita pelos planos gerais do ordenamento do território e, na sua falta, por decisão das diferentes autoridades competentes em razão da matéria, nos termos da Lei e dos regulamentos aplicáveis.

Em conclusão, pode dizer-se que os terrenos classificam-se em concedíveis e não concedíveis.

Os terrenos concedíveis classificam-se para efeitos do seu uso e aproveitamento, pelas pessoas singulares e colectivas, em dois tipos:

a) Terrenos urbanos;
b) Terrenos rurais.

São terrenos não concedíveis os integrados no domínio público, bem como os terrenos comunitários.

Os terrenos urbanos são os situados dentro dos forais ou das áreas delimitadas dos aglomerados urbanos e destinam-se aos fins de ocupação e edificação.

Os terrenos rurais são, os situados fora dos centros urbanos ou equivalentes, e destinam-se aos mais diversos tipos de aproveitamento económico e social, adequados à suas aptidões, ou regime de ocupação consuetudinário, designadamente fins agrários, de implantação de instalações industriais, comerciais ou de exploração mineira, bem como de ocupação habitacional, uso e fruição agro-pecuária e florestal pelas comunidades rurais.

A declaração ou qualificação específica dos terrenos é feita pelos planos gerais de ordenamento do território, e na sua falta, casuisticamente, por decisão das diferentes autoridades competentes em razão da matéria, nos termos da presente Lei e regulamentos.

Os terrenos urbanos podem ser:

a) Terrenos urbanizados aqueles cujo fins concretos estão definidos pelos planos de detalhe urbanísticos, ou como tal qualificados por decisão das autoridades locais competentes, designa-

damente, para implantação de edifícios, vias de comunicação, parques e demais infra-estruturas de urbanização;
b) Terrenos de construção, os terrenos urbanizados que estando abrangidos por uma operação de loteamento aprovado, tenham obtido licença para construção de edifício; pela competente autoridade local;
c) Terrenos urbanizáveis os que ainda que compreendidos no foral ou perímetro urbano equivalente, estão qualificados pelo plano director municipal, ou equivalente, como reserva urbana de expansão.

Os terrenos rurais podem ser:

a) Terrenos Rurais comunitários os ocupados pelas famílias das comunidades rurais locais, para fins habitacionais e de exercício da sua actividade familiar; e outros reconhecidos sob o regime consuetudinário e os termos da presente Lei e dos respectivos regulamentos;
b) Terrenos Agrários os que são declarados aptos para cultura, designadamente, para o exercício de actividade agrícolas, pecuárias e silvícolas, ao abrigo do regime de concessão de direitos fundiários previsto na presente Lei;
c) Terrenos Florestais, os qualificados como aptos para a reserva ou exploração de florestas naturais ou artificiais, nos termos dos planos de ordenamento rural;
d) Terrenos de Instalação, os destinados à implantação de instalações mineiras, industriais ou agro-industriais, nos termos da presente Lei e da respectiva legislação aplicável ao exercício de actividades minerais, petrolíferas e dos parques industriais;
e) Terrenos Viários os declarados como afectos à implantação de vias terrestres de comunicação, redes de abastecimento de água, electricidade, drenagem pluvial e de esgotos.

Finalmente, os terrenos reservados total ou parcialmente e que estão excluídos do regime de ocupação ou uso pelas pessoas singulares ou colectivas, em razão de estarem totalmente ou parcialmente afectos, à realização de fins especiais que determinam a sua constituição designadamente, protecção de elementos naturais, ambiente, defesa e segurança nacional, protecção de monumentos ou locais históricos plataforma continental e faixa da orla marítima (artigo 27.º).

6. Tipologia de Direitos Fundiários (direitos sobre terrenos)

6.1. *Domínio Público do Estado*

A tipologia de direitos fundiários (artigos 34.º a 40.º do projecto) supera a concepção monista da Lei anterior porquanto, para além do direito de superfície, prevê-se o direito de propriedade privada validamente constituído e apenas para pessoas colectivas e singulares nacionais, os domínios fundiários consuetudinários das comunidades rurais e os direitos de uso e aproveitamento útil da terra (domínio útil civil).

Antes da consagração dos vários tipos de direitos fundiários a Lei procura definir, de acordo com os princípios fundamentais por ela estabelecidos, o domínio do Estado, designadamente, o domínio público do Estado, isto é, aqueles bens que são propriedade do Estado e, por isso, inalienáveis, imprescritíveis e impenhoráveis.

Com esta disposição, procura-se separar o domínio do público e privado do estado, sendo sobre este último que pode recair o poder de transmissão a terceiros. O domínio público do Estado é constituído pelos seguintes bens:

a) As águas interiores, o mar territorial, a plataforma continental, a zona económica exclusiva, os fundos marinhos contíguos, incluindo os recursos vivos e não vivos neles existentes;
b) O espaço aéreo nacional;
c) Os recursos minerais;
d) As estradas e os caminhos públicos, as pontes e linhas férreas públicas;
e) As praias e a orla costeira, numa faixa pelos forais, ou por diploma do Governo, conforme estiverem integradas ou não em perímetros urbanos;
f) As zonas territoriais reservadas à defesa do ambiente;
g) As zonas territoriais reservadas aos portos e aeroportos;
h) As zonas reservadas para defesa militar;
i) Os monumentos e imóveis de interesse nacional, como tais classificados e integrados no domínio público;
j) Outros bens administrados por Lei, ou afectados por acto administrativo ao domínio público.

6.2. *Os Vários Tipos de Direitos Fundiários*

Os direitos fundiários previstos no artigo 34.º são os seguintes:

a) Propriedade privada;
b) Domínio útil consuetudinário;
c) Domínio útil civil;
d) Direito de superfície;
e) Direito de ocupação precária.

6.2.1. Propriedade Privada

A Lei actual admite a propriedade privada sobre terrenos. Entretanto, está subjacente a esta opção do legislador uma estratégia.

Assim, a implantação da propriedade privada fundiária restringe-se aos terrenos urbanos e, neste, admite-se, apenas que ela seja a favor de pessoas colectivas e singulares nacionais (artigo 35.º, n.º 2).

Em relação aos estrangeiros, admite-se, a transmissão da propriedade privada através de pessoas colectivas participadas maioritariamente por nacionais (artigo 35.º, n.º 3).

É de sublinhar que a propriedade privada sobre terrenos urbanos, quando admitida, conhece restrições ao seu conteúdo resultante dos planos urbanísticos.

Os proprietários só poderão usar e transformar o seu terreno urbano dentro do quadro geral de uso fixado nos planos urbanísticos.

É o que resulta do artigo 36.º da Lei.

6.2.2. Domínio Útil Consuetudinário (artigo 37.º)

A consagração de um domínio útil consuetudinário é uma sequência do princípio do respeito pelos direitos fundiários das comunidades rurais, tal como se defendeu no número 2.1. deste texto.

Com efeito, o direito que as famílias exercem sobre as terras que usam e fruem não é um verdadeiro direito de propriedade, mas de um domínio útil que integra vários poderes de posse ou ocupação, de uso e fruição, de recolecção de frutos naturais, de disposição e alteração da terra, enfim, de aproveitamento tão forte quanto tem a aparência e se comporta como se propriedade se tratasse.

6.2.3. Domínio Útil Civil (Artigo 38.º)

O objectivo deste artigo é distinguir o domínio útil consuetudinário e um domínio útil civil.

Mais do que isso, com a presente definição feita não só pela remissão ao artigo 1501.º do Código Civil, como, em particular, pela menção expressa de dois dos seus mais importante poderes, isto é, "uso e fruição como se a coisa fosse sua" serve a intenção marcada de revelar a diferença essencial e específica que destaca o domínio útil face ao direito de superfície ou outros direitos reais menores.

O domínio útil (enfitêutico) é um conjunto de poderes mais fortes que os do direito de superfície enquanto se comportam como se tratasse da propriedade.

Na verdade, "o titular do domínio útil, a semelhança do proprietário, tem poderes de uso e transformação do solo/terreno como bem entender, ao contrário do superficiário. São estes poderes mais fortes que relevam para a construção urbanística ou para a transformação do solo em termos agrários e agro-industriais".

O superficiário só pode implantar no solo obra ou plantação e o seu direito se restringe a uma "propriedade" que incide apenas sobre a sua obra ou plantação.

Pode dizer-se que a enfiteuse é se traduz numa propriedade imposta cujo titular tem uma parte dos poderes relativos ao conteúdo do direito propriedade.

De resto, a enfiteuse constituída por contrato de concessão (artigo 38.º, n.º 4) traduz-se num parcelamento de direito pela constituição de dois domínios distintos sobre a mesma coisa: o domínio directo e do domínio útil.

Por isso, é que a enfiteuse também se designa por emparcelamento.

Os poderes do foreiro ou titular do domínio útil são mais próximos do proprietário e bem mais fortes que o usufrutuário.

Por isso, que quanto aos actos de disposição material, o foreiro não está obrigado aos limites do superficiário de não poder implantar obra no solo (artigo 1525.º C.Civil), cujo uso e fruição pertencem do proprietário (artigo 1533 C.C), pois o foreiro tem o poder de usar e fruir o prédio como se fosse proprietário (como se fosse coisa sua diz o artigo 1501.º C.C), o que implica não só o poder material de implantar obra no subsolo, praticando até actos de constituir ou extinguir servidão e inclusive direito de superfície sobre o prédio enfitêutico.

6.2.4. Direito de Superfície (Artigo 39.º)

O direito de superfície de que podem ser titulares nacionais ou estrangeiros traduz-se no direito de ter coisa própria incorporada em terreno alheio.

A disciplina geral deste direito consta do código civil (artigo 1524.º e seguintes).

Note-se que, ao abrigo da Lei de Terras em vigor, é este o único tipo de direito real que se pode constituir sobre terrenos.

6.2.5. Direito de Ocupação Precária (Artigo 40.º)

Este direito surge da necessidade de se consagrar uma forma expedita de ocupação licenciada de terrenos do Estado ou dos órgãos locais e ao mesmo tempo de disciplinar a ocupação desregrada e gratuita, como é o caso doa mercados ao ar livre.

A ocupação não é definitiva, isto é, "o ocupante tem o dever de levantar as instalações deixando o terreno livre e limpo no terno final do prazo de ocupação sem qualquer direito de indemnização".

7. Regime de Concessão de Direitos Fundiários (Artigo 41.º a 66.º)

7.1. *Princípios gerais*

O regime substantivo e, sobretudo, adjectivo é tratado dos artigos 40.º a 65.º.

O regime de concessão dos direitos fundiários é, desde logo, informado por três princípios:

Em primeiro lugar, que a constituição de direitos fundiários sobre terrenos urbanizáveis depende da execução administrativa ou concertada dos planos urbanísticos ou directivos equivalentes (artigo 40.º).

Em segundo lugar, o princípio da precedência, isto é, "nenhuma pessoa singular ou colectiva pode obter nova concessão de terrenos sem que esteja provado e aceite o aproveitamento da concessão que anteriormente lhe tiver sido dada por igual titulo e para o mesmo fim (artigo 43.º).

Em terceiro lugar, o princípio da capacidade adequada, isto é, que as pessoas singulares e colectivas que pretendam obter títulos de concessão devem provar capacidade de realização do aproveitamento de projecto salvo se se tratar de projecto de pequena dimensão (artigo 44.º, n.º 2 e 3).

7.2. Legitimidade Para Adquirir Direitos Fundiários (Artigo 42.º)

A legitimidade para aquisição de direitos fundiários é tratada no artigo 42.º da seguinte maneira:

Em primeiro lugar, aos cidadãos angolanos, sem qualquer restrição;

Em segundo lugar, aos estrangeiros e empresas estrangeiras, salvos as limitações constitucionais e da própria Lei, mormente, de aquisição de direitos sobre terrenos urbanos;

Em terceiro lugar, as pessoas colectivas de Direito Público, com capacidade de gozo de direito sobre imóveis;

Em quarto lugar, as pessoas colectivas angolanas de Direito Privado, com capacidade de gozo de direitos sobre imóveis;

Em quinto lugar, as empresas públicas angolanas e as sociedades comercias, como tal definidas na Lei;

Em sexto lugar, as entidades estrangeiras de Direito Público quando assim estabeleçam acordos internacionais ou nos respectivos países seja dada reciprocidade.

Finalmente, as instituições internacionais que estatutariamente sejam dotadas de capacidade de gozo de direitos sobre imóveis.

7.3. Traços do Regime de Constituição dos Direitos Fundiários

7.3.1. Contrato de Concessão

Com a nova Lei, pretendeu-se superar uma lacuna da legislação em vigor: a caracterização expressa do acto constitutivo de concessão da relação jurídica entre o Estado concedente e o sujeito concessionário.

Será um acto administrativo, um contrato administrativo ou um contrato civil?

O artigo 45.º da nova Lei é claro ao dizer que as aquisições ou concessões de terrenos concedíveis revestem sempre a forma e regime de contrato variável em cada tipo de direito fundiário transmitido.

Assim, a concessão será sempre um contrato que pode revestir as seguintes modalidades:

a) Contrato de compra e venda ou requerimento de exercício do direito de remição do foro enfitêutico a aquisição da propriedade privada;
b) Contrato de aforamento para a concessão do domínio útil;
c) Contrato especial para concessão do direito de superfície;
d) Contrato especial de arrendamento para a concessão do direito de ocupação precária (artigo 45.º n.º1).

Acrescenta, ainda, o n.º 2 do artigo 45.º que os contratos de concessão fundiária regem-se pelas disposições especiais da própria Lei e seus regulamentos e, subsidiariamente, pelas disposições aplicáveis do código civil.

É de sublinhar que o contrato de compra e venda é resolúvel se, no prazo de três anos a contar da data adjudicação se não se fizer prova do aproveitamento útil.

7.3.2. Onerosidade e Gratuitidade das Concessões

O regime de regra da aquisição de direitos fundiários é o da onerosidade, isto é, são fixados, segundo critérios indicados na própria Lei, taxas, foro ou outras prestações devidas no momento de aquisição do direito (artigo 46.º, n.º 1, 2 e 3).

As excepções a este regime-regra encontrámo-las nas concessões de domínios úteis consuetudinário e nas concessões gratuitas que, nos termos do artigo 49.º, podem ser feitas a favor pessoas desfavorecidas e as instituições com fins desportivos, culturais, religiosos e de solidariedade social, reconhecidos como de utilidade pública nos termos da Lei.

7.3.3. Limites das Áreas de Concessão de Terrenos Concedíveis

Os limites das áreas dos terrenos urbanos em geral e dos terrenos para construção em particular são os que resultam da aplicação das normas sobre forais e das directivas e restrições dos planos urbanísticos e das operações de loteamento aprovados (artigo 51.º e 53.º).

Para este efeito, os forais são aprovados por diploma do Governo (artigo 52.º).

Por seu turno, a delimitações das áreas das comunidades rurais e a definição do uso afectação dos terrenos comunitários é da responsabilidade das autoridades competentes nos termos dos artigos 9.º, 22.º e 37.º do projecto de Lei.

7.3.4. Duração das Concessões (Artigo 53.º)

As concessões de direitos fundiários, no que diz respeito a duração, variam consoante o tipo do direito fundiário em causa.

Assim, as concessões são perpétuas para o direito de propriedade privada (artigo 54.º, alínea a)), para o domínio útil consuetudinário reconhecido (artigo 54.º alínea b)) e para a propriedade privada adquirida (artigo 54.º, alínea c)).

O domínio útil civil é concedido por um período de 50 anos, (artigo 54.º alínea d), o direito de superfície por um período de 45 anos e um ano para o direito de ocupação precária.

7.3.5. Processo e Título de Concessão (Artigo 56.º e 57.º)

O processo de concessão é remetido para a respectiva regulamentação e deverá compreender as fases de demarcação provisória e definitiva, de apreciação e aprovação (artigo 56.º).

De cada concessão de um direito fundiário sobre um terreno concedível atribuído, é emitido pela autoridade competente um título de concessão cujos modelos se remete para o respectivo regulamento.

7.4. *Transmissão e Extinção dos Direitos Fundiários (Artigo 59.º a 63.º)*

7.4.1. Transmissão de Direitos Fundiários

A Lei prevê, expressamente, no artigo 59.º a possibilidade de transmissão de posição concessionárias que *lato sensu* compreende a substituição ou transmissão voluntária entre vivos, a título oneroso ou gratuito (artigo 60.º), e a sucessão por morte (artigo 59.º, n.º 1).

Entretanto, as concessões gratuitas são intransmissíveis, salvo autorização da autoridade concedente que só pode ser quando o transmissário seja entidade da mesma natureza (artigo 61.º, n.º 1).

Os domínios úteis consuetudinários só são transmissíveis *inter vivos* e *mortis causa* quando o permitir as normas costumeiras (artigo 60.º, n.º 2).

Finalmente, diz o artigo 59.º, n.º 6, são nulas e de nenhum efeito as transmissões de direitos fundiários feitas em violação dos limites restrições ou requisitos estabelecidos na Lei.

7.4.2. Extinção de direitos fundiários

Os direitos fundiários contratualmente concedidos e titulados caducam, sem direito a indemnização quando se tenha verificado qualquer dos seguintes factos:

a) Termo do prazo de concessão sem que tenha sido renovado;
b) Cessação da actividade para a qual o terreno foi concedido;
c) Aplicação e exploração do terreno para fins diferentes dos constantes da autorização da concessão;
d) Falta de aproveitamento do terreno, segundo o plano de exploração e nos prazos e segundos os índices e demais termos regulamentares;
e) Exercício ilegítimo do direito fundiário para além dos limites legais, previstos no artigo 18.º

Lisboa, 30 de Abril de 2009.

O Semipresidencialismo e os Processos de presidencialização em Estados Lusófonos

ARMANDO MARQUES GUEDES[1]

> "[W]hile semi-presidentialism has its benefits, it places unusual strains on new democracies. In particular, periods of divided government can put great stress on the stability of countries which have not yet developed established practices of political coexistence".
>
> Benjamin Reilly (2008) "Semi-presidentialism and democratic development in East Asia grows", *APEC Economy Newsletter*, vol. 12, no. 10, The Crawford School of Economics and Government, The Australian National University

1.

Equacionar comparações, desde que tal seja levado a cabo de maneira sistemática, produz por vezes um muitíssimo marcado efeito de revelação. O alargamento dos quadros heurísticos que daí resulta dificilmente poderia ser exagerado, sobretudo quando nos comparamos a sistemas assaz diferentes do nosso – ou uns dos outros. Para colocar em relevo esse efeito bastará caracterizar a traço grosso o que por norma tem sido feito. Sobre isso me detenho nas primeiras páginas do que se segue. Neste curto estudo, a minha finalidade é mais a de assinalar propensões do que propriamente a de as esmiuçar. Começo por notar a instabilidade estrutural a que sistemas semi-presidenciais parecem estar sujeitos; faço-o tentando identificar-circuns-

---

[1] Doutor em Antropologia, Agregado em Direito e Professor Associado da Faculdade de Direito da Universidade Nova de Lisboa.

crever as características e coordenadas dela. Neste quadro, volto-me para as oscilações e para os processos de presidencialização sobre os quais tantos analistas têm vindo a dar conta – por norma sem grandes teorizações quanto às suas mecânicas – nalguns dos novos Estados lusófonos. Embora não me detenha em pormenores quanto a esses processos, encaro-os sempre como movimentos de adequação progressiva de modelos constitucionais idealizados a realidades locais[2]. Mais do que empreender um qualquer estudo empírico sobre estes processos (o que, em todo o caso, encetei já noutros lugares[3]) desta feita, tentarei, senão esmiuçar alguns dos processos que lhes dão origem, pelo menos circunscrever umas poucas das condições que propiciam tanto essas oscilações quanto essas transformações 'presidencializantes'.

Vale a pena começar por dar algum enquadramento a este tema. Depois de uma escalada na sua implantação em inícios dos anos 90 do século XX, os sistemas semi-presidencialistas de Governo têm mostrado ser mais modalidades políticas de partilha do poder do que tipos idealizados de um *tertium genus* jurídico sobre os quais escreveu, há já quase duas gerações, Maurice Duverger. Retomo este aspecto mais adiante. Por ora, importa apenas suscitar a questão de apurar se o conceito de "semi-presidencialismo" deve ser posto lado a lado – isto é, no mesmo plano – com os de "presidencialismo" e de "parlamentarismo". É claro que, em certa medida, o conceito de "semi--presidencialismo" não pode senão ser posto nesse mesmo plano, sob pena de não ser sequer inteligível. Ao seu conteúdo concreto chega-se através de delimitações e referências implícitas a esses outros conceitos. Resta porém saber se, ao ser posto nesse plano, a própria noção não perde inteligibilidade. Receio bem ser esse o caso. Como procurarei sustentar, o ponto é o de que, desde logo, os próprios conceitos de "presidencialismo" e de "parlamentarismo" não estão no mesmo plano, antes vieram dar resposta a necessidades históricas e sociais muitíssimo diferentes.

---

[2] O que está largamente feito. Para dois exemplos de tanto, ver, designadamente, Armando Marques Guedes *et al.* (2002 e 2004), respectivamente quanto aos casos de S. Tomé e Príncipe e Angola e Carlos Maria Feijó (2007), quanto a Angola. No que diz respeito à presente comunicação, não posso deixar de agradecer a muitíssimo valiosa contribuição de Ravi Afonso Pereira para muitas das formulações que alinhavo.

[3] Armando Marques Guedes *et al.* (2004) e (ed.) Armando Marques Guedes (2007). O texto de uma parte da presente comunicação (a parte 3.) segue, de muito perto, parte da introdução geral que redigi para a segunda destas publicações. O ponto focal que aqui adopto é, porém, muitíssimo diferente.

Abstraindo agora da discussão teórica, à mesma conclusão se chegará através da análise empírica da forma como, na prática, os sistemas de Governo ditos semi-presidencialistas se foram multiplicando em inícios da década de 90 do século XX. Com efeito uma dinâmica política curiosa pode com facilidade ser detectada pelo mais fácil e superficial dos processos de justaposição controlada: uma dinâmica que vai de equilíbrios instáveis a modificações unidireccionais dificilmente reversíveis. A impressão imediata com que ficamos mal uma comparação é levada a cabo é a de que estamos perante um gradiente na progressão diacrónica que estes sistemas têm tido. Desde a opção constitucional que fizeram de um semi-presidencialismo, Estados como o de S. Tomé e Príncipe e, embora menos, o de Cabo Verde, têm vivido sujeitos a oscilações que empurram o sistema de Governo ora em direcções parlamentaristas ora presidencialistas. Os de Angola, Moçambique, a Guiné-Bissau e, de um modo interessante, também em Timor-Leste (em que o Presidente, Xanana Gusmão, até 2006 Presidente da República, se tornou Primeiro-Ministro e cada vez mais acumula no cargo uma enorme autoridade e poderes *de facto*), têm-se como que deslizado de maneira sustida no sentido de um 'presidencialização' [ou, se se preferir, uma concentração de poder no topo de uma pirâmide hierárquica] muitíssimo nítida.

É curioso verificar que as explicações locais para estas oscilações e estas 'derivas presidenciais' alvitram diversos motivos para tais processos e para essa 'deriva' relativamente ao inscrito nas Constituições adoptadas – insistindo-se, tipicamente, ora em razões "culturais", ora em "histórico-idiossincráticas", ora em políticas, económicas ou militares para o processo de adaptação (um 'desvio' que redunda numa concentração de poder) constatado. Não é essa a posição assumida neste trabalho. Nele, a deriva presidencial explica-se antes pela circunstância de se estar perante grandezas diferentes; sendo, em abstracto – e, também, como se verifica, em concreto – perfeitamente concebível que aquilo que se entende por "presidencialismo" e o que se convencionou designar de "semi-presidencialismo" possam conviver.

Se a finalidade é de extrair informação de comparações, qual poderá então ser o contexto geral em que estes processos melhor se entre-iluminam? Como é óbvio, o de um alargamento de âmbito empírico que inclua *outros* exemplos 'semi-presidencialistas', da República de Weimar à Terceira República francesa, ao caso português do pós-25 de Abril e às múltiplas experiências 'Centro' – e 'Leste' –

europeias pós-comunistas resolvem melhor as imagens, na medida em que ampliam a amostragem de que dispomos, ao mesmo tempo que sugerem uma explicação sociopolítica de fundo. Das comparações levadas a cabo neste âmbito alargado, uma hipótese de trabalho parece iniludível. As derivas presidenciais são casos extremos das oscilações verificadas nos 'regimes semi-presidenciais' e tendem a afirmar-se, sobretudo – isto é, mais rápida e robustamente – em processos de *State-building* ensaiados em comunidades políticas marcadas por fortes pluralismos políticos e sociológicos, e correspondentemente menos naquelas que são mais homogéneas e menos divididas. Nada disto constitui, decerto, surpresa, uma vez que tomemos consciência de que a adopção de sistemas semi-presidencialistas de Governo se dá, por via de regra, em sociedades pós-ditatoriais, constituindo uma resposta política de natureza 'cosmética' exigida por pressões ideológicas de forças apostadas em processos rápidos de democratização de regimes até aí não-democráticos.

Tal constatação aponta com nitidez para o que me parece fundear um bom ponto de partida – o de uma dinâmica *histórica* – e por isso o utilizo para a análise que se segue. Não é seguramente abusivo generalizar, afirmando que os processos complexos – e quantas vezes dolorosos e altamente contestados – de implantação de Estados pós-coloniais na África e Ásia de língua oficial portuguesa formam, a vários títulos, um pano de fundo que se torna imprescindível tomar em linha de conta se ambicionarmos compreender os cada vez mais numerosos, mais intensos, e menos ignoráveis, movimentos de adequação normativa local que formam uma característica tão marcante dos panoramas da juridicidade na África e na Ásia lusófonas. Mais ainda: em última análise, pouco ou nada daquilo que consideramos ao escrutiná-los seria inteligível sem uma ponderação dos *acquis* ambivalentes legados pelos Estados coloniais de que os Estados pós-coloniais em tantos sentidos são herdeiros directos – e sobretudo dos tardios, desenvolvidos durante os últimos decénios do período de colonização: os nossos processos de reconstrução racional das entidades e dos tão densos processos relacionais com que deparamos hoje podem prescindir de um conhecimento detalhado do que caracterizou a dimensão política, a administrativa, e a económico-social, das colonizações que tiveram lugar[4].

---

[4] Muitos juscomparatistas, por exemplo, têm vindo a sublinhar que em África e na Ásia a densa teia de interpenetrações entre ordenamentos jurídicos locais e importados,

Note-se, para além disso, que virtualmente sem qualquer excepção, quando analisamos os sistemas normativos africanos e asiáticos contemporâneos *efectivos* – efectivos no duplo sentido de que constituem ordenamentos 'plurais' e multi-dimensionados e de "não apenas *the black letter* da *law in the books*" – torna-se muitíssimo difícil (é por vezes mesmo impossível) separar de maneira enxuta o jurídico do ético e moral, o normativismo religioso de todas essas outras formas; ou até o jurídico do político, embrenhada como "a lei" por via de regra está em relações de cultura, de poder, e de dominação e subordinação[5]. O domínio aberto daquilo que reconhecemos como 'constitucional' não se revela a esse nível como uma excepção, bem pelo contrário: exprime-o de maneira aguda. Poder-se-á porventura assim defender que o domínio do 'constitucionalismo' constitui uma espécie de microcosmos – parcial mas fascinante – daquilo que une e daquilo que separa os países lusófonos – e que o seu estudo, talvez por isso mesmo, nos fornece, por conseguinte, indicadores preciosos

---

entre ordenamentos modernos e tradicionais, estatais ou "consuetudinários", formais e informais, se exprime num conjunto que é multi-dimensional. Os conjuntos – tanto quanto os podemos circunscrever enquanto todos dotados de integridade, ou de completude, sistémica – constituem agregados fascinantes, difusos e pouco homogéneos, e para além do mais agregados cujos limites e fronteiras não são necessariamente estáveis, nem são sempre claramente definidos: facto do qual uma das consequências é em simultâneo uma grande imbricação e uma marcadíssima disseminação das funções preenchidas a partir de (e localizadas em) "lugares" diferentes da estrutura social – e geram, em resultado, diferenças que tão patentes se tornam em todos esses tão complexos "sistemas". Não posso, deixar de fazer alusão aos trabalhos conduzidos em Cabo Verde e em Moçambique por Boaventura de Sousa Santos (no último caso à frente de uma numerosa equipa constituída por investigadores moçambicanos e portugueses). Devo também referir as investigações conduzidas por Armando Marques Guedes (por via de regra também em equipas com o mesmo tipo de composição) relativamente aos complexos normativos de Cabo Verde, S. Tomé e Príncipe, e Angola. Nos dois casos, as ambições interdisciplinares são patentes. Em Portugal, Jorge Bacelar Gouveia, Jorge Miranda, Joaquim Gomes Canotilho, Vital Moreira e Vitalino Canas (todos eles constitucionalistas, note-se) são porventura quem tem produzido mais trabalhos técnico-jurídicos sobre os Direitos africanos lusófonos positivos.

[5] Sublinho que são considerações deste tipo as que melhor sublinham a futilidade de quaisquer tentativas que visem abordar o estudo dos Direitos africanos e asiáticos em termos jurídicos "puros". Facto que não tem passado despercebido aos analistas que sobre estas questões se têm debruçado. Não é difícil compreender porquê. Como notou um jurista duro e maduro como P.-F. Gonidec (*ibid.*: 2-3), "*en Afrique plus qu'ailleurs, le droit ne ne peut pas être isolé, sinon artificiellement et arbitrairement, des autres phénomènes. Il n'est pas un univers clos qui se suffirait à lui même, étranger a tout ce qui n'est pas sa propre substance*". Pena é que, deste facto estrutural, raramente se derivem as implicações metodológicas que me parecem necessárias.

quanto ao que o futuro nos reserva no que toca à utilização e até à transponibilidade de conceitos, institutos ou, por maioria de razão, formas institucionais. É simples compreender porquê. No 'constitucionalismo' (uso aqui o termo de modo lasso, com o intuito de abarcar domínios interligados) deparamos, em simultâneo, com uma boa pedra de toque e com uma excelente área-receptáculo de múltiplas interfaces internas e externas entre o jurídico, o político, e o sócio-cultural. Estamos em consequência frente a um excelente campo de testes para as potencialidades da formulação de generalizações comparativas em domínios tão marcados pela riqueza e pela intricação como o são sempre o *State-building* e os processos normativos que o acompanham, o enformam, e por eles se este se vê conformado[6].

O que me traz de regresso ao meu tema: aquilo que decidi abordar e tratar – a 'deriva presidencial' em muitos dos Estados lusófonos – inclui-se na topografia do fosso que se abre entre a *law in the books* e a *law in action*, seja no domínio 'constitucional' seja noutro qualquer. Trata-se de uma topografia cuja mecânica de funcionamento – ou cuja *dinâmica*, se se preferir, já que inclui uma dimensão temporal diacrónica – importa apurar. Como escrevi noutro lugar, diligências pluridisciplinares parecem-me constituir para isso uma boa receita[7], ou em todo o caso disponibilizam-nos fórmulas menos

---

[6] Um pequeno excurso lateral. Podemos enunciar isto mesmo por outras palavras: em África como na Ásia numerosos são os casos em que não é nítida uma verdadeira separação-distinção entre, por um lado, os "elementos jurídicos" e, por outro lado, os "elementos externos ou meta-jurídicos" que neles se embrenham. Pode-se decerto por conseguinte dizer que mais do que falar em ordenamentos normativos discretos, de natureza seja jurídica, religiosa, política, seja ética ou moral, em África ou na Ásia parece preferível fazer alusão a *aspectos* normativos jurídicos (ou éticos, morais, religiosos ou políticos) de *todos* os ordenamentos compósitos existentes. Assim, à diversidade de fontes e à multiplicidade de formas exibidas, acresce o vai-vem permanente de "mestiçagens normativas", de "hibridização", e junta-se deste modo um nível ulterior de complexidade estrutural: a adveniente de uma enorme fluidez, tanto no recorte que exibem quanto no seu lugar social de inserção, nos diversos e tão variados papéis que preenchem, ou até nas articulações socioculturais múltiplas que exprimem e a que dão corpo. As implicações de tudo isto são dificilmente contornáveis. São precisamente a densidade da intricação, a multiplicidade de pontos de aplicação, e a indefinição formal dos conjuntos normativos presentes em África e na Ásia aquilo que exige métodos mais abrangentes em relação aos âmbitos e contextos socioculturais em causa.

[7] Tentei, noutros lugares, desenvolver um pouco mais este ponto. Para uma melhor fundamentação das asserções que formula neste e nos parágrafos anteriores, é útil a consulta da discussão muitíssimo mais desenvolvida que incluí em Armando Marques Guedes (2004, *op. cit.*: 19-33). Repito aqui formulações que antes utilizei na respectiva p. 31. Ver, também, o já citado (ed.) Armando Marques Guedes (2007).

incompletas. Mais do que uma mera reperspectivação, o estudo dos complexos normativos africanos ou asiáticos (lusófonos ou quaisquer outros) exige, dadas as realidades socioculturais e sócio-económicas densas que quantas vezes muito directamente os ordenam, que façamos um esforço de redefinição dos objectos de estudo para assim conduzir a bom porto uma sua análise séria, rigorosa e com um fundamento empírico suficiente para que a morfologia plural e a dinâmica que os caracterizam sejam plenamente assumidas e ponderadas[8].

Com o intuito de melhor circunscrever as condições propícias para as oscilações e 'derivas' a que atrás fiz alusão, a isto mesmo me irei dedicar nas páginas que se seguem, embora apenas o faça de maneira indicativa e geral. Não entrarei, assim, em pormenores relativos aos processos de 'deriva' e concentração de poder verificados – em Angola, Moçambique, na Guiné-Bissau, ou em Timor-Leste; nem me irei debruçar sobre as oscilações mais ligeiras verificadas em 2002, em S. Tomé e Príncipe, quando da opção constitucional por um "pendor parlamentar" para um sistema de Governo semi-presidencialista em riscos de presidencialização. No que se segue, atenho-me ao plano teórico-analítico.

2.

Retomando o que comecei por escrever: de entre os numerosos benefícios que nos traz a reflexão sobre a dimensão normativa e a juridicidade nos países africanos e asiáticos lusófonos, avulta seguramente o de o esforço nos convidar a um alargamento de âmbito, tanto nos exemplos como nos enquadramentos conceituais a que estamos habituados. No que a estes Estados lusófonos diz respeito, aludi já à importância de manter sempre em mente tanto os processos de consolidação da entidade Estado pós-colonial, quanto as características da colonização que teve lugar. Mas temos também de saber

---

[8] Ainda que de forma tentativa, isso é precisamente o que de uma ou de outra maneira tenho tentado esboçar nos meus estudos sobre "Direitos lusófonos" – ultrapassando ora textualismos simplistas, ora enquadramentos reducionistas, ora aqueles comparativismos, tão espúrios como pouco atentos e informados, que tantas vezes decorrem das primeiras como das segundas destas opções infelizmente comuns. Como escrevi há já alguns anos noutro lugar, muito caminho há ainda decerto para percorrer para melhor sabermos reenquadrar os Direitos lusófonos nos contextos socioculturais concretos que lhes insuflam alento e vida. Parece-me essencial que, quanto antes, seja encetado o longo percurso.

descer a planos mais micro, que se articulem com esses e outros processos macro: o carácter emergente dos processos em curso exige-nos uma atenção redobrada a pequenos indícios que sinalizam tendências. Uma tendência regular (e que, em muitos casos, apresenta vantagens, como irei insistir) é a de uma 'presidencialização', a de uma "deriva presidencial". Mas os constantes avanços e recuos que tão patentes são no andar das carruagens africanas lusófonas – tal como, de resto, na pequena carruagem timorense – desafiam quaisquer generalizações simplistas que possamos ser levados a formular.

O que podemos dizer, deste ângulo de 'complexidade', quanto ao 'semi-presidencialismo', no que diz respeito à sua mecânica interna? Parece cada vez mais claro, agora que dispomos de um número crescente de dados relativos a experiências "não-ocidentais" deste "sistema de Governo" (e Maurice Duverger talvez não discordasse inteiramente deste ponto quanto à dupla natureza intrínseca da sua "águia de duas cabeças"), que a figura modelar do semi-presidencialismo não é tão-somente uma figura jurídico-constitucional depurada, dedutível da lógica normativa dos dois "clássicos" sistemas de governação, não é porventura tanto uma solução *jurídica* provinda da lógica das *Grundnormen* características de regimes democráticos, um *tertium genus* puro e duro pensável como posicionado no mesmo patamar que o presidencialismo ou o parlamentarismo. Mais vantajoso será pensá-lo antes como constituindo, primeiro, uma receita *política* de divisão-limitação híbrida de poder, que casa parlamentarismo com presidencialismo – uma receita que se torna particularmente convidativa em comunidades pós-ditatoriais que, simultaneamente, pretendam dar de si próprias (e muitas vezes *para* si próprias) uma imagem de democraticidade e se queiram, também, distanciar de formas ditatoriais e potencialmente divisionistas de concentração do poder. O semi--presidencialismo, nesse sentido, é, sobretudo, conceptualizável como *uma fórmula política de partilha do poder*, como (ainda que de maneira que acabou por se revelar contra-producente) Hugo Preuss e Max Weber souberam compreender com a aplicação arriscada que o último propôs da sua teoria do "carisma" a uma República de Weimar nascente numa Alemanha pós-imperial em fragmentação num pós-guerra ameaçadoramente modernizante[9].

---

[9] Um carisma aplicado, de maneira expressa e consciente, como segunda demão 'realista' face às exigências resultantes das 'regras de reconhecimento' locais, sobre um parlamentarismo pós-Kaiser Wilhem II.

Sem querer teorizar excessivamente, e tal como foi há já alguns anos asseverado por Vitalino Canas[10], o presidencialismo (cujo "tipo ideal" paradigmático é o modelo histórico norte-americano) foi uma resposta padronizada a uma conjuntura político-histórica particular: os colonos estabelecidos no Novo Mundo, mais ciosos de quebrar uma dependência colonial que lhes pesava do que de fazer frente em abstracto ao princípio monárquico, criaram um sistema que o lograva de maneira efectiva, enquanto reproduzia o sistema monárquico matricial de origem, por assim dizer – o que não era de modo nenhum impossível num contexto em que o Rei britânico tinha mais poder do que hoje em dia, e a figura do Presidente norte-americano menos. O parlamentarismo, pelo contrário, mas mais uma vez em resposta a (e nos termos de) um enquadramento conjuntural muito concreto, o britânico, foi desenhado com um intuito de constituir um contrapeso ao poder Real, no quadro de uma luta por uma "constitucionalização" pública da vida colectiva, uma fórmula de racionalização do poder em alternativa à discricionariedade, da previsibilidade em contraponto o arbitrário, de um "poder colegial" no lugar de uma "vontade personalizada".

Pormenorizando aquilo que antes afirmei: o "semi-presidencialismo" de só num sentido formal e abstracto pode ser pensado como constituindo um *tertium genus* – sobretudo se o entendermos, como Duverger o fez, no sentido forte de um hipotético ponto de alguma maneira *intermédio* entre presidencialismo e parlamentarista, um ponto em resultado que partilhasse características de um destes sistemas de Governo e características do outro. Nem poderíamos, em boa verdade, conceber um ponto intermédio desse tipo, dadas as profundas diferenças 'de raiz' que separam parlamentarismo e presidencialismo. Para o vislumbrar com clareza, atente-se nas fontes de legitimidade de um e outro destes sistemas de Governo. Tal é evidente, mesmo sem grandes precisões: no presidencialismo, a legitimidade provém da operação do duplo mecanismo de representação e delegação de um poder originário que se considera residir no "povo"; enquanto

---

[10] *In* Vitalino Canas (2004), "The Semi-Presidential System", *ZaöRV* 64: 95-124, Max-Planck-Institut für ausländisches öffentliches Recht und Völkerrecht. Para uma visão alternativa (e mais recente) de conjunto sobre o semi-presidencialismo no mundo lusófono – neste caso em Portugal – ver, por todos, Ana Martins (2006), "The Portuguese Semi--Presidential System. About Law in the Books and Law in Action", *European Constitutional Law Review*, 2: 81–100.

que, o presidencialismo ancora numa visão personalizada de um poder que pode radicar tanto numa legitimidade histórica, como numa outra, divina, como ainda num 'carisma' mais difuso centrado no seu 'portador'. Torna-se, por isso mesmo, difícil defender que se pode construir um "eixo" que ligue um ao outro estes dois tão diversos sistemas de Governo, e pouco claro o que significaria, em tal caso, a delineação de um *tertium genus* num qualquer sentido caracterizável como "intermédio", entre esses dois hipotéticos "pólos". Ao invés, o semi-presidencialismo deve antes ser vislumbrado como *uma adição* de ambos os sistemas, o parlamentarista e o presidencialista, um sistema que, por isso mesmo, partilha das vantagens e desvantagens de ambos os sistemas – e que o faz com toda a panóplia de neutralizações de umas e de outras que essa curiosa adição implica.

É fácil compreender como o faz, bastando, para tanto, que assumamos uma postura analítica histórico-sociológica. O semi-presidencialismo constitui por via de regra uma resposta *política* conjuntural em quadros de sociedades divididas, ou de regimes transicionais, e em busca de uma fundamentação 'jurídica' que simbolicamente lhe consagre a democraticidade. Não é heterodoxa a ideia que foi disso que se tratou em Weimar, foi-o décadas depois para um General Charles de Gaulle preocupado no seu regresso ao poder nos inícios da década de 60 em não parecer excessivamente (mas em muitos aspectos sendo-o) um pretendente a 'Napoleão IV', como o foi na Europa do ex-Leste em transição para fora do socialismo, ou numa África lusófona a traço grosso no mesmo tipo de lençóis. Pensá-lo assim, tal como Duverger no fundo o fez, em termos da sua duplicidade política e jurídica, permite-nos, como iremos ver, alargar o espectro das nossas análises dos casos africanos de maneiras muitíssimo interessantes, produtivas, e seguramente mais chegadas à empiricidade "etnográfica" dos factos.

Para retomar a questão de uma perspectiva de forma jurídico--constitucional: mais do que precipitados históricos, os conceitos de 'parlamentarismo' e 'presidencialismo' carregam pressupostos teóricos irredutíveis. O parlamentarismo surge como uma receita para legitimar o exercício do poder no paradigma moderno, uma vez posta em crise a legitimidade divina do monarca. A partir de então a agressão a *rights of property* dos indivíduos apenas é legítima se os próprios nela consentirem, exprimindo-se tal consentimento através da aprovação de uma lei pelos seus representantes no Parlamento. Este último é criado como um mecanismo de defesa da sociedade contra o Estado, o que pressupõe uma separação estanque entre Estado e sociedade. Ora, tais preocupações não estão de todo presentes no contexto histórico que viu nascer o presidencialismo. Poderia inclusive sustentar-se que, ao reproduzir o sistema monárquico de origem, o presidencialismo americano procura nostalgicamente recriar a legitimidade do monarca, em clara contradição com os pressupostos do contratualismo.

Pressupostos teóricos radicalmente diferentes encerra também o conceito de 'semi-presidencialismo'. O semi-presidencialismo está intrinsecamente associado ao pluralismo da sociedade de massas. Mais do que defender a sociedade do Estado, trata-se aí de defender a sociedade do Parlamento – e, portanto, de si própria –, uma vez detectadas fracturas sociais com representação no órgão parlamentar. Assim, o 'semi-presidencialismo' é fruto de um paradigma pós-positivista e anti-parlamentarista, da mesma maneira que o são outros institutos que encontramos na Constituição da República de Weimar tais como o referendo ou a iniciativa legislativa por parte de cidadãos. É também este o problema que está na origem do debate Kelsen-Schmitt sobre quem deve ser o guardião da Constituição.

Perante a singularidade teórica que está na origem desses conceitos, não espanta que seja uma tarefa árdua – senão mesmo impossível – a da recondução a cada um deles, como se de uma taxonomia pura se tratasse, de sistemas de Governo em bruto.

Avançando um pouco a minhas conclusões, aproveito para afirmar a minha convicção segundo a qual de tanto decorrem implicações fascinantes. Permita-se-me uma divagação político-pragmática[11]. Em termos puramente *políticos*, a diferença específica entre regimes presidencialistas e regimes semi-presidencialistas é aquela existente entre um regime parlamentar e um regime presidencial. Para quem não aceite a ideia de que o semi-presidencialismo constitua, efectivamente, um verdadeiro *tertium genus*, ele resume-se, de facto, a um mecanismo político de partilha de poder, ensaiada por adição, entre um Presidente e um Parlamento. Sem querer senão tocar neste dimensionamento político, vale decerto a pena formular algumas considerações prévias e gerais sobre as diferenças entre um e outro agrupamento de regimes no que diz respeito, apenas, à sua diferente

---

[11] O que não creio redunde numa posição muito diferente da assumida, há largos anos, no notável Marcelo Rebelo de Sousa (1977), "Sistema semipresidencial: definição e perspectivas", *Nação e Defesa* 2 (3): 5-15, Estado-Maior do Exército Português, Lisboa.

adequação no que toca à resolução de problemas políticos e a processos de tomada de decisão.

Quais são, então, desta perspectiva política e 'decisionista', para utilizar uma expressão schmittiana, as vantagens e desvantagens de regimes presidencialistas, por um lado e, pelo outro, de regimes parlamentares – e as daqueles, híbridos, que têm uma natureza semi--presidencialista? Deixem-me começar por notar que, pelo menos em termos gerais e abstractos, regimes parlamentaristas deveriam, em princípio, pelo menos, ser mais eficientes que os presidencialistas. Porquê? Porque, não se pode ser Primeiro-Ministro senão quando o nosso partido político de origem, ou a coligação de partidos que representamos, tiver tido uma maioria dos votos – seja qual for a maneira como estes são contados e depois ponderados – nas últimas eleições. Em tais circunstâncias, os membros do Parlamento tendem, pelo menos em conjunturas 'normais', a votar com o Primeiro-Ministro; se o não fizerem, correm o risco de se ver subalternizados, ou até o de perder os seus lugares. Não existem assim, por via de regra, nos sistemas parlamentares, o que os norte-americanos chamam um *filibuster*, nem grandes dissensões nas bancadas na 'maioria', seja ela qual for; tal seria impensável, em circunstâncias normais pelo menos, já que há, de raiz, uma unidade marcada entre os representantes do poder executivo e os do legislativo nos processos políticos. O resultado positivo dessa convergência tendencial numa opção parlamentarista é assim uma comparativa *eficiência*.

Olhar as coisas de uma perspectiva 'vertical' se se quiser – ou seja, da destes processos de tomada de decisão e do da unidade político-partidária ambicionada – é particularmente instrutivo, creio eu. A comparativa eficiência do parlamentarismo, a que aludi, redunda em boas notícias, do ponto de vista dos processos de tomada de decisão. As más notícias trazidas resultam do facto de que, num sistema parlamentarista, não poder haver um Chefe de Estado que seja, em simultâneo, Chefe do Governo; radica aqui o chamado "semi-presidencialismo"[12]. Ou há uma bicefalia – a "águia de duas

---

[12] E será porventura por isso ou seja pelo facto da diferença se ver melhor equacionada no plano de uma dissociação entre os decisores *políticos* concretos (Presidente e Primeiro-Ministro) e não no das instituições formais (Parlamento e Presidência) que este sistema se apelida "semi-presidencialismo" e não "semi-parlamentarismo" – O parlamentarismo mantém-se, embora em competição com o Presidente; o presidencialismo é o que se vê espartilhado.

cabeças" de que famosamente escreveu Maurice Duverger – ou, no caso de parlamentarismos como o britânico, há uma Rainha como Chefe de Estado e alguém *outro* que é Primeiro-Ministro. Note-se, porém, que se quiser exercer uma autoridade efectiva e se quiser ser criativo quanto a esse exercício, há claras vantagens em preferir um sistema presidencialista – embora, em tal caso, o reforço do poder executivo que tal implica, significa, em simultâneo, *uma maior lentidão* nas decisões tomadas no plano legislativo. Sublinhe-se aqui, o nível micro-político: num sistema presidencial, com eleições separadas para o Parlamento e para a Presidência, os parlamentares, que legislam não dependem, de todo, para a sua legitimidade ou os seus lugares, do Chefe de Estado. Enquanto, num sistema parlamentarista, os deputados, pelo menos em abstracto, devem os seus lugares ao chefe do seu partido ou da sua coligação – e nalguns casos dependem desse líder para os manter; torna-se, assim, mais fácil, que dêem o seu apoio às leis que a liderança do executivo quer.

No entanto, note-se, a eficiência comparativa do parlamentarismo no que diz respeito a tomada de decisão é pouco estável, se a encararmos, em termos diacrónicos, na média-longa duração. E é-o de novo por motivos políticos micro, desta feita em resultado de uma erosão cumulativa, por assim dizer: progressivamente os apoios dados pelos legisladores parlamentares ao executivo vão-se tornando mais truculentos, em parte em resultado, precisamente, dessa pressão micro-política intrínseca; e uma das consequências a que estamos habituados é a de que os sistemas parlamentares têm por via de regra dificuldades em manter uma alternância democrática com *apenas dois* partidos – que os sistemas presidencialistas exibem com uma bastante maior regularidade: os Estados Unidos, o México ou o Brasil voltigeiam ao redor de dois partidos, enquanto no Reino Unido, por exemplo, tende a haver três, na França, como em Portugal, três, quatro ou cinco, e em Israel, na Polónia, na Lituânia ou na Roménia, por exemplo, meia dúzia ou mais.

Não é, por tudo isto, difícil de perceber quais as vantagens e desvantagens políticas genéricas dos sistemas parlamentarista e as dos sistemas presidencialistas. Os parlamentaristas podem, por norma e à partida, contar com uma maior unidade entre o braço executivo e o legislativo. Mas com uma menor margem para criatividade – pois trata-se de uma criatividade estruturalmente monótona, a que conseguem – e, mais, trata-se de uma unidade apenas *temporária* e só lograda a um preço alto – já que podem contar, quase inexoravelmente, com clivagens e divisões, emergentes no médio-longo prazo. O presidencialismo, *par contre*, ganha em criatividade, na frente da manutenção de uma unidade político-partidária, e na elasticidade maior das decisões que toma. Mas perde eficiência, ao ver os processos legislativos de tomada de decisão tornarem-se, também de maneira inexorável, mais lentos e muitíssimo mais politizados – já que tendem a resultar de muitas vezes laboriosas concessões negociais que se vão acumulando ao longo dos processos complicados de 'licitação' (sobretudo em situações de 'co-habitação' político partidária, em que um Presidente se vê na contingência de partilhar poder com uma maioria parlamentar e/ou um Primeiro-Ministro de outro partido político).

Neste como em tantos outros casos, verificamos que olhar práticas em enquadramentos diversos dos daqueles outros métodos, já bem trilhados da dogmática jurídica, lança sobre elas uma nova luz; ou melhor uma série de novas luzes – já que tal torna possível a escolha de vários tipos alternativos de iluminação. Qual o alcance de um tal modo de reperspectivar as coisas para a nossa compreensão das dinâmicas do 'semi-presidencalismo'? Discernir, designadamente, escalpelizando-o, o semi-presidencialismo contra o pano de fundo de processos de cidadanização, enquanto, por exemplo, uma colecção de mecanismos que permitem, induzem, e potenciam um alargamento da regra hartiana de reconhecimento, é da maior utilidade. Olhar, reavaliando-os sob este ângulo, os sistemas de Governo constitucionalmente adoptados nos países lusófonos é fascinante. Fazê-lo torna--se revelador e, mais uma vez, aproxima-nos dos factos; permite-nos enriquecer de maneira particularmente viva, por intermédio de conexões e ressonâncias muitas vezes inesperadas, a compreensão que temos dos tão densos e ricos processos dinâmicos e abertos de constitucionalização que estão em curso no segmento da África e na pequena parcela da Ásia de língua oficial portuguesa. O carácter inovador do esforço é nítido – e permite-nos verificar uma boa parte da lógica (da mecânica, para regressar ao termo que antes utilizei) que subjaz a muitas das "derivas presidenciais" postas em evidência, no mundo lusófono como noutros. Mas vale decerto a pena que nos debrucemos um pouco mais sobre o que fazê-lo traz de novo, pormenorizando-o.

3.

Mantendo os olhos postos no trabalho sócio-jurídico que tenho vindo a publicar de alguns anos a esta parte: o que mais me tem interessado em quase tudo o que tenho escrito sobre "Direitos lusófonos" (uma entidade largamente imaginária) tem sido o explorar as características e a textura do fosso manifesto entre a *law in the books* e a *law in action*, que neles é tão patente[13]. A ideia que presidiu a esta escolha, tal como antes insisti, prendeu-se com a urgência sentida de aproximar mais o estudo das construções normativas que permeiam os sistemas jurídicos africanos da realidade empírica e "etnográfica", se se quiser. Ou seja, tenho-me esforçado, no fundo, por tentar começar a escapar aos erros de paralaxe produzidos por transposições-analogias puras e simples levadas a cabo a partir das experiências (neste caso, aqui em apreço, questões constitucionais) "ocidentais".

Quero deter-me um pouco mais neste ponto preciso, e esboçar um tabuleiro, por assim dizer, relativo, agora, não já à distinção entre *law in the books* e *law in action* em si mesma, mas antes à sua importância estrutural para a 'deriva presidencialista'? Não posso deixar de começar por exprimir as minhas hesitações quanto à suficiência do alcance deste contraste entre a *law in the books* e a *law in action* que tão "clássico" é nos estudos jurídicos. Parece-me, no entanto, que por via de regra tem sido insuficiente. Realçar a distância entre, por um lado e por exemplo, aquilo que o texto de uma Constituição prevê e, por outro, aquilo que depois no concreto se verifica na sua aplicação é importante; mas não chega. Importa-nos ainda tentar apurar o como e o porquê da separação existente, há que saber delinear tanto os motivos de fundo como a estrutura de pormenor do desfasamento.

Tais processos não são fáceis de enunciar: o que está em causa nos Direitos africanos (ou asiáticos) contemporâneos não é apenas a distância que separa a *law in the books* da *law in action*, nem tão-só os muito nítidos movimentos macro de avanços e recuos a que os processos em curso de "juridificação" têm estado sujeitos. É isso e é também muito mais do que isso. Mas infelizmente, com algum

---

[13] Designadamente na perspectiva que imprimi, directa ou indirectamente, aos vários artigos incluídos na colectânea (ed.) Armando Marques Guedes (2007), *op. cit.*

simplismo, os analistas têm sido levados a reduzir o âmbito das suas leituras interpretativas a meras contraposições, ora sincrónicas, ora diacrónicas, entre textos e "práticas", ignorando a evidência de que em boa verdade aquilo que está em causa é um desfasamento genérico particularmente significativo entre as formas jurídicas, sejam elas quais forem que, em África e na Ásia como no resto do Mundo – e decerto no plano constitucional como em quaisquer outros planos – se têm vindo a encadear umas nas outras e a realidade nua e crua dos factos e processos empíricos que verificamos "no terreno". Um desfasamento que urge, caso a caso, tentar explicar[14].

Parece-me um excelente arranque inicial para a teorização de todas estas distâncias saber formular as distinções "internalistas" [a utilização desta expressão de ressonâncias hartianas para caracterizar estas distinções é minha] propostas há já alguns anos por N'gunu Tiny[15], entre "ignorar a Constituição", aplicá-la 'selectivamente', a sua utilização 'criativa', e o reconhecimento do facto de que há que tomar sempre em linha de conta a respectiva produção, ainda se residual, de efeitos programáticos. Em minha opinião, uma arrumação como esta é de grande utilidade analítica. Não se trata apenas, a meu ver, de constatar a presença de um gradiente: se ambicionarmos lograr uma melhor conceptualização *interna* de processos emergentes e dinâmicos de constitucionalização, exige-se-nos que tentemos apurar, caso a caso, a amplitude da gama de variações patente em todos estes planos e o doseamento relativo de cada um destes ingredientes exemplo por exemplo e momento a momento. Como tão bem sublinha N. Tiny, só nesses termos podemos capazmente *ir teorizando* tais processos dinâmicos e tão multifacetados. Será, por conseguinte, impossível (por ser excessivamente ambiciosa a tarefa) elaborar sobre a representação topográfica das separações de que falei?

Não o creio. Como seria de esperar, não há unidade de pontos de vista entre os autores que sobre tudo isso se debruçaram. Uns

---

[14] Para reiterar um ponto que enunciei há um bom par de anos: o que estou com isto a sugerir é que, para além de diferenças entre textos e práticas, há também que saber perceber que tanto uns como outras vão mudando tal como, naturalmente o vão as distâncias e diferenças que os separam – mas sem todavia nunca ainda esquecer que práticas e textos formam sempre parte e parcela de todos maiores que lhes dão origem e os põem em ressonâncias mais ou menos próximas. Ou seja – e para repetir uma imagem que há alguns anos usei – o fosso existente entre o *in the books* e o *in action* compõe um "volume", e desenha uma "topografia", e ambos se recortam segundo vários planos simultâneos.

[15] N'gunu Tiny (2007), *op. cit.*.

caracterizam estes vários desfasamentos de uma maneira, outros de outra; muitos nem sequer mostram deles ter consciência, ou pura e simplesmente não os consideram de interesse ou relevância; muitos são os que os confundem numa amálgama amorfa e indiferenciada. Mas se é certo que uma unidade não existe, também é óbvio que as distribuições de perspectivas que verificamos não são arbitrárias. Passando agora de uma perspectivação internalista para uma *externa*, formulada pelos analistas que sobre tal tipo de questões se têm debruçado, parece-me útil, à partida, sublinhar que no fundo três grandes "famílias" de modelos têm vindo a ser esgrimidas para dar conta do contraste; três grandes linhas de força.

Começo por enumerá-las, delineando-as a traço muito grosso[16]. Uma delas, que apelido, há já alguns anos, de "culturalista" – e trata-se da que me parece a mais fraca das linhas de justificação aventadas, e talvez por isso poucos são os que utilizam uma sua forma não--mitigada – aponta motivos e lógicas para o desfasamento patente que são, no essencial, *culturais*. Uma segunda família congrega um agrupamento mais difuso de modelizações – muitas vezes articuladas nas culturais – que preferem apoiar as teorizações que formula para o fosso verificado em explicações de natureza de um ou de outro modo histórica, e que aqui chamarei por isso "historicistas". Quanto à terceira e última, reflecte uma tendência a antes ancorar as explicações que propõe numas ou noutras das dimensões políticas, sócio--económicas, ou político-económicas, das comunidades sob escrutínio analítico – designadamente na concentração do poder ou/e na "privatização" sistemática da coisa pública levada a cabo pelos detentores do poder político, oferecendo justificações nesses termos (*lato sensu* os do poder) para a disparidade: é por conseguinte porventura adequado intitulá-la de "políticas".

Uma rápida salvaguarda: tal como se tornará evidente (assim o espero) sou de opinião que as explicações formuladas para um qualquer caso concreto raramente são de um só tipo. Por via de regra, pelo contrário, incluem os três tipos de lógicas e motivos como factores, ou parcelas – distinguindo-se entre si sobretudo no doseamento relativo atribuído a cada um destes ingredientes. Por outras palavras, raros são os casos "puros", em que explicações monótonas se vêem

---

[16] Na meia-dúzia de páginas que se seguem, sigo de muito perto aquilo que escrevi em 2004 e publiquei em 2007, sobre este subtema.

aventadas quanto a desfasamentos por via de regra obviamente muitíssimo complexos e como tal visíveis. Como diz N'gunu Tiny[17], ao as contrastar com as categorias internas que propõe, "não constituem entre si verdadeiras alternativas metodológicas que se excluem umas as outras. São tão-só diferentes instrumentos de trabalho ou, se quisermos, ferramentas analíticas para uma compreensão tão ampla quanto possível do[s] fenómeno[s sobre que se debruçam]". Eu acrescentaria mesmo mais: raramente emergem em formas depuradas de quaisquer destas perspectivações internalistas, já que a larga maioria dos autores por via de regra lhes prefere explicações compósitas.

Esmiuçar em maior pormenor cada uma destas três "famílias", como lhes chamei – cada um destes três agrupamentos tão difusos como virtuais – apresenta todavia vantagens, tanto ao nível da sua arrumação lógico-formal, como no plano da consequente maior transponibilidade de conceitos para o mundo enxuto e rarificado das classificações dos juristas.

Acresce que me parece plausível um quarto tipo de explicação--modelização para dar conta da disparidade evidente, nos Estados lusófonos pós-coloniais, em África como na Ásia, entre os preceitos da *law in the books* e as realidades "fácticas", como gostam de dizer os juristas, da *law in action*, bem com das outras separações e distâncias a que fiz alusão: baseia-se, como iremos ver, num modelo muitíssimo mais instrumental e conjuntural que, por isso mesmo, apelarei de "pragmático". Como torno claro na quarta e última parte deste artigo, será esta modelização compósita a que prefiro.

3.1. *As explicações 'culturalistas'*

Quero então virar-me para estas três 'explicações-soluções' para a 'deriva presidencialista', desta feita uma por uma. Começando então pelas explicações "culturalistas", porventura as mais difusas e, talvez por isso, certamente as menos convincentes, torna-se fácil notar que a tónica das explicações disponibilizadas neste género de modelos tende a estar colocada em formulações que tomam por objecto as eventuais correspondências existentes entre configurações simbólico-representacionais locais e formatos bem ou mal vistos como sendo "importados". Aquilo que tende a estar em causa, nestes

---

[17] N'gunu Tiny (2007), *op. cit.*.

modelos, são, em boa verdade, *questões de congruência estrutural*: de uma ou de outra maneira, o que está em jogo são sempre correspondências formais. Trata-se, no fundo, de teorizações quanto à adequação entre umas e outras de formas ou de conteúdos; o que se pensa ser procurado é ora a coerência ora a integridade sistémica do que é pensado como entidades orgânicas que se supõe dotadas de tais propriedades. A compatibilidade e a inteligibilidade são aqui as palavras-chave: um instituto ou instituição são tão mais facilmente aceites quanto melhor se coadunarem, sem turbulências, com o que são encarados como todos pré-existentes dotados de um equilíbrio mais ou menos estável.

Tal como seria de esperar, as formulações-explicações culturalistas não são de maneira nenhuma unitárias: bem pelo contrário, vêm em versões mais ou menos *hard*. Nas variantes culturalistas mais *soft*, a cultura é postulada como uma mera geometria de propinquidades estruturais que constituiriam um *sine qua non* da aceitabilidade local (e portanto da hipotética legitimação) de quaisquer novos *inputs* normativos. Tomemos aqui como exemplo paradigmático o semi-presidencialismo, porque ele em muitos sentidos o é – e porque o dimensionamento "cultural" das explicações providenciadas com relativa facilidade se torna muito claro. Atendo-me tão só a exemplos de autores que se debruçaram sobre os semi--presidencialismos lusófonos e comecemos pelo pólo *soft*: esta é, por exemplo, com os devidos cuidados conceptuais, *uma das* tónicas da modelização proposta em Armando Marques Guedes *et al*.[18], a propósito de S. Tomé e Príncipe, e *grosso modo* repetida em Armando Marques Guedes[19], no que diz respeito aos desfasamentos patentes no sistema semi-presidencialista de governo do mesmo arquipélago durante a 2.ª República e, ainda que de maneira muito mais mitigada, naquilo que em Armando Marques Guedes *et al*.[20], desta feita a respeito de Angola é postulado ser (embora bastante mais parcialmente) o caso quanto ao sistema de Governo angolano da 2.ª República: o menor denominador comum é o facto de em todos estes exemplos se insistir na universalidade, nas respectivas regiões culturais africanas, de imagens muito padronizadas de um poder uno e indivisível, centrado em personalidades carismáticas. Francisco Pereira

---

[18] Armando Marques Guedes *et al.* (2002).
[19] Armando Marques Guedes (2004)
[20] Armando Marques Guedes *et al.* (2003).

Coutinho e Armando Marques Guedes[21] defenderam há já alguns anos uma posição parcialmente análoga, ao sublinhar, como o fazem, que "[em Angola] encontramos factores endógenos, próprios de uma cultura africana – por exemplo, as tradições de autoridade centradas no chefe –, que muito dificilmente se coadunam com receitas normativas próprias de sociedades europeias e que motivaram disfunções na articulação e na própria *vivência* dos esquemas jurídicos que o sistema de governo [designadamente, o semi-presidencialismo] plasmado na Constituição parecia querer postular". Em todos estes casos se insiste, no fundo, na "ininteligibilidade cultural" de uma partilha do poder entre um Presidente e um Primeiro-Ministro como a estipulada pelas opções semi-presidencialistas (mesmo quando "de pendor presidencial") dos respectivos textos constitucionais.

Posturas analíticas mais *light* têm também sido esgrimidas. Com algum fundamento: posições, ou preferências, culturalistas menos mitigadas – e portanto mais extremas – não deixam de ser possíveis, e têm de igual modo algumas vezes sido formuladas pelos analistas. Estas formam o pólo *hard* – ou de alta intensidade – no gradiente que afirmei ordenar esta "família" de explicações. Trata-se de posturas mais maximalistas que tendem a insistir, por exemplo e de maneira mais positiva, nos imperativos de um entrosamento cultural profundo que canalizaria a comunicabilidade interna (leia-se, intra-sistémica) das formas políticas assumidas. Bons exemplos disso são, designadamente, as duas tomadas, de posição, com *nuances* que as distinguem, mas de algum modo conexas, de Carlos Maria Feijó e Raúl Araújo, dois influentes juspublicistas angolanos, quanto aos desajustamentos [o termo é meu] do sistema semi-presidencial em Angola, e em prole da eventual 'presidencialização' [o termo também é meu] que deveria subtender (e em larga medida efectivamente fê-lo) a nova Constituição de hoje. Raúl Araújo, para só dar um exemplo, escreveu em 2002 (retomando em larga medida aquilo que antes afirmara em 1999) que o risco maior de uma partilha de poder entre o Presidente angolano e um Primeiro-Ministro era o de que o primeiro se transformasse assim "numa espécie de 'soba grande'[22], o que não seria entendido pelas populações angolanas que vêem antes na figura

---

[21] Ver, quanto a esta parcela da estrutura interpretativa utilizada, o artigo de Francisco Pereira Coutinho e Armando Marques Guedes (2007), logo nas suas primeiras páginas.

[22] A alusão implícita é, suponho eu, a figuras como as dos *soma inene* típicos do Planalto Central angolano.

do Presidente a encarnação do poder"[23]. Apresso-me a sublinhar que nem um nem outro destes autores, Raúl Araújo ou Carlos Maria Feijó, descontam outras explicações, mais políticas, para esta presidencialização – bem pelo contrário, fazem-no[24]. Mas, na leitura de ambos os autores, o *input* de representações "culturais" nos modelos explanatórios propostos, é bom de ver, torna-se mais denso e sólido do que é nas variantes mais *soft* a que antes aludi, apesar de se articular com os termos de um quadro "político" muito mais amplo.

3.2. *As modelizações 'históricas', ou 'historicistas'*

Operam no mesmo tipo de registo – embora o façam a um bastante mais alto nível de generalidade – as explicações disponibilizadas pela segunda "família" que circunscrevi (aquela que apelidei de "histórica" ou "historicista") para fundamentar o *gap*, a fenda, por norma tão patente entre a *law in the books* e a *law in action* e entre declarações jurídicas de intenção e práticas políticas empíricas no que diz respeito aos Estados africanos pós-coloniais. Em resultado, esta "família historicista" partilha com a culturalista alguns pontos comuns, como de resto o faz com a terceira "família", a "política", a que me irei referir de seguida. No que diz respeito ao caso angolano, por exemplo, tanto Carlos Maria Feijó como Raul Araújo se podem inscrever nestas três "famílias".

---

[23] Cf. Raúl C. Araújo (2002: 252 e 253), retomando o que já escrevera em (*ibid.*: 2000: 208). Assumindo uma postura pública favorável ao presidencialismo como sistema de governo a adoptar no quadro da revisão constitucional que acaba de ter lugar, cfr. também Carlos Feijó, na intervenção verbal que fez nas jornadas sobre o Direito angolano organizadas pela Fundação Eduardo dos Santos em Agosto de 2002 (que julgo não ter sido publicada) e, por escrito, na posição que adoptou nas páginas da edição do *Jornal de Angola* de 31 de Agosto de 2002. A nova Constituição deu-lhe a resposta desejada.

[24] Para Raúl C. Araújo, o presidencialismo teria em Angola a vantagem de evitar a existência de um Primeiro-Ministro que, não sendo o Chefe de Governo, de acordo com a decisão do Tribunal Supremo, em termos práticos "apenas serv[iria] de pára-choques" à figura e actuação do Presidente da República. Numa formulação curiosa, segundo Raul Araújo evitar-se-ão assim eventuais soluções que atribuam a chefia do Governo a um Primeiro-Ministro; pois que dessa forma, argumentou, o Presidente da República ficaria sem responsabilidades executivas, transformando-se numa espécie de "soba grande", o que não seria entendido pelas populações angolanas que vêem antes na figura do Presidente a encarnação do poder. Quanto à posição de Carlos Feijó, é útil a leitura dos artigos referidos na minha nota anterior; ver também o seu fascinante Carlos Maria Feijó (2007).

Quanto mais não seja por isso mesmo, por essas sobreposições parciais, é de novo útil representar a distribuição das formulações teórico-metodológicas num *continuum*, ou pelo menos nos termos de um gradiente – ou seja, convém que as modelizemos de maneiras semelhantes, de modo a permitir comparações com maior facilidade. Em versões mais *light*, as modelizações históricas aventadas insistem na ausência de quaisquer práticas ou representações tradicionais que vão no sentido daquilo que é esperado nos "Estados de Direito" típicos desta fase mais recente da pós-colonialidade, e ancoram aí os processos de "presidencialização" que verificamos ocorrer. Mantendo como exemplo o semi-presidencialismo e a "deriva presidencialista" que se parece constatar nos Estados lusófonos pós-coloniais (com a possível excepção de Cabo Verde e do Brasil) modelos destes tendem, nas suas variantes mais esbatidas, a insistir na ausência de quaisquer "tradições" de partilha de poder pelos líderes pós-coloniais ou coloniais: a prática "costumeira" tem sido, ao invés, a de uma marcada concentração unipessoal de um poder uno e indivisível por parte de Capitães e Governadores enviados da antiga Metrópole e depois, numa fase já independente, nas mãos de líderes "centralistas democráticos" que se viam em conjunturas político-militares internas e externas que consideravam como pouco propícias a quaisquer divisões ou contrapesos.

Parece-me ter sido essa, pelo menos em última instância, a pré-compreensão crítica de Américo Simango[25], ao lamentar, em 1999, com obliquidade mordaz, em relação ao "presidencialismo" da Constituição moçambicana de 1990, que "nos ocorre [...] saber se é justo para o próprio processo político exigir de um único homem [o Presidente da República] uma capacidade quase equiparável à de um deus para salvar o Estado do subdesenvolvimento, da miséria, do perigo da desintegração, etc.". Ainda que com cautela e direcção, Simango radicou aí, nesses limites com que, segundo a sua leitura, esbarrara a 1.ª República, e uma vez que a guerra civil terminara, a urgência de uma solução semi-presidencialista que ultrapassasse a inércia institucional sofrida para o bem futuro do Estado e do povo moçambicanos.

Como me parece ser essa, de maneira mais frontal, a posição de Carlos Maria Feijó[26] e Wladimir de Brito[27], designadamente quando

---

[25] Américo Simango, (1999): 115.
[26] Carlos Maria Feijó (2002), *op. cit* e (2007), *op. cit..*
[27] Wladimir de Brito (2003), *Proposta para um sistema de governo para uma futura Constituição*, Luanda.

um e outro insistem (decerto com intenções diferentes) na existência de uma "constante idiossincrática" angolana uma entidade que seria tão difusa como eficaz, e que explicaria as particularidades da recepção a que se tem visto sujeita muita da "deriva presidencial" em Angola. Finalmente, vão ainda no mesmo sentido aquelas explicações de aplicabilidade mais genérica, porventura baseadas no tipo de "monismo" realçado para justificar os monopartidarismos das Primeiras Repúblicas, que alegavam apoiar-se em "tradições africanas" imemoriais de unicidade do poder[28] para também explicar, fundamentando-as no processo, as presidencializações evidenciadas.

De acordo com este curioso tipo de explicações, se – como creio ser o caso – podemos generalizar, os fossos que aqui nos ocupam tornar-se-iam inteligíveis *em termos da diferença resultante entre o "internamente" esperado* (e que de novo os autores em causa reflectem), dada a profundidade de campo temporal das práticas tradicionais locais, *e o "externamente" exigido em novas conjunturas*. Os fossos explicam-se, em tais modelizações, em termos de especificidades locais mais ou menos concretas – de algum modo, refractam-nas, dando-lhes expressão. A semelhança de família entre este género de modelos e as explicações da "família" anterior, a "cultural", saltam à vista: tal como indiquei, note-se que por via de regra os mecanismos explanatórios "históricos" tendem a ir buscar amparo a noções mais ou menos explícitas e intrincadas de "cultura", uma maneira de realçar as especificidades e o "localismo" dos processos concretos em causa. O que mostra à saciedade que a destrinça entre modelizações "históricas" e modelizações "culturais" pouco mais é que um gesto de mera conveniência analítica.

Variantes mais *hard* (ou, talvez melhor, mais focadas) deste género de explicações "historicistas" recorrem a formas mais elaboradas de presença do passado no presente. É disso um bom exemplo Boaventura de Sousa Santos que, em páginas notáveis dedicadas a uma destrinça dos ingredientes actuantes nas dinâmicas político-jurídicas moçambicanas contemporâneas, com lucidez escreveu que "tal como acontecera antes com a cultura eurocêntrica, revolucionária e socialista, a cultura eurocêntrica, capitalista e democrática [que se instalou em Moçambique a partir de 1992] pretendeu ser a única

---

[28] Para uma boa recensão crítica da utilização pan-africana deste tipo de justificações para os sistemas de partido único, um pouco por toda a África, durante a bipolarização "Ocidente-Leste" e a Guerra Fria, é útil a leitura de Luis Rodriguez-Piñero Royo (2000).

referência cultural legitimada, mas de novo teve de conviver numa constelação cultural todavia mais complexa, não só com culturas de maior duração, a colonial e as tradicionais, como ainda com a cultura revolucionária do período anterior. É que esta última tinha-se traduzido numa importante materialidade institucional que, apesar de formalmente revogada, continuava a vigorar no plano sociológico"[29]. Numa versão a um tempo mais complexa e mais vincada do que a manifesta nas posições explanatórias que anteriormente aduzi, em minha opinião o que aqui se viu estipulado por Boaventura de Sousa Santos foi a presença, por via institucional, de camadas diversificadas, e empilhadas umas nas outras, de uma "tradição" encarada segundo um ângulo construtivista. Posição semelhante, embora menos multi-dimensionalizada, por assim dizer, foi a adoptada por Luís de Brito[30] ao insistir que a "tradição africana", que constitui "o pano de fundo cultural da vida social moçambicana", contém "as suas próprias representações do poder", um poder que aparece assim "associado a uma representação paternalista [...] e não ao princípio de delegação que prevalece na tradição ocidental"; o que (presume-se) explicaria a "deriva presidencialista" em Moçambique.

O facto é que com ou sem mediações institucionais mais ou menos weberianas, as variantes históricas mais consistentes da família "historicista" de explicações que circunscrevi tendem a pôr em evidência, nas conjunturas jurídicas, políticas e político-jurídicas presentes, a repetição de formas canónicas de um passado mais ou menos remoto ou imaginado: em todo o caso, um passado não morto, mas ainda actuante. E novamente o veículo utilizado nestas modelizações é o da "cultura", embora o termo seja neste caso entendido num sentido mais institucional do que enquanto representação. Não me parece muito longe deste tipo de explicação aquela providenciada quanto às oscilações cíclicas [a caracterização imagética é mais uma vez minha] quanto ao "desejo presidencialista" na 2.ª República de S. Tomé e Príncipe, ou aquela que realça, por atacado, por assim dizer, a "deriva presidencial" detectável quanto aos mesmos processos.

---

[29] Boaventura de Sousa Santos (2003), "O Estado heterogéneo e o pluralismo jurídico", em (org.) B. S. Santos e João Trindade, *Conflito e Transformação Social. Uma paisagem das justiças em Moçambique*

3.3. *As fundamentações 'políticas'*

Voltemo-nos agora então para as explicações ditas "políticas". Se o foco da linha de força "culturalista" tende a estar colocado no "estilo", na integridade e coerência simbólica das formas locais típicas ou dos conteúdos que as preenchem, os autores que defendem uma primazia da tónica "política" preferem-lhes antes a logística do poder, encarada, por exemplo, no quadro genérico do relacionamento entre a condução político-económica da máquina do Estado e os interesses "privados" dos detentores dos poderes públicos. Mais uma vez se verifica um *continuum* que vai de um pólo *hard* a um outro mais *soft* nestas modelizações.

Começo por um exemplo paradigmático algo extremo: o do chamado neo-patrimonialismo[31]. A traço grosso, no quadro desta modelização geral muito em voga as relações de poder são vistas segundo uma ponderação das dinâmicas políticas africanas contemporâneas encaradas como produzidas e reproduzidas no essencial através de canais informais. Em todas as versões (e são várias) das explicações "políticas" oferecidas, o acento tónico está, neste tipo de análises, posto com firmeza nessas redes policentradas. Mas por via de regra não está aí colocado de maneira monótona: enquanto nalgumas das formulações produzidas o ponto focal está posto nos mecanismos económicos geradores das benesses viabilizadas por essa informalidade, noutras está antes poisado nas relações pessoais e familiarísticas de reciprocidade, de obrigações mútuas, e na lógica subjacente de "dádivas" inter-pessoais e inter-grupais[32]. São comuns, no contexto de teorizações destas, imagens-conceitos metafóricos como o de "*shadow State*" ou o de "*shell State*", que descreveriam modelos política e juridicamente idealizados sem que as estruturas formais que os integram representem verdadeiras relações de poder.

---

[30] Luís de Brito (2003), "Os moçambicanos, a política e a democracia", em *ibid.*: 179.

[31] Como será porventura claro, "neo-patrimonialismo" é uma apelidação com origem nas classificações políticas delineadas por Max Weber. Enquanto noção, distingue-se mal do "patrimonialismo" weberiano, aludindo a uma sua versão "modernizada" que dá especial realce à "privatização" do público e à sua conversão em interesses privados em contextos políticos e económicos actuais um pouco por todo o Mundo e não apenas nos medievais europeus, insistindo no entanto também sempre no estabelecimento de laços personalizados ao nível mais macro do Estado entre "patronos" e "clientes".

[32] Significativamente apelidado de "*gift-giving*" para os investigadores anglo-saxónicos, para os autores francófonos "*dons*".

As verdadeiras estruturas de poder emergentes resultariam da operação de *redes clientelares* informais paralelas relativamente às "oficiais", redes essas que constituirão o plano efectivo em que o poder é realmente exercido.

É fácil de ver o papel meramente instrumental que seria apanágio das produções jurídico-estatais nos termos deste tipo de interpretação. Tal como se tornam óbvias as razões de fundo para a marcadíssima disjunção, patente na África contemporânea, entre *law in the books* and *law in action* e entre formas jurídicas e práticas empíricas Um bom exemplo empírico da perspectivação teórica (numa versão mais *soft* e mais propriamente "política" que "económica") quanto a um dos PALOPs é oferecido pelo estudo monográfico paradigmático de Gerhard Seibert[33] sobre a mecânica da transição democrática de inícios dos anos 90 em S. Tomé e Príncipe, no trabalho algo estridente de Tony Hodges[34] sobre Angola ou ainda, se bem que de maneira menos explícita, no que sobre este mesmo Estado escreveu há pouco tempo David Birmingham[35]. A Guiné-Bissau sobre a qual faz falta um qualquer estudo de conjunto, fornecerá porventura um exemplo ainda mais útil para testar a aplicabilidade deste género de modelos; infelizmente, porém, e para além do notável estudo de, Ilda Lourenço--Lindell[36] sobre os mercados urbanos e suburbanos informais em Bissau, há pouco de conhecido a este nível quanto a este país lusófono. É com a maior atenção que escalpelizamos as tão frustrantes como pouco "formais"experiências guineenses de partilha do poder, e esquissamos as articulações disso com os enquadramentos político--conjunturais internos e externos, e de vários tipos e matizes, em que o "Estado" guineense se encontra deste há tantos anos envolvido.

Um outro bom exemplo deste tipo de pressuposto político é a modelização que, de par com o "culturalismo" que antes pus em evidência, num certo sentido pode ser encontrado, enquanto camada explanatória suplementar, na análise de Francisco Pereira Coutinho e Armando Marques Guedes sobre a "deriva", ou "propensão", "presidencialista" da proposta de então da Comissão Constitucional angolana, que daria corpo a precisamente esse tipo de deriva (uma tendência que se foi verificando desde início dos anos 90) e que demonstraria, ou pelo menos corroboraria a hipótese, segundo a

---

[33] Gerhard Seibert (2001). Ver, também, Gerhard Seibert (2007).
[34] Tony Hodges (2002).
[35] David Birmingham (2002).

qual, se olharmos a finalidades, "no fundo, o sistema [desenhado pela Comissão] é rígido e está calibrado para um intuito central: o exercício do poder político por um Presidente sem a ameaça de qualquer tipo de bloqueios institucionais"[37]. A variante, em casos como estes, é caracterizável como integralmente posicionada no pólo *soft* do *continuum* "político" que indiquei. Vitalino Canas parece-me aproximar-se muito deste tipo de posição. Tal como aliás um outro jurista, Nuno Pinheiro Torres, numa análise levada a cabo em relação ao que chamou o "semi-presidencialismo presidencialista" em Moçambique[38].

3.4. *As vantagens de uma modelização pragmática*

Como antes afirmei, creio podermos ainda equacionar um quarto tipo de explicação-modelização para dar conta da disparidade variável patente nos Estados africanos lusófonos entre, por um lado, os preceitos da *law in the books* e, por outro, a empiricidade dos factos políticos e o caso muito particular da *law in action*. Formula uma

---

[36] Ilda Lourenço-Lindell (2002), *Walking the Tight Rope. Informal Livelihoods and Social Networks in a West African City*, Stockholm University.

[37] Na comunicação incluída no volume, já referido, que publiquei em 2007. Noto em todo o caso, que em Francisco Pereira Coutinho e Armando Marques Guedes (2007), *op. cit.*, essa explicação se viu suplementada por pressupostos culturais de fundo que assumiram como fazendo parte do *background*. Longe de uma postura contraditória, aquilo que postularam é um mecanismo explanatório composto por duas camadas hierarquizadas entre si. A complementaridade talvez seja mais claramente visível se mapeada segundo eixos temporais e clivagens sociais hierárquicas: as afinidades e a comunicabilidade "cultural" formam condições *prévias* para todos os actores sociais em interacção, enquanto que os considerandos "pragmáticos" emergem como motivos *ulteriores* das escolhas e decisões dos membros dominantes das elites envolvidas. A complementaridade (pelo menos potencial) entre os dois níveis de explicação-modelização utilizados não é de todo problemática. Na realidade, ao que parece, aquilo que separa a família "política" da "culturalista" localiza-se no plano das pré-compreensões acarinhadas pelos estudiosos quanto ao "motor de propulsão" dos processos sociais, políticos e económicos: para aqueles que acenam com a "cultura", as dinâmicas patentes resultam de traços culturais ou estilísticos distintivos e locais, enquanto para os teóricos do "político" (neo-patrimonialista ou outro) aquilo que as alimentaria seriam antes considerandos substantivos particulares, próprios das lógicas internas que expressam o funcionamento sócio-económico das sociedades africanas em causa. O que mais uma vez dá realce à porosidade das fronteiras que possamos querer postular entre as três "famílias" que circunscrevi, e às osmoses dela decorrentes.

[38] Nuno Pinheiro Torres, comunicação não publicada, FDUNL, 2004.

hipótese de trabalho que se baseia, como atrás insisti, num modelo muitíssimo mais conjuntural e instrumental que aqueles a que até aqui fiz alusão, e que em resultado apelidei de "pragmático". Trata-se de uma espécie diferente das outras, que não faz em boa verdade parte do mesmo género, e por isso a abordo num momento analítico distinto. Opera num plano mais ecuménico e includente. Porventura por isso mesmo, parece-me muitíssimo mais adequado e convincente que quaisquer das formulações que antes equacionei.

Não conheço nenhum caso em que tenha sido utilizada relativamente à África lusófona, mas talvez devesse sê-lo; de certo modo, creio eu, é precisamente isso que Carlos Maria Feijó fez na sua colecção de *case studies* sobre as tensões em série que terão ocorrido nos relacionamentos entre Presidentes da República e Primeiros-Ministros em Angola[39]. Baseia-se na constatação de que muitos dos Estados em causa denotam graus incipientes do que chamo "estaticidade", ou "estadualismo"[40].

Diz o seguinte este modelo, se e quando formulado: as disparidades do semi-presidencialismo [mantenho o exemplo que elegi] entre normas e factos, entre factos e razões, e entre *law in the books* e *law in action*, se encaradas num patamar analítico mais macro, são num sentido incontornável subprodutos de um movimento centrípeto entre a vontade de poder de Presidentes da República fortes e as de Parlamentos e Governos que se mostram estruturalmente fracos tanto política como administrativamente – tudo isso no quadro de uma sobreposição pouco linear de dois modelos de legitimidade. Não é difícil enunciar outro tanto como uma espécie de equação: as derivas presidenciais verificam-se na exacta proporção em que tanto a representação parlamentar dos deputados como a eficácia governamental dos Primeiros-Ministros não logram constituir reais contrapesos às naturais pretensões hegemónicas de Chefes do Estado que, bem ou mal, controlam as chefias militares, gozam de um carisma "congénito", e em larga escala representam os respectivos Estados no exterior.

---

[39] Carlos Maria Feijó (2007), "O Semi-Presidencialismo em Angola. Dos Casos à Teorização da *Law in the Books* e da *Law in Action*", *Negócios Estrangeiros* 14.4: 29-44.

[40] Um rápido comentário. O conceito de "graus de estaticidade" não é novo, tendo sido uma sua variante formulada há já alguns anos em Christopher Clapham (2000). Parece-me um bom substituto para o velho conceito, de *failed State*, que data de meados dos anos 90 e que, ao que tudo indica, é muito menos flexível. Tal como aliás o tenho vindo a fazer desde há já algum tempo, utilizo-o aqui em termos mais "internalistas" do que os de C. Clapham.

Quanto menor o grau de estaticidade institucional exibido maior o potencial de uma deriva presidencialista.

Assim se poderiam com facilidade explicar, de uma só assentada, a deriva presidencialista de Moçambique, aquela outra mais nítida e visível em Angola, os exemplos extremos de presidencialização endémica da Guiné-Bissau (o mais claro caso de um *failed State* ou, se se preferir *fragile State*, de entre os cinco PALOPs), o caso atípico de S. Tomé Príncipe, bem como o relativo sucesso de um semi--presidencialismo mais "autêntico" num Cabo Verde em que está implantado um Estado muito mais bem dotado das características que por norma associamos à "estadualidade" plena[41], seja o que for que isso significa. Do mesmo modo se tornam inteligíveis muitos dos conflitos perenes que tanto marcaram os primeiros anos de independência de Timor-Leste.

4.

Tendo em conta aquilo que disse já sobre o semi-presidencialismo e os desfasamentos entre idealizações manifestas nos textos jurídicos e práticas políticas concretas, escusado será entrar em mais pormenores suplementares. Bastará decerto dar o realce devido ao facto de a deriva presidencial que tão patente tem sido na maioria dos sistemas semi-presidencialistas lusófonos, em África como na Ásia, terem uma clara ligação ao elenco de vantagens e desvantagens que listei de início, quando sugeri uma leitura pragmática e 'vertical' destes 'sistemas', melhor encarados enquanto regimes de partilha do poder político do que como eventual *tertium genus* jurídico-constitucional, tal o como pretendeu Maurice Duverger. Deste ponto de vista, repito, o chamado semi-presidencialismo de modo nenhum deve ser pensado como constituindo um *tertium genus*, pelo menos no sentido de um hipotético *ponto intermédio* entre presidencialismo e parlamentarista, que partilhasse ora características de um destes sistemas de Governo ora do outro; ao invés, e porque se não pode criar um qualquer "eixo" entre dois sistemas cuja base de legitimação difere essencialmente, o semi-presidencialismo deve antes ser vislumbrado

---

[41] Para uma discussão-fundamentação pormenorizada das razões para essa relativa diferença de Cabo Verde, continua a ser útil a leitura do texto hoje 'clássico', de António Leão Correia e Silva (2001).

como *uma adição* de ambos os sistemas, o parlamentarista e o presidencialista.

O resultado está à vista. Como espero ter mostrado, e seja qual for a preferência que tenhamos quanto aos níveis de análise em que nos posicionemos para a explicar, é sobretudo em termos da dinâmica política do *State-building* que estas derivas se tornam inteligíveis. E, nesta dinâmica, importa saber contextualizar os mecanismos de partilha de poder a que o semi-presidencialismo tenta dar resposta – de par com, por exemplo, o controlo de constitucionalidade, o assegurar de eficiência face a uma separação de poderes imprescindível mas quantas vezes vista ora como ameaçadora, ora como gerando um conjunto de paralisias na operação da governação, ou como um esforço de manutenção de criatividade e agilidade face a um Mundo nacional e internacional em mudança tão acelerada quão imprevisível.

Deste ponto de vista, a deriva presidencialista que verificamos em muita da lusofonia africana e asiática em boa verdade não constitui um qualquer "desvio" perverso ou negativo: redunda, antes, numa tomada firme de posição das lideranças – patente, no essencial em Estados e nações sociológica e política ou etnicamente divididas como o têm infelizmente sido Angola, Moçambique, S. Tomé e Príncipe, a Guiné-Bissau, ou Timor-Leste – em nome de uma vontade de criar um poder central forte e criativo, dotado da capacidade efectiva de assegurar uma unificação nacional urgente. A 'presidencialização' dos sistemas de Governo 'semi-presidenciais' na África e na Ásia lusófona acaba, assim, por poder com vantagem ser encarada, em termos positivos, como um mecanismo de concentração de poder em 'ecosistemas' políticos que se vêem na contingência de ter de fazer face a ameaças perenes de guerras civis ou outros tipos de fragmentação perigosa – porque potencialmente dissolutora dos projectos fundadores de *State-* e *nationbuilding*.

Podemos formular isto de outro modo, retomando o enquadramento que antes sugeri. O preço do parlamentarismo, seria alto, caso essa fosse a opção tomada: como antes afirmei, a eficiência comparativa do parlamentarismo, no que diz respeito a tomada de decisões, é pouco estável, se a encararmos na média-longa duração e favorece, a fragmentação partidária – um risco particularmente agudo em sociedades plurais e pouco 'estatizadas'. A deriva presidencialista também tem um preço – o risco de uma 'des-democratização' acelerada; tem porém a vantagem de manter unidade e favorecer a criatividade face a situações em mudança.

Se examinadas as coisas nestes termos, não custa perceber porque é em Angola, Moçambique, S. Tomé e Príncipe, a Guiné-Bissau, e Timor-Leste que a deriva presidencial se torna mais aguda. Tal como fácil se torna compreender o porquê do gradiente que pus a nu. Quanto maiores as pressões sociológicas e político-económicas para a fragmentação, mais o parlamentarismo, mesmo se residual, é evitado. Uma concentração presidencialista vê-se preferida quanto mais regimes de cadeia de comando se tornam apetecíveis face a conflitos 'terminais'; agravada quando se vê posto em causa o acesso, pelos decisores políticos, a recursos estratégicos e 'escassos'. As preferências culturais, apesar de constituírem quantas vezes uma pedra de toque para as explicações "internas" aventadas em cada um destes casos, não formam *senão* um pano de fundo que favorece, ou desfavorece, pressões oriundas destes domínios centrais: a política, por um lado, e, por outro, a política económica – ambas muitíssimo mais importantes.

Bibliografia

Raúl C. Araújo (2000), *Os Sistemas de Governo de Transição Democrática nos PALOP*, Studia Iuridica, Faculdade de Direito, Universidade de Coimbra.
– (2001), "A problemática do Chefe de Governo em Angola", na *Revista da Faculdade de Direito Agostinho Neto*, n.º 2, Luanda.
– (2002), "As perspectivas da futura Constituição angolana", em *Conferência Internacional – Angola: Direito, Democracia, Paz e Desenvolvimento*, Faculdade de Direito Agostinho Neto, Luanda.
David Birmingham (2002), "Angola", em Patrick Chabal *et al, op. cit.*: 137-185.
Wladimir de Brito (2003), *Proposta para um sistema de governo para uma futura Constituição*, Luanda.
Luís de Brito (2003), "Os moçambicanos, a política e a democracia", em (org.) B. S. Santos e João Trindade, *Conflito e Transformação Social. Uma paisagem das justiças em Moçambique*: 179-195, Afrontamento, Porto.
Vitalino Canas (2004), "The Semi-Presidential System", *ZaöRV* 64: 95-124, Max-Planck-Institut für ausländisches öffentliches Recht und Völkerrecht.
– (2007), "Reler Duverger: O Sistema de Governo Semi-Presidencial ou o Triunfo da Intuição 'Científica'", *Negócios Estrangeiros* 11.4: 95-113.
Vitalino Canas e Jorge Carlos Fonseca (2007), "Cabo Verde: Um Sistema Semi-Presidencial de Sucesso?", *Negócios Estrangeiros* 11.4: 123-134.
Christopher Clapham (2000), "Degrees of statehood", em (ed.) S. O. Vandersluis, *The State and Identity Construction in International Relations*: 31-49, Millenium, London.
Patrick Chabal (2002), "Lusophone Africa in Historical and Comparative perspective", em Patrick Chabal *et al, op. cit.*: 3-137.

PATRICK CHABAL et al (2002), *A History of Postcolonial Lusophone Africa*, Hurst & Company, London.
ANTÓNIO LEÃO CORREIA E SILVA (2001), "O nascimento do Leviatã crioulo. Esboços de uma Sociologia Política", *Cadernos de Estudos Africanos* 1: 52-69, Centro de Estudos Africanos, ISCTE, Lisboa.
RENÉ DAVID (1972, original de 1966), *Os Grandes Sistemas do Direito Contemporâneo: direito comparado*, Meridiano, Lisboa.
– (1982), *Les Grands Systèmes de Droit Contemporains*, Dalloz, Paris.
– (1984), "Sources of Law. Custom", em (ed.) V. Knapp, *International Encyclopedia of Comparative Law*: 97-110, J. C. B. Mohr, Tübingen e Martinus Nijhoff Publishers, The Hague, Boston, London.
MAURICE DUVERGER (1978), *Xeque Mate*, Lisboa, Edições Rolim.
P. F. GONIDEC (1968), *Les Droits Africains. Évolution et sources*, Auzias, Paris.
CARLOS MARIA FEIJÓ (2001), "O semi-presidencialismo em África e, em especial, nos PALOP", na *Revista da Faculdade de Direito da Universidade Agostinho Neto*, n.º 2.
– (2007), "O semi-presidencialismo em Angola. Dos casos á teorização da *law in the books* e da *law in action*" *Negócios Estrangeiros* 11.4: 29-44.
ILDA LOURENÇO-LINDELL (2002), *Walking the Tight Rope. Informal Livelihoods and Social Networks in a West African City*, Stockholm University.
ANA MARTINS (2006), "The Portuguese Semi-Presidential System. About Law in the Books and Law in Action", *European Constitutional Law Review*, 2: 81–100.
ARMANDO MARQUES GUEDES (2004), *O Estudo dos Sistemas Jurídicos Africanos. Estado, sociedade, Direito e poder*, Almedina.
– (2005), *Entre Factos e Razões. Contextos e Enquadramentos da Antropologia Jurídica*. Almedina, Coimbra.
– (2005), *Sociedade Civil e Estado em Angola. O Estado e a Sociedade Civil sobreviverão um ao outro?* Almedina, Coimbra.
– (2007), "Os Processos de Constitucionalização dos Estados Africanos Lusófonos entre Factos e Normas", *Negócios Estrangeiros* 11.4: 6-29.
ARMANDO MARQUES GUEDES et al. (2002), *Litígios e Pluralismo. Estado, sociedade civil e Direito em São Tomé e Príncipe*, Almedinam Coimbra. Com N'gunu Tiny, Ravi Afonso Pereira, Margarida Damião Ferreira e Diogo Girão.
– (2003), *Pluralismo e Legitimação. A edificação jurídica pós-colonial de Angola*, Almedina. Com Carlos Feijó, Carlos de Freitas, N'gunu Tiny, Francisco Pereira Coutinho, Raquel Barradas de Freitas, Ravi Afonso Pereira e Ricardo do Nascimento Ferreira.
(ed.) ARMANDO MARQUES GUEDES (2007), *O semi-presidencialismo e o controlo da constitucionalidade na África lusófona*, (número especial) *Negócios Estrangeiros* 11.4, Ministério dos Negócios Estrangeiros, Lisboa.
FRANCISCO PEREIRA COUTINHO e ARMANDO MARQUES GUEDES (2007), "O sistema de governo em Angola. Do presidencialismo "soviético" ao "semi-presidencialismo" transicional até à adopção de um sistema de governo *sui generis*", *Negócios Estrangeiros* 11.4: 64-91.
LUIS RODRIGUEZ-PIÑERO ROYO (2000), "Del partido unico al 'buen govierno': el contexto internacional de los procesos de democratización en el África susahariana después de la guerra fria", em (ed.) Xavier Peñas, *África en el sistema internacional. Cinco siglos de frontera*, Universidad Autonoma de Madrid.
MARCELO REBELO DE SOUSA (1977), "Sistema semipresidencial: definição e perspectivas", *Nação e Defesa* 2 (3): 5-15, Estado-Maior do Exército Português, Lisboa.

BENJAMIN REILLY (2008) "Semi-presidentialism and democratic development in East Asia grows", *APEC Economy Newsletter*, vol. 12, no. 10, The Crawford School of Economics and Government, The Australian National University.

N'GUNU N. TINY (2007), "Teorizando o semi-presidencialismo em Angola e S. Tomé e Príncipe", *Negócios Estrangeiros* 11.4: 91-95.

GERHARD SIEBERT (2001), *Camaradas, Clientes e Compadres. Colonialismo, socialismo e democratização em S. Tomé e Príncipe*, Vega, Lisboa.

– (2007), "O Semi-Presidencialismo e o Controlo da Constitucionalidade em São Tomé e Príncipe", *Negócios Estrangeiros* 11.4: 44-64.

AMÉRICO SIMANGO (1999), *Introdução à Constituição Moçambicana*, Associação Académica da Faculdade de Direito de Lisboa.

KARL ZWEIGERT e HEIN KÖTZ (1987), *An Introduction to Comparative Law*, The Clarendon Press, Oxford.

O Semipresidencialismo em África Lusófona: experiências, (in)viabilidades, tendências[1]

RAUL C. ARAÚJO[2]

Excelências,
Meus Senhores e minhas Senhoras,

Começo por agradecer o convite que me foi endereçado pelo Senhor Professor Doutor Bacelar Gouveia para apresentar uma comunicação a este magno Congresso e expor algumas das minhas reflexões sobre o tema principal deste 2.º painel que trata do semipresidencialismo na África Lusófona.

Assim, exprimo a minha satisfação pelo facto de se estar a realizar este I Congresso do Direito de Língua Portuguesa que há muito fazia falta e que permite reunir alguns estudiosos do direito desta grande comunidade lusófona.

Saúdo, por isso, os Ilustres Professores de Direito das distintas Universidades da Comunidade dos Países de Língua Oficial Portuguesa, fazendo votos por que este encontro passe a fazer parte da agenda científica das nossas instituições de ensino.

Nesta época de profunda crise económica, financeira e de valores éticos, é importante que os juristas se encontrem para discutir o papel do direito na actualidade. E este é, em meu entender, um bom começo.

---

[1] A presente comunicação é um extracto da Tese de Doutoramento apresentada na Universidade de Coimbra a 8 de Maio de 2009, intitulada "O Presidente da República no sistema político em Angola".

[2] Doutor em Direito, Professor e Presidente do Conselho Científico da Faculdade de Direito da Universidade Agostinho Neto.

Excelências,
Ilustres Professores,
Distintos Convidados e Discentes,

A minha comunicação, inserida neste 2.º Painel, tem como ideia central discutir o futuro do semipresidencialismo nos países da África Lusófona e do continente negro, de forma geral.

Pretendemos, sem por em causa as virtudes deste sistema de governo, levantar a discussão sobre as causas que levaram a que por um lado, se tivesse optado, numa primeira fase, pela sua escolha, aquando da fase de liberalização política iniciada no início da década de 90 do século passado e que, por outro lado, logo após a realização das primeiras eleições democráticas, assistíssemos a uma crise deste modelo de organização do poder político.

Para efeito e ao longo desta minha reflexão farei uso dos estudos feitos para a elaboração da minha dissertação de doutoramento que terei a oportunidade de defender dentro de dois dias.

Excelências:

1. A teoria do semipresidencialismo: entre o "poder moderador" e a "bicefalia governativa"

O conceito de regime semipresidencial foi pela 1.ª vez utilizado pelo jornalista e fundador do jornal *Le Monde*, Hubert Beuve-Méry, em 1959, mas coube ao professor francês Maurice Duverger dar o devido conteúdo académico a este conceito, em 1970, para posteriormente o aperfeiçoar em 1974, 1978 e, mais recentemente, em 1986[3].

Este sistema de governo tem a sua origem na procura de equilíbrios de poder e de funcionamento racional no modelo parlamentar de governo, acrescentando um presidente da República directamente eleito dotado de alguns poderes efectivos de intervenção política.

A sua origem próxima está na Constituição finlandesa, de 17 de Julho de 1919, e na Constituição Alemã de 1919, conhecida como a Constituição de Weimar (1919-1933)[4], mas a sua consagração polí-

---

[3] ELGIE, Robert, «The Politics of Semi-presidentialism», in ELGIE, R. (org..), *Semi-presidentialism in Europe*, Oxford, Oxford University Press, 2004, p. 1-3.

[4] QUEIROZ, Cristina, *op. cit.*, pp. 57-68.

tico-doutrinária deve-se sobretudo à Constituição Francesa de 1958, e à revisão constitucional de 1962, sob a égide do General De Gaulle.

Na Finlândia, após a conquista da independência nacional, em 1917, na sequência da Revolução russa de 1917, é elaborada uma Constituição que resultou de um compromisso entre os ex-monárquicos e os sociais-democratas[5]. Neste sistema de governo, predominava o Presidente da República mas coexistia com os traços típicos do sistema de governo parlamentar, designadamente a responsabilidade parlamentar do Governo.

As reformas constitucionais feitas no período de 1988 a 1994, e particularmente a de 1991, consagraram a eleição directa por sufrágio universal do Presidente da República, mas foram-lhe reduzidos muitos dos seus poderes estabelecendo-se limitações ao direito de dissolução do parlamento e ao poder de veto. Também passou a apenas poder ser reeleito uma vez.

Entretanto, a aprovação da nova Constituição, que entrou em vigor em 2000, consagrou este país como um modelo basicamente parlamentar, uma vez que o Chefe do Estado, apesar de ser eleito por sufrágio universal directo, está praticamente sem quaisquer poderes executivos. Assim, deixa de ter o poder de nomear o Primeiro-Ministro, o que passa a ser feito pelo Parlamento, segundo o modelo de governo alemão; e deixa de ter poderes legislativos, para além de não mais deter funções exclusivas no domínio da política externa.

Por seu lado, no caso da Alemanha, na sequência da I Grande Guerra Mundial, foi aprovada, em 1919, uma nova Lei Fundamental do país, conhecida como a Constituição de Weimar (1919-1933)[6], que, para tentar racionalizar o "parlamentarismo de assembleia", introduziu um elemento novo: a atribuição de maiores poderes ao Chefe do Estado, directamente eleito, a servir de contrapeso aos poderes do parlamento.

Este modelo de governo assentava numa estrutura executiva dualista (Presidente e Chanceler) e na prática acabou por beneficiar o Presidente da República que, numa situação de conflito com o parlamento, passou a exercer "poderes de emergência", ao abrigo do artigo 48.º da Lei Fundamental.

---

[5] Sobre esta matéria ver Cristina Queiroz, *op.cit.*; e David Arter, «Finland», in ELGIE, R. (org.), *op.cit.*, pp.48-66)

[6] QUEIROZ, Cristina, *op. cit.*,pp. 57-68.

O sistema eleitoral proporcional, a fragmentação partidária e a forte conflitualidade política e social da época impediam a formação de governos estáveis, o que fez ampliar a margem de manobra política do Presidente.

Podemos, com Cristina Queiroz, sintetizar o modelo desenhado pela Constituição que Weimar, que, segundo ela, «criou dois centros de poder, a presidência e o parlamento, com legitimidades paralelas: um presidente que representava a unidade da nação e um parlamento que representava a multiplicidade e diversidade da sociedade alemã. Ao presidente do Reich foi-lhe atribuído o papel de "instrumento activador dos mecanismos de reequilíbrio". Em caso de conflito ou disfunção entre a presidência e o parlamento, o órgão chave resolutivo era o corpo eleitoral através do recurso a uma vasta gama de referendos, incluindo o referendo de "deposição-dissolução"»[7].

Os conflitos, a que já fizemos alusão, entre o Presidente e o Parlamento, levaram a uma crise institucional séria, que culminou com o fim da República de Weimar, e facilitou a ascensão do nazismo.

Falhada a experiência de Weimar e pouco valorizada a experiência periférica da Finlândia, a fortuna do chamado semipresidencialismo veio a depender do sucesso da V República Francesa, inaugurada com a Constituição de 1958, faz agora meio século, logo reformada em 1962.

Os seus traços fundamentais eram:

- A eleição do Presidente da República, primeiro por um colégio eleitoral muito amplo, depois por sufrágio popular directo (revisão constitucional de 1962);
- A partilha do poder executivo pelo Governo chefiado pelo Primeiro-Ministro e pelo próprio presidente;
- Responsabilidade governamental perante o parlamento, segundo os cânones parlamentares;
- Manifesta redução dos poderes parlamentares, incluindo na esfera legislativa;
- Forte poder de intervenção institucional do Presidente, incluindo a livre dissolução parlamentar.

Foi sobretudo na base deste modelo francês que se constituiu o corpus doutrinário do semipresidencialismo como novo sistema de governo, numa perspectiva que sublinha a modificação da vertente parlamentar e a acentua a vertente presidencialista. A designação

---
[7] *Idem*, p. 63.

procura sublinhar a intervenção do Presidente na função executiva, à maneira dos sistemas presidencialistas, sem contudo ir ao ponto de expropriar o papel do Primeiro-Ministro e do governo, responsáveis perante o parlamento, à maneira dos sistemas de governo parlamentares.

Autores como Robert Elgie[8] subscrevem um conceito amplo e ecléctico e defendem que o semipresidencialismo é um sistema de governo em que o Presidente da República é eleito por sufrágio popular para um mandato determinado, e que coexiste com um Primeiro-Ministro que, tal como o Governo, é responsável politicamente perante o Parlamento. Nesta perspectiva, o conceito já não exige que o Presidente faça parte efectiva do poder executivo.

Para Elgie é suficiente saber que o Presidente da República é eleito por sufrágio universal directo e que o Governo é responsável politicamente perante o Legislativo. Também Sartori, por exemplo, defende que «o que torna comum o presidencialismo e o semipresidencialismo é a presença de um presidente eleito pelo povo ou, pelo menos, de um presidente não eleito no ou pelo parlamento»[9].

Todavia, é fácil ver que com esta amplitude e descaracterização, o semipresidencialismo passa a cobrir situações em que a eleição directa do Presidente em nada altera a funcionamento dos sistemas parlamentares, pelo que a noção perde todo o valor heurístico. O semipresidencialismo passaria de designar todos os sistemas de dupla representatividade eleitoral – do parlamento e do Presidente –, mesmo que a eleição directa do presidente seja politicamente irrelevante sob o ponto de vista do funcionamento do sistema de governo.

Há, entretanto, autores que têm uma posição diferente e que são de opinião de que o que torna o semipresidencialismo um sistema de governo autónomo é a necessidade de um *tertio genus*. De acordo com Vitalino Canas «este sistema, quer numa perspectiva jurídica, quer numa perspectiva política ou fáctica é dominado por um princípio estático já por várias vezes indicado: o do equilíbrio entre três órgãos, Chefe do Estado, Governo e Parlamento»[10]. Portanto, o semipresi-

---

[8] ELGIE, R., MOESTRUP, S., *Semi-presidentalism outside Europe: a comparative study*, New York, Routledge, 2007, p. 6.

[9] SARTORI, Giovanni, «Elogio del Semi-presidenzialismo», *Revista Italiana di Scienza Politica*, 1, 1995.

[10] CANAS, Vitalino, «Sistema semi-presidencial», in AAVV, *Dicionário Jurídico da Administração Pública*, Lisboa, Director: José Pedro Fernandes
Editora: *Edição de Autor*, 1998, p. 481. Ver, do mesmo autor, «Semi-presidencial system», *Anuário Português de Direito Constitucional*, Vol IV, 2004/2005, pp. 73-119.

dencialismo exige que o Presidente da República detenha um mínimo relevante de poderes políticos efectivos, ainda que se não trate especificamente de poderes de tipo governativo.

Existem assim, pelo menos, **três noções distintas de semipresidencialismo** quanto ao seu alcance e extensão:

a) Num sentido muito amplo, e muito pouco rigoroso, chama-se semipresidencialismo a todo o sistema de governo de base parlamentar – responsabilidade parlamentar do Governo – em que existe um Presidente da República eleito directamente por sufrágio popular e portanto dotado de legitimidade política própria, mesmo que não detenha nenhuns poderes políticos próprios;

b) Num sentido estrito, chama-se semipresidencialismo apenas aos sistemas de governo em que existe uma "bicefalia governativa", ou seja em que o Presidente integra o "poder executivo" e compartilha com o Primeiro-Ministro a função executiva, podendo presidir aos conselhos de ministros e ter poderes reservados em matéria de política externa e de defesa, embora só o Primeiro-Ministro responda perante o parlamento;

c) Num sentido intermédio, chama-se semipresidencialismo o sistema de governo de base parlamentar em que o Presidente da República, embora não compartilhe do poder executivo, que cabe exclusivamente ao Governo chefiado pelo Primeiro-Ministro, detém porém poderes efectivos exorbitantes dos poderes do chefe do Estado em sistemas parlamentares típicos, incluindo nomeadamente o poder de veto legislativo, o poder de livre dissolução parlamentar e, mesmo o poder de demissão do Governo, havendo portanto um regime de dupla responsabilidade governativa.

No primeiro sentido, entram na categoria dos semipresidencialismo casos como os da Finlândia, da Áustria ou da Irlanda, onde o Presidente, embora discretamente eleito, não se distingue de um chefe de Estado num sistema parlamentar típico.

No segundo sentido, entram na família dos semipresidencialismos somente os sistemas de tipo francês ou similares, em que o Presidente é potencialmente o chefe do poder executivo, ou pelo menos compartilha da sua titularidade.

No terceiro sentido, cabem na noção de semipresidencialismo, casos como o português, em que o Presidente não integra o poder executivo nem compartilha das tarefas governamentais, antes funciona como um "quarto poder" com funções de poderes de supervisão e de moderação do funcionamento do sistema.

Note-se que, quer no terceiro sentido da noção, quer sobretudo no segundo sentido, este sistema de governo pode apresentar configurações diversas de poderes presidenciais em função do sistema eleitoral e do sistema de partidos existentes, podendo mesmo variar dentro no mesmo sistema conforme a articulação entre a maioria parlamentar (se existente) e a base política de eleição do Presidente ("maioria presidencial", *hoc sensu*).

No caso francês, por exemplo, o sistema partidário, aliado ao sistema eleitoral maioritário de duas voltas, utilizado para a eleição dos deputados da Assembleia Nacional, conduz à existência de coligações políticas que servem para apoiar os Presidentes da República da mesma orientação política ou para formar governos contrários à mesma, dando lugar aos chamados fenómenos da "coabitação" de duas maiorias políticas de sinal contrário[11].

De acordo com Cindy Skach[12], o semipresidencialismo pode apresentar configuração de poderes diferentes de acordo com os resultados eleitorais. Para esta autora, «o subtipo constitucional que mais minimiza as tensões no semipresidencialismo é aquele em que o Primeiro-Ministro provém da maioria legislativa e o Presidente faz parte do partido dessa mesma maioria. Também é a situação em que o Presidente tende a funcionar como verdadeiro chefe do Governo, sendo Primeiro-Ministro uma espécie de subchefe do governo, com pelouro das relações com o Parlamento. É o que Ackerman chama de "autoridade completa". A maioria legislativa incrementa as possibilidades de governação, que pode ser mais estável e duradoura. Neste caso, e uma vez que os dois líderes políticos pertencem ao mesmo partido, que é o da maioria parlamentar, então estes têm a mesma agenda política e irão cooperar e juntar as suas agendas para as maximizar»[13], normalmente sob comando do Presidente.

---

[11] Sobre o papel dos partidos políticos e a sua influência no sistema político francês, ver BELL, David S., *Parties and Democracy in France. Parties under presidentialism*, Aldershot, Asgate Publishing Company, 2000; e GAFFNEY, John, MILNE, Lorna, *French Presidentialism and the election of 1995*, Aldershot, Asgate Publishing Company, 1997.

[12] SKACH, Cindy, «The "newest" separation of powers: semipresidentialism», *International Journal of Constitutional Law*, 5, 1, 2007, pp. 93-121.

[13] *Idem*, p. 101.

No entanto, continua Skach: «Este subtipo constitucional não é imune a conflitos entre eles (PR e PM) ou entre franjas do governo: se o Presidente e o PM pertencerem a diferentes facções da mesma maioria ou se houver experiências diferentes e conflito de personalidades o conflito acaba por acontecer»[14]. Mas as divergências tendem a ser desfeitas em favor da autoridade presidencial, coma demissão do Primeiro-Ministro.

A situação é diferente quando o Presidente da República e o Primeiro-Ministro pertencem a cores políticas diferentes, existindo, assim, a "coabitação" política. Nestes casos, tem de existir um relativo apagamento dos poderes presidenciais em benefício dos poderes do governo e do Primeiro-Ministro, sob pena de existência de conflitos institucionais que ponham em causa o exercício do poder político. Em vez de chefe do Governo, como na situação anterior, o Presidente da República passa a ter um papel de controlo e de contenção do poder da maioria parlamentar-governamental, mantendo sempre os seus "poderes reservados" nas matérias constitucionalmente definidas. E mantém sempre a possibilidade de, caso a situação seja propiciatória, dissolver o parlamento e de mudar a maioria parlamentar em seu favor.

Mas é evidente que esta questão só se coloca nas situações de bicefalia governativa (semipresidencialismo de tipo francês), não se colocando nos demais casos de semipresidencialismo, nem sequer naqueles em que existe um sistema de dupla responsabilidade política do Governo (perante o parlamento e perante o Presidente, como sucedia na primeira versão da Constituição portuguesa de 1976.

O Presidente da República, nos sistemas de governo semipresidencial, possui uma legitimidade democrática própria que advém da sua eleição directa e por sufrágio universal, que é a regra nos sistemas de tipo semipresidencialista.

Esta legitimidade política do Presidente da República é consentânea com a extensão e relevância das suas competências.

Simplesmente nem a eleição directa significa desde logo semipresidencialismo, nem está excluída, pelo menos no plano teórico a possibilidade de regimes semipresidencialistas sem eleição directa do Presidente da República. Lembremos que inicialmente, na sua versão de 1958, o Presidente francês não era directamente eleito, e todos os

---

[14] Idem, p. 101.

traços de semipresidencialismo já estavam na Constituição. Além disso, não têm faltado sugestões de inclusão na família do semipresidencialismo de outras experiências constitucionais sem eleição presidencial directa, como era o caso da Turquia, antes da recente revisão constitucional que estabeleceu a eleição directa.

Uma caracterização possível das formas de semipresidencialismo em vigor em diversos países tem por base a avaliação dos poderes reais e efectivos de que estão investidos os Presidentes da República.

Defende Jorge Reis Novais[15] que, em semipresidencialismo, o importante não é apenas que o Presidente da República tenha poderes consagrados significativos, mas que tenha a possibilidade constitucional efectiva de os exercer.

De facto, se os poderes do Presidente da República são puramente nominais, mas sem substância efectiva, então isso em nada altera a lógica do sistema de governo. Nas monarquias constitucionais, como é sabido, a chefia do executivo pertence nominalmente ao rei, sem que contudo isso tenha algum conteúdo efectivo, pois na verdade todos são efectivamente exercidos pelo Governo, sendo a assinatura do monarca puramente formal, e estando a sua responsabilidade política sempre coberta pela referenda ministerial.

Se, pelo contrário, o Presidente da República tem poderes reais de intervenção no executivo, então estaremos perante um efectivo modelo governamental distinto do modelo parlamentar, apesar da responsabilidade parlamentar do governo, e distinto do modelo presidencial, visto que o presidente da República não exerce a título próprio e exclusivo o poder executivo. Está-se perante um verdadeiro sistema híbrido e original, uma vez que não há apenas uma sobreposição de modelos.

O Presidente da República possui uma legitimidade democrática própria e interfere na orientação e na condução política do país, uma vez que, como acontece, por exemplo, em França, é ele quem preside

---

[15] NOVAIS, Jorge Reis, *Semipresidencialismo: Volume I – Teoria do sistema de governo semipresidencial,* Coimbra, Almedina, p. 151. Este autor defende, igualmente, que «não é por acaso que a análise do semipresidencialismo e, designadamente, a sua caracterização se centram no Presidente da República e nos seus poderes. De facto, é assim e deve ser assim. Falar do semipresidencialismo no conjunto dos sistemas de governo é falar do Presidente da República, do lugar que ele ocupa no sistema político, das funções que desempenha, das relações que mantém com os outros órgãos...»

ao Conselho de Ministros e aprova a sua agenda, e orienta a política externa e de defesa, para além de possuir um poder discricionário de dissolução do parlamento.

Por outro lado, temos um governo de base parlamentar que responde politicamente perante o órgão que o sustenta, o Parlamento, mas, e este é o elemento novo deste sistema, ele é igualmente responsável politicamente, pelo menos até certo ponto, perante o Chefe do Estado, que o pode destituir, ao menos em certas circunstâncias.

Esta dupla subordinação política do Governo torna este sistema semipresidencial um modelo complexo, já que, para que o Executivo se mantenha em funções, precisa de ter simultaneamente o apoio – ou pelo menos não ter a hostilidade – do Presidente da República e do Parlamento.

O sistema de governo semipresidencial pode significar a previsão constitucional de o Presidente da República ter poderes reais e efectivos de intervenção na vida política, e particularmente na definição da orientação política do país.

Assim sendo, e de acordo com os poderes reais atribuídos ao Chefe do Estado, estaremos perante um **semipresidencialismo forte, fraco ou médio**, consoante a esfera de influência do Presidente da República no exercício da acção do Executivo, e na sua relação com o Legislativo.

Comecemos por analisar se o poder presidencial é um poder neutro e intermediário entre os poderes activos[16], ou se, pelo contrário, ele é um poder activo, interferente na esfera do Executivo.

Estaremos apenas perante um "poder moderador" quando o Chefe do Estado desempenha, de direito e de facto, um papel de árbitro e de regulador de conflitos institucionais entre o Governo e o Parlamento, sem porém interferir na função governamental, que pertence exclusivamente ao Governo e ao Primeiro-Ministro. Aqui, o Presidente da República, sendo ou não eleito com o apoio de partidos políticos, é um factor dissuasor autónomo de conflitos e assegura o normal funcionamento das instituições, com poderes de supervisão e de controlo.

Ele não intervém na definição da orientação política do país, função que pertence ao Primeiro-Ministro e ao Governo, razão pela

---

[16] CONSTANT, Benjamin, *Réflexions sur les Constitutions, la distribuition des pouvoirs, et les garanties, dans la monarchie constitutionelle*, Paris, H. Nicolle, 1814, p. 5.

qual pode facilmente arbitrar potenciais conflitos entre os órgãos de decisão política ou entre o partido do governo e a oposição política.

Ao invés, teremos um presidente interventor quando ele é parte activa na definição e execução da política governamental. O Presidente da República é governante e partilha a sua função executiva com o Primeiro-Ministro, tendo como suporte a maioria parlamentar.

Estamos aqui perante uma situação em que o Presidente da República dificilmente pode arbitrar conflitos institucionais e servir de atenuador, uma vez que ele é parte integrante do sistema de exercício do poder executivo.

Diferente da primeira situação, em que o Presidente da República, na sua posição de poder moderador, é suprapartidário, no segundo caso, ele governa com o apoio do partido ou partidos políticos coligados, sendo para todos os efeitos o chefe político da maioria governamental.

A configuração final do sistema semipresidencial é, pois, diferente nos dois casos: no primeiro, teremos um modelo muito próximo do parlamentarismo mais racionalizado, dotado de um quarto poder independente da relação governo-assembleia, à semelhança do que defendia Benjamin Constant; enquanto, no segundo, estaremos num efectivo semipresidencialismo, no sentido de intervenção presidencial na esfera executiva.

De facto, se o semipresidencialismo quer ter algo de parcialmente comum com o presidencialismo, como a própria noção induz, só pode ser a titularidade ou contitularidade do poder executivo, já que quanto ao mais o semipresidencialismo nada compartilha com o presidencialismo propriamente dito

Efectivamente, apesar desta semelhança, eles são substancialmente diferentes, uma vez que o presidencialismo se baseia numa estrutura de autoridade monocêntrica, em que o Presidente da República, sendo titular único do poder executivo, está isolado e protegido da intromissão parlamentar, devido ao princípio da estrita separação de poderes entre o poder executivo e o poder legislativo.

O sistema semipresidencial, pelo contrário, mesmo nas suas versões mais fortemente presidencialistas, opera numa base de poder dividido: o Presidente da República compartilha o poder com um Primeiro-Ministro que, por sua vez, deve ter como base o suporte estável do parlamento, de cuja confiança depende, não podendo o presidente manter em funções um governo sem o devido respaldo parlamentar.

O Presidente governante, neste caso, possui poderes reforçados face ao papel que desempenha na definição da orientação política do país. Ele dirige o Conselho de Ministros e define a sua agenda (caso da França), e tem sob sua tutela as áreas directamente ligadas à defesa da soberania do país, como são os casos da política externa, defesa e segurança.

O Presidente da República governante tem, igualmente, um poder mais discricionário ou, na pior das hipóteses, mais flexível, na nomeação e demissão do Primeiro-Ministro, pelo menos quando existe coincidência entre a maioria parlamentar e a maioria presidencial. Ele necessita de ter um Primeiro-Ministro que seja da sua confiança pessoal e que esteja de acordo com a sua agenda governativa, razão pela qual as constituições semipresidencialistas conferem usualmente ao Presidente da República maior maleabilidade na nomeação e exoneração do Chefe do Executivo[17].

O poder presidencial neste sistema de governo é distinto do que existe no parlamentarismo e no presidencialismo. No sistema de governo parlamentar, o Chefe do Estado tem um papel mínimo e meramente formal na composição e escolha do Governo. Ele indica para Primeiro-Ministro o líder da maioria parlamentar vencedora na disputa legislativa, e este escolhe a sua equipa governamental, cabendo ao Chefe do Estado um poder nominal de nomeação. Afinal, como sabemos, o Primeiro-Ministro e o Governo iniciam, de facto, a governação depois da aprovação do seu programa pelo Parlamento, e não após a sua nomeação pelo Chefe do Estado.

No sistema de governo presidencial, de acordo com o princípio da separação de poderes, cabe exclusivamente ao Presidente da República o exercício do poder executivo e a escolha da sua equipa governativa, apesar de em alguns casos, como por exemplo nos Estados Unidos da América, o Congresso ter a faculdade de aprovar ou não as candidaturas presidenciais.

Em semipresidencialismo (forte) há uma situação plástica e complexa. Apesar de o Presidente da República ter um papel activo na indicação do Executivo, e de ser ele a escolher o Primeiro-Ministro, ele está condicionado ao facto de o Governo ser de base parla-

---

[17] No caso francês, a Constituição não confere explicitamente ao Presidente o poder de exonera o Primeiro-Ministro. Mas a prática de meios século mostra, numa verdadeiro costume constitucional, que nenhum Primeiro-Ministro resistiu ao convite do Presidente da República para pedir a sua própria demissão....

mentar. Assim sendo, a sua discricionariedade na indicação do Chefe do Governo está limitada à composição da maioria parlamentar. Ele tem de garantir que o Governo tenha o suporte parlamentar, sob pena de ser destituído através de uma moção de censura, ou rejeição de uma moção de confiança não aprovada. No limite, o Presidente da República, ao nomear o Primeiro-Ministro, tem, pelo menos, de ter a certeza que o Governo não tenha contra si a maioria do Parlamento.

Nos casos de "coabitação" política, verifica-se uma situação diferente. O Presidente da República tem de se conformar com a vontade da maioria parlamentar, que é mais ou menos condicionante, dependendo da qualidade da maioria, isto é, se é absoluta ou relativa. No primeiro caso, não há qualquer margem negocial. É o Parlamento que indica o Chefe de Governo, devendo o Presidente da República, em obediência ao princípio da legitimidade democrática, confirmar para chefe do Executivo o líder do partido maioritário. Se a maioria for relativa, o Chefe do Estado tem a possibilidade de negociar com os partidos parlamentares a composição do Governo e, consequentemente, a indicação do Primeiro-Ministro.

A fórmula acaba por ser a seguinte: em semipresidencialismo os poderes presidenciais são elásticos. Se o Presidente da República tem a maioria parlamentar, os seus poderes são maiores. Caso contrário, serão mais limitados.

Já o princípio da separação de poderes coloca alguns problemas na forma de resolução de crises político-institucionais entre os diferentes órgãos que exercem o poder político.

No sistema de governo semipresidencial, é atribuído ao Presidente da República um poder indiscutivelmente único e superior, que é a autoridade (poder) de dissolução do Parlamento em caso de crise política.

Este poder constitui, para vários autores, a principal "arma de arremesso" que o Presidente possui para fazer valer as suas posições políticas. Duverger[18] entende mesmo que o que define o carácter autónomo do sistema de governo semipresidencial é o facto de o Presidente da República deter poderes autónomos de dissolução do Parlamento, com maiores ou menores limitações.

Para Jorge Reis Novais, através do poder de dissolução, «o Presidente da República pode passar por cima ou à margem da von-

---

[18] DUVERGER, Maurice, *Xeque Mate*, Lisboa, Rolim, 1978.

tade da maioria parlamentar ou governamental ou pode mesmo actuar contra essa maioria. Parafraseando a imagem duvergeriana, com esse movimento de dissolução, o Presidente da República põe a maioria em xeque; e, embora dependendo da decisão do eleitorado, este xeque é, desde que o contexto seja desfavorável à maioria, desde que o Presidente saiba escolher o momento e as circunstâncias, um verdadeiro xeque-mate»[19].

Daí que este autor defenda que «o poder de dissolução é, de facto, o poder dos poderes do Presidente de semipresidencialismo»[20].

Num interessante estudo sobre esta matéria, Jorge Bacelar Gouveia entende que se trata «de uma competência de exercício discricionário, directamente regulada pelo Direito Constitucional, em que avulta uma apreciação política, não correspondendo a qualquer juízo judicial sancionatório, cujas vestes por vezes a dissolução de certos órgãos colegiais pode envergar»[21].

Em tese de estudo comparado, podemos verificar que, em vários países, os Presidentes da República têm utilizado esse instrumento quando estão em desacordo com a actuação do Governo e não possuem a força política necessária para os poder substituir, face ao apoio que estes têm no parlamento. Neste caso, pretende-se com a dissolução do parlamento alterar o equilíbrio de forças e revertê-lo a seu favor. Como exemplos próximos, temos os casos de França, com o Presidente Jacques Chirac (já referido anteriormente); de S. Tomé e Príncipe, com o Presidente Miguel Trovoada e, mais recentemente, com o Presidente Fradique de Menezes.

Alguns autores questionam-se sobre as vantagens e desvantagens do semipresidencialismo[22], e perguntam-se mesmo se este sistema de governo nas jovens democracias é uma ajuda ou obstáculo[23].

Um ponto comum é aceite por todos: a flexibilidade do modelo de distribuição de poderes entre os órgãos de soberania pode amenizar conflitos institucionais, bem como favorecer a existência de formas

---

[19] NOVAIS, Jorge Reis, *op. cit.*, p. 159.
[20] *Idem*, p. 157.
[21] GOUVEIA, Jorge Bacelar, *A dissolução da Assembleia da República. Uma nova perspectiva da dogmática do direito constitucional*, Coimbra, Almedina, 2007, p. 43.
[22] A esse propósito, ver PASQUINO, Gianfranco, «The advantages and disadvantages of semi-presidentialism, a West European perspective», in ELGIE, R., MOESTRUP, S.(orgs.), *op. cit*, pp. 14-29,
[23] MOESTRUP, Sophia, «Semi-presidentialism in young democracies – help or hindrance?», in ELGIE, Robert, MOESTRUP, Sophia (orgs.), *op. cit.*, pp. *30-55.*

de colaboração ou cooperação entre o Chefe do Estado, o Governo e o Legislativo.

Por outro lado, o equilíbrio na distribuição dos poderes constitucionais favorece a escolha deste modelo governamental nas sociedades em transição para a democracia.

Se, por um lado, nos sistemas parlamentares, em que não existe uma experiência de funcionamento multipartidário, se pode facilmente caminhar para a fragilização do Executivo e para a instabilidade política, por outro lado, a concentração de poderes nos Presidentes da República, típica dos sistemas presidencialistas, favorece o aparecimento de despotismo e de personalização do poder, face à debilidade ou inexistência de partidos políticos fortes.

Daí a tendência pela escolha do sistema semipresidencial de governo, em que se privilegia o equilíbrio na distribuição dos poderes, bem como a cooperação institucional.

2. O semipresidencialismo em África

No processo de elaboração constitucional, deve-se ter em conta a importância da engenharia constitucional para organizar o Estado e a sociedade. Tal desiderato obtém-se mediante a distribuição e limitação do poder político, para dar legitimidade ao seu título e manter a legalidade do seu exercício, bem como para instrumentalizar tanto a mudança como o controlo de cada um dos arranjos institucionais e das manifestações culturais.

Há, afinal, que ter presente que, nesse processo constitucional, se deve dar atenção à estreita relação existente entre o Direito e o Poder, uma vez que eles são os principais centros de atenção dos fenómenos jurídicos e políticos, respectivamente. Eles complementam-se, uma vez que o direito sem poder é mandato impotente e ineficaz, enquanto o poder sem direito é força bruta e ilegítima.

No que respeita à organização constitucional do poder político, deve-se ter em linha de conta o sistema de concentração e distribuição de poderes, no quadro do princípio da separação e interdependência de poderes, assim como a legitimidade e legalidade do poder político, a sua limitação e, finalmente, as mudanças e controlo desse poder.

Por outro lado, e como se sabe, as Constituições devem conter os princípios ou valores essenciais, como as normas ou regras fundamentais para a organização da comunidade política, razão pela qual se revela deveras interessante proceder ao estudo comparado da organização da comunidade política dos diversos países e continentes.

O estudo dos sistemas de governo em África é interessante, porquanto levanta um conjunto de aspectos relevantes do ponto de vista da teoria constitucional, dos sistemas de governo e dos tipos e formas de estado, tal como no que se refere à teoria das transições políticas.

Uma análise da organização do poder político no continente negro traz à colação os estudos feitos sobre a mesma matéria na América Latina, e em alguns países do sul da Europa. Nesses estudos consideram-se as características próprias de um conjunto de países e sociedades que conheceram um processo histórico de desenvolvimento diferente do que aconteceu em qualquer outro continente.

No continente americano, as independências nacionais e a formação dos estados e nações são o resultado de processos de ocupação colonial e de extermínio das populações autóctones, em que são as populações colonizadoras que declaram a sua independência relativamente às antigas metrópoles.

Os países do sul da Europa são Estados que tiveram em comum com o resto deste continente o facto de terem passado por formações sociais que vão desde o feudalismo até às proclamações da república, em detrimento das monarquias absolutas.

Naturalmente que os sistemas de governo seguidos nestes dois continentes estão influenciados pelas condições históricas específicas de cada um deles, razão pela qual se pode verificar que os estados novos (americanos) optaram, em regra, por sistemas de governo em que o Chefe do Estado tem um papel de proeminência, não apenas porque eles são o reflexo da estrutura política da ex-metrópole (monarquias absolutas), mas também porque a existência de um Presidente da República tem um forte efeito aglutinador na formação do estado e da nação.

Já na Europa ocidental, a situação é substancialmente diferente. Países que durante décadas lutaram contra regimes absolutistas, como as monarquias absolutas, o fascismo e nazismo, com muita dificuldade aceitam a existência de regimes políticos em que exista uma concentração de poderes numa entidade unipessoal, mesmo que na versão americana de separação e equilíbrio de poderes. Daí a razão da preponderância do parlamentarismo na sua forma mais pura ou racionalizada.

Em África, as distintas Constituições, na estruturação e disciplina dos processos decisórios do Estado, e na organização do poder, são, igualmente, o reflexo da situação histórica, política e social prevalecente em cada país.

Vejamos alguns casos concretos, para que percebamos a complexidade africana para o estudo dos modelos constitucionais adoptados, após as independências nacionais, e a seguir ao final da Guerra Fria.

Os países africanos anglófonos e francófonos, ao ascenderem às suas independências, nos anos 60, fizeram-no adoptando textos constitucionais praticamente definidos pelas antigas potências coloniais.

A sua duração foi muito breve. A Constituição francesa de 1958, que serviu de paradigma às leis fundamentais dos países francófonos, foi alterada e acabou por dar origem a sistemas hiperpresidenciais ou de partido único.

Alguns dos países que seguiram durante algum tempo esse sistema de *dual executives*, como foram os casos do Senegal e do então Congo-Leopoldeville (actual República Democrática do Congo e antes República do Zaire), passaram por experiências muito negativas de conflitos abertos entre os líderes do Governo e do Estado.

No Senegal, as disputas entre o Presidente da República, Leopold Senghor, e o seu Primeiro-Ministro, Mamadou Dia, acabaram com a prisão deste último, e a alteração constitucional de 7 de Março de 1963, que mudou o sistema de governo para o presidencialismo.

No então Congo Leopoldeville (antiga colónia Belga), que possuía uma constituição negociada em Janeiro de 1960, em Bruxelas, estalou um conflito entre o Chefe do Estado, Joseph Kasavubu (líder do partido Aliança do Baixo Congo) e o Chefe do Governo, Patrice Lumumba (líder do Movimento Nacional Congolês). O primeiro era defensor de um Estado federal, enquanto Lumumba entendia que o país deveria ser um estado unitário centralizado.

Este conflito agravado com a tentativa de secessão da região de Katanga, liderada por Moisés Tshombe, levou a uma guerra civil e a intervenção das forças militares das Nações Unidas. Este processo leva à prisão e morte do nacionalista Patrice Lumumba, a 17 de Janeiro de 1961, e posteriormente ao golpe de Estado, liderado pelo General Mobutu, que eliminou fisicamente Kasavubu e assumiu a chefia do Estado e do Governo, implantando um regime autoritário, fortemente centralizado e militarizado.

A experiência do ex-Congo Belga foi o prenúncio da guerra fria em África, e a condenação ao fracasso das Nações Unidas, que, até ao momento, não conseguiram recuperar a sua credibilidade.

A estes, poder-se-iam juntar outros casos, de distintos países, mas que pela sua similitude não vale a pena trazer aqui à colação[24].

A vaga democrática pós-1989, associada às graves crises políticas, económicas e estruturais, por que passavam quase todos os países do continente africano, favoreceram que se conhecesse um novo período marcado pela liberalização económica e pelos novos ventos democráticos no continente africano.

Os líderes políticos que, desde as independências nacionais, eram contrários a modelos democráticos ou de simples descentralização administrativa, por entenderem que eram práticas que podiam "atentar" contra a unidade nacional e a integridade territorial dos países de forma directa, acabaram por aceitar na sua maior parte (conquanto, alguns, de maneira forçada) a introdução de modelos de democratização nos seus países. Condicionante, aliás, imposta pelos Estados europeus e pelas instituições de Bretton Woods, como condição para facilitarem apoios de reforma económica.

Neste processo de democratização em África, no início da década de 90 do século passado, houve uma opção quase generalizada por sistemas semipresidencialistas de governo, com forte pendor presidencial, principalmente nos países denominados francófonos e lusófonos, até porque sendo a França e Portugal dois países de referência do semipresidencialismo, com naturalidade as suas antigas colónias se inspiraram nas suas leis fundamentais (Constituição Francesa da V República e Constituição Portuguesa de 1976), face à proximidade dos sistemas jurídicos existentes.

Já no que diz respeito aos países anglófonos, houve uma opção pelo modelo parlamentar do tipo seguido pela África do Sul, que no entanto se aproxima bastante do sistema presidencial no seu funcionamento.

Neste continente, há poucos países que tenham adoptado o parlamentarismo na sua forma mais pura, ou seja, um executivo forte

---

[24] Como referências bibliográficas, sugerimos do volume organizado por Robert Elgie e Sophie Moestrup (*Semi-presidentialism outside Europe*, New York, Routledge, 2007), os capítulos de Charles Cadoux, «Semipresidentialism in Madagáscar», e Sophia Moestrup («Semi-presidentialism in Níger, Gridlock and democratic breakdown – leaning from past mistakes»).

subordinado ao parlamento, e um Chefe do Estado quase sem poderes próprios. Entre os países que seguem muito de perto o modelo parlamentar, encontram-se os Camarões, a República Malgache, o Mali, Marrocos e o Chade.

Alguns estudos indicam as proporções em que os diversos países, logo após as suas independências, optaram por sistemas de governo que privilegiam o presidencialismo (52%), parlamentarismo (41%) e sistemas híbridos (7%)[25]. Mas esta situação alterou-se substancialmente com o processo de democratização do continente.

Num estudo interessante, Monique Lions[26] defende que os países africanos inspiram-se nos modelos clássicos dos sistemas de governo, mas adaptam-nos à realidade africana em que se verifica, quer no sistema presidencial, quer no sistema parlamentar, uma tendência para se reforçar e afirmar a preponderância do poder executivo, e dotá-lo de prerrogativas que não se conhecem tradicionalmente.

Mas tem sido o sistema presidencial, ou aqueles em que há um forte pendor dos poderes presidenciais, como acontece nos modelos semipresidenciais fortes, o que mais adeptos têm ganho no continente negro.

Como foi anteriormente afirmado, a maior parte dos países africanos francófonos e lusófonos aprovaram modelos constitucionais de governo muito próximos da Constituição Francesa da V República e da Constituição Portuguesa de 1976. Vejamos alguns destes casos:

A Constituição do Mali de 1992 previa um modelo de diarquia executiva, mas desde muito cedo conheceram-se situações de grave tensão entre o Presidente da República e o Primeiro-Ministro.

No Gabão, Níger, Senegal, e em vários outros países, sempre que se passasse para situações de coabitação política, o relacionamento institucional entre o Chefe do Estado e o Primeiro-Ministro agravavam-se de tal forma que, em alguns casos, houve mesmo golpes de estado (Níger em 1996), como forma de se tentar por cobro ao conflito.

As experiências semipresidenciais de governo foram-se tornando de difícil execução, devido aos muitos conflitos institucionais entre o

---

[25] NIJZING, Lia, MOZAFFAR, Shaheen, AZEVEDO, Elisabete, «Parleaments and Enhancement of Democracy on the African Continent: An analyis of institutional capacity and public perception», *The Journal of Legislative Studies*, 12, 3-4, 2006,

[26] LIONS, Monique, *Constitucionalismo y Democracia en el África recién independizada*, México, Universidad Nacional Autónoma de México, 1964.

Presidente da República e o Chefe do Executivo, mesmo quando os dois pertenciam ao mesmo partido político.

Da região central de África destaca-se, por exemplo, o caso da República da Costa do Marfim (Côte D´Ivoire), que tinha tradicionalmente um modelo semipresidencial, mas que na última alteração constitucional, levada a cabo em 2000, e aprovada a 23 de Julho do mesmo ano com 86% dos votos populares, adoptou um sistema presidencialista.

A ideia chave a reter é que o semipresidencialismo foi o modelo certo para o período inicial de transição política para a democracia, uma vez que servia para descartar desconfianças entre os diversos actores políticos; mas uma vez realizadas as primeiras eleições democráticas, começaram os conflitos de competências, devido à dualidade de legitimação do Presidente da República e do Parlamento, que serve de suporte ao Governo e Primeiro-Ministro.

3. Semipresidencialismo nos PALOP

Os países africanos lusófonos inspiraram-se na Lei Fundamental portuguesa de 1976. Por esta razão, com maiores ou menores semelhanças, encontramos sistemas constitucionais muito próximos do português, de tal forma que se defenda já a existência de uma família de Direito Constitucional Lusófona[27] ou de uma Escola Constitucional Comum aos Países Lusófonos.

Os países africanos de língua portuguesa têm como ossatura do Direito Público, privado e processual, a legislação herdada da potência colonial, apesar de muitas benfeitorias feitas após as suas independências.

A "3.ª onda de democratização" nos países africanos de língua oficial portuguesa começou em 1990, logo após ao fim da Guerra Fria, tendo passado por processos de transição diferenciados.

Em S. Tomé e Príncipe e Cabo Verde, assistiu-se a processos de reforma política, em que os detentores do poder político iniciaram e conduziram a transição do poder até às eleições gerais democráticas. Para o efeito, aprovaram as leis de abertura democrática, produziram as novas constituições de transição, e asseguraram a transferência do

---

[27] GOUVEIA, Jorge Bacelar, «A primeira Constituição de Timor Leste», in *Estudos de Direito Público de Língua Portuguesa*, Coimbra, Almedina, 2004, p. 318.

poder para as entidades democraticamente eleitas, sem que existissem grandes perturbações políticas e sociais.

Na Guiné-Bissau, houve igualmente uma transição por via da reforma, precedida, no entanto, por uma grande pressão das forças políticas da oposição sobre o poder instituído para que se realizassem as eleições gerais multipartidárias.

Angola e Moçambique, ao contrário dos outros três países atrás referidos, foram abalados por guerras civis e agressões militares externas, tendo os seus processos de transição sido essencialmente de transacção, havendo uma participação das diversas forças políticas na discussão e aprovação dos diplomas jurídicos fundamentais, como sejam, o novo texto constitucional, a lei eleitoral, etc.

Vejamos, pois, a breve trecho, quais os elementos caracterizadores dos sistemas de governo que distinguem os vários países de língua portuguesa.

A República do Brasil, como anteriormente vimos, é um sistema presidencial de governo em que, para além das características próprias deste sistema de governo, no entender de Manoel Gonçalves Ferreira Filho, «há uma inclinação para o poder pessoal»[28].

Os restantes países de língua portuguesa são, sem excepção, sistemas híbridos, que apresentam elementos característicos do sistema parlamentar e do sistema presidencial, sendo seis deles de base parlamentar, mais ou menos acentuada (Portugal, Cabo Verde, Guiné-Bissau, S. Tomé e Príncipe, Angola e Timor Leste), e um de base presidencial (Moçambique).

Em Cabo Verde, o sistema de governo é, na sua essência e organização, de natureza parlamentar, não possuindo o Presidente da República poderes executivos. Os seus poderes reais são muito ténues, aproximando-se muito do papel dos Chefes de Estado nos sistemas parlamentares de governo.

A República de Cabo Verde é o país africano de língua portuguesa (apenas equiparado, na actualidade, a Timor-Leste) em que o Chefe do Estado, apesar de possuir uma legitimidade democrática idêntica à do Parlamento, e de possuir alguns poderes reais que podem influenciar o funcionamento do executivo, pouco ou quase nada pode fazer para modificar as opções e políticas governamentais.

---

[28] FERREIRA FILHO, Manoel Gonçalves, *Comentários à Constituição Brasileira de 1988*, Vol. I, São Paulo, Editora Saraiva, 1990, p. 5.

A reforma constitucional feita em 1992 consagrou um Presidente da República que representa a Nação, é o garante da integridade e unidade nacional e do Estado, vigia e garante o cumprimento da Constituição, e o regular funcionamento das instituições democráticas.

Ele não possui quaisquer funções executivas,[29] mas tem algumas competências e atribuições que o distinguem dos Chefes de Estado parlamentares. O Presidente da República de Cabo Verde é, constitucionalmente, um elemento essencial de equilíbrio do sistema político do país, dada a sua legitimidade e os poderes próprios que lhe são conferidos.

Para David Hopffer Almada[30] as mudanças constitucionais de 1992 levaram «a que o regime jurídico-constitucional estabelecido tenha produzido um sistema de governo incaracterístico e indefinido que não se pode considerar presidencialista nem semipresidencialista. (...) O sistema de governo está mais próximo do parlamentar em que aquele responde unicamente perante a Assembleia Nacional, de que depende, e é o órgão completamente autónomo do Chefe do Estado».

Constitucionalmente, as funções do Presidente da República são as de vigilância e garante do cumprimento da Constituição (artigo 137.º), não possuindo quaisquer poderes de intervenção governativa, quer na política interna ou externa.

O Presidente da República está fortemente condicionado no exercício do seu poder de dissolução da Assembleia Nacional Popular, uma vez que para o poder fazer necessita do «parecer favorável do Conselho da República»[31].

---

[29] Em Cabo Verde, o Governo apenas é responsável politicamente perante a Assembleia Nacional (artigo 197.º).

[30] ALMADA, David Hopffter, *A Questão presidencial em Cabo Verde – uma questão de regime*, Praia, edição do autor, 2002, pp. 53-54.

[31] Artigo 134.º, alínea e) da Constituição da República de Cabo Verde: "Compete ao Presidente da República: e) Dissolver a Assembleia Nacional, observado o disposto no número 2 do artigo 142.º e ouvidos os partidos políticos que nela tenham assento". Artigo 142.º, Dissolução: 2 – A Assembleia Nacional poderá ainda ser dissolvida em caso de crise institucional grave, quando tal se torne necessário para o regular funcionamento das instituições democráticas, devendo tal acto, sob pena de inexistência jurídica, ser precedido de parecer favorável do Conselho da República". Texto aprovado com as alterações de 23 de Novembro de 1999, publicado no Boletim Oficial da República de Cabo Verde, 1.ª série, suplemento, n.º 43, de 23 de Novembro de 1999.

Por outro lado, está vedado ao Presidente da República a possibilidade de demitir o Governo, a não ser no caso de aprovação, pela Assembleia Nacional, de uma moção de censura, depois de «ouvidos os partidos representados na Assembleia Nacional Popular e o Conselho da República» (artigo 214.º, n.º 2).

A Constituição, ao estabelecer igualmente o princípio da irresponsabilidade do Governo perante o Presidente da República (artigo 197.º), acaba por retirar ao Chefe do Estado as funções de árbitro e moderador entre o Governo e o Parlamento, uma espécie de polícia do Governo, controlando a sua conduta, e bombeiro do sistema, conforme defendem Gomes Canotilho e Vital Moreira, ao caracterizarem os poderes presidenciais de um modelo típico de sistema semipresidencial como é o de Portugal[32].

Vitalino Canas e Jorge Fonseca, entretanto, defendem que o sistema de governo cabo-verdiano «possui os fundamentos suficientes para se advogar a natureza semipresidencial do sistema de governo constitucionalmente adoptado em Cabo Verde»[33]

Esta concepção advém da posição há muito defendida por Vitalino Canas, para quem o sistema semipresidencial é «um sistema de equilíbrios entre três órgãos políticos em contraste com outros sistemas clássicos, como o presidencial, o parlamentar, ou o directorial, em que o equilíbrio e o jogo político se faz entre dois órgãos»[34]

As razões que levam a que Cabo Verde seja uma excepção em África podem ser encontradas, em grande parte, no facto de ser um país em que a nação se formou e perdurou durante séculos, e onde se encontra uma sociedade homogénea do ponto de vista étnico, com uma cultura homogénea na sua globalidade, em que existe uma única língua nacional e uma única religião, num território determinado e isolado, ainda que disperso por ilhas; condicionalismos essenciais no aparecimento, sedimentação e desenvolvimento da consciência nacional[35].

---

[32] CANOTILHO, J.J. Gomes, MOREIRA, Vital, *Os poderes do Presidente da República*, Coimbra, Coimbra Editora, 1991, p. 30.

[33] CANAS, Vitalino, FONSECA, Jorge, «Cabo Verde: um sistema semi-presidencial de sucesso?», *Revista Negócios Estrangeiros*, 11.4 Especial, Setembro 2007, p. 132.

[34] CANAS, Vitalino, «Reler Duverger: o sistema de governo semi-presidencial ou o triunfo da intuição "científica"», *Revista Negócios Estrangeiros*, 11.4 Especial, Setembro 2007, p. 100.

[35] VARELA, Tomé, PEREIRA, Daniel, *Condicionalismos histórico-culturais da formação da Nação cabo-verdiana*, INEP/1.CI 5/p/6, p. 173-187, Guiné-Bissau, s/d.

É importante realçar que, apesar de nunca se ter verificado um conflito institucional deste género em Cabo Verde, há, nos últimos tempos, uma identificação política entre o Presidente da República e o Primeiro-Ministro (pertencem os dois à mesma família política, o PAICV), de tal forma que o Chefe do Estado acaba por assumir uma posição não apenas de mediador e árbitro entre os órgãos constitucionais, mas de "parte" do Executivo.

A Guiné-Bissau possui um modelo constitucional muito próximo do português. Ele é de base parlamentar, apresentando-se o Presidente da República (artigo 68.º e seguintes da Constituição da Guiné-Bissau) como um órgão eleito por sufrágio eleitoral, directo e secreto, garante da independência e unidade nacional, e que não é titular de qualquer função governamental[36].

A Constituição atribui ao Presidente da República guineense a faculdade de «presidir o Conselho de Ministros, quando entender», mas expressamente estabelece que o Primeiro-Ministro é o Presidente do Conselho de Ministros (artigo 101.º, 1 da Constituição da Guiné--Bissau).

Todavia, a prática constitucional neste país tem sido muito diferente do que está expresso na Lei Fundamental do país. Assiste-se naquele país a uma forte presença presidencial, quer na composição, quer no funcionamento do Executivo. Assim foi primeiro o Presidente Nino Vieira, depois com Kumba Ialá, e depois novamente com Nino Vieira.

A Constituição (artigo 68.º, g) atribui competência ao Presidente da República para nomear e exonerar o Primeiro-Ministro, tendo em conta os resultados eleitorais e ouvidas as forças políticas representadas no Parlamento.

Mas face à coincidência que se tem registado, de os partidos vencedores das eleições parlamentares serem aqueles ligados ao Chefe do Estado, estes não têm sido apenas órgãos influenciadores da orientação política do Governo, sendo de facto condutores de políticas governativas[37].

---

[36] Ver artigos 68º, 104º, 2 e 62º, 2 da Constituição da Guiné-Bissau.

[37] A situação modificou-se nas últimas eleições presidenciais da Guiné-Bissau, realizadas em 2005, ganhas por Nino Vieira (que entretanto foi afastado do partido PAIGC, de que foi líder durante muitos anos), sendo o parlamento dominado pelo PAIGC. Face a esta situação, o Presidente da República, nomeou para Primeiro-Ministro uma pessoa da sua confiança política, afastando-se na norma constitucional (artigo 68º, g) que lhe dá apenas uma função formal de nomeação do Chefe do Governo.

Esta situação de permanente conflito de competências tem sido um dos grandes problemas na base das contendas institucionais existentes.

A Guiné-Bissau é igualmente muito influenciada pelo contexto geográfico em que está inserida, uma das razões que pode servir para se compreender as fortes disputas e conflitos políticos e militares ali existentes[38].

Neste país, os conflitos institucionais entre o Presidente da República, e o Governo e Parlamento, conduziram a uma guerra civil (1998-99), que depôs o Chefe do Estado e levou à realização de novas eleições legislativas e presidenciais. As eleições legislativas foram ganhas pelo Partido de Renovação Social (PRS), e as Presidenciais por Kumba Yalá, líder do partido maioritário.

Quando tudo indicava para uma maior serenidade e estabilidade política, iniciam-se os conflitos entre o Chefe do Estado e o líder do Governo. Como resposta, o Presidente da República, em 2002, dissolve a Assembleia da República, sendo por isso acusado de "golpe de estado institucional".

A crise agudiza-se e em 2003 há um *golpe de estado* dirigido por um autodenominado Comité Militar para a Restauração da Democracia, sendo o Presidente da República obrigado a renunciar ao cargo.

Este *golpe de estado* foi aceite por quase todos os partidos políticos, uma vez que viam na liderança do então Presidente da República, Kumba Yalá, um factor grave de instabilidade política e social.

Em Março de 2004, realizam-se novas eleições legislativas multipartidárias, que foram ganhas pelo PAIGC, realizando-se no ano seguinte eleição presidencial, que entretanto foi ganha pelo ex--Presidente Nino Vieira.

A Guiné-Bissau conhece nesse ano a sua primeira experiência de coabitação política. O Presidente da República, eleito como candidato independente, tinha como Primeiro-Ministro um dos líderes do seu ex-partido político, o PAIGC.

Poucos meses após a sua eleição e tomada de posse, o Presidente da República, em Novembro de 2005, demitiu o Primeiro-Ministro, e nomeou um dissidente do PAIGC para chefiar o Governo. Reiniciou-se

---

[38] Ver, entre outros, o estudo de Elisabete Azevedo e Lia Nijzink, «Semi-presidentialism in Guinea-Bissau: the lesser of two evils?», in ELGIE, R., MOESTRUP, S. (orgs.), *op. cit.*, p. 137-160.

o ciclo de conflitos e de interferências directas do Chefe do Estado na vida do Executivo, à margem das competências e atribuições constitucionais de cada um dos órgãos de soberania.

Entretanto, os últimos acontecimentos neste país que culminaram com os assassinatos do Presidente da República, General Nino Vieira e do Chefe do Estado-Maior das Forças Armadas, indiciam que se está aqui perante uma verdadeira crise de regime político.

Os factos que se seguiram a estes assassinatos políticos com as agressões físicas do Presidente do Tribunal de Contas e do Bastonário da Ordem dos Advogados assim como os assassinatos do ex-Ministro da Defesa e de um dos candidatos às eleições presidenciais não indiciam nada de bom para o futuro da democracia nesta República irmã.

Esperemos que a CPLP e a comunidade internacional não permitam o completo "descarrilar" do processo de transição na Guiné--Bissau e coloquem este país no quadro dos denominados «países falhados».

Em São Tomé e Príncipe o Presidente da República possui poderes de intervenção significativos, principalmente nas áreas de política externa, e de defesa e segurança. Ele pode presidir ao Conselho de Ministros sempre que o entenda, podendo os seus poderem ser extensivos por via legal. Ele é o garante da independência nacional e assegura o regular funcionamento das instituições.

Apesar disso, a Constituição de S. Tomé e Príncipe, no seu artigo 97.º, 2, preceitua que «o Primeiro-Ministro é o Chefe do Governo, competindo-lhe dirigir e coordenar a acção deste e assegurar a execução das leis».

Com Miguel Trovoada, primeiro Presidente eleito, que cumpriu dois mandatos, e mais recentemente com o actual Presidente da República, Fradique de Menezes, assistiu-se a uma incessante disputa entre o poder presidencial e o poder executivo, realçando-se as ambiguidades existentes no sistema semipresidencial no que respeita ao conflito de poderes e de competências.

Tal como na Guiné-Bissau, também em S. Tomé e Príncipe os Presidentes da República tendem a extrapolar os seus poderes constitucionais, e a imiscuírem-se na esfera do Executivo, por entenderem que a sua legitimidade democrática lhes confere esse direito.

Longe dos sistemas híbridos que vigoram em Portugal, Cabo Verde, Guiné-Bissau, S. Tomé e Príncipe e Timor-Leste, o sistema de governo de Moçambique é claramente um modelo presidencial, com ligeiros subsídios do sistema parlamentar.

A Constituição de Moçambique[39] consagra que o Presidente da República é o Chefe do Estado e do Governo (artigo 146.º), possui iniciativa legislativa e de revisão constitucional, e detém amplos poderes próprios.

Ele nomeia e exonera o Primeiro-Ministro, que exerce funções delegadas e de assessoria ao Presidente da República, dirige o Conselho de Ministros (artigo 160.º), e pode decidir a realização de referendos, sob proposta da Assembleia da República (artigo 136.º, número 2), sobre questões de interesse fundamental para a Nação (artigo 159.º, e seguintes).

Constitucionalmente, o Presidente da República pode criar ministérios e comissões de natureza interministerial (artigo 160.º, número 1, alínea c); nomear os membros do Governo, os Governadores Provinciais, os Reitores e Vice-Reitores das Universidades públicas, sob proposta dos colégios de direcção, e o Governador e o Vice-Governador do Banco de Moçambique (artigo 160º, número 2); e declarar a guerra e a sua cessação, bem como o estado de sítio ou emergência (artigo 161.º).

No domínio das relações internacionais, compete ao Presidente da República orientar a política externa e celebrar tratados internacionais, bem como nomear, exonerar e demitir os Embaixadores de Moçambique (artigo 162.º).

O Presidente da República em Moçambique é responsável criminalmente pelos actos praticados no exercício das suas funções (artigo 153.º).

A República Democrática de Timor-Leste foi proclamada a 20 de Maio de 2002, depois de um longo e complexo processo. Inspirada numa proposta constitucional da FRETILIN, de 1998, que teve como base a Constituição da República Portuguesa de 1976, com as alterações de 1982, o texto da Lei Fundamental foi aprovado pela Assembleia Constituinte de Março de 2002.

A Constituição definiu um Presidente da República, que é o Chefe do Estado e o garante da independência nacional, da unidade do Estado, e do regular funcionamento das instituições democráticas, sendo eleito para um mandato de cinco anos, renovável uma única vez (artigo 74.º). É eleito por sufrágio universal directo e secreto pelo sistema eleitoral maioritário de duas voltas (artigo 75.º), sendo res-

---

[39] A Constituição da República de Moçambique foi aprovada a 30 de Novembro de 1990, e foi revista a 8 de Outubro de 1992 (Lei n.º 11/92) e a 9 do mesmo mês (Lei n.º 12/92). Em 2004, entrou em vigor uma nova Constituição de Moçambique.

ponsável pelos crimes praticados no exercício das suas funções (artigo 79.º), e apenas se podendo ausentar do país mediante autorização do Parlamento Nacional (artigo 80.º).

As competências do Presidente da República em Timor-Leste circunscrevem-se às típicas de um sistema semipresidencial fraco, muito próximo do modelo cabo-verdiano. Ele nomeia o Primeiro-Ministro indicado pelo partido, ou coligação de partidos políticos, vencedores das eleições legislativas (artigo 85/d), e põe termo à sua actividade apenas quando o seu programa tenha sido rejeitado pela segunda vez consecutiva pelo Parlamento Nacional (artigo 86/g).

No que respeita ao poder de dissolução do Parlamento, a Constituição é contundente: ele apenas pode «Dissolver o Parlamento Nacional, em caso de grave crise institucional que não permita a formação de governo ou a aprovação do Orçamento Geral do Estado por um período superior a sessenta dias, com audição prévia dos partidos políticos que nele tenham assento e ouvido o Conselho de Estado, sob pena de inexistência jurídica do acto de dissolução, tendo em conta o disposto no artigo *100.º*» (artigo 86/f).

Os poderes presidenciais próprios são diminutos, e centram-se no direito de veto (artigo 85/c), de promulgação de leis e de tratados internacionais (artigo 85/a), de exercer as suas funções de Comandante-em-Chefe das Forças Armadas (artigo 85/b), e de ter iniciativa para requerer a fiscalização preventiva e sucessiva da constitucionalidade dos actos normativos, bem como a verificação da inconstitucionalidade por omissão (artigo 85/d). Os restantes poderes presidenciais são de carácter simbólico, ou partilhados.

O Governo é dirigido pelo Primeiro-Ministro que «é indigitado pelo partido mais votado ou pela aliança de partidos com maioria parlamentar e nomeado pelo Presidente da República, ouvidos os partidos políticos representados no Parlamento Nacional. 2. Os restantes membros do Governo são nomeados pelo Presidente da República, sob proposta do Primeiro-Ministro» (artigo 106.º).

O Governo tem uma dupla responsabilidade política perante o Presidente da República e o Parlamento Nacional (artigo 107.º), sendo o órgão responsável pela condução e execução da política interna e externa do país (artigo 107.º).

Sendo este um sistema fortemente parlamentarizado, o Governo apenas inicia as suas funções após a aprovação do seu Programa pelo Parlamento Nacional (artigo 108.º, conjugado com os artigos 109.º e 112.º/f).

Com a adopção do sistema semipresidencialista de Governo, que é o único no Sudeste Asiático, pretenderam os autores da Constituição de Timor-Leste seguir o modelo comum de governo de transição adoptado por grande parte dos países africanos e da Europa do Leste, afastando a tendência de eventuais concentrações de poderes, quer no Presidente da República, quer no Parlamento Nacional.

Já a experiência prática de coabitação política, em que os líderes em questão eram figuras carismáticas, representou uma séria fonte de desestabilização do novo Estado[40]. E, à semelhança dos outros estados lusófonos, tal como temos vindo a referir, os conflitos de personalidade dos líderes presidenciais e do governo acabam por criar conflitos institucionais sérios.

No caso de Timor-Leste, teremos assistido a uma tentativa do Presidente da República em ver reforçados os seus poderes próprios, em detrimento do Primeiro-Ministro, que terá tentado, a todo o custo salvaguardar, os seus poderes constitucionais.

Apesar dos poucos anos de independência nacional, neste país já se registaram sérios conflitos institucionais, que parecem configurar uma disputa de competências, entre a figura do Presidente da República, na altura Xanana Gusmão, e do então Primeiro-Ministro, Mário Alkatiri.

Mais recentemente, verificou-se uma situação interessante, aparentada a uma passagem de testemunhos. Ramos Horta, então Primeiro-Ministro, foi o vencedor das eleições presidenciais em 2007, e Xanana Gusmão, então Presidente da República, foi convidado por aquele a formar governo, apesar de o seu partido, o CNRT, não ter ganho as eleições legislativas desse mesmo ano. A Fretilin venceu as últimas eleições legislativas, e por não ter alcançado a maioria absoluta foi afastada da formação do Governo, com o argumento presidencial de que não o conseguiria fazer.

O sistema de governo angolano apresenta características que o aproximam do francês, mais exactamente, na sua versão *gaullista* primitiva.

À semelhança do que se verifica nos sistemas de governo desta tipologia, o sistema de governo de Angola também apresenta os seguintes elementos:

---

[40] SHOESMITH, Dennis, «Timor-Leste, Semi-presidentialism and the democratic transition in a new, small state», in ELGIE, R. MOESTRUP, S. (orgs.), *op. cit.*, pp. 219-236.

- O Presidente da República é eleito por sufrágio universal, directo e secreto;
- O Presidente da República pode dissolver a Assembleia Nacional;
- O Governo tem uma dupla responsabilidade política perante o Presidente da República e a Assembleia Nacional.

Mas há um elemento típico do sistema de governo em Angola que o distancia até mesmo do francês. Este defere para o Governo a competência de "orientação política do país"[41] enquanto em Angola esta matéria é uma atribuição do Presidente da República[42]. Em Portugal, esta é igualmente uma competência do Governo[43].

É interessante verificar que a norma constitucional angolana a que aludimos (artigo 56.º, 2 parte inicial) é muito próxima da versão inicial do artigo 5.º da Constituição francesa, que tinha a seguinte redacção: «*Assisté du gouvernement, il (le président de la République) définit l´orientation générale de la politique intérieure et extérieure du pays et en assure la continuité*»[44].

Segundo Olivier Duhamel, esta posição do Presidente Charles De Gaulle correspondia à sua concepção segundo a qual «*il veut une tête au sommet de l´État, qui donne les orientations et décide de l'essentiel; ce ne peut être, dans son esprit, que le président; un Premier ministre sera utile, pour la gestion, un gouvernement, pour l'exécution*»[45].

A versão final do artigo 5.º da Constituição Francesa acabou por ser muito diferente da proposta: «*Le Président de la République veille au respect de la Constitution. Il assure, par son arbitrage, le fonctionnement régulier des pouvoirs publics ainsi que la continuité de l'Etat. Il est le garant de l'indépendance nationale, de l'intégrité du territoire et du respect des traités*».

A razão de ser desta posição foi a de que, quer para o redactor principal do projecto constitucional, Michel Debré, quer para os outros membros do Executivo, era importante a existência de um Presidente da República forte, mas era igualmente indispensável assegurar o reforço do Executivo. Daí a ambivalência normativa assumida pela constituição.

---

[41] «Article 20: Le Gouvernement détermine et conduit la politique de la Nation.»
[42] «Artigo 56, 2: O Presidente da República define a orientação política do país...»
[43] Artigo 185.º da CRP.
[44] DUHAMEL, Olivier, *Le Pouvoir politique en France*, 5ª edição, Paris, Essais, 2003. p. 158.
[45] *Idem*, p. 158.

Em Angola, pelas razões históricas anteriormente referidas acabaram por se adoptar a versão gaullista dos poderes presidenciais, o que, por um lado, veio reforçar as competências e atribuições presidenciais, mas, por outro lado, veio tornar nebulosas as fronteiras entre os poderes do Chefe do Estado e os poderes do Primeiro-Ministro.

A análise do sistema de governo em Angola, bem como de outros países, quer da Europa do Leste e da América Latina, quer de África, e a sua apreciação comparativa com a Europa Ocidental, faz-nos recordar uma frase plena de significado de Peter Häberle, quando este afirma que o constitucionalismo é uma criação da humanidade, pelo que a concepção científico-cultural da Constituição vive de multiplicidade e de unidade, de diferença e de identidade[46].

Há, assim, que ter presente que não existem modelos puros ou impuros de sistemas de governo e, consequentemente, não é correcto pensar-se que apenas as formas clássicas com as variantes da Europa Ocidental são correctas.

Se entendermos que a Constituição é, antes de mais, uma questão cultural, então teremos de apreender o verdadeiro significado da concepção da Lei Fundamental enquanto estatuto jurídico do político.

Cada país, cada região, tem a sua própria história, a sua própria cultura e, por esta razão, a adopção dos sistemas de governo deve respeitar estes condicionalismos sem que tal signifique o desvirtuamento dos princípios estruturantes do Estado Democrático de Direito. O essencial é que exista respeito pela dignidade do homem e pelos direitos fundamentais; pela democracia pluralista; pelo princípio da separação de poderes; pela independência dos tribunais; e pelo Estado de Democrático de Direito. São estes os aspectos cruciais a serem levados em conta na concretização do Estado constitucional.

À guisa de síntese, podemos verificar que os vários países lusófonos que mereceram a nossa análise apresentam sistemas de governo com características muito próprias e comuns, que podem ser consideradas como pertencentes a uma família constitucional lusófona. Senão, vejamos:

---

[46] HÄBERLE, Peter, «Novos horizontes e novos desafios do constitucionalismo», Comunicação à *Conferência Internacional sobre a Constituição Portuguesa*, Lisboa, 26/04/2006, p. 7.

a) Os países africanos de Língua Oficial Portuguesa e Timor-Leste possuem constituições fortemente influenciadas pela Constituição da República Portuguesa de 1976, principalmente após a revisão constitucional de 1989, que introduziu alterações profundas no sistema de governo vigente;

b) Estes países (Angola, Cabo Verde, Guiné-Bissau, S. Tomé e Príncipe, Moçambique e Timor-Leste) apresentam elementos que se enquadram, em sentido amplo, no denominado sistema de governo semipresidencial, nas várias vertentes, isto é, fraco (Cabo Verde e Timor-Leste), médio (Guiné-Bissau e S. Tomé e Príncipe), e forte (Angola e Moçambique), aproximando-se estes últimos do sistema presidencial;

c) Todos esses países dispõem de Presidentes da República directamente eleitos por sufrágio universal, o que lhes confere uma legitimidade democrática pelo menos equivalente à do parlamento;

d) Em Cabo Verde e em Timor-Leste, os Presidentes da República possuem poucos poderes reais, aproximando-se muito do papel dos Chefes de Estado dos sistemas parlamentares de governo;

e) A Guiné-Bissau e S. Tomé e Príncipe são países em que os sistemas de governo apresentam algumas diferenças substanciais, principalmente no que respeita ao papel do Presidente da República e seus poderes. Entretanto, em qualquer um deles está claramente definido que o Governo é autónomo, chefiado pelo Primeiro-Ministro, e que é duplamente responsável: perante o Chefe do Estado e o Parlamento. Os dois países apresentam, igualmente, como característica comum, o facto de terem conhecido sérios conflitos institucionais entre o Presidente da República, o Primeiro-Ministro, e o Parlamento, que resultaram em sérias ingerências presidenciais nas áreas de competência do Executivo; na dissolução do Parlamento em resultado dos diferendos entre o Presidente da República e a maioria parlamentar; bem como em golpes de estado, em tentativa, no caso de S. Tomé e Príncipe, e efectivo, na Guiné-Bissau;

f) Moçambique possui um sistema de governo mais presidencial do que qualquer dos outros países da comunidade lusófona, apenas ultrapassado pelo Brasil, que é claramente um país presidencialista;

g) Em todos estes países o Presidente da República tem um papel de destaque, com uma legitimidade democrática própria, que lhe advém do facto de ser eleito por sufrágio universal directo. Por esta razão, este órgão de soberania unipessoal possui poderes reais e efectivos que variam de país para país;

h) Nos países em apreciação, os Parlamentos nacionais, apesar da sua importância institucional, são, com maior ou menor intensidade, instrumentalizados pelos partidos governantes;

i) Os Governos são órgãos de soberania autónomos, com excepção de Moçambique, em que o Executivo é dirigido pelo Presidente da República;

j) Os Governos destes países são politicamente responsáveis perante os respectivos parlamentos, que podem, através de aprovação de moções de censura ou rejeição de moções de confiança, levar à sua demissão. Moçambique apresenta características diferentes, já que, apesar de aí o Governo ser um órgão político responsável perante o Parlamento, este não tem competência para o destituir;

k) Com excepção de Cabo Verde, em que o Governo apenas responde perante o Parlamento, nos outros países o Executivo é duplamente responsável perante o Presidente da República e o Parlamento;

l) Todos os países da comunidade lusófona estudados no presente capítulo seguem o modelo da "democracia proporcional", que facilita a fragmentação parlamentar e dificulta a existências de maiorias parlamentares monopartidárias.

m) Com excepção de Timor-Leste, que conheceu um processo de transição para a independência nacional sob os auspícios da Organização das Nações Unidas, em todos os outros a transição política para a democracia fez-se mediante um processo de reforma política sob direcção do partido governante.

4. O presente e o futuro do semipresidencialismo em África

A organização dos poderes políticos, no âmbito da Lei Fundamental de um qualquer país, tem de ser feita tendo em consideração um conjunto de factores endógenos e exógenos, destacando-se, neste âmbito, as formas de organização do Estado.

Comecemos por analisar a relação existente entre o Estado, nação e democracia[47] para, posteriormente vermos de que forma este factor pode condicionar as opções de organização do sistema de governo.

A primeira questão a colocar é por que razão a democracia, como forma mais moderna de organização do Estado, pode levar à sua destruição, bem como ao acirrar do nacionalismo.

A grande diferença entre a chamada 3.ª onda de democratização e as posteriores (pós 1989), reside no facto de que aquela se fez sentir principalmente na Europa ocidental e na América Latina, onde existiam estados e nações consolidadas, enquanto nas vagas democráticas mais recentes a situação era diferente.

Sabe-se que o processo de *state-buiding* na Europa é o resultado do desenvolvimento do Renascimento e da Revolução Liberal, em consequência das crises do império cristão, e das rivalidades entre as monarquias do ocidente e do norte da Europa.

Este processo de construção do Estado na Europa conheceu o seu termo no final da 1.ª Grande Guerra Mundial, depois de longos conflitos e muitas guerras, que se prolongaram durante séculos.

Este extenso processo de edificação do *state-building* na Europa é acompanhado de perto pelo *nation-building*, de tal sorte que, apesar de estarmos perante duas realidades diferentes, elas se tornaram inseparáveis[48].

O conceito de nação esteve muito tempo definido como sendo uma comunidade humana que se identifica por possuir os mesmos valores, com base em tradições culturais comuns, língua, religião, pertença étnica, e ser proveniente de um mesmo espaço geográfico.

Com a *revolução francesa*, o termo "nação" foi utilizado para identificar o povo. É nesta acepção política que emergem os Estados-nação europeus.

A Nação não possui uma organização idêntica à do Estado, uma vez que ela deriva de uma identificação psicológica do povo, e não

---

[47] LINZ, Juan J., STEPAN, Alfred, *Problems of democratic transition and consolidation. Southern Europe, South America, and Post-Communist Europe*, Baltimore, The Johns Hopkins University Press, and London, 1996,p. 16 e sgs.

[48] Sobre a ideia do conceito de Estado ver o debate interessante entre Hans Kelsen e Rudolf Smend, no qual se faz, como afirma Kelsen, um *"confronto de princípios entre a teoria normativa do Estado e a teoria da integração"* (KELSEN, Hans, *O Estado com integração. Um confronto de princípios*. São Paulo, Martins Fontes, 2003).

tem uma estrutura ou agentes que imponham a sua vontade[49], razão pela qual, no seu estudo destes dois elementos, tem de ter presentes estes seus aspectos característicos e diferenciadores.

O que importa aqui ter presente é que, na maior parte dos países da Europa ocidental, houve um prolongado processo de construção do Estado-nação que possibilitou que os sistemas políticos, e respectivos regimes e sistemas de governo, se tornassem estáveis com o andar do tempo, facilitando, posteriormente, a consolidação da democracia.

O mesmo já não acontece com os estados plurinacionais e pluriculturais, em que a democratização do Estado e do regime se torna mais difícil. Pode suceder que a transição democrática nesse tipo de Estados dê lugar a movimentos centrífugos e secessionistas.

Foi o que aconteceu com os países da então esfera comunista da Europa, que se formaram no desenrolar dos vários conflitos políticos, particularmente após a 2.ª Grande Guerra Mundial.

O termo da "guerra-fria", e a "revolução" democrática, estimularam os nacionalismos dos diversos povos que, em muitos casos, haviam sido integrados em comunidades políticas contra a sua vontade.

A democratização de Estados plurinacionais e pluriculturais tem de ser o resultado de um conjunto de actos políticos, sociais e económicos, que assegurem a defesa dos direitos colectivos das distintas comunidades, em perfeita imbricação com a defesa das liberdades e garantias dos direitos individuais dos cidadãos.

Não nos parece que a democracia seja possível sem que se conjuguem os distintos elementos que a compõem, sejam eles relativos à preservação dos direitos políticos colectivos e individuais; à democratização do Estado e do regime político; ou a reformas económicas estruturais.

A democratização do Estado, associado apenas à liberalização do regime político, tal como afirmámos anteriormente, não garante da mesma forma a defesa dos direitos colectivos e individuais dos cidadãos do Estado plurinacional. Mais tarde ou mais cedo, haverá um conflito de interesses de uma comunidade determinada, por entender estar a ser discriminada em relação às políticas económicas e sociais seguidas na sua região, ou poderá haver um descontentamento progressivo dos cidadãos do país por haver uma contracção no exercício da sua cidadania.

---

[49] LINZ, Juan, STEPAN, Alfred, *op. cit.*, p. 22.

A não resolução desta questão de uma forma sábia, e baseada em princípios democráticos, pode conduzir a rupturas, que resultam em revoltas mais ou menos violentas, a fraccionamentos do Estado, e ao açular de nacionalismos, que podem conduzir a desmembramentos de países, ou seja, de estados-nações.

Talvez não sejam os casos dos vários países que surgiram como soberanos, na arena internacional, logo após o colapso do sistema comunista na Europa. Muitos deles nunca se sentiram como partes integrantes da então URSS por entenderem que haviam sido ilegitimamente *anexados* pela potência política e militar soviética. Outros, como no caso dos Balcãs, com o final da guerra fria e a inexistência de perigos externos, deixaram de encontrar justificação na existência de uma Federação de Estados que surgiu com objectivos de defesa comum.

Contudo, nem sempre é possível encontrarem-se soluções que sejam aceites pelos distintos actores políticos e pela comunidade de um determinado Estado.

A Espanha, estado plurinacional e pluricultural, que é um exemplo de uma transição política pactuada, de uma democracia consolidada e de um país próspero, não conseguiu, até ao momento, resolver os "problemas nacionais" no país Basco e na Catalunha.

As considerações feitas, no ponto anterior, sobre o trinómio Estado, Nação e Democracia, têm a sua validade em África, com algumas especificidades.

Neste continente, nomeadamente na região subsaariana, é necessário não dissociar dois factores que são condicionadores de todo o processo de implementação e consolidação da democracia e do Estado de direito: a construção do Estado e da nação.

A colonização do continente africano, na fórmula adoptada na Conferência de Berlim, em 1884 e 1885, criou fissuras duradouras no tecido social dos povos africanos.

O Estado-nação, em África, é o resultado da divisão territorial do continente feita pelo colonialismo europeu sem respeito pelas fronteiras nacionais e étnicas pré-existentes.

Movidas por interesses económicos, as potências coloniais, sem que se preocupassem com qualquer factor de ordem sociológica, cultural ou de outra ordem, procederam a uma divisão arbitrária e artificial dos territórios africanos, criando, assim, Estados (com todos os seus elementos: povo, território e poder político *colonial*) que serviam os seus fins: interesses político-económicos e geoestratégicos.

Estes Estados, que na sua maioria integravam grupos etnolinguísticos diversos, foram a génese das Nações ou, se preferirmos, dos Estados-Nações que ascenderam de maneira progressiva às suas independências a partir do início da década de sessenta do século XX.

É importante realçar que as elites africanas desenvolveram os seus primeiros movimentos emancipalistas numa concepção nacionalista de Estado-Nação, salvo raras excepções, que não obtiveram sucesso.

Não é por acaso que a Organização da Unidade Africana, criada em 1963, numa das suas primeiras e principais deliberações, decidiu que as fronteiras herdadas dever-se-iam manter após a independência, não apenas para atenderem à situação entretanto existente nas colónias, fruto do processo de colonização (influências diferenciadas de economias e culturas variáveis de cada potência colonizadora), mas também para que se evitassem conflitos que poderiam originar uma atomização de nacionalidades e cidadanias indeterminadas (artigo III, número 3 da Carta da OUA)[50].

E é dentro deste quadro que devemos analisar a situação actual dos países africanos. Como trabalhar, afinal, na construção do Estado nos países do continente negro?

Adriano Moreira[51] defende que «os programas nacionalistas dos aparelhos do Poder instalados em substituição da soberania colonial expulsa, não exprimem mais do que um projecto nacional, isto é, a intenção de vir a amalgamar os grupos numa unidade mais vasta que corresponda ao conceito ocidental de nação».

Essa ideia de *projecto nacional* representa um dos maiores desafios africanos desde a proclamação das independências nos anos 60 do século XX.

Para Pedro Borges Graça[52], «a construção da nação em Moçambique, tal como acontece na generalidade dos Estados subsaarianos, resulta da interacção entre a herança africana e o legado colonial, entre os valores africanos e os valores europeus ou ocidentais, entre a tradição e a modernidade; e dessa interacção está a resultar a formação de terceiro elemento, que não é o somatório dos outros dois

---

[50] Carta da OUA, Princípios, Article III, 3: «*Respect for the sovereignty and territorial integrity of each stat and its inalienable right to independence existence*».

[51] MOREIRA, Adriano, *Ciência Política*, Lisboa, Livraria Bertrand, 1979, pp. 350-351.

[52] GRAÇA, Pedro Borges, *A Construção da Nação em África*, Coimbra, Almedina, 2005, p. 25.

mas sim algo de novo que comporta a especificidade moçambicana, cuja identidade se define mais facilmente pela alteridade no contexto internacional».

As posições assumidas por estes dois autores mostram a complexidade do processo de construção do Estado nacional em África já que, como adianta novamente Pedro Borges Graça[53], «A História do facto social que é a construção da nação em Moçambique teve o seu início no período colonial e prolonga-se até aos nossos dias, representando a Independência uma nova fase de expansão da identidade cultural e da consciência nacional, na qual a ideia-força Portugal foi substituída pela ideia-força Moçambique, reformulando-se o discurso político, os símbolos e os valores, os quais passaram a integrar elementos especificamente africanos em maior medida do que no tempo colonial, conferindo deste modo um maior sentido particular à estruturação da Cultura Moçambicana».

Por outro lado, Jean Michel Tali[54] entende que «no contexto dos Estados-nações, os povos e os cidadãos constituem uma espécie de garantia, de caução moral do processo participativo da vida política. Os Estados-nações constroem-se nessa relação interdependente entre cidadania e nacionalidade, entre cidadania e direitos políticos dos nacionais. Acontece, porém, que os direitos políticos vigentes no território nacional de cada Estado-nação não são encarados como sendo dos direitos de todos, e, claro, muito menos dos estrangeiros vivendo nesse território oriundos de famílias emigrantes, mesmo depois de várias gerações»[55].

Continua Tali, «O desenvolvimento da "nação" apresenta desta forma uma dicotomia entre, por um lado a introdução da noção de cidadania no campo político e, por outro lado a definição da noção de nacionalidade e o seu enquadramento no contexto global de desenvolvimento integrado regional e continental»[56].

A complexidade deste processo de construção do Estado e da nação reconduz-nos à discussão do processo de transição democrática no mundo e, particularmente, no continente africano.

---

[53] *Idem*, p. 27.
[54] TALI, Jean-Michel M., «Cidadania, Nacionalidade e Democracia», *Cadernos de Estudos Sociais*, 00, 2004, p. 17.
[55] *Idem*, p. 17.
[56] *Idem*, p. 18.

Os Estados africanos são unidades políticas novas, de ordem territorial e jurídica, que muitas vezes conflituam com ideais ortodoxos de democracia e de representação popular.

Não poucas vezes, os conflitos políticos confundem-se com disputas interétnicas, que podem pôr em perigo a unidade territorial dos países.

No dizer de Suzanne Bonzon[57], o tribalismo constitui fundamentalmente um meio para mobilizar as populações para projectos políticos que não reagiriam a palavras de ordem tais como «socialismo» ou «democracia». Ele é, na essência, utilizado como uma táctica na luta pelo poder político.

Por esta razão, verificam-se situações em que alguns partidos políticos conduzem a clivagens tribais, tornando-se o pluralismo partidário em elemento de desestabilização e de negação da unidade nacional. Ele pode mesmo transformar-se em «multipartidarismo armado»[58], gerador de guerras civis semelhantes às que se verificaram no passado, como as guerras de secessão do Catanga, na República Democrática do Congo; do Biafra, na Nigéria; e, mais recentemente, as que se verificaram na Somália, Libéria, Chade, Ruanda, Burundi e, de certa forma, em Angola.

Nesta linha de pensamento, iremos ter situações em que as eleições multipartidárias e a composição plural do Parlamento não vai reflectir a vontade do povo, do cidadão nacional, mas de cidadãos enraizados com ideais ligados apenas ao seu grupo étnico, que votam no partido político que se identifica com, ou "representa", o seu grupo, a sua tribo.

Esta multiplicação de *partidos étnicos*, em que se confunde o interesse da nação, a conveniência do grupo étnico, e os princípios de legitimação política e democrática do poder político, não raras vezes potenciam conflitos de difícil resolução no quadro das regras aceites universalmente pelos estados democráticos de direito.

Em resultado destas situações, os partidos políticos que estão democraticamente legitimados por eleições democráticas vêem-se impedidos de assumir ou exercer o poder político, porque aos olhos

---

[57] BONZON, Suzanne, «Modernization et conflits tribaux en Afrique noire», *Revue Française de Science Politique*, XVII, 5, 1967, pp. 862-888.

[58] LEROY, Paul, *Les regimes politiques du monde contemporain – les regimes politiques des Etats socialistes; les regimes politiques des Etats du tiers monde*, Grenoble, Presses Universitaires de Grenoble, 1992.

de muitos cidadãos, e dos partidos de oposição vencidos nas urnas, passa a existir uma sujeição de certas tribos ou grupos étnicos por outra, a vencedora do pleito eleitoral.

Esta realidade social dificilmente é compreendida em muitos meios políticos e académicos do mundo ocidental, que pensam que as eleições democráticas são o remédio para todos os males. Que o digam as eleições realizadas no Afeganistão e no Iraque, entre 2004 e 2006, em que, ao invés de se solucionarem os conflitos, verificaram-se situações inversas, de exacerbação das diferenças dos distintos grupos nacionais.

Saber qual a solução a encontrar é o desafio existente no nosso continente, mas, parafraseando Godinec[59], estas tendências podem ser atenuadas se os governos se esforçarem por fazer desaparecer as desigualdades regionais (económicas, culturais e sociais), e oferecerem a cada "nacionalidade" a possibilidade de se desenvolver livremente.

As diferenças etno-regionais e religiosas das populações de um dado país podem justificar a manutenção de regimes autoritários e não democráticos, mas, como acabámos de ver, também podem ser utilizadas, se bem conduzidas, em sentido contrário: como um instrumento adequado para mobilizar as comunidades para as tarefas de construção do Estado, da Nação e da Democracia.

A questão do Estado-Nação em África acaba, afinal, por representar o mesmo conflito moderno do que os que se desenvolveram noutros continentes com a construção dos Estados mononacionais ou plurinacionais através de processos seculares.

Não é por acaso que Cornélio Caley[60] sintetiza esta matéria afirmando que os processos de afirmação e consolidação da identidade nacional seguem essencialmente duas vias: a primeira tende a unir pela força os vários grupos étnico-culturais do mesmo território a um centro político-cultural comum, protagonizado pela "etnia nuclear"; e a segunda consiste naquela que pretende conduzir os processos de construção da identidade nacional pela harmonização de vários centros culturais existentes num território, para constituírem um centro político único partilhado por todos.

---

[59] GODINEC, P.-F., BOURGUI, A., L´Etat African – Evolution, Federalisme, Centralisation et Decentralisation, Paris, Librairie Générale de Droit et de Jurisprudence, 1985, p. 70.

[60] CALEY, Cornélio, «Identidade nacional: uma perspectiva histórica», in Democracia e Identidades Nacionais, Cadernos de Estudos Sociais, n. 00, Julho de 2004, p. 25.

Em termos de conclusão, se é possível fazê-lo, podemos afirmar que em África estamos perante países em que os Estados precederam, na maior parte dos casos, as Nações, e em que os Estados são na sua maioria plurinacionais e pluriculturais; daí a sua complexidade e conflitualidade permanente no processo edificativo do *tecido* estadual e nacional.

Os processos de transição democrática e a configuração dos sistemas de governo não podem ignorar essas especificidades dos países africanos.

As agências internacionais e muitos países ocidentais defendem que a democracia em África apenas será possível se houver uma combinação de vários factores, a saber:

a) Democratização do Estado, e eleições livres e justas;
b) Combate à pobreza e ao subdesenvolvimento;
c) Boa governação;
d) Participação da sociedade civil na tomada de decisões sobre as várias dimensões da vida pública, nomeadamente, política, económica e social.

Este receituário, que aparentemente é fácil de aplicar, não tem em conta o diagnóstico profundo dos diversos contextos de aplicação, e a sua heterogeneidade; ou seja, apesar de haver similitudes, há situações concretas que podem determinar uma prescrição diferente para cada país africano, sob pena de se criarem situações complexas de difícil resolução.

Por exemplo, alguns autores e agências internacionais apontam conjunturas que inibem o processo de democratização no continente, e que, basicamente, se focalizam em factores de ordem económica.[61]:

A pobreza e fraco ou inexistente desenvolvimento económico dos países africanos podem não afectar o surgimento das democracias, mas decerto prejudicam a sua sustentabilidade. De acordo com dados de 2000, do Banco Mundial, o continente africano é a região mais pobre do mundo, com um rendimento *per capita* anual de $490.

Se tomarmos como referência as considerações de alguns autores, como Fareed Zakaria, por exemplo, que defende que as democracias apenas se conseguiram afirmar em países com rendas anuais *per*

---

[61] Sobre esta matéria, ver entre outros BARKAN, Joel D., «Democracy in Africa: what future?», in Democratic Reform in África, edited by Muna Ndulo, James Currey Oxford and Ohio University Press, 2006, pp 17-26.

capita acima de $6.000[62], verificaremos que as condições para a democratização em África não estão facilitadas.

Esta é, também, a posição de Adam Przeworski[63], que defende que «a probabilidade de sobrevivência da democracia aumenta monotonicamente com a renda *per capita*. Em países com renda *per capita* inferior a 1.000 dólares a probabilidade de que a democracia morreria durante um certo ano era de 0,1216, o que implica uma expectativa de vida levemente superior a 8 anos. Entre 1.001 e 2.000 dólares, essa probabilidade era de 0,0556, para uma duração esperada de em torno de 18 anos. Acima de 6.000 dólares, as democracias podiam esperar durar sempre».

Ora, uma vez que a esmagadora maioria dos países africanos é essencialmente agrário, com uma agricultura de subsistência (cerca de 65% a 90% dos países), torna-se difícil a organização e estruturação de instituições, quer partidárias, quer da sociedade civil.

As relações entre o Estado e os cidadãos, em África, baseiam-se numa mistura de regras definidas por ordenamentos jurídicos diferentes (o formal, e os das diversas comunidades), confundindo-se muitas vezes conceitos e práticas que nas sociedades desenvolvidas não são aceites, mas que nas sociedades quase agrárias são normais. Um exemplo é o da prática do feiticismo e das crenças animistas, associadas à religião cristã ou islâmica.

Para além desses factores, também são apontados outros que fazem perigar a efectiva consolidação da democracia no continente, nomeadamente, um índice de mortalidade infantil muito alto; grande incidência do VIH/SIDA sobre a população; uma esperança de vida muito curta e um crescimento negativo da economia[64].

---

[62] Fareed Zakaria, em entrevista a Revista VEJA, de 7/7/2003, afirmou o seguinte: «O que escrevi em meu livro O Futuro da Liberdade é que, fazendo uma retrospectiva histórica, as nações que tiveram sucesso em sua transição democrática eram aquelas que tinham três caraterísticas básicas: legislação desenvolvida, economia de mercado – não necessariamente no estilo americano, mas com produtividade e crescimento – e classe média ativa. Não é por coincidência que quando esses três elementos coexistiam os países também apresentavam boa distribuição de renda. Em média, a transição democrática falhou em países cuja renda per capita era menor que 3.000 dólares. Em contraste, sempre que ocorreu em países com renda per capita acima de 6.000 dólares, a revolução democrática deu certo. Claro que a vida é muito mais complicada do que essas estatísticas. Mas é importante notar que foi a classe média que sustentou os movimentos democráticos em todos os países».

[63] Przeworski, Adam, Cheibub, José António, Limongi, Fernando, «Democracia e cultura: Uma visão não culturalista», *Revista Lua Nova*, 58, 2003, pp. 9-35.

[64] Kriegler, Johann, «Democratic Reform in Africa», in Ndulo, Muna (org.), *Democratic reform in Africa*, Oxford, James Currey, Athens, Ohio University Press, 2006, p. 11.

Huntington, à semelhança de outros autores anteriormente referenciados, entende que as perspectivas de sucesso das democracias são exíguas em países com fraco desenvolvimento em África. Nas suas palavras, «os obstáculos no desenvolvimento económico são obstáculos à expansão democrática e muitas sociedades pobres permanecerão não democráticas pelo tempo em que permanecerem pobres»[65].

Nesta mesma linha de pensamento, encontram-se Bratton e Van de Walle, para quem a herança institucional dos países africanos é que influenciará as transições para a democracia.

Macuane defende que «as conclusões de Bratton e Van de Walle, assim como de Huntington, indicam que o legado histórico e institucional da África não é propício à democracia. Ainda na mesma linha, a existência de partidos políticos fracos; a existência de um campo político restrito, onde a agenda dos incumbentes e da oposição é muito semelhante; a ausência de uma sociedade civil articulada; a predominância da violência política; a fraca classe trabalhadora e o fraco capitalismo existentes; a falta de uma tradição de associativismo heterogénea e flexível; a falta de uma cultura política com uma tradição de alguma abertura, pluralismo, tolerância e compromisso; a natureza dos Estados africanos, com fraca capacidade de integração e acomodação dos diversos interesses e identidades nacionais; e a existência de uma classe política não hegemónica, cuja dominação expressa mais o uso da violência do que a sua liderança moral, intelectual e material são condições apontadas pela literatura como empecilhos ao sucesso da democratização na África».

Devemos então concluir que o continente africano está condenado a não conhecer regimes democráticos consolidados enquanto não houver desenvolvimento sustentável real, e, portanto, condenado a democracias *virtuais*, ou democracias *delegativas*?

A experiência internacional demonstra que só há consolidação de reformas políticas quando elas se fazem acompanhar de reformas económicas e institucionais do Estado, a todos os níveis.

As reformas ou transições democráticas também só se consolidarão se existirem regimes democráticos efectivos em que a cidadania

---

[65] Citado por MACUAME, José Jaime, *Instituições e democratização no contexto africano. Multipartidarismo e organização legislativa em Moçambique (1994-1999)*, Tese de Doutoramento apresentada no Instituto Universitário de Pesquisas do Rio de Janeiro para a obtenção do título de Doutor em Ciências Humanas: Ciência Política, 2000, p. 34.

seja participativa, e não meramente representativa, e se existir um Estado social que em que se assegurem não somente os direitos, liberdades e garantias civis e políticos, mas também os direitos económicos, sociais e culturais. Sem um mínimo de bem-estar social dificilmente vingará a democracia.

Daí que os processos de transição democrática não possam ser quantificados com base em medidas incomensuráveis e que talvez se possa compreender a permanência de fases do processo em que haja uma coabitação de elementos democráticos e menos democráticos

Afinal o que se pretende, para se garantir o êxito das transições, é que existam mecanismos que admitam o estabelecimento e exercício eficiente dos sistemas democráticos.

Daí o nosso estudo sobre os vários elementos que, de forma directa ou indirecta, condicionem a escolha do melhor sistema de governo num determinado país.

Não será por esta razão que não se devem dissociar os distintos conceitos de Direito Constitucional, como sejam, sistema político, forma de governo e sistema de governo? Não será também por esta razão que não podemos fazer a interpretação de normas de direito constitucional sem deixarmos de recorrer a outras ciências afins, como a Ciência Política, a Sociologia Jurídica, a Antropologia Jurídica e a História?

5. Que futuro para o semipresidencialismo em África?

Chegados a este ponto perguntamos: há ou não futuro para o semipresidencialismo em África?

Partindo do pressuposto de que não há receitas iguais para situações desiguais não nos atrevemos a concluir em sentido positivo ou negativo.

Entendemos, apenas, é que na maior parte dos países africanos será muito difícil seguir-se o modelo semipresidencial de governo pelas razões atrás apontadas apesar de partilharmos da ideia de que em determinadas situações este sistema de governo é o que melhor pode contribuir para o desanuviar de tensões políticas em processos de transição para a democracia.

A manter-se este sistema de governo ele tenderá a sê-lo apenas no plano meramente formal (*law in the books*) porque a realidade constitucional propenderá sempre a encontrarem-se soluções que levem a uma presidencialização dos poderes.

Em Angola, por exemplo, a larga maioria obtida pelo MPLA nas eleições legislativas e a fragilização dos partidos de oposição levam--nos a crer que aqui se vá avançar para um sistema de governo presidencial apesar de haver uma forte tendência para que se evolua para um sistema de governo no estilo do que existe no Botswana e na África do Sul.

Num sentido contrário à tendência continental a actual situação de partilha de poder no Zimbabué avança num sentido oposto. Apesar de a Constituição consagrar a existência de um sistema de governo presidencial os acordos políticos entre o Presidente Mugade e a oposição abraçaram um sistema de governo diferente, de partilha de poder no executivo entre o Presidente da República e o Primeiro-Ministro.

E terminamos com a seguinte dúvida? Estão os políticos africanos preparados para adoptar sistemas de governação em que se assegurem os efectivos equilíbrios de poder entre o executivo e o legislativo, garantindo-se a real independência do judicial?

Muito Obrigado.

Bibliografia

ALMADA, David Hopffter, *A Questão presidencial em Cabo Verde – uma questão de regime*, Praia, Edição do autor, 2002.

ARAÚJO, Raul C., *Os sistemas de governo de transição nos PALOP*, Coimbra, Coimbra Editora, 2000.
– «Há uma escola constitucional comum aos países lusófonos?», *Revista Direito USD*, número especial, 1998.

AZEVEDO, Elisabete e NIJZINK, Lia, «Semi-presidentialism in Guinea-Bissau, the lesser of two evils?», in ELGIE Robert, MOESTRUP, Sophia, *Semi-presidentialism outside Europe* (orgs), Nova Iorque, Routledge, 2007.

BADMUS, Isiaka Alanis, «What went wrong with Africa? On the etiology of sustaining disarticulation of the African Nation-States», *Verfassung und Recht in Übersee: law and politics in Africa, Asia and Latin America*, 39, 3, 2006, p. 284-285.

BARKAN, Joel D., «*Democracy in Africa: what future?*», in Democratic Reform in África, edited by Muna Ndulo, James Currey Oxford and Ohio University Press, 2006, pp 17-26.

BRATTON, Michael, WALLE, Nicolas van de, *Democratic Experiments in Africa, Regime transitions in comparative perspective*, Cambridge, Cambridge University Press, 2002.

BRITO, Wladimir, «O presidencialismo como sistema de governo adequado para Angola», in Revista Direito e Cidadania, ano V, Setembro a Dezembro, Praia, 2003, pp 153-177.

CANAS, Vitalino, «Sistema semi-presidencial», in AAVV, *Dicionário Jurídico da Administração Pública*, Lisboa, 1998.

– «Semi-presidencial system», *Anuário Português de Direito Constitucional*, IV, 2004/ 2005, pp. 73-119.
– «Reler Duverger: o sistema de governo semi-presidencial ou o triunfo da intuição "científica"», *Revista Negócios Estrangeiros*, 11.4 Especial, Setembro. 2007.
CANAS, Vitalino, FONSECA, Jorge, «Cabo Verde: um sistema semi-presidencial de sucesso?», *Revista Negócios Estrangeiros*, 11.4 Especial, 2007.
CANOTILHO, Gomes e MOREIRA, Vital, *Os poderes do Presidente da República*, Coimbra. Coimbra Editora, 1991.
CHOMSKY, Noam, *Failed States. The abuse of power and the assault on democracy*, Nova Iorque, Owl Books, 2006.
CONAC, Gérard, «Semi-presidentialism in a francophone context», in ELGIE Robert, MOESTRUP, Sophia (orgs), *Semi-presidentialism outside Europe*, Nova Iorque, Routledge, 2007.
DUVERGER, Maurice, *Xeque-mate, Análise comparativa dos sistemas políticos semi-presidenciais*, Lisboa, Rolim, 1978.
– *Constitution de la Republique Portugaise*, edição do Centro Nacional de Estudos e Planeamento, Lisboa, 1976, p. 19.
– «A new political system model, semi-presidential government», *European Journal of Political Research*, 2, 1980.
ELGIE, Robert, MOESTRUP, Sophia (orgs), *Semi-presidentialism outside Europe; A comparative study*, Nova Iorque, Routledge, 2007.
ELGIE, Robert (org.), *Semi-presidentialism in Europe*, Oxford, Oxford University Press, 2004.
– «The Politics of Semi-presidentialism», in ELGIE, R. (org.), *Semi-presidentialism in Europe*, Oxford, Oxford University Press, 2004.
FEIJÓ, Carlos, «O semi-presidencialismo em África e, em especial, nos PALOP», *Revista da Faculdade de Direito da Universidade Agostinho Neto*, 2, 2002.
– «O semi-presidencialismo em Angola. Dos casos à teorização da Law in the Books e da Law in Action», *Revista Negócios Estrangeiros*, 11.4, Especial, Setembro 2007.
GOUVEIA, Jorge Bacelar, «A influência da Constituição portuguesa de 1976 nos Sistemas Constitucionais de Língua Portuguesa», in GOUVEIA, Jorge Bacelar (org.), *Estudos de Direito Público de Língua Portuguesa*, Coimbra, Almedina, 2004, pp 10-17.
GRAÇA, Pedro Borges, *A Construção da Nação em África*, Coimbra, Almedina, 2005.
HAMILTON, A., MADISON, J., JAY, J., *El Federalista*, México, Fondo de Cultura Económica, 1994 (1788).
HUNTINGTON, Samuel P., *The Third Wave. Democratization in the Late Twentieth Century*, Norman, University of Oklahoma Press, 1993.
LIMA, Aristides, *Estatuto Jurídico-constitucional do Chefe do Estado, Um estudo de direito comparado*, Praia, Editora Alfa-Comunicações, 2004.
LIONS, Monique, *Constitucionalismo y Democracia en el África recién independizada*, México, Universidad Nacional Autónoma de México, 1964.
LIJPHART, A. *Democracy in plural societies: a comparative exploration*, New Haven, Yale University Press, 1977.
MBAKU, John Mukum, IHONVBERE, Julius Omozuanvbo, *The transition to democratic governance in Africa*, Praeger Publishers, Westport, CT, USA, 2003.
MBAKU, John Mukum, «Constitutionalism and the transition to democratic governance in Africa», in MBAKU, John Mukum, IHONVBERE, Julius Omozuanvbo (orgs)., *The transition to democratic governance in Africa*, British Library, USA, 2003.

MOESTRUP, Sophia, «Semi-presidentialism in Níger: gridlock and democratic breakdown – learning from past mistakes», in ELGIE, Robert, MOESTRUP, Sophia (orgs.), *Semi-presidentialism outside Europe; A comparative study*, Nova Iorque, Routledge, 2007.
– «Semi-presidentialism in young democracies - help or hindrance?», in ELGIE, Robert, MOESTRUP, Sophia (orgs.), *Semi-presidentialism outside Europe; A comparative study*, Nova Iorque, Routledge, 2007, pp. *30-55*.
NOVAIS, Jorge Reis, *Semipresidencialismo: Volume I -Teoria do sistema de governo semipresidencial*, Coimbra, Almedina, 2007.
PRZEWORSKI, Adam, *Democracia e Mercado no leste europeu e na América Latina*, Rio de Janeiro, Relume-Dumará, 1994.
QUEIROZ, Cristina, *sistema de governo semi-presidencial*, Coimbra, Coimbra Editora, 2007.
ZAKARIA, Fareed, «ntrevista», *Revista VEJA*, 07/07/2003 - *O Futuro da liberdade : a democracia   al os Estados Unidos e no mundo*, Lisboa, Gradiva, 2005.

Sistema de Governo:
a singularidade cabo-verdiana[1]

MÁRIO RAMOS PEREIRA SILVA[2]

«Os povos das ilhas estão mais inclinados à liberdade do que os do continente. As ilhas são normalmente de pequena extensão; uma parte do povo não pode estar tão bem empregada em oprimir a outra; o mar separa-as dos grandes impérios e a tirania não pode ajudá-los; os conquistadores são detidos pelo mar; os insulares não são envolvidos na conquista e conservam mais facilmente suas leis».

MONTESQUIEU, *De l'esprit des lois,* Livro XVIII, Capítulo X.

1. Introdução

O sistema de governo cabo-verdiano tem sido objecto de discussão político-constitucional permanente, fruto de abordagens diferentes por parte dos dois principais partidos políticos, sobre os poderes do Presidente da República. A discussão renova-se sempre que se aproxima um acto eleitoral presidencial ou uma revisão constitucional, mas convém reconhecer que as divergências políticas sobre esta matéria já não são tão fracturantes como em 1992, mercê da convergência de um conjunto importante de factores políticos e constitucionais.

Uns afirmam tratar-se de *parlamentarismo racionalizado ou mitigado*; outros preferem falar de *semipresidencialismo;* como quer que seja, o sistema de governo é um tema importante e um dos mais interessantes da nossa Constituição, pois, pela sua abrangência e

---

[1] O presente trabalho corresponde à comunicação que apresentámos no I Congresso do Direito de Língua Portuguesa, que teve lugar nos dias 6 e 7 de Maio de 2009, na Reitoria da Universidade Nova de Lisboa e organizado pela Faculdade de Direito.

[2] Mestre em Direito e Professor do Instituto Superior de Ciências Sociais e Jurídicas.

complexidade, leva-nos ao coração da configuração do poder político e desvenda-nos a *engenharia constitucional* que concebeu[3]. Trata-se, ainda, de um tema que tem atraído a atenção dos estudiosos, pois, não obstante a nossa incipiente produção doutrinária, das poucas monografias publicadas sobre a Constituição de 1992, menos do que os dedos de uma só mão, duas dizem respeito ao Presidente da República, o que obriga, inevitavelmente, a analisar o sistema de governo[4].

---

[3] Esta expressão ganhou grande importância nos últimos anos. Recorde-se aqui o título da obra de GIOVANNI SARTORI, significativamente intitulado, *Ingeniería Constitucional Comparada*, México, 1994. Especificamente sobre o sistema parlamentar escreve DOMINIQUE TURPIN, *Le regime parlementair*, Dalloz, 1997, pág. 4, que este regime apresenta-se como uma maravilha de engenharia constitucional, uma subtil mecânica de precisão destinada a manter o equilíbrio entre os poderes (executivo e legislativo) por um sistema sofisticado de *freios e contrapesos* (*checks and balances*).

No entanto, alerta, com muita razão, PAULO CASTRO RANGEL, *Sistemas de Governo Mistos – O Caso Cabo-verdiano*, in, *Juris et de Jure, Nos 20 anos da Faculdade de Direito da Universidade Católica do Porto*, Porto, 1998, págs.721 e 722, que apesar da relevância dos dados normativos, não alinha cegamente pelo diapasão do «neo-institucionalismo» e, por conseguinte, coloca a «engenharia constitucional» no seu lugar próprio, procurando não sobrevalorizar o impacto do «design institucional» na vida política de cada Estado, significando isto que o contributo das instituições para o «desenvolvimento» dos regimes democráticos não pode ser posto fora de um contexto bem mais amplo e bem mais complexo, onde os índices de desenvolvimento económico e social, bem como a «cultura e a tradição políticas» desempenham um papel relevantíssimo. Afirma ainda este Autor que a Constituição cabo-verdiana, com o seu «apagamento» dos poderes do Presidente e com as suas cláusulas de estabilidade governativa, representa um caso de sucesso relativo da «engenharia institucional» na consolidação da transição para a democracia.

[4] Refiro-me ao livro de DAVID HOPFFER ALMADA, *A Questão Presidencial em Cabo Verde – Uma Questão de Regime*, Praia, 2002 e de ARISTIDES LIMA, *Estatuto Jurídico-Constitucional do Chefe de Estado – Um Estudo de Direito Comparado*, Praia, Alfa--comunicações, 2004.

Ainda sobre o sistema de governo, são importantes os seguintes trabalhos de JOSÉ MANUEL PINTO MONTEIRO, *Em torno dos poderes presidenciais e do sistema de governo*, Expresso das Ilhas, 18 de Dezembro de 2002; PAULO CASTRO RANGEL, ob. cit.; VITALINO CANAS e JORGE CARLOS FONSECA, *Cabo Verde: Um Sistema Semi-Presidencial de Sucesso?* in, Negócios Estrangeiros n.º 11.4, Número Especial, págs. 123 e segs.; ARISTIDES LIMA, *O Sistema de Governo na Perspectiva da Revisão Constitucional*, DeC, n.º 28, Praia, 2009, Número especial sobre a Revisão Constitucional.

O sistema de governo tem sido discutido entre nós, quase sempre a propósito dos poderes do PR, o que empobrece o debate, pois na sobra ficam os poderes da AN e do Governo e as relações que se estabelecem entre estes dois órgãos de soberania. A explicação para esta polarização do debate em torno dos poderes do PR, talvez se encontre na polémica ocorrida entre 1990 e 1992, a propósito dos poderes do PR. Note-se que, não se

Partindo da definição de sistema de Governo que nos fornece MARCELO REBELO DE SOUSA, como *a forma a que obedece a estruturação dos órgãos do poder político soberano do Estado, envolvendo o elenco desses órgãos, a sua composição, o processo de designação e o estatuto dos respectivos titulares, a sua competência em geral e a sua interrelação funcional em particular, o modo de funcionamento e as formas de controlo da sua actuação*»[5], analisaremos neste trabalho a formação histórica do sistema de governo cabo-verdiano, as suas singularidades constitucionais, os traços mais significativos da prática política das instituições democráticas e as suas perspectivas de evolução.

2. Um País à procura do melhor sistema de governo

Com a abertura política ao multipartidarismo (1990), os principais actores políticos começaram a posicionar-se sobre o futuro constitucional do país. De imediato, o Partido Africano da Independência da Guiné e Cabo Verde (PAICV) posicionou-se a favor do *semipresidencialismo,* por atribuir ao Presidente da República a função de garante da Unidade Nacional e da Constituição»[6]. Sendo fundamental haver estabilidade social e política, o Presidente da República deveria desempenhar este papel e, por isso, ser eleito por sufrágio universal e directo, com «*poderes para poder garantir a unidade do Estado e a estabilidade política e governativa*»[7].

---

questiona a importância dos poderes do PR. Longe disso! Advoga-se a necessidade de se alargar e aprofundar o debate aos poderes da AN e do Governo e das relações que se estabelecem entre si, bem como em relação ao funcionamento das instituições democráticas.

[5] MARCELO REBELO DE SOUSA, *O Sistema de Governo Português – Antes e depois da Revisão Constitucional,* Cognitio, 1983, pág. 8 (Itálico do original).

[6] Segundo o Jornal *Notícias,* de 1 de Abril de 1990, pág. 21, «aproveitando a sua estada em S. Vicente, Pedro Pires deu uma entrevista à Rádio Nacional na qual defendeu publicamente pela primeira vez, e a título pessoal, o sistema semi-presidencialista que atribui ao Presidente da República a função de garante da Unidade Nacional e da Constituição». Sobre esta matéria, ver a análise de HUMBERTO CARDOSO, *O Partido Único em Cabo Verde – Um Assalto à Esperança,* INCV, Praia, 1993, pág. 233.

[7] Afirmação de PEDRO PIRES, Jornal *Tribuna,* 1 de Abril de 1990, pág. 6, que acrescentou: «*não se trata de uma questão de esvaziamento das funções de primeiro-ministro, mas trata-se mais de defender a estabilidade do país e o equilíbrio dos poderes*» (Itálicos do original).

Ora, ao tomar esta posição, o PAICV sabia do que estava a falar, pois este sistema, teorizado em França, obteve grande sucesso em Portugal, para alguns maior do que na sua própria pátria de origem, a França[8]. No entanto, na mente dos defensores do sistema de governo semipresidencial, estava o modelo francês e, quanto a isto, dúvidas não existem[9].

Pouco depois da abertura política surgiu o Movimento para a Democracia (MPD), que se pretendia organizar em partido político[10]. Viria a opor-se com firmeza ao semipresidencialismo, advogando o *parlamentarismo racionalizado,* considerando que o parlamento devia ser o centro vital do sistema político, não podendo o Presidente ter funções governativas, nem interferir na governação.

Estas duas posições claramente definidas, marcaram o debate constitucional entre 1990 e 1992 e, ainda hoje, o consenso sobre o sistema de governo não foi conseguido, não obstante a aproximação entre os dois partidos, a respeito de um ou outro aspecto. É certo que, em nome da estabilidade do País, foi também defendido o sistema presidencial, por permitir salvaguardar este valor, sistema que devia ser semelhante ao dos Estados Unidos, ainda que com algumas

---

[8] A este propósito, escrevem GOMES CANOTILHO e VITAL MOREIRA, *Os Poderes do Presidente da República,* Coimbra Editora, 1991, pág. 14, nota 5: «Perante as desventuras do conceito de semipresidencialismo na sua pátria de origem e o seu sucesso em Portugal, é caso para dizer, com Olivier Duhamel, que o «argumento [semipresidencial] tem mais valor em Lisboa do que em Paris». Na verdade, OLIVIER DUHAMEL, *Remarques sur la notion de regime semi-presidentiel,* in *Droit, Institutions et Systèmes Politiques, Mélanges en Hommage a Maurice Duverger,* PUF, 1987, pág. 581, escreve que o regime semipresidencial não tem boa aceitação entre os constitucionalistas francesas e a propósito do eventual efeito de legitimação do semipresidencialismo, afirma que ultrapassou as fronteiras da França e pergunta se a sua boa recepção em Portugal não está intimamente ligada com o enraizamento da jovem democracia portuguesa. Não obstante uma ou outra voz dissonante em relação ao semipresidencialismo, JORGE NOVAIS, *Semipresidencialismo,* Vol I, *Teoria do Sistema de Governo Semipresidencial,* Almedina, págs. 10 e 274, considera que «este particular sistema de governo constitucional é, comprovadamente, das produções mais bem sucedidas do Portugal democrático» e que «excluídas algumas opiniões volúveis, dispersas e sem significado real, ninguém questiona, hoje, em Portugal, o semipresidencialismo e a natureza das funções presidenciais: «o funcionamento de uma democracia é praticamente impensável, entre nós, sem a presença de um Presidente da República eleito directamente por sufrágio universal e politicamente activo».

[9] Segundo o Jornal *Tribuna,* de 16 de Abril de 1990, pág. 13, PEDRO PIRES defendeu um sistema semipresidencialista ao estilo francês, onde o Presidente da República, eleito por sufrágio universal e directo, deve ser um pilar da estabilidade.

[10] A sua *Declaração Política* data de 14 de Março de 1990.

correcções, pois haveria estabilidade governativa, o que não aconteceria nem com o sistema parlamentar mormente com o sistema semi-presidencialista[11]. Porém, esta posição não teve eco e o debate sobre o sistema de governo ficou polarizado em torno do semipresidencialismo *versus* parlamentarismo racionalizado, mas tendo como pano de fundo a exigência comum de se garantir a estabilidade política.

Esta discussão político-constitucional em torno do melhor sistema de governo para Cabo Verde, é tanto mais interessante quanto é certo que surgiu num momento em que a vaga constitucional que se seguiu à queda do muro de Berlim, colocou esta questão no centro do debate internacional, com o sabor da recuperação de um tema clássico: qual a melhor Forma de Governo. A este debate comparecerem especialmente constitucionalistas e politólogos e não é exagerado dizer-se que, por causa disso, nas últimas décadas, o sistema de governo ganhou um novo fôlego académico[12].

---

[11] José Leitão da Graça, líder de um partido que não conseguiu legalizar-se – a União do Povo das Ilhas de Cabo Verde (UPICV) – defendeu o presidencialismo, mas foi uma defesa sem qualquer repercussão política. Na entrevista que concedeu ao Jornal *Voz di Povo*, de 21 de Junho de 1990, pág. 4, afirmou que a Constituição tem de estar adequada às condições do nosso país e «antes de mais há que criar órgãos políticos que favoreçam a estabilidade política do país que é subdesenvolvido e tem como ordem do dia o desenvolvimento económico. Por conseguinte, os órgãos a instituir devem favorecer a estabilidade. No meu entender, penso que em Cabo Verde o sistema que poderá permitir isso, não é copiar, mas é o semelhante ao dos Estados Unidos – sistema presidencialista. Com algumas correcções. Aí haveria estabilidade governativa, o que não aconteceria nem com o sistema parlamentar mormente com o sistema semi-presidencialista. Haverá o equilíbrio, a separação e interdependência dos poderes que estaria assegurado. O sistema presidencialista não exige necessariamente o federalismo, nada disso – isso no tocante à organização política». Sobre a origem e o trabalho político deste partido, ver José Leitão da Graça, *Golpe de Estado em Portugal... Traída a Descolonização de Cabo Verde!*, Praia, 2004.

[12] Giovanni Sartori, ob. cit. pág. 11, escreve que nos finais de 1991, depois de cinquenta anos de inamovibilidade política iniciou-se um "ciclo de mudanças", uma época de impetuosas transformações e confessa que não esperava que o ritmo da mudança institucional fosse tão rápido e tão vasto como o foi em todo o mundo durante os últimos anos. Neste sentido, também Paulo Castro Rangel, ob. cit. pág. 720.

Segundo Gunter Trautmann, *Présidents et gouvernements dans les regimes postcommunistes*, in, *La democracie constitutionnelle en europe centrale et orientale – Bilan et Perspectives*, org. de Slobodan Milacic, Bruylant, Bruxelles, 1998, págs. 99 e segs, discutiu-se também nestes países qual o melhor sistema que preencheria a dupla exigência de legitimidade democrática e eficácia estatal: o presidencial, o semi-presidencial ou o parlamentar.

Quando se discutiu a questão do melhor sistema de governo para Cabo Verde, o ponto de partida era constituído por um quadro teórico conhecido e experimentado noutras paragens. Neste sentido, a nossa experiência é diferente da de outros países em que o legislador constituinte se preocupou em dotar a sua comunidade de regras constitucionais adequadas à sua situação política, económica, social e cultural, sem a preocupação de as enquadrar previamente num modelo teórico pré-definido[13].

2.1. Colocado assim o problema em termos de ideário político-constitucional, para a criação de um quadro normativo adequado à transição política, procedeu-se à revisão da Constituição de 1980, em Setembro de 1990[14]. Esta revisão aboliu o partido único[15] e consagrou

---

[13] Portugal é um bom exemplo. Segundo ANDRÉ GONÇALVES PEREIRA, *O Semipresidencialismo em Portugal*, Ática, 1984, pág. 37, «o semipresidencialismo português não surge, como nas outras experienciais, do desejo de aproveitar as vantagens dos sistemas presidencial e parlamentar e tentar minimizar os seus defeitos, mas para encontrar o ponto de equilíbrio entre a legitimidade revolucionária castrense, encarnada pelo Presidente, e a legitimidade eleitoral que assentava nos partidos políticos e se traduzia no Parlamento». Curiosamente, continua o Autor, «nenhuma das forças partidárias advogara de início o semipresidencialismo».

[14] Pela Lei Constitucional n.º 2/III/90, de 29 de Setembro. Note-se que não consideramos aqui o sistema de governo antes de 1990. A questão que se pode discutir entre nós é se tem interesse utilizarmos o conceito de sistema de Governo num regime de partido único. Em Portugal, JORGE NOVAIS, ob. cit. pág. 22, discute a questão a propósito das mais diversas qualificações surgidas durante a vigência da Constituição de 1933 e conclui o seguinte: «a questão não tinha e não tem, salvo o devido respeito, qualquer interesse político ou científico. O regime era uma ditadura e a questão do sistema de governo, em ditadura, é irrelevante». Acrescenta, no entanto, que «não há mais nada a dizer sobre sistema de governo em ditadura, a não ser identificar a fonte ou a sede do poder ditatorial e revelar os mecanismos políticos e jurídicos que, eventualmente, encobrem a correspondente concentração de poderes.

Entre nós, julgamos que discutir o sistema de governo durante o regime de partido único, tem menos interesse do que num Estado de Direito Democrático, mas uma vez que a configuração dos regimes de partido único não é idêntica, vale sempre a pena analisar as especificidades de cada país, quanto mais não seja, como o próprio JORGE NOVAIS reconhece, para se identificar «a fonte ou a sede do poder».

Sobre o sistema de governo durante os quinze anos do regime de partido único, ver JORGE CARLOS FONSECA, *O Sistema de Governo na Constituição Cabo-verdiana* Lisboa, AAFDL, 1990; ARISTIDES LIMA, *Reforma Política em Cabo Verde – Do paternalismo à modernização do Estado,* Grafedito, Praia, págs.10 e segs, escreveu que não existia unanimidade entre os estudiosos sobre esta matéria e aponta algumas qualificações apresentadas que vão do «semi-presidencialismo sui generis», ao «parlamentarismo sem modelo», passando pelo «presidencialismo convencional». Para o citado Autor, ob. cit. pág. 13, o sistema

o pluripartidarismo, não se ficando, porém, por aqui. Analisemos, pois, as alterações mais importantes que foram introduzidas na Constituição, tendo como propósito a qualificação do sistema de governo instituído.

No que tange ao mais Alto Magistrado da Nação, se a sua eleição, desde a independência, se processava por sufrágio indirecto pela Assembleia Nacional Popular, com a revisão passou a ser feita por sufrágio universal e directo, pelos cidadãos eleitores recenseados no território nacional, por um período de cinco anos, segundo o método maioritário a duas voltas, com base em candidaturas patrocinadas por cidadãos eleitores[16]. Se este sistema eleitoral obteve a concordância generalizada de todos[17], o mesmo já não se podia dizer do conjunto amplo de competências atribuídas ao Presidente da República[18], de que apontaremos apenas os considerados mais polémicos: podia *dissolver* a Assembleia Nacional Popular, ouvido o seu Presidente e as forças políticas nela representadas e observando certos

---

devia ser considerado «parlamentarismo de partido único», indicando um conjunto de elementos que o caracterizam.

ALFRED STEPAN y CINDY SKACH, *Presidencialismo y parlamentarismo en perspectiva comparada, in, Las crises del presidencialismo*, org. de Juan J. Linz y Arturo Valenzuela, Alianza Universidad, Madrid, 1997, pág. 199, ao procederem à análise dos tipos de regimes de 93 países que obtiveram a sua independência entre 1945 e 1979, escrevem que não obstante Cabo Verde ter adquirido a independência em 1975 a sua primeira Constituição foi aprovada em 1980 e que durante os primeiros cinco anos parece que funcionou como um sistema presidencial.

[15] Artigo 4.º da Constituição.

[16] Artigos 64.º, 64.º a), 64.º b) e 66.º, da Constituição de 1980.

[17] Ainda antes do quadro constitucional e legal da transição terem sido definidos, o MPD defendeu publicamente, na sua Declaração Política de Março de 1990, a eleição do Presidente da República por sufrágio universal e directo.

[18] Foram as seguintes competências: a) nomear e exonerar o Primeiro-Ministro, ouvidas as forças políticas representadas na Assembleia Nacional e tendo em conta os resultados eleitorais [Artigos 68.º d), e 73.º]; b) dissolver a Assembleia Nacional Popular, ouvido o seu Presidente e as forças políticas nela representadas e observando, certos limites temporais e circunstanciais [Artigos 68.º a, alínea a) e 62.º a]; c) demitir o Governo, quando tal se mostrasse necessário para assegurar o normal funcionamento das instituições da República, ouvido o Presidente da Assembleia Nacional Popular e as forças políticas nela representadas [Artigo 68.º a, b)]; d) exercer o direito de veto político no prazo de trinta dias contados da recepção de qualquer diploma para promulgação, podendo ser superado por maioria absoluta dos deputados em efectividade de funções, quando respeitante às leis da ANP; e) nomear e exonerar os Juízes do Supremo Tribunal de Justiça [Artigo 68.º, i)]; f) Declarar o estado de sítio e de emergência [Artigo 68.º, o)].

limites temporais e circunstanciais, e *demitir* o Governo, quando tal se mostrasse necessário para assegurar o normal funcionamento das instituições da República, ouvido o Presidente da Assembleia Nacional Popular e as forças políticas nela representadas.

Nessa revisão da transição, os preceitos relativos à Assembleia Nacional Popular sofreram também alterações consentâneas com a reforma que se pretendia na parte relativa ao poder político, passando a poder votar moções de confiança e de censura ao Governo, a testemunhar a tomada de posse do Presidente da República e a autorizar a sua ausência do país [Artigos 46.º e 58.º a)].

O Governo foi definido como órgão executivo e administrativo supremo da República, que determinava e conduzia a política da Nação, de harmonia com as linhas gerais estabelecidas pela Assembleia Nacional Popular (Artigo 71.º). Constituído pelo Primeiro--Ministro, Ministros e Secretários de Estado, tendo como chefe o Primeiro-Ministro, competia a este dirigir e coordenar a acção governamental e assegurar a execução das leis (Artigos 72.º).

Eleito directamente pelo povo, foram conferidos ao Presidente importantes poderes de conformação político-constitucional, fiel ao princípio advogado pelos detentores do poder de então, de que o Presidente devia ser o pilar da estabilidade política, ao estilo francês. O Governo foi concebido como órgão autónomo, mas duplamente responsável (Artigo 78.º): perante o PR e perante a ANP[19] que podia votar moções de confiança e de censura.

---

[19] A dupla responsabilidade política já existia na redacção inicial da Constituição de 1980, mas no sistema de partido único o seu significado constitucional era muito reduzido face ao papel que o partido único desempenhava no sistema político e na ausência de mecanismos típicos de responsabilização política (Artigo 84.º, versão originária). Neste sentido, escreve ARISTIDES LIMA, *Estatuto Jurídico-constitucional*...cit. pág. 47, nota 67, que «deve-se, contudo, notar que, durante o regime de partido único, não se pode falar de um sistema de responsabilidade política efectivamente estruturado, uma vez que não se previam as moções de censura e confiança».

É curioso notarmos que a LOPE estabelecia que o Governo era responsável perante a Assembleia Nacional Popular, e entre as sessões desta, perante o Chefe de Estado (Artigo 14.º). Este preceito era interessante, pois a responsabilidade política do Governo não era *simultaneamente* perante ambos os órgãos de soberania, mas antes ora perante um, ora perante outro: assim, a responsabilidade era perante o Presidente da Republica só e apenas no período em que não havia sessão da ANP; havendo sessão da ANP, a responsabilidade do Governo era perante este último órgão. Se levarmos em conta que durante a vigência da LOPE, muito poucas vezes houve sessões da ANP, chegaremos à conclusão de que a maior parte do tempo a responsabilidade do Governo foi perante o PR. A fonte próxima desta

2.2. O sistema instituído pela revisão de 1990 era claramente um sistema semipresidencial inspirado no modelo francês e português e tinha *formalmente* alguns elementos mais fortes do que os existentes em França (dupla responsabilidade política e poder de demissão do Governo)[20] e idênticos aos da França e Portugal no respeitante ao poder de dissolver livremente a Assembleia Nacional[21]. Esta convergência normativa merece ser sublinhada, pois já se considerou que o poder de dissolução, apesar de presente formalmente na generalidade dos velhos semipresidencialismos, só existe verdadeiramente, na Europa, com alcance político global, em França e em Portugal[22].

Instituído pela revisão de Setembro de 1990, o semipresidencialismo teve vida efémera. Realizadas as primeiras eleições legislativas a 13 de Janeiro de 1991, a oposição de então saiu vencedora, com maioria de dois terços dos Deputados[23]. A ANP aprovou uma nova Constituição em Setembro de 1992, que reformulou o sistema de governo.

---

solução, foi o Artigo 44.º da Constituição da Guiné-Bissau de 1973, que dizia o seguinte: «O Conselho dos Comissários de Estado é responsável perante a Assembleia Nacional Popular e, entre as sessões desta, perante o Conselho de Estado».

[20] Excepciona-se, obviamente, os poderes de crise do Artigo 16.º da Constituição Francesa de 1958.

[21] Note-se que, como ficou também esclarecido, em Portugal, a partir de 1982, deixou de existir dupla responsabilidade política.

[22] JORGE NOVAIS, ob. cit. pág. 165.

[23] Recorde-se que a Lei constitucional n.º 2/III/90, de 29 de Setembro, foi aprovada em 28 de Setembro, e no seu Artigo 18.º, estabelecia que as eleições legislativas teriam lugar até 20 de Janeiro de 1991. Por seu turno, o Artigo 19.º, n.º 3, estabelecia que os novos poderes do Presidente, só poderiam ser exercidos pelo Presidente eleito por sufrágio universal e directo. Esta revisão foi criticada por alguns sectores e JOSÉ MANUEL PINTO MONTEIRO, ob. cit., escreve de forma muito clara sobre a mesma: «recorde-se que, em plena transição política, nas vésperas das eleições de 1991 – Setembro de 1990 –, uma assembleia em fim de mandato, sem qualquer legitimidade política, com uma composição que já não reflectia a sociedade, dirigida e orientada por um partido em perda de influência política, procedeu a uma profunda revisão da Constituição, com a qual pretendia-se amarrar a maioria e os titulares dos órgãos constitucionais a sair das eleições a soluções gravosas quanto ao sistema de Governo e aos poderes presidenciais, jogando, à cautela, com os resultados eleitorais, ainda que ninguém esperava fosse desfavorável ao partido da situação. Fica para a história que o PAICV procedeu, em 29 de Setembro de 1990, a uma profunda revisão da Constituição de 1980, alterou os poderes do Presidente da República e modificou radicalmente o sistema de Governo, confiando que, se perdesse as legislativas, ganharia as presidenciais e bloquearia totalmente a nova maioria através da instrumentalização do PR».

3. A configuração do sistema de governo na Constituição de 1992

A Constituição actual insere-se na vaga constitucional posterior à queda do muro de Berlim[24] e o sistema de governo consagrado partiu de um princípio político muito claro: *o Parlamento como centro vital do sistema político*[25]. Aliado a este princípio, a estabilidade foi erigida em valor constitucional fundamental e as diversas soluções constitucionais adoptadas, nomeadamente na relação legislativo/executivo, demonstram isso mesmo. A este propósito, no preâmbulo da Constituição, escreve-se o seguinte: «a presente Lei Constitucional pretende, pois, dotar o país de um quadro normativo que valerá, não especialmente pela harmonia imprimida ao texto, mas pelo novo modelo instituído. A opção por uma Constituição de princípios estruturantes de uma democracia pluralista, deixando de fora as opções conjunturais de governação, permitirá a necessária estabilidade a um país de fracos recursos e a alternância política sem sobressaltos»[26].

A aprovação da Constituição ocorreu no meio de intensa luta política e constitucional e até à última hora esteve em dúvida se o Presidente da República iria ou não proceder à sua promulgação. Em 1999, foi revista ordinariamente, de forma extensa e profunda[27] e, às

---

[24] Escreve PAULO CASTRO RANGEL, ob. cit. págs. 717 e segs., a propósito do sistema de governo cabo-verdiano, que o mesmo nada tem de original no quadro da «vaga democratizadora» que assolou o mundo do «pós-guerra fria» e, por conseguinte, não pode apenas imputar-se à influência incontornável da experiência constitucional portuguesa. PAULO OTERO, *Instituições Políticas e Constitucionais*, Volume I, Almedina, 2007, pág. 353, não hesita em considerar que é mesmo possível concluir que a década de 90 foi o período histórico do século XX em que surgiu na Europa o maior número de textos constitucionais definidores do modelo de Estado social. Sobre o retorno parcial ao constitucionalismo liberal, GIUSEPPE DE VERGOTTINI, *Diritto Costituzionale Comparato*, 6.ª edição, Vol. II, CEDAM, 2004, págs. 245 e segs.

Para uma análise aprofundada dos antigos países comunistas europeus, ver *La Democracie Constitutionnelle en Europe Centrale et Orientale – Bilan et Perspectives*, org. de SLOBODAN MILACIC, Bruylant, Bruxelles, 1998; VLADAN KUTLESIC, *Les Constitutions Postcommunistes Européennes – Étude de Droit Comparé de Neuf États,* Bruylant, 2009, pág. 95.

[25] Em clara ruptura com a tese prevalecente em 1990 de que o Presidente da República devia ser o pilar da estabilidade.

[26] Como vimos já, quando se deu a transição política, a preocupação dos partidos políticos era a de dotar o país de um sistema de governo que garantisse a estabilidade do país.

[27] Houve uma revisão extraordinária em 1995, sem qualquer impacto no texto constitucional, pois limitou-se a diferir a entrada em vigor de um preceito relativo às leis eleitorais.

divergências iniciais, esta revisão acrescentou mais um factor de discórdia constitucional: a exigência de que as leis relativas às bases do sistema fiscal, bem como a criação, incidência e taxas de impostos e o regime das garantias dos contribuintes, constituem reserva absoluta do Parlamento e devem ser aprovadas por maioria qualificada de dois terços dos deputados presentes, desde que superior à maioria absoluta dos Deputados em efectividade de funções[28].

Seja como for, a verdade é que, quase dezassete anos depois da sua entrada em vigor, fruto de circunstâncias de vária ordem, todos fazem um balanço global positivo da sua vigência, não obstante as críticas a este ou aquele aspecto particular[29]. Vejamos, pois, os aspectos constitucionais principais sobre os órgãos de soberania e a sua inter-relação.

3.1. Presidente da República

Manteve-se a sua eleição por sufrágio universal e directo, segundo o método maioritário a duas voltas e o legislador constituinte determinou que a mesma se realizasse em bases não partidárias, por forma a que o PR possa dispor de uma legitimidade popular autónoma, razão pela qual as candidaturas são propostas por um mínimo de mil e um máximo de quatro mil cidadãos eleitores e apresentadas no Tribunal Constitucional, até ao sexagésimo dia anterior à data das eleições (Artigo 110.º)[30].

Esta solução deve ser inserida no quadro geral da apresentação de candidaturas nas eleições políticas, nos termos do qual, nas municipais, podem apresentar candidaturas os partidos políticos e grupos de cidadãos eleitores independentes; nas legislativas, apenas os partidos políticos ou coligações de partidos políticos e, nas presidenciais,

---

[28] Artigo 175.º, alínea q), conjugado com os Artigos 159.º, n.º 4, e 160.º, n.º 3.

[29] Registe-se aqui a posição dos Deputados do PAICV, subscritores de um projecto de revisão constitucional (2008-2009), pelo facto de este partido não ter votado favoravelmente a Constituição de 1992. Na nota justificativa do citado projecto consideram que, «no essencial, a Lei Fundamental deu já provas de constituir um quadro adequado à consolidação da ordem democrática que instituiu, à protecção dos direitos, liberdades e garantias dos cidadãos e à existência de uma estabilidade política e social necessária ao desenvolvimento do país».

[30] O Tribunal Constitucional foi criado na revisão constitucional de 1999, mas até à presente data ainda não foi instalado, razão pela qual as questões constitucionais são apreciadas pelo STJ, até que se proceda à referida instalação.

cidadãos eleitores. Os proponentes nas presidenciais são, pois, cidadãos eleitores, ficando arredada a apresentação de candidaturas pelos partidos políticos. Aliás, dos três tipos de eleições políticas que têm lugar em Cabo Verde, só nas presidenciais isto acontece.

Um dos aspectos mais originais do sistema político-constitucional cabo-verdiano é a participação dos emigrantes nas eleições presidenciais, introduzida em termos amplos pela Constituição de 1992 e pela legislação eleitoral[31]:

a) Conferindo o direito de voto aos emigrantes (Artigo 108.º);

b) Permitindo que este direito seja exercido no país da sua residência (Artigo 176.º do Código Eleitoral)[32];

c) Estabelecendo dois círculos eleitorais: o do território nacional e o do estrangeiro, correspondendo a cada círculo um colégio eleitoral (Artigo 361.º do Código Eleitoral);

d) Determinando que, se a soma dos votos dos eleitores recenseados no estrangeiro ultrapassar um quinto dos votos apurados no território nacional, seja convertida em número igual a esse limite e o conjunto de votos obtidos por cada candidato igualmente convertido na respectiva proporção (Artigo 112.º, n.º 2)[33].

Esta solução visa compatibilizar a participação eleitoral dos emigrantes espalhados pelo mundo, com a circunstância de serem em número maior do que os que residem no território cabo-verdiano.

Falar do PR é também falar das suas competências, dada a importância das mesmas no sistema constitucional. No entanto, abordaremos apenas as mais importantes, no que tange à estruturação do

---

[31] Se a Constituição de 1980, na redacção de 1990, introduziu a eleição do PR por sufrágio directo, especificava que os eleitores eram os recenseados no território nacional e que o sufrágio seria exercido presencialmente no território nacional (Artigo 64.º, n.ºˢ 1 e 2). Ora, foi esta solução que a Constituição de 1992 e o Código Eleitoral vieram reformular.

[32] Este preceito e seguintes do Código Eleitoral disciplinam a organização e o funcionamento das mesas das assembleias de voto. Sobre os mesmos, MÁRIO RAMOS PEREIRA SILVA, *Código Eleitoral Anotado*, 2.ª edição, Praia, 2008, págs. 198 e segs.

[33] ARISTIDES LIMA, ob. cit. pág. 64, levanta o problema desta questão ter a ver com a igualdade de voto e que valeria a pena examinar se não nos encontramos face a uma espécie de norma constitucional inconstitucional, visto que, devido a uma tal redução, o peso de resultado (*Erfolgswert*) do voto de um emigrante cabo-verdiano valeria apenas um quinto do peso do resultado do voto de um residente no território nacional, o que violaria o princípio da igualdade de voto. Em nota, remata o seguinte: Certamente que num controlo de constitucionalidade se deveria ter em conta uma eventual justificação constitucional.

sistema de governo: **a)** No respeitante à formação do Governo, o Primeiro-Ministro é nomeado, ouvidas as forças políticas com assento na Assembleia Nacional e tendo em conta os resultados das eleições [Artigo 134.º, n.º 1, alínea i)][34]. Quer isto dizer que são estes resultados que acabam por determinar a maior ou menor margem de livre decisão de que goza o Presidente da República[35], uma vez que a Constituição é clara no sentido de que o PM deve ser nomeado: tendo em conta os resultados eleitorais; a existência ou não de força política maioritária; as possibilidades de coligações ou alianças e ouvidas as forças políticas com assento na Assembleia Nacional. Nada na Constituição obriga o Presidente da República a nomear para o cargo de PM o líder do partido mais votado nas eleições legislativas. **b)** A CRCV estatui que compete ao PR dissolver a Assembleia Nacional em caso de crise institucional grave, quando tal se torne necessário para o regular funcionamento das instituições democráticas, devendo o acto, sob pena de inexistência jurídica, ser precedido de parecer favorável do Conselho da República e audição dos partidos políticos que nela tenham assento (Artigos 134.º e 142, n.º 2)[36]. Esta competência foi a que mais polémica gerou e continua a gerar, fundamentalmente por causa do «parecer favorável» do Conselho da República, ou não fosse a dissolução, segundo algumas concepções, o *poder dos poderes* de que o Presidente dispõe[37].

---

[34] Note-se que o Artigo 193.º é mais completo, estabelecendo que o Primeiro-Ministro é nomeado pelo Presidente da República, ouvidas as forças políticas com assento na Assembleia Nacional e tendo em conta os resultados eleitorais, a existência ou não de força política maioritária e as possibilidades de coligações ou de alianças.

[35] Ora, se atentarmos no facto de o Governo, para exercer a plenitude das suas competências, necessitar de investidura parlamentar, constataremos facilmente que o PR pode ser fortemente condicionado por este facto, e a experiência cabo-verdiana de existência ininterrupta de maiorias qualificadas ou absolutas, reduziram praticamente a zero a margem de escolha do Presidente, que se tem limitado a convidar o líder do partido mais votado para formar governo. No entanto, não havendo maioria absoluta, a margem de livre decisão do PR aumenta consideravelmente, podendo, no limite, em estrita obediência dos normas constitucionais, convidar o líder do segundo partido mais votado para formar Governo, desde que este último assegure a investidura parlamentar e a estabilidade política.

[36] Sobre a dissolução, CARL SCHMITT, *Teoría de la Constitución*, Alianza, Madrid, 2001, págs. 336 e segs. BACELAR GOUVEIA, *A Dissolução da Assembleia da República – Uma Nova Perspectiva da Dogmática do Direito Constitucional*, Almedina, 2007. JORGE NOVAIS, ob. cit. págs. 155 e segs.

[37] JORGE NOVAIS, ob. cit. pág. 155, considera que o poder de dissolução é o *poder dos poderes* de que o Presidente dispõe.

Trata-se, pois, de um poder fortemente condicionado; **c)** O poder de desencadear a fiscalização preventiva da constitucionalidade das leis foi conferido ao PR na revisão de 1999, relativamente a qualquer norma constante de tratado ou acordo internacional que lhe tenha sido submetido para ratificação ou cujo decreto de aprovação lhe tenha sido submetido para promulgação, bem como relativamente a qualquer norma constante de acto legislativo que lhe tenha sido enviado para promulgação como lei, decreto legislativo ou decreto-lei[38]; **d)** O direito de veto insere-se no quadro da dinâmica das relações entre o PR e os órgãos de soberania com competência legislativa – a Assembleia Nacional e o Governo – a que se deve acrescentar o Tribunal Constitucional, nos casos de veto por inconstitucionalidade. Exercido no prazo de trinta dias contados da data de recepção de qualquer diploma para promulgação, assume a natureza de veto relativo em relação aos diplomas do Parlamento[39] e de veto absoluto no respeitante aos do Governo. Dispõe, ainda, o Artigo 274.º, n.º 4, que se o Tribunal Constitucional se pronunciar pela inconstitucionalidade de norma constante de qualquer acto legislativo, deve o diploma ser vetado pelo Presidente da República e devolvido ao órgão que o tiver aprovado; **e)** O PR dispõe do poder de demitir o Governo, nos termos do Artigo 201.º, n.º 2, da Constituição, cuja análise procederemos oportunamente.

---

[38] Esta norma foi introduzida na revisão de 1999, pois a redacção inicial da Constituição apenas conferia este poder ao PR relativamente a qualquer norma constante de Tratado ou Acordo Internacional. Sobre o poder do PR fiscalizar preventivamente a constitucionalidade de normas, ver MIGUEL GALVÃO TELES, *Liberdade de iniciativa do Presidente da República quanto ao processo de fiscalização preventiva da constitucionalidade*, O Direito, Ano 120.º, 1988, págs. 35 e segs.

[39] Se a Assembleia Nacional, no prazo de cento e vinte dias contados da data da recepção da mensagem do Presidente da República, confirmar a deliberação que aprovou o diploma por maioria absoluta dos Deputados em efectividade de funções, o Presidente da República é obrigado a promulgá-lo no prazo de oito dias.

Se o PR exercer o direito de veto, nos termos dos artigos 174.º e 175.º do Regimento da Assembleia Nacional, proceder-se-á a nova apreciação do diploma a partir do décimo quinto dia posterior ao da recepção da notificação do mesmo e se o diploma for confirmado por maioria absoluta dos Deputados em efectividade de funções o diploma é enviado para promulgação. Se a AN introduzir alterações, o diploma, com as suas alterações, é enviado ao PR para promulgação e se a AN não confirmar o voto, a iniciativa legislativa não pode ser renovada na mesma sessão legislativa.

3.2. *Assembleia Nacional*

A Assembleia Nacional é constitucionalmente definida como a assembleia que representa todos os cidadãos cabo-verdianos (Artigo 139.º). Nesta definição, encontra-se claramente inserida a função representativa que nos conduz às eleições legislativas. Nestas, só os partidos políticos podem apresentar candidaturas, não tendo o legislador constituinte aceite propostas no sentido de permitir essa apresentação por grupos de cidadãos eleitores independentes. Se o sistema eleitoral adoptado foi o proporcional, segundo a média mais alta de Hondt, um aspecto que contribuiu, sobremaneira, para a configuração do actual sistema partidário, foi a existência de um grande número de círculos eleitorais pequenos, até recentemente, que provocou distorções na proporcionalidade. Esta distorção foi dupla: na primeira, os deputados são distribuídos por cada círculo eleitoral em função do número de eleitores, mas nenhum círculo pode ter menos de dois deputados, independentemente do número de eleitores, o que acarretou que alguns círculos tivessem dois deputados por imposição legal, pois o número de eleitores não o justificava; na segunda, encontramos muitos círculos eleitorais de dois deputados, o que acarretou que os efeitos do sistema, em vez de proporcionais, fossem maioritários, caminhando para o bipartidarismo, pois os chamados partidos pequenos, só tiveram hipóteses de eleger Deputados nos dois círculos grandes[40].

Ao lado da função representativa, as funções legislativa e de controlo são as funções principais do Parlamento moderno. No sistema

---

[40] Mercê de um conjunto de factores, designadamente a natureza arquipelágica do país, os círculos em Cabo Verde foram sempre pequenos. Como exemplo, em 1975, dos 24 círculos eleitorais existentes, 20 eram círculos eleitorais com 2 Deputados; em 1991, com as primeiras eleições pluripartidárias, dos 22 círculos eleitorais existentes, 15 eram círculos eleitorais com dois Deputados. Nas últimas eleições de 2006, dos 17 círculos eleitorais, dez foram círculos de 2 Deputados.

A consciência cada vez mais aguda de que os círculos pequenos produzem resultados maioritários, deixando pouco ou nenhum espaço de representação política para os pequenos partidos, levou a consenso no sentido de se alterar o desenho dos círculos eleitorais e, assim, a alteração do Código Eleitoral levada a cabo em 2007, veio estabelecer que os círculos eleitorais são as ilhas, salvo a de Santiago, que foi dividida em dois círculos eleitorais: Santiago Norte e Santiago Sul (Artigo 395.º do Código Eleitoral).

Sobre estes e outros aspectos do nosso sistema eleitoral e partidário, DANIEL COSTA, *Sistema eleitoral e sistema partidário cabo-verdiano (1991-2001) – Com um olhar sobre o Mundo*, in, Direito e Cidadania, n.º 16/17, Praia, 2003, págs. 253 e segs.

constitucional cabo-verdiano é importante analisarmos alguns aspectos da função legislativa, dada a sua peculiar estruturação. Como se sabe, a concepção da função legislativa como *função típica do Parlamento*, oriunda do liberalismo oitocentista, deixou de ter grande eco com a crise do Estado Liberal, a emergência do Estado Social, a complexificação das funções do Estado, o surgimento dos partidos políticos e as novas concepções sobre os direitos dos cidadãos, entre outros factores importantes a considerar, designadamente o papel que os Governos passaram a desempenhar nas democracias contemporâneas. Basta apontar a este respeito que, em muitos países, assistiu-se, a seguir à segunda guerra mundial, a uma intervenção cada vez maior do Governo no procedimento legislativo, chegando algumas Constituições a atribuir expressamente ao Governo poderes legislativos, com grande amplitude. Este fenómeno também se verifica entre nós, mas apontemos primeiro alguns aspectos importantes da competência legislativa da AN.

Se a AN dispõe de competência legislativa reservada (absoluta e relativa) e de competência concorrencial com o Governo, é na competência legislativa absolutamente reservada que se verifica uma importante especificidade constitucional: a existência de um número importante de leis que exigem, para a sua aprovação, uma maioria de dois terços dos Deputados presentes, desde que superior à maioria absoluta dos Deputados em efectividade de funções. A Constituição elenca dezasseis matérias objecto de leis reforçadas[41] e, se a existência de leis reforçadas é normal, não se pode deixar de levantar duas

---

[41] a) Aquisição, perda e reaquisição da nacionalidade; b) Regime dos referendos nacional e local; c) Processo de fiscalização da constitucionalidade das leis; d) Organização e competência dos Tribunais e do Ministério Público; e) Estatuto dos Magistrados Judiciais e do Ministério Público; f) Organização da defesa nacional; g) Regimes do estado de sítio e do estado de emergência; h) Partidos Políticos e estatuto de oposição; i) Eleições e estatuto dos titulares dos órgãos de soberania e das autarquias locais, bem como dos restantes órgãos constitucionais ou eleitos por sufrágio directo e universal; j) Criação, modificação e extinção de autarquias locais; k) Restrições ao exercício de direitos; n) Bases dos orçamentos do Estado e das autarquias locais; o) Regime do indulto e comutação de penas; p) Definição dos limites das águas territoriais, da zona económica exclusiva e dos leitos e subsolos marinhos; q) Bases do sistema fiscal bem como criação, incidência e taxas de impostos e o regime das garantias dos contribuintes. A esta extensa lista acrescente-se a alínea c) do Artigo 156.º, que estabelece que as leis podem ser da iniciativa directa de, pelo menos, dez mil cidadãos eleitores, sob a forma e nos termos regulados por lei aprovada por maioria de dois terços dos Deputados presentes, desde que superior à maioria dos Deputados em efectividade de funções.

questões: a primeira, prende-se com o seu elevado número; a segunda, com o facto de muitas matérias não terem dignidade para serem objecto de lei reforçada, no quadro da ponderação comparada dos interesses constitucionais a salvaguardar[42].

A versão originária da Constituição era bem mais modesta nesta matéria pois, previa a existência de quatro leis orgânicas e uma ou outra lei que exigia dois terços[43], sendo a situação actual fruto da segunda revisão ordinária da Constituição. Este aspecto particular, aliado ao facto de a regra ser a aprovação das leis da Assembleia Nacional por maioria absoluta dos Deputados presentes e, tendo ainda em consideração, que o nosso sistema de partidos é actualmente bipartidário, confere à minoria um importante poder de bloqueio e obriga a maioria a negociar nas referidas matérias, o que é de molde a levar a impasses que, se persistirem e, dependendo das matérias em causa, podem afectar o regular funcionamento das instituições democráticas. Por esta razão, o nosso sistema constitucional exige do Primeiro-Ministro, uma **liderança do sistema político** e não apenas uma **liderança da maioria parlamentar,** pois esta última pode não ser suficiente para garantir o citado regular funcionamento das instituições[44].

De entre estas leis reforçadas, uma fez já correr muita tinta e tornou-se na mais polémica de todas: nos termos conjugados dos artigos 159.º, n.º 4, 160.º, n.º 3, e 175.º, alínea q), as bases do sistema fiscal, bem como a criação, incidência e taxas de impostos e o regime das garantias dos contribuintes são aprovados por dois terços dos deputados. Com apoiantes e opositores, o futuro da alínea q)

---

[42] Uma análise breve desta questão leva-nos a interrogar se as bases dos orçamentos do Estado e das autarquias locais, o regime do indulto e comutação de penas e o regime de autonomia organizativa, administrativa e financeira dos serviços de apoio do Presidente da República e da Assembleia Nacional devem ser objecto de leis reforçadas;

[43] Nos termos conjugados dos Artigos 173.º e 187.º, n.º 1, alíneas c), g), h), i), encontramos as seguintes matérias: referendo nacional e local, estado de sítio e de emergência, partidos políticos e estatuto da oposição e eleições dos titulares dos órgãos de soberania, das autarquias locais e dos restantes órgãos do poder político eleitos por sufrágio universal, directo e periódico. Note-se que, o Artigo 8.º, n.º 3, estabelecia que o Hino Nacional seria estabelecido por lei aprovada por maioria de dois terços dos Deputados em efectividade de funções.

[44] Esta questão não se colocou com acuidade antes de 2001, por duas razões: primeiro, porque o alargamento das matérias que exigem dois terços, como vimos no texto, foi feito em 1999; segundo porque, até 2001, houve sempre maiorias qualificadas, salvo curtos períodos de cisão em que essa maioria se converteu em absoluta, por causa da cisão no partido maioritário.

constitui uma incógnita, mas teve o grande mérito de chamar a atenção para os elementos essenciais do sistema fiscal e a sua importância no sistema constitucional[45] e abriu um intenso debate político e doutrinário, nem sempre pautado pelo rigor e elegância[46]. A generalidade dos Autores encara a alínea q) do artigo 175.º como um todo, advogando, literalmente, a sua supressão ou manutenção. No entanto, pensamos que é possível e desejável seguir uma outra via, procedendo e analisando os seus vários segmentos, separadamente. Se adoptarmos esta metodologia de abordagem, chegaremos à conclusão de que o segmento relativo às «taxas dos impostos» entra em conflito mais agudo com o princípio da maioria e deve ser eliminado; porém, o mesmo já não se pode dizer do «regime das garantias dos contribuintes», pois faz todo o sentido reforçar os direitos dos particulares perante a Administração Fiscal que tem sido pouco permeável aos princípios materiais do Estado de Direito, o que se agrava, deixando o regime das garantias dos contribuintes à mercê de uma maioria absoluta[47]. Trata-se, pois, de uma protecção reforçada dos direitos dos contribuintes que deve ser mantida. Já mais discutível é a criação de impostos.

Assim, falar de *competência legislativa absolutamente reservada* é praticamente o mesmo que falar de *competência legislativa absolutamente reservada e reforçada,* pois as matérias incluídas no âmbito da reserva absoluta de competência da Assembleia Nacional, na sua quase totalidade, exigem para a sua aprovação, maioria reforçada de dois terços.

Ainda no que tange à estruturação da competência legislativa, uma outra questão importante prende-se com o facto de o Governo

---

[45] Uma prova desta importância pode ser encontrada no Projecto dos Deputados do PAICV de 2009, que propõe a exclusão desta matéria do âmbito das leis reforçadas, mas advogando um figurino especial que a nota justificativa nos esclarece consistir na «alteração do enquadramento da matéria constante da alínea q) do artigo 175.º da Constituição sobre sistema fiscal e impostos para outra que permita a sua aprovação por maioria absoluta, sem prejuízo de sua discussão e aprovação na especialidade também em sede do Plenário da Assembleia Nacional».

[46] A este propósito, vejam-se as considerações de WLADIMIR BRITO, *Rever é preciso*, in, Direito e Cidadania, n.º 28, Especial, Praia, 2009, págs. 55 e segs.

[47] Não se deve esquecer que, contrariamente a muitos países que têm dificuldades em obter maioria absoluta, a regra no nosso sistema constitucional tem sido a da maioria absoluta. A esta situação acresce que o Tribunal Fiscal e Aduaneiro só recentemente começou a funcionar em Sotavento, o que é dizer que o acesso à justiça fiscal está forte condicionado em função do território.

poder aprovar Decretos – Leis no uso de competência legislativa própria e Decretos legislativos no uso de competência legislativa delegada. Ora, neste último caso, nos sessenta dias seguintes à publicação de qualquer decreto legislativo, podem cinco Deputados, pelo menos, ou qualquer grupo parlamentar, requerer a sua sujeição à ratificação da Assembleia Nacional, para efeitos de cessação de vigência ou de alteração, não podendo a AN suspender o decreto legislativo objecto do requerimento de ratificação (Artigo 182.º). Porém, este sistema só foi previsto para o decreto legislativo, não estando o Decreto-Lei sujeito a qualquer controlo político-parlamentar[48].

Finalmente, centrando agora a nossa atenção na função de controlo, dos vários instrumentos que a ordem constitucional organiza para este efeito, vale a pena apontarmos os de responsabilização política do Governo perante a Assembleia Nacional: a moção de confiança e a moção de censura. Relativamente à moção de confiança, há que distinguir a *moção de confiança obrigatória ou de investidura* da moção de confiança facultativa. A primeira, é condição do Governo poder entrar na plenitude das suas competências, depois de nomeados os seus membros[49], e constitui uma forma normal do estabelecimento de uma relação de confiança política entre a AN e o Governo, num sistema de governo parlamentar. A moção de confiança facultativa intervêm no decurso do exercício de funções governamentais, é desencadeada pelo Governo, aprovada por maioria absoluta

---

[48] Este aspecto constitui mais uma dimensão do reforço dos poderes legislativos do Governo, que pode ser considerado muito mais forte do que na generalidade dos países democráticos. Em Portugal, a Assembleia da República pode chamar à sua apreciação os decretos-leis aprovados pelo Governo, salvo os aprovados no uso de competência exclusiva (Artigo 169.º da CRP).

A este propósito, MARIE-LAURE BASILIEN-GAINCHE, *Le modele européen de démocracie parlementaire serait-il gouvernemental?* in, RDP, n.º 3-2009, págs. 877 e segs., escreve que os regimes europeus reconhecem tanto ao Parlamento como ao Governo a inicitiva das leis e, às vezes, ao próprio povo (direito de inicitiva popular admitida na Áustria, Espanha, Itália ou às collectividades locais (Espanha, Itália), mas os números são conhecidos e em média o Executivo tem a iniciativa de 90% dos textos legais de que são aprovados 90%. Os 10% restantes resultam de propostas de leis que são na sua maior parte trabalho dos Parlamentares.

[49] Artigos 195.º, 196.º e 158.º, n.º 3, da Constituição. O Regimento da Assembleia Nacional regulamenta esta moção de confiança inserida na apreciação do Programa do Governo (Artigos 228.º e segs.), ao passo que a moção de confiança facultativa é regulamentada autonomamente no Artigo 239.º

dos deputados e a sua rejeição implica a queda do Governo[50]. A moção de censura pode ser apresentada por iniciativa de um quinto dos Deputados ou de qualquer grupo parlamentar, mas a sua aprovação, pela primeira vez, não implica, necessariamente, a demissão do Governo, como teremos ocasião de analisar.

Se compete à AN aprovar moções de confiança e de censura ao Governo, ela não pode abusar desse poder, pois se a estabilidade é um valor constitucionalmente importante, nos termos já apontados, cabe à Assembleia assegurá-la e não o contrário. Por esta razão, determina a Constituição que a Assembleia será dissolvida sempre que na mesma legislatura rejeitar duas moções de confiança ou aprovar quatro moções de censura ao Governo (Artigo 142.º). Entende-se perfeitamente esta determinação do poder constituinte originário, pois se a Assembleia se transformou num foco de instabilidade e não assegura ou contribui para assegurar a estabilidade da governação do país, então outra solução não existe a não ser a sua dissolução e a convocação de novas eleições para que o povo renove a legitimidade dos eleitos.

A lógica do funcionamento do Parlamento Cabo-Verdiano é idêntica à de todos os parlamentos modernos, organizados em torno dos grupos parlamentares e das comissões especializadas, mas o seu eixo principal de actuação reside nos grupos parlamentares[51]. O surgimento dos grupos parlamentares no direito constitucional e as relações que mantêm com os partidos políticos, mudaram não só a organização e o funcionamento dos parlamentos actuais, mas também a própria natureza do mandato dos Deputados. No caso cabo-verdiano, a especificidade reside no facto de a Constituição exigir um número elevado de deputados para se poder constituir um grupo parlamentar – cinco Deputados[52] – o que torna a organização e o funcionamento da Assembleia Nacional muito rígidos, com relativa exclusão política dos Deputados eleitos em listas de partidos, que não conseguem constituir-se em grupos parlamentares[53].

---

[50] Artigos 199.º e 201.º da CRCV.

[51] Neste sentido, escrevem JORGE MIRANDA e RUI MEDEIROS, *Constituição Portuguesa Anotada*, pág. 442, que os Deputados são os únicos titulares do órgão, mas os grupos, na prática, tornaram-se os sujeitos determinantes da actividade do Parlamento».

[52] Nos termos do artigo 148.º da Constituição, os grupos parlamentares são constituídos por um mínimo de cinco deputados.

[53] O que se diz no texto é válido para os Deputados eleitos em listas partidárias, mas que se tornaram independentes.

Se a proliferação dos grupos parlamentares dificulta o trabalho parlamentar, entre outros inconvenientes, donde a necessidade de se estabelecer um número mínimo de Deputados para a sua constituição, exigência exagerada como é o caso cabo-verdiano, pode levar à marginalização de um grupo relativamente importante de deputados[54], o que não contribui para o aprofundamento da Democracia. Basta pensarmos que existem países que aceitam dois Deputados como sendo suficientes para se poder constituir um grupo parlamentar[55] e países que permitem, ainda que excepção em direito constitucional comparado, a existência de um só Deputado, o chamado grupo parlamentar unipessoal[56].

3.3. *O Governo*

O Governo é constitucionalmente concebido como órgão que define, dirige e executa a política geral interna e externa do país, sendo ainda o órgão superior da Administração Pública (Artigo 184.°). Esta definição é muito explícita no sentido de que é da responsabilidade governamental a política geral interna e externa do país, não deixando margens para dúvidas e afastando qualquer eventual entendimento de que o Presidente da República possa ter alguma interferência na definição, direcção ou execução de políticas, em qualquer área que seja[57]. Composto pelo Primeiro-Ministro, pelos Ministros e pelos Secretários de Estado, podendo ainda haver um ou mais Vice-Primeiros Ministros, tem como órgão colegial o Conselho de Ministros, admitindo a Constituição a possibilidade de existir Con-

---

[54] Basta pensarmos no caso de um partido fazer eleger 4 Deputados e poder ser eventualmente determinante para a estabilidade governativa, mas não poder constituir um grupo parlamentar, para constatarmos o excesso.

[55] Em Portugal, o Parlamento é constituído por 230 Deputados e são suficientes 2 Deputados para se constituir um grupo parlamentar.

[56] Para uma análise destas e doutras questões relativas aos grupos parlamentares em geral, ver MÁRIO RAMOS PEREIRA SILVA, *Grupos Parlamentares e Partidos Políticos: Da Autonomia à Integração*, Coimbra, 2006.

[57] Com muita pertinência nota PAULO CASTRO RANGEL, ob. cit. pág. 725, que neste particular, pode até dizer-se que a constituição cabo-verdiana é ainda mais clara e terminante do que a constituição portuguesa, não havendo, pois, «lugar constitucional» para o exercício da chamada «diplomacia paralela». A este respeito, a nossa Constituição é mais próxima da Espanhola, que é expressa no sentido de que o Governo dirige a política interna e externa (Artigo 97.°).

selhos de Ministros especializados (Artigos 186.º e 187.º). O Primeiro-
-Ministro é nomeado pelo Presidente da República, ouvidas as forças
políticas com assento na Assembleia Nacional e, tendo em conta os
resultados eleitorais, a existência ou não de força política maioritária
e as possibilidades de coligação ou aliança [Artigos 193.º, n.º 1, e
134.º, alínea i)]. O Governo que assim entra em funções é um governo
de gestão, que deve limitar-se à prática de actos estritamente necessários à gestão corrente dos negócios públicos e à administração ordinária (Artigo 192.º)[58]. Para entrar na plenitude das suas competências
constitucionais, é imprescindível a investidura parlamentar, nos termos
já analisados.

A Constituição consagra o seu Artigo 206.º a enumeração das
competências do Primeiro-Ministro, mas só conjugado com outros
preceitos chegaremos ao verdadeiro papel que desempenha na formação, subsistência e cessação do Governo, bem como nas relações
inter-orgânicas e intra-orgânica. A nossa Lei Fundamental acolhe a
figura do Primeiro-Ministro, tendo em conta a evolução que se verificou no Século XX, sobressaindo-se a sua função de organização do
governo, de selecção dos governantes e de direcção e coordenação
da actividade governamental[59].

O PR nomeia os Ministros e Secretários de Estado, mediante
proposta do Primeiro-Ministro que não se encontra vinculado a selec-
cionar os governantes ou alguns deles de entre os membros do Parlamento, como acontece nalguns sistemas parlamentares, ou ainda mi-
litantes do seu partido. Por outro lado, não se colocando a questão da
confiança individual perante o Parlamento e inexistindo também moções de censura apresentadas em relação a cada membro do Governo, individualmente considerado, o Primeiro-Ministro tem, pois, uma
grande liberdade de escolha. Este poder é de suma importância, pois
muitos outros poderes de que dispõe o PM derivam e mantêm estreita
conexão com este[60].

---

[58] Sobre esta matéria, FREITAS DO AMARAL, Governos de Gestão, 2.ª edição, Principia, 2002.

[59] Para o desenvolvimento desta matéria, Le Premier Ministre, Pouvoirs, n.º 83; IGNACIO FERNÁNDEZ SARASOLA, La primacía del Presidente en el Gabinete Ministerial, in, Gobierno e y Constitución, Tirant lo Blanch, Valencia, 2005.

[60] Decorrências: a) os membros do governo respondem perante o PM; b) gozam ou devem gozar da sua confiança pessoal e política; c) só estão no governo enquanto o PM assim o entender; d) cessam as suas funções com a cessação de funções do PM; e) O PM é substituído nas suas funções por quem indicar ao PR.

Quando o Primeiro Ministro faz ao PR uma proposta de nomeação de Ministros e Secretários de Estado[61], está também a organizar o governo em termos de número e designação de ministérios e secretarias de Estado, com todas as implicações políticas e administrativas daí advenientes, designadamente na macro-estrutura da Administração Pública. Se esta competência é importante, pelas razões apontadas, não menos importante é a competência de presidir ao Conselho de Ministros, único órgão que pode exercer as três competências do Governo – *política, legislativa* e *administrativa*[62] –, e ao qual compete definir as linhas gerais da política governamental interna e externa[63]. Ora, a presidência do Conselho de Ministros constitui um momento importante de direcção e coordenação da política geral do Governo pelo Primeiro Ministro [Artigo 206.º, alínea b)][64], colocando a Constituição particular ênfase nas suas competências de coordenação, devendo coordenar não só a política geral do Governo, mas também a acção de todos os Ministros e dos Secretários de Estado que dele dependem directamente, sem prejuízo da responsabilidade directa dos mesmos na gestão dos respectivos departamentos governamentais, bem como as relações do Governo com os demais órgãos de soberania e do poder político [Artigo 206.º, alíneas b), c) e d)].

A proeminência do Primeiro-Ministro no seio do Governo é de tal ordem que já se disse que o nosso «sistema» é de presidencialismo do Primeiro-Ministro. Esta proeminência do PM nada tem de anormal,

---

[61] Segundo GOMES CANOTILHO, *O Governo*, in, DJAP, Vol. V, 1993, pág. 22, fala-se em *poder de organização do Primeiro-Ministro*, pois é a ele que compete propor ao PR a nomeação e exoneração dos Ministros e Secretários de Estado e dele depende a determinação do número de ministérios e distribuição de funções.

[62] Não obstante isso, o Conselho de Ministros é fundamentalmente o órgão que exerce a função política e legislativa.

[63] Artigo 74.º, alínea h), versão originária. Note-se que a Constituição de 1980, não obstante isso, dizia, com ênfase, que o Primeiro-Ministro era o chefe do governo. Em França, o Conselho de Ministros é presidido pelo Presidente da República. Nesta matéria, afasta-se esta solução da preconizada pela Constituição de 1980, segundo a qual competia ao PR presidir o Conselho de Ministros sempre que o entendesse.

[64] Como se sabe, em França, o Conselho de Ministros é presidido pelo Presidente da República e este constitui um poder importante, a ponto de, segundo OLIVIER DUHAMEL, ob. cit. pág. 612, Pierre Avril defender que é o Presidente da República e não o Primeiro-Ministro que deve ser considerado Chefe do Governo. É curioso notar que na nossa Constituição de 1980, quem presidia ao Conselho de Ministros era o Presidente da República, mas estabelecia-se expressamente que o Chefe do Governo era o Primeiro-Ministro (Artigo 78.º da versão originária).

antes corresponde à evolução natural que se verifica em vários países democráticos, fruto de diferentes circunstâncias, designadamente o papel cada vez mais autónomo[65] e importante que o Governo tem vindo a assumir no sistema constitucional[66]. Mesmo depois de cessar as suas funções, a importância do Primeiro-Ministro revela-se, já que a lei determina que os cidadãos nacionais que tenham desempenhado este cargo durante pelo menos um mandato e não exerçam qualquer actividade remunerada, salvo cargo electivo, têm direito a um subsídio correspondente a 75% do vencimento do Presidente da República[67].

Ao contrário do que acontece nos regimes autoritários e totalitários, o Governo, numa democracia, tem um período de tempo pré-determinado de exercício das suas funções e as disposições constitucionais

---

[65] Escreve CRISTINA QUEIROZ, ob. cit. pág. 82, que hoje, o governo não é mais um órgão subordinado. Daí que a expressão "poder governamental seja preferível à de "poder executivo", já que este último coloca o acento tónico no carácter subordinado da respectiva função. O Governo é um órgão político "autónomo", o que significa que não se encontra vinculado a instruções de um outro órgão, especialmente do parlamento. Além do mais, é o poder que mais beneficiou da transformação das sociedades modernas. Mais à frente, pág. 91, insiste esta Autora que o Governo não é mais um "pouvoir commis" da Assembleia, nem um "auxiliar" do Presidente da República. Esta autonomia *objectiva e funcional* acaba por ser reconhecida nas principais constituições do post-guerra. GOMES CANOTILHO, *O Governo*, cit. pág. 27, afirma a este propósito «que isto significa fundamentalmente que o Governo não é um mandatário ou executante da orientação política do Presidente da República».

[66] Em Espanha, IGNACIO FERNÁNDEZ SARASOLA, ob. cit. pág. 152, depois de analisar a preeminência do PM no sistema político, define a forma de governo como um sistema parlamentar de predomínio presidencial e que o problema surge quando o predomínio do Presidente do Conselho não só tem lugar entre os seus ministros, mas também frente ao Parlamento. Mesmo em França onde esta evolução pode ser mais discutível, escreve OLIVIER DUHAMEL, ob. cit. pág. 581, que «la clé de voûte, que Michel Debré plaçait à l'Élysée, pourrait bien se trouver à Matignon. Le Premier ministre veille à l'articulation, tant administrative que politique, entre les organes supérieurs de l'Etat».

Esta evolução é natural, se levarmos em conta que a separação de poderes atribuiu a parte mais importante da soberania ao executivo, segundo nos recorda PROSPER WEIL, *O Direito Administrativo,* Almedina, 1977, pág. 8. Ainda segundo este Autor, dos três poderes, o executivo é, sem contestação, aquele que beneficiou, nesta partilha, da parte de leão: é o único a deter directamente a força pública, em toda a acepção do termo; é ele que é chamado a tomar as inumeráveis decisões dia a dia exigidas pela vida do Estado; é ele por fim, que mais beneficia da extensão das atribuições e do aumento dos poderes do Estado no último meio século, porque o intervencionismo económico, a planificação e o reforço do poder de polícia em nada puderam beneficiar o parlamento ou os tribunais».

[67] Artigo 17.º do Estatuto Remuneratório dos Titulares de Cargos Políticos – Lei n.º 28/V/97, de 23 de Junho. Note-se que, se exceptuarmos o estatuto dos antigos Presidentes da República, não existe norma semelhante em relação a mais nenhum antigo titular de cargo político.

apontam para um prazo máximo de cinco anos que corresponde à legislatura da AN. É o que consagra o Artigo 201.º, quando estabelece que implica a demissão do Governo o início de nova legislatura[68]. Trata-se de um *princípio de legitimidade*[69], pois o Governo é nomeado e entra na plenitude das suas funções, tendo em conta os resultados eleitorais e depois da investidura parlamentar, razão pela qual hoje em dia se considera que o Governo é também um órgão representativo[70]. Esta tem sido, entre nós, a forma normal do término de funções governamentais, pois as maiorias qualificadas e absolutas existentes desde as primeiras eleições pluralistas têm permitido grande estabilidade governamental. No entanto, para além desta, existem outras causas de cessação da actividade governamental, que o citado preceito enumera, sob a epígrafe, *demissão do Governo*[71]. De entre estas causas, a possibilidade do Presidente da República demitir o Governo, no caso de aprovação de uma moção de censura, oferece particular interesse e procederemos à sua análise no número seguinte.

3.4. *Parlamentarismo racionalizado*

O nosso sistema de governo tem sido qualificado de «sistema de parlamentarismo racionalizado», «sistema semipresidencial»[72] e «sis-

---

[68] Quando falamos de demissão do Governo, devemos ter sempre presente o alerta de BACELAR GOUVEIA, *Manual de Direito Constitucional*, Vol. II, Almedina, 2005, págs. 1170 e 1171, segundo o qual ao contrário do que por vezes se julga, a demissão do Governo, em si mesmo, não é uma causa de cessação de funções, colectiva ou individualmente falando, e apenas surge, na lógica constitucional constante da CRP, como um factor de desvitalização da actividade governamental, passando-se a um governo de gestão.

[69] CRISTINA QUEIROZ, ob. cit. pág. 99.

[70] Neste sentido, escreve JORGE MIRANDA, *Deputado*, pág. 119: «E não apenas o Chefe do Estado: do mesmo modo o Governo, enquanto órgão distinto, se vem a tornar indirectamente um órgão representativo. Os deputados não são agora os únicos titulares de órgãos com representação política; e daí importantes consequências no teor das relações institucionais e no estatuto jurídico de uns e outros órgãos e titulares».

[71] São elas: a) A dissolução da AN; b) A aceitação pelo Presidente da República do pedido de exoneração apresentado pelo Primeiro-Ministro; c) A morte ou a incapacidade física ou psíquica permanente do Primeiro-Ministro; d) A não submissão à apreciação da Assembleia Nacional do seu programa ou a não apresentação, juntamente com este, da moção de confiança sobre a política geral que pretende realizar; e) A não aprovação de uma moção de confiança; f) A aprovação de duas moções de censura na mesma legislatura.

[72] A defesa do semipresidencialismo obriga a aprofundar a reflexão para além do sistema actual: como explicar e entender que de 1980 a 1990, o sistema é qualificado de

tema misto»[73]. Esta divergência não assume gravidade, pois todos reconhecem e afirmam o essencial: as suas características estruturais[74]. Este fenómeno não acontece só entre nós. Em vários países, a qualificação do respectivo sistema de governo suscita divergências pois, especialmente depois da segunda guerra mundial, por razões de vária ordem, os dois sistemas clássicos – *parlamentarismo* e *presidencialismo* – que se expandiram um pouco por toda a parte, foram adaptados às condições particulares de cada país, fugindo ao seu desenho original, donde muitas vezes dificuldades acrescidas no reconhecimento das suas características originais. O próprio surgimento do conceito de «sistema semipresidencial» está ligado a este facto, já que foi a constatação de que a eleição em França do Presidente da República por sufrágio universal e directo, introduzida pela revisão constitucional de 1962, tinha repercussões no sistema, é que levou MAURICE DUVERGER a teorizar o semipresidencialismo[75].

Dadas as dificuldades sentidas depois da segunda guerra mundial na qualificação dos vários sistemas, em termos dos citados modelos clássicos, os sistemas constitucionais posteriores à queda do muro de Berlim, designadamente os da Europa de Leste, desenharam uma tão extensa gama de inter-relação entre os diversos órgãos de sobe-

---

semipresidencialista e continuam os Autores a defender o mesmo, após a revisão de 1990, que introduziu profundas alterações no sistema de governo? Como ensinar e aprender que o sistema continua sendo semipresidencial após a aprovação da Constituição de 1992, com as suas inovações nesta matéria? Estas e outras tomadas de posição de certa doutrina, nem sempre convenientemente explicadas, não ajudam à defesa e consolidação da autonomia científica do semipresidencialismo.

[73] GOMES CANOTILHO, *Direito Constitucional* ...cit. pág. 607, defende que a Constituição de 1992 recortou um sistema de governo misto parlamentar-presidencial com inequívoca predominância da dimensão parlamentarista. É que este Autor, ob. cit. pág. 598, parte da consideração de que os regimes mistos não apresentam uma homogeneidade suficiente para os classificar segundo uma única categoria (ex.: «semipresidencialismo).

[74] No entanto, ARISTIDES LIMA afirma que existe em Cabo Verde um executivo bicéfalo, sendo as duas cabeças do executivo constituídas pelo Primeiro-Ministro e pelo Presidente da República. Não nos parece, pelo menos no sentido comum que se atribui a esta expressão em Direito Constitucional Comparado. No entanto, como o citado Autor não desenvolveu esta afirmação, aguardemos pela clarificação.

[75] Sobre esta matéria, MAURICE DUVERGER, *Xeque Mate*, ob. cit.; Idem, *A New Political System Model: Semi-presidential Government*, European Journal of Political Research 8 (1980); Idem, Idem, *Le Système Politique Français*, PUF, 21.ª edição, 1996. Para uma análise dos vários trabalhos que DUVERGER publicou sobre este assunto, ver MANUEL DE LUCENA, *Semipresidencialismo: Teoria Geral e Práticas Portuguesas*, in, Análise Social, Vol. XXI (138), 1996 (4.º), pág. 867.

rania[76], que obrigam os estudiosos a ter particular cuidado e modéstia na análise dos sistemas de governo, até porque, toda a terminologia é convencional[77] e os quadros teóricos clássicos começaram a ceder, não sendo exagerado advogar a necessidade de se reconstruir a teoria dos sistemas de Governo[78].

É com este pano de fundo que devemos olhar para o sistema de governo cabo-verdiano, pois muitas das suas originalidades perturbam um automático enquadramento nos dois sistemas clássicos ou no semipresidencialismo. No entanto, não obstante isso, todos reconhecem que o Parlamento foi desenhado pela Constituição para assumir um papel importante no sistema constitucional, sendo o elemento mais perturbador, para alguns, a eleição por sufrágio universal e directo do Presidente da República e os poderes que lhe foram conferidos pela Constituição[79]. Muitos associam esta eleição directa à atribuição ao PR de extensos e importantes poderes, o que está longe, muito longe de ser pacífico, havendo elementos vários que apontam no sentido contrário[80]. Na Constituição Americana de 1787, a eleição

---

[76] O desenho dos sistemas de governo posteriores à queda do muro de Berlim ocorreu no meio de uma grande discussão internacional sobre a superioridade de um sistema em relação a outro.

[77] ANDRÉ GONÇALVES PEREIRA, *O Semipresidencialismo em Portugal*, Ática, 1984, pág. 51.

[78] GOMES CANOTILHO, *Direito Constitucional... cit.* pág. 571, reconhece que alguns dos critérios tradicionais estão em crise.

[79] Para GOMES CANOTILHO e VITAL MOREIRA, ob. cit. pág. 19, nota 10, a eleição do Presidente da República por sufrágio universal e directo não é só por si decisiva para a caracterização do sistema de governo. Citam J. C. Colliard, no sentido de que «o modo de designação do chefe de estado não tem consequências automáticas sobre os seus poderes; monarcas, governadores gerais, presidentes eleitos pelo parlamento ou saídos do sufrágio universal, todos podem encontrar-se numa situação em que os seus poderes próprios são praticamente inexistentes, para além de uma eventual capacidade de intervenção na escolha do Primeiro-Ministro; e noutro lugar considera que «se a eleição do chefe do Estado por sufrágio universal é uma condição necessária para que ele possa exercer poderes efectivos, ela não é seguramente uma condição suficiente».

[80] DAVID H. ALMADA, *A Questão Presidencial em Cabo Verde – Uma Questão de Regime,* Praia, 2002, tem sido o crítico mais contundente do sistema de governo instituído pela Constituição de 1992, defendendo o semipresidencialismo instituído em 1990. A tese principal de que parte o citado Autor é a de um nexo de causalidade, entre eleição directa do Presidente da República e atribuição a este de extensos e importantes poderes de intervenção política. Neste sentido, *ob. cit.* págs. 21 e 22, afirma que o PR dispõe de uma legitimidade originária forte e que é o único Órgão de Soberania que, ao apresentar-se ao eleitorado, se candidata pessoalmente, e este, ao decidir votar, **escolhe concreta, individual e pessoalmente...**

do Presidente da República é feita por sufrágio indirecto e sabe-se que dispõe de importantes poderes; a eleição do Presidente da República em França, até 1962, era feita por sufrágio indirecto, não obstante os seus poderes, designadamente os do artigo 16.º da Constituição de 1958, e a alteração da sua forma de eleição não visou reforçar os poderes presidenciais[81]. Os novos sistemas instituídos na Europa de Leste fornecem-nos vários exemplos de Presidentes eleitos por sufrágio universal e directo e que não exercem importantes e extensos poderes de conformação política. Neste sentido, escreve VLADAN KUTLESIC, que encontramos três casos de Presidentes «fracos» eleitos directamente (Eslovénia, Roménia, Bulgária) e outros tantos Presidentes «fortes» eleitos indirectamente (República Checa, Eslováquia, Hungria)[82].

A eleição directa do Presidente da República, no quadro do sistema instituído pela CRCV, deve ser entendida muito mais como

---

este ou aquele candidato, com nome próprio, rosto próprio, figura própria e projecto próprio, e pergunta, *ob. cit.* págs. 22 e 23: *De que vale, e para que serve, fazer uma eleição directa e por sufrágio universal, para o Presidente da República ter os poderes que a Constituição lhe reserva? Qual o grau de correspondência entre a legitimidade requerida para se ser Presidente da República e os poderes que ele vai exercer?* Conclui, pois, *ob. cit.* pág. 23, que não obstante a forte legitimidade requerida pela Lei Fundamental do País para a sua escolha, o PR possui apenas poderes residuais ou complementares e algumas prerrogativas honoríficas, protocolares e de representação, não lhe sobrando verdadeiros poderes próprios e que, *ob. cit.* pág. 31, a contradição resultante da desproporção entre a força da legitimidade do Presidente da República e as capacidades de intervenção que o texto da Constituição lhe consente pode desembocar em fortes, permanentes e insanáveis conflitos, sobretudo entre o Presidente da República e o Governo.

Com estas certezas adquiridas, DAVID H. ALMADA crítica de forma cerrada o actual sistema. A título meramente exemplificativo: a opção da Constituição é «anómala», o PR é uma «figura pouco mais que decorativa», o sistema de governo «é incaracterístico e indefinido», «autêntica cabo-verdura», que, para não restarem dúvidas, *ob. cit.* pág. 71, nota 31, *é um termo que entrou, há alguns anos, no léxico nacional, para significar, mais ou menos, "disparate" a nível jurídico-conceptual, tipicamente cabo-verdiano»*. Remata, finalmente, a pág. 84, que «é por isso que a questão dos poderes presidenciais e a sua clara redefinição na Constituição, são, hoje, mais do que um simples problema de sistema de governo para o País, uma questão de regime!» (a negro e itálicos do original).

ARISTIDES LIMA, *Estatuto...* cit. pág. 47, nota 68, a propósito do parecer favorável do Conselho da República para o PR poder dissolver a AN, considra irracional tal solução, afirmando mesmo, ob. cit. pág. 49 e 50, nota 73, tratar-se de uma solução bizarra.

[81] Sobre a função presidencial, CHARLES DE GAULLE, *Mémoires D' Espoir*, Plon, 1970, págs. 283 e segs.

[82] *Les Constitutions Postcommunistes Européennes – Étude de Droit Comparé de Neuf États,* Bruylant, 2009, pág. 95.

elemento racionalizador do sistema do que facto jurídico-político de reforço popular da sua legitimidade, que conduz inexoravelmente a que lhe sejam atribuídos extensos e importantes poderes, fornecendo o direito constitucional comparado inúmeros exemplos neste sentido[83]. Para além disso, note-se que a eleição do PR por sufrágio universal e directo pode decorrer de inúmeros factores respeitantes a cada país, em particular, e não apenas de considerações de teoria geral. MAURICE DUVERGER aponta que em vários países esta eleição decorreu tendo como finalidade fazer do Presidente da República uma espécie de rei, embora sob a forma dum monarca parlamentar e não dum monarca autoritário e que, mesmo em França os aspectos monárquicos não se encontram totalmente ausentes da reforma constitucional de 1962 que estabelece a eleição popular do Presidente.

Nesta linha, a análise das competências do Presidente da República na CRCV demonstra que não dispõe de muitos poderes de conformação político-constitucional e esta foi uma opção deliberada do poder constituinte. A razão pela qual não se quis conferir ao Presidente da República extensos e importantes poderes, radica no facto de se recear derivas autoritárias presidenciais, decorrentes da fragilidade do sistema democrático acabado de nascer e que se queria baseado nos partidos políticos. Acresce a presença, ainda bem viva, do autoritarismo dos anos do regime de partido único de direita, durante a República colonial, a que se deve acrescentar os quinze anos de um regime de partido único de esquerda, no pós-independência. Finalmente, os exemplos Africanos e Latino-Americanos de «presidentes fortes» não eram propriamente muito apreciados, pelas suas consequências profundamente negativas no tecido político e social, aliadas, obviamente, a outros factores.

---

[83] O próprio MAURICE DUVERGER, na sua análise, ob. cit. págs. 78 e 79, escreve que «a eleição popular confere ao presidente uma legitimidade ambígua dado que corresponde a representações colectivas complexas em que se misturam diversas imagens do chefe de Estado: ao mesmo tempo personagem simbólica e chefe político, árbitro nacional e chefe duma maioria, substituto dum monarca e chefe democrático, igual do parlamento e menos representativo do que ele. Mas isto não enfraquece a sua posição. Situado na encruzilhada de vários sistemas de valor, que cumula na sua pessoa apesar das suas contradições, o presidente investido pelo povo beneficia de todos esses sistemas visto que incarna de maneira incontestável o principal de entre todos». Acrescenta ainda o citado Autor, ob. cit. pág. 80: «Só o sufrágio universal é que pode atribuir o poder supremo numa democracia. Mas pode também conferir poderes menos importantes», e remata que «o essencial é que os eleitores saibam com o que devem contar aquando do escrutínio presidencial».

No entanto, não dispor de importantes e extensos poderes de intervenção política, não significa transformar o PR numa figura decorativa, como pretendem alguns. A este propósito, há que não confundir os poderes conferidos ao PR pela Constituição e os condicionamentos políticos e sociais, mais ou menos fortes, a que o seu exercício pode estar sujeito. O poder de requerer a fiscalização preventiva da constitucionalidade das normas, é importante, por si só; o poder de nomear o Primeiro-Ministro e o de veto estão fortemente condicionados por causa da existência constante de maiorias qualificadas ou absolutas, mas se faltar esta maioria ou existir uma, mas instável e indisciplinada, os poderes do PR podem ganhar um campo favorável a uma maior intervenção.

No entanto, a grande e profunda divergência que existe entre nós em relação aos poderes do Presidente da República, decorre do facto de poder dissolver a Assembleia Nacional mediante parecer favorável do Conselho da República. A análise da origem deste preceito e as polémicas políticas e doutrinárias a que tem vindo a dar lugar, ultrapassam o âmbito do presente trabalho, mas sempre se dirá que a questão central para o legislador constituinte é a de que o poder de dissolução não pode ser livre, ou ligeiramente limitado, antes fortemente condicionado. Se for através da «referenda do Primeiro-Ministro» ou do «parecer favorável do Conselho da República» ou ainda através de outra técnica de condicionamento, não parece essencial, apesar de se poder criticar a maior ou menor coerência intra-sistemática de cada solução adoptada. Assim, não é difícil concordar com os críticos deste sistema, neste particular, pois o Conselho da República – órgão constitucionalmente concebido como consultivo – acaba por ir para além desta função e tornar-se, em certa medida, órgão co-decisor nesta matéria[84]. Para os Autores que atribuem grande relevância ao poder de dissolução, isto por si só, dificultada a qualificação do nosso sistema como semipresidencial[85].

---

[84] Escreve ANDRÉ GONÇALVES PEREIRA, ob. cit. pág. 55, nota 39, a propósito do poder de dissolução conferido ao PR mediante parecer favorável do Conselho da Revolução, que sofreu alteração na revisão de 1982, que anteriormente configurava-se como uma «co--decisão», já que o parecer do Conselho da Revolução, além de obrigatório, era vinculativo.

[85] Para JORGE NOVAIS, ob. cit. pág.162, **O poder de dissolução é, assim, a chave-mestra dos poderes presidenciais**. As outras chaves – os restantes poderes – permitem-lhe abrir ou fechar portas, mas, individual e separadamente considerados, não levam o Presidente ao topo do edifício constitucional e muito menos ao seu domínio. Mesmo o eventual poder de demissão do Governo, quando exista – e já vimos que, em semipresidencialismo,

Para além do poder de dissolução, o de demitir o governo esteve também sempre em discussão. Na verdade, o PR só pode exercer este poder no caso de aprovação de uma moção de censura, ouvidos os partidos representados na Assembleia Nacional e o Conselho da República[86]. Esta solução constitucional parte do pressuposto de que não existe responsabilidade política governamental perante o Presidente da República, uma vez que a Constituição estabelece expressamente que o Governo é politicamente responsável perante a Assembleia Nacional (Artigo 185.º)[87]. Para o correcto entendimento do alcance desta norma, é mister chamarmos à colação a alínea f), do n.º 1, do Artigo 201.º, segundo a qual implica a demissão do Governo a aprovação de duas moções de censura na mesma legislatura, pois já não pode continuar em funções por faltar a confiança política

---

nem sempre existe – não tem qualquer alcance comparável. No entanto, o Autor reconhece, ob cit. pág. 165, que a opção generalizada nos Estados da Europa central e de Leste que adoptaram o semipresidencialismo é, como veremos, a ausência deste poder ou, quando muito, a sua consagração em termos de possibilidades de exercício tipificado e só em circunstâncias excepcionais de crise institucional. Assim, ob. cit. pág. 16, pode dizer-se que hoje, tendo em conta a Constituição e a prática efectiva dos sistemas de governo, e não considerando os países não democrático ou em transição para a democracia, o poder de dissolução, apesar de presente formalmente na generalidade dos velhos semipresidencialismos, só existe verdadeiramente, na Europa, com alcance político global, em França e em Portugal. Continua, ainda, o citado Autor, ob. cit. pág. 165: É deveras surpreendente a absoluta ausência de considerações da especial relevância desse poder nas análises comparativas mais recentes dos poderes dos Presidentes de semipresidencialismo, até nos estudos mais cuidados. Mesmo os Autores mais celebrados e reconhecidos internacionalmente neste domínio, atribuem ao poder de dissolução, precisamente, o mesmo peso relativo que atribuem a qualquer dos outros poderes – por exemplo, ao poder de veto, ao poder de nomeação de altos cargos ou aos poderes em estado de excepção constitucional.

Dissertando sobre os países da Europa do Leste, escreve JORGE NOVAIS, ob. cit. pág. 168, que «a provável fraqueza relativa da instituição parlamentar e os receios de uma excessiva centralização de poder na pessoa do Presidente ou de uma utilização abusiva e desestabilizadora dos seus poderes determinaram, porventura, a adopção generalizada desses limites. Porém, a prazo, e consolidadas que estejam as instituições das novas democracias, designadamente o sistema partidário e a instituição parlamentar, a tendência será inevitavelmente a da *libertação* desses limites, pois só um poder de dissolução incondicionado (eventualmente apenas com limites temporais ou circunstanciais) *arma* a função presidencial e permite o pleno desenvolvimento das potencialidades, da lógica, e do equilíbrio global do semipresidencialismo.

[86] Artigo 201.º, n.º 2, da CRCV.

[87] A Constituição rejeita, assim, a chamada dupla responsabilidade política que, no dizer de ANDRÉ GONÇALVES PEREIRA, *O Semipresidencialismo em Portugal*, Ática, 1984, pág. 11, significa que o Governo pode ser demitido por qualquer destes órgãos do Estado.

legitimadora das actividades governamentais. Quer isto dizer, por outras palavras, que duas moções de censura *implicam* a demissão do Governo e que mesmo uma moção de censura *pode implicar* esta demissão.

Aprovada uma moção de censura, o PR pode ou não desempenhar um papel importante, mas isso depende de um conjunto de factores políticos. Se, depois da aprovação de uma moção de censura, o Primeiro-Ministro pedir a sua exoneração, isto obriga à demissão do Governo e, assim, o PR fica sem qualquer margem de intervenção política relevante[88]. Se, pelo contrário, o PM pretender que o Governo continue em funções, não obstante a aprovação de uma moção de censura, a decisão do Presidente é importante. Pode decidir demitir o Governo ou, pelo contrário, permitir que continue em funções. Mas repare-se que, se a AN aprovar uma segunda moção de censura, outra solução não resta ao PR, a não ser demitir o Governo. É caso para dizermos que a subsistência do Governo depende, em primeira linha, da maioria parlamentar e do seu líder – *segunda moção de censura* ou *pedido de exoneração* –, sendo a intervenção do PR subsidiária na resolução dos problemas políticos que a aprovação de uma moção de censura provoca. Se a maioria parlamentar não for capaz de os resolver, então, aí sim, a atenção política concentra-se no PR, para saber o que fará. Em conclusão, o poder do PR demitir o Governo traduz-se, pois, num poder subsidiário de resolução dos problemas políticos ocasionados pela demissão.

Não obstante as dificuldades que a qualificação do sistema de governo cabo-verdiano suscita, pelas suas características específicas, muitas das quais absolutamente originais, a nossa opinião é a de que o nosso sistema deve ser considerado *parlamentarismo racionalizado*[89], pelas seguintes razões fundamentais: a) necessidade de haver investidura parlamentar através de uma moção de confiança obrigatória para que o Governo possa entrar na plenitude das suas competências; b) existência de mecanismos de responsabilização política, como a moção de confiança facultativa e a moção de censura; c) autonomia

---

[88] É certo que a demissão do Governo implica a aceitação pelo PR da exoneração pedida pelo PM [Artigo 201.º, n.º 1, b)], mas vemos mal que o PR recuse a exoneração de um PM depois da aprovação de uma moção de censura, «obrigando-o» a permanecer no governo.

[89] Valem entre nós as considerações de Cristina Queiroz, *O Sistema de Governo Semi-Presidencial*.

do Governo perante a AN e o PR, dispondo de reforçados poderes legislativos; d) existência de um número elevado de leis que exigem maioria de dois terços dos votos favoráveis dos deputados para serem aprovadas[90]; e) necessidade de aprovação de uma moção de censura pela AN para o PR poder demitir o governo.

Os mecanismos estudados que autonomizam o Governo perante o Parlamento, mais não visam que garantir a estabilidade governamental e evitar que o parlamentarismo se transforme em governo de assembleia, que tão maus frutos deu no estrangeiro, designadamente em vários países europeus, e a eleição directa do PR que não dispõe[91] de importantes e amplos poderes de intervenção política, assume contornos de racionalização do sistema parlamentar e não reforço de legitimidade popular que conduz a que se torne omnipotente[92].

4. Um olhar sobre o funcionamento das instituições democráticas

Olhar para o funcionamento das instituições tem sido considerado um dado importante dos sistemas constitucionais modernos, não faltando debates acalorados sobre se a configuração do sistema de governo é um dado constitucional a que não nos podemos furtar ou, antes, corresponde à prática do funcionamento das instituições políticas. É a distinção que muitos estabelecem entre a perspectiva jurídico--constitucional e a perspectiva politológica dos sistemas de governo[93],

---

[90] A este propósito, bem se pode dizer que a competência legislativa reservada absolutamente da AN é também absolutamente reforçada, pois a quase totalidade das matérias inseridas na reserva absoluta deve ser objecto de lei reforçada. Melhor então se dirá: **competência reservada absoluta e reforçada.**

[91] Por outro ainda, saber se o sistema deve ou não ser qualificado de uma forma ou de outra, não assume a importância que se lhe quer atribuir, pois o que importa é saber se há consenso sobre as suas características fundamentais.

[92] É necessário não esquecermos estas palavras de MAURICE DUVERGER, ob. cit. pág. 64, que afasta qualquer ideia de que o PR, num sistema semipresidencial, tem de ser omnipotente: «Em sete regimes semipresidenciais só um é que possuiu um chefe de Estado omnipotente: a França».

[93] Consciente dos equívocos que podem surgir por causa de questões terminológicas, OLIVIER DUHAMEL, *Remarques sur la notion de regime semi-présidentiel*, in, *Droit, Institutions et Sistèmes Politiques – Mélanges en Hommage à Maurice Duverger*, Paris, 1987, págs. 584 e segs, distingue entre **«Regime politique»** e **«Système politique»,** propondo para a primeira expressão as normas constitucionais que estruturam o poder político e para a segunda as configurações decorrentes das práticas efectivas no quadro dum certo regime. Esta proposta de distinção foi acolhida por MAURICE DUVERGER, *Le Système Politique*

pretendendo-se às vezes excluir uma em detrimento da outra, quando se defende que o que interessa são as normas constitucionais e pouco mais, fechando os olhos à realidade ou, noutro extremo, a Constituição interessa pouco, o que releva é a prática decorrente da correlação de forças de poder.

Ora, devemos ter em mente, que segundo Jorge Novais, uma perspectiva adequada de análise que integre indissoluvelmente as dimensões jurídica e política dos sistemas de governo atribuirá a devida relevância tanto ao plano de configuração constitucional do sistema de governo – enquanto enquadramento jurídico estrutural que determina a identidade do sistema de governo de cada país – quanto ao plano do seu funcionamento prático ou, mais rigorosamente, o plano do espectro das diferentes modalidades de possível funcionamento prático daquele sistema de governo constitucionalmente pré-definido[94].

Com estas observações como pano de fundo, recorde-se que a Constituição determinou que a eleição do PR, por sufrágio universal e directo, deve ter lugar em bases não partidárias, mediante a apre-

---

Français, PUF, 21.ª edição, 1996, pág. 19, reconhecendo que nas edições anteriores deste seu manual e noutras obras suas empregou as expressões regime político e sistema político como sinónimas, mas que passaria a distingui-las conforme sugestão de Olivier Duhamel (a negro da nossa responsabilidade).

Se todos reconhecem a importância da prática das instituições, note-se que a questão terminológica varia de país para país e, às vezes até, de Autor para Autor. Em Portugal, por exemplo, a expressão regime político tem sido utilizada para caracterizar a relação que se estabelece entre os cidadãos e os órgãos do poder político.

Reconhecendo a importância da prática política, escrevem Isaltino Morais, José Mário Ferreira de Almeida e Ricardo Leite Pinto, *O Sistema de Governo Semipresidencial*, Editorial Notícias, 1984, pág. 19, que é importante averiguar a prática constitucional, face às prescrições constitucionais, para melhor se poder qualificar um concreto sistema de Governo.

Tentando conciliar estas duas perspectivas numa noção abrangente, Ricardo Leite Pinto, José de Matos Correia e Fernando Roboredo Seara, *Ciência Política e Direito Constitucional*, Universidade Lusíada, 4.ª edição, 2009, pág. 277, escrevem que «Sistema de Governo» pode entender-se como a *forma como entre si se relacionam os diversos órgãos do poder político soberano;* quer do ponto de vista do seu modelo e estruturação normativa, quer do ponto de vista das situações fácticas concretamente desenvolvidas (da prática constitucional). Clarificam, no entanto, na esteira de outros Autores, que é «importante averiguar a prática constitucional, face às prescrições constitucionais, para melhor se poder qualificar um concreto sistema de Governo», mas que «esta asserção, por verdadeira, não pode, porém, legitimar que a prática do sistema constitucional seja erigida a factor determinante da própria qualificação do sistema de Governo» (itálico do original).

[94] Ob. cit. pág. 14. Desenvolvidamente, págs. 36 e segs.

sentação de candidaturas por cidadãos eleitores. Se os propósitos do legislador constituinte foram estes, os mesmos foram distorcidos pela conjugação de dois factores importantes: a) Contágio das eleições presidenciais pelas legislativas; b) Existência de um sistema bipartidário. Analisemos, sumariamente, estes dois aspectos.

As eleições legislativas contagiaram as presidenciais, uma vez que a Constituição não consagrou uma cláusula idêntica à da Constituição Portuguesa, segundo a qual a eleição do Presidente não poderá efectuar-se nos noventa dias anteriores ou posteriores à data de eleições para a Assembleia da República, devendo a eleição neste caso efectuar-se nos dez dias posteriores ao final do período aí estabelecido, sendo o mandato do Presidente cessante automaticamente prolongado pelo período necessário (Artigo 125.º, n.ºˢ 2 e 3). Em anotação a este preceito, GOMES CANOTILHO e VITAL MOREIRA escrevem que se estabelece uma **proibição de simultaneidade ou de proximidade entre as eleições presidenciais e as eleições parlamentares,** tendo de haver sempre um intervalo mínimo de 90 dias entre umas e outras e que esta solução implica necessariamente um intervalo de «não contaminação» entre as duas eleições e está de acordo com a filosofia constitucional de separação e distinção qualitativa entre a eleição presidencial (candidaturas não formalmente partidárias, etc.) e a eleição parlamentar (candidaturas necessariamente partidárias)[95].

Três elementos importantes, conjugados com esta omissão constitucional na CRCV, provocaram não só o contágio das presidenciais pelas legislativas, mas outros efeitos negativos no sistema políticoconstitucional: em primeiro lugar, o facto de a legislatura ser de cinco anos e o mandato do Presidente ser também de igual período de tempo; em segundo lugar, as eleições presidenciais por sufrágio universal e directo tiveram lugar, pela primeira vez, no dia 17 de Fevereiro de 1991, ou seja, pouco mais de trinta dias depois das legislativas, ocorridas a 13 de Janeiro de 1991[96]; em terceiro lugar, a

---

[95] GOMES CANOTILHO e VITAL MOREIRA, *Constituição da República Portuguesa Anotada*, 3.ª edição revista, Coimbra Editora, 2007, pág. 365 (a negro no original).

[96] Em 1995, as legislativas foram feitas no dia 17 de Dezembro e as Presidenciais no dia 18 de Fevereiro de 1996, ou seja, 26 dias depois. Em 2001, as eleições legislativas tiveram lugar no dia 14 de Janeiro, e a primeira volta das eleições presidenciais logo no dia 11 de Fevereiro, ou seja, com um intervalo de 26 dias. Em 2006, o intervalo entre as duas eleições voltou a ser curto: as legislativas foram feitas no dia 22 de Janeiro e as presidenciais no dia 12 de Fevereiro, **agravando-se o cenário**: cerca de vinte dias. Pode-se, pois,

estabilidade política existente no país levou a que todos os titulares dos órgãos do poder político tivessem cumprido na íntegra o seu mandato, com a consequência imediata de realização de eleições de cinco em cinco anos[97].

A consequência directa e imediata da conjugação destes factores foi a de que o partido vencedor das legislativas viu o candidato que apoiou nas presidenciais sair vitorioso e o ciclo repetiu-se em todas as eleições legislativas e presidenciais ocorridas desde a transição política para a democracia[98]. Acresce que, numa leitura correcta da interligação legislativas e presidenciais, estas últimas acabaram por se converter num prolongamento das primeiras e a legitimidade do PR deixou de ser tão autónoma quanto querida pelo legislador constituinte.

Em suma, as eleições presidenciais passaram a realizar-se na sequência, em prolongamento e na dependência das legislativas, beliscado a legitimidade popular autónoma de que o PR devia desfrutar. Esta constatação conduziu a um consenso generalizado, no sentido de se alterar este estado de coisas[99].

Deixando agora de lado os aspectos negativos decorrentes da ausência de uma cláusula de espaçamento entre as citadas duas eleições

---

concluir que, em regra, **todas as eleições presidenciais foram feitas com um intervalo de tempo inferior a trinta dias, salvo as de 1991, em que esse intervalo foi de 36 dias.**

É ainda importante notar que a proximidade destas duas dadas eleitorais levou a que antes da realização das eleições legislativas, começaram a contar os prazos para a prática de determinados actos procedimentais das presidenciais, determinando-se, assim, a sobreposição de actos eleitorais das duas citadas eleições.

[97] A excepção constitui a realização de eleições intercalares municipais em São Vicente, no ano de 1995.

[98] Note-se, porém, que nas eleições presidenciais de 1996 apenas concorreu MASCARENHAS MONTEIRO.

[99] No caso dos titulares dos órgãos municipais, de quatro em quatro anos. O projecto de revisão constitucional do MPD de 2005 estabelecia o espaçamento das eleições presidenciais relativamente às legislativas, determinando que salvo nos casos de vacatura do cargo, a eleição não poderia realizar-se nos cento e oitenta dias anteriores ou posteriores à data das eleições para a Assembleia Nacional, realizando-se as mesmas nos dez dias posteriores ao final do período aí estabelecido e considerando-se o mandato do Presidente cessante automaticamente prolongado pelo tempo necessário (nova redacção ao Artigo 111.º). O projecto do PAICV, do mesmo ano, não dispunha de nenhum preceito neste sentido. Porém, todos os projectos de revisão apresentados para a revisão constitucional de 2008/2009 previam uma cláusula de espaçamento entre as legislativas e presidenciais.

e concentrando a nossa atenção no sistema partidário, o mesmo evoluiu e hoje é bipartidário[100].

Como consequência deste sistema, nenhum candidato a Presidente pode ser eleito sem o apoio de um ou outro partido grande[101], o que quer dizer que os partidos políticos tornaram-se centrais nas eleições presidenciais e a ideia de os afastar da apresentação de candidaturas, com as consequências pretendidas com esta medida, constituíram uma ilusão constitucional de que não só em Cabo Verde, mas em vários países, certa doutrina continua a alimentar[102]. O constitucionalismo moderno aí está para o provar: dos EUA, passando pela França, Alemanha, Itália e Portugal, os partidos políticos

---

[100] Os resultados das eleições legislativas para os dois principais Partidos Políticos foram os seguintes:

ANO	PAICV	MPD
1991	32, 00% (23 Deputados)	72, 00% (56 Deputados)
1995	29, 75% (50 Deputados)	61, 29% (50 Deputados)
2001	47, 8% (40 Deputados)	39, 2% (30 Deputados)
2006	52, 28% (41 Deputados)	44, 02% (29 Deputados)

[101] Estamos a falar, obviamente, de situações de normalidade política.

[102] Registe-se, pela sua clareza e sinceridade, o testemunho de DAVID H. ALMADA, um dos candidatos às eleições presidenciais de 14 de Fevereiro de 2001, em entrevista ao Jornal *Expresso das Ilhas*, de 3 de Janeiro de 2002, pág. 13: «Eu era o único candidato que não tinha apoio partidário. Isso por um lado. Por outro lado, e foi uma maneira de só assim poder ser travado na minha caminhada para a vitória, transformou-se a luta numa luta entre dois partidos e não entre candidatos. Quando se pôs o eleitorado perante o dilema de que o que estava em causa era o PAICV ou o MPD, uma reedição das legislativas, naturalmente quem não tivesse o apoio de um desses partidos não tinha hipótese nenhuma». À pergunta do jornalista porque é que avançou sem garantia de apoio partidário, respondeu: «Eu fui, respeitando a Constituição, que diz que o candidato presidencial é proposto pelos cidadãos, sendo certo que os partidos não podem nem candidatar-se, nem apresentar candidatos. Os candidatos devem ir por si e os partidos devem deixar os candidatos lutarem para ganhar as eleições. Não foi isso que aconteceu».

No mesmo sentido, um outro candidato a essas eleições, JORGE CARLOS FONSECA, escreveu, in, *Prefácio* ao livro de FAFALI KOUDAWO, *Cabo Verde e Guiné-Bissau – Da Democracia Revolucionária à Democracia Liberal*, Instituto Nacional de Estudos e Pesquisa, Bissau, 2001, pág. 12, «que as eleições para Presidente da República se transformaram, à revelia da letra e do espírito da Constituição cabo-verdiana – que quis que elas fossem eleições não partidarizadas, enfim, domínio e território da expressão genuína da cidadania -, numa reedição das legislativas de Janeiro, o que foi favorecido por um inadequado calendário eleitoral (e talvez inadequada legislação eleitoral), que separava as duas eleições por um período inferior a um mês e pelo comportamento pouco pedagógico dos próprios agentes e actores eleitorais».

são indomáveis em matérias eleitorais e desafiam as determinações dos poderes constituintes.

4.1. A realização de quatro eleições presidenciais por sufrágio universal e directo permitiu formar uma consciência mais clara sobre o perfil do sistema eleitoral presidencial e as suas consequências no funcionamento do sistema político. Na primeira eleição realizada em 1991, os emigrantes não participaram, pois não tinham este direito de participação política; na segunda eleição realizada em 1996, a primeira depois da entrada em vigor da actual Constituição, o sistema não foi verdadeiramente testado, uma vez que concorreu um só candidato. Foram, pois, com a realização das terceiras e quartas eleições presidenciais, sobretudo com as terceiras, que o sistema foi realmente chamado à pedra, em toda a sua extensão e profundidade, e vieram ao de cima as suas vantagens e os seus inconvenientes.

Na verdade, nas terceiras eleições presidenciais de 2001, concorreram quatro candidatos na primeira volta, num processo até agora único em Cabo Verde[103]. Uma análise objectiva destes resultados, especialmente no que tange à emigração, demonstra o seguinte: a) um número muito reduzido de inscritos no recenseamento no estrangeiro[104]; b) grande abstenção eleitoral[105]; c) um peso visível dos emigrantes nos resultados presidenciais; d) dificuldades e irregularidades várias na constituição e funcionamento das mesas das assembleias de voto.

No respeitante ao peso dos emigrantes nas terceiras e quartas presidenciais, os resultados eleitorais vieram pôr a nu algo que julgamos ser de extraordinária originalidade: a maioria dos eleitores residentes no território nacional votou contra o presidente eleito. Esta conclusão, simples e relativamente normal no quotidiano dos cabo-verdianos, pode aparecer como estranho, absurdo ou surpreendente aos olhos dos estrangeiros. Porém, só surpreende os menos familiarizados com o sistema eleitoral presidencial cabo-verdiano, que está estruturado em dois círculos eleitorais: o do território nacional e o da

---

[103] Segundo dados publicados no Suplemento ao Boletim Oficial n.º 8, de 19 de Fevereiro de 2001, os candidatos foram: PEDRO PIRES – 45,8%; CARLOS VEIGA – 45,1%; JORGE CARLOS FONSECA – 3,8%; DAVID ALMADA – 3,7%. Por esta razão, PEDRO PIRES e CARLOS VEIGA foram à segunda volta. Um outro candidato, ONÉSIMO SILVEIRA, desistiu.

[104] Num total de 28. 004 (África – 5.704; Américas – 8.120; Europa e resto do mundo – 14. 180).

[105] Cifrada em 67, 30%.

emigração, contrariamente ao que acontece noutros países, em que existe um círculo eleitoral único, correspondente ao território nacional.

Esta conclusão leva-nos a aprofundar alguns tópicos, pois CARLOS VEIGA obteve em 2001, mais votos do que PEDRO PIRES no círculo eleitoral do território nacional, exactamente 1921 votos a mais, e este, por seu turno, obteve mais votos no círculo eleitoral da emigração: 1933 votos. Tudo somado, PEDRO PIRES venceu com uma margem de **doze votos** de diferença[106].

Menos disputadas do que as terceiras, as quartas eleições presidenciais de 2006, apesar da pouca diferença de votos no território nacional, entre os dois candidatos que se apresentaram às mesmas, vieram mais uma vez chamar a atenção, para o facto de que um candidato pode ter mais votos no território nacional e perder as eleições. Com efeito, Carlos Veiga obteve mais 24 votos do que PEDRO PIRES no círculo do território nacional, mas uma vez que este ganhou no círculo eleitoral do estrangeiro, com uma grande vantagem – 3366 votos –, foi proclamado Presidente da República[107].

Estes resultados foram encarados com relativa naturalidade pela generalidade dos cidadãos, notando-se aqui e ali interrogações sobre este sistema, num ambiente relacional entre residentes e não residentes, nem sempre fácil de descrever[108]. No entanto, o problema que o

---

[106] A este propósito, há que avançar um dado que tem sido ignorado. A diferença global de votos era ligeiramente maior a favor de PEDRO PIRES, no resultado provisório publicado pela CNE: 17 votos de diferença, segundo o Edital n.º 8/CNE/2001, publicado no Suplemento ao Boletim Oficial n.º 10, de 5 de Março, cujos resultados foram expressamente qualificados de provisórios, por força de recursos entrados e pendentes de decisão no Supremo Tribunal de Justiça, enquanto Tribunal Constitucional. No entanto, as impugnações judiciais que tiveram lugar, num frenético e nunca antes visto contencioso eleitoral, que ficou conhecido em certos círculos como a «terceira volta das presidenciais» - *a judicial* - pois o Supremo Tribunal de Justiça foi decisivo na proclamação do vencedor, acabaram por reduzir a diferença entre os dois candidatos para doze votos, graças à declaração de nulidade de alguns boletins de votos.

À medida que a diferença entre os candidatos ia sendo encurtada, uma questão nunca levantada anteriormente, pairou no ar: a possibilidade de um empate. E se fosse empate? Como resolver o problema? Estas interrogações continuam a não ter uma resposta normativa expressa, se calhar por ser uma possibilidade que ninguém tinha encarado, mas as eleições presidenciais de 2001 vieram demonstrar que não constituem mera hipótese académica.

[107] Dados publicados no Suplemento ao Boletim Oficial n.º 11, de 21 de Fevereiro.

[108] Vale a pena, pois, a este propósito, registar estas palavras expressivas de JORGE CARLOS FONSECA, escritas no *Prefácio,... cit.* pág. 27 e 28, segundo a qual a relação residentes/não residentes é «marcada por preconceitos, incompreensões, diria até ciúmes mútuos,

mesmo levanta a médio prazo é o de saber os seus efeitos sobre o sistema político, quando os recenseados no estrangeiro forem superiores aos recenseados no território nacional e a balança pender decisivamente para o lado do círculo da emigração.

4.2. As eleições legislativas ocorridas desde a abertura política geraram sempre maiorias parlamentares coerentes e estáveis. As primeiras de 13 de Janeiro de 1991 deram uma maioria qualificada a um partido político (MPD), que se converteu em absoluta, com a dissidência ocorrida em 1995 e que deu lugar a mais um partido político; as segundas de 1995, deram outra vez uma maioria qualificada a esse mesmo partido, que se transformou em absoluta, com uma segunda cisão ocorrida em 1999/2000[109]; as terceiras eleições legislativas de 2001 foram as eleições da alternância político-governamental, por terem dado a vitória à oposição de então (PAICV) com maioria absoluta; as quartas e últimas de 2006, voltaram a confirmar a maioria absoluta de 2001 (PAICV).

O sistema eleitoral foi um factor importante para a obtenção das maiorias qualificadas e absolutas[110], dada a reduzida dimensão dos círculos eleitorais e a estatuição de que cada círculo eleitoral tem pelo menos dois deputados, para se poder fazer funcionar, ainda que formalmente, o sistema proporcional, que requer listas plurinominais[111]. O funcionamento do sistema proporcional em círculos pequenos produziu *resultados maioritários* e o bipartidarismo, numa conclusão clássica nos estudos sobre sistemas eleitorais[112].

---

numa teia complexa e aparentemente contraditória de sentimentos de estima, inveja, reconhecimento, ingratidão, sentimentos potenciados pela ideia, por um lado, de que tudo é feito no país para dificultar a vida dos emigrantes que querem ajudar o seu país, e, por outro, de que os emigrantes querem é só facilidades das autoridades, enquanto gozam as delícias da vida no estrangeiro e se esquecem da vida difícil dos que cá estão. Esta é uma imagem caricatural, é certo, mas que não raro é expressa por uns e outros».

[109] Esta segunda cisão esteve na origem do Partido da Convergência Democrática, hoje extinto.

[110] GIOVANNI SARTORI, ob. cit. pág. 10, considera o sistema eleitoral uma das partes essenciais dos sistemas políticos, pois não só é o instrumento político mais fácil de manipular, mas também conforma o sistema de partidos e afecta a amplitude da representação.

[111] Introduzida desde 1975, constitui um dos elementos mais antigos e estruturadores do nosso sistema eleitoral.

[112] Sobre os círculos pequenos, remete-se aqui para o que se escreveu já a propósito da Assembleia Nacional.

Um dado a ter em conta nas legislativas cabo-verdianas é a participação dos emigrantes que, nos termos do artigo 140.º da Constituição, podem eleger nos círculos eleitorais fora do território nacional, seis Deputados. Ora, os eleitores residentes fora do território nacional são agrupados em três círculos eleitorais, abarcando um os países africanos, outro os americanos e o terceiro os europeus e o resto do mundo (Artigo 395.º do Código Eleitoral) e correspondendo a cada círculo dois deputados. Este aspecto é de suma importância e pode vir a revelar-se no futuro muito relevante para a formação do Governo.

4.3. Estes breves apontamentos sobre alguns aspectos das eleições legislativas e presidenciais demonstram que, desde 1991, houve sempre maioria qualificada ou absoluta, estável e coerente, o que quer dizer que o sistema teve sempre condições de estabilidade política e governamental. Neste contexto, as funções do Primeiro-Ministro como Chefe do Governo e líder da maioria vieram ao de cima, tornando-se numa figura incontornável da política nacional, o que levou a que o sistema fosse designado por alguns de presidencialismo de Primeiro-Ministro.

Se esta constatação é um dado relevante do nosso sistema político, é mister questionar se, afinal, o centro vital do sistema político tem sido o Governo ou a Assembleia Nacional, questão que colocamos sem qualquer tipo de provocação, até porque o Parlamento tem vindo a ser construído, desde a independência, de forma lenta, com as conhecidas dificuldades estruturais de assumir na plenitude as suas funções[113].

---

[113] ARISTIDES LIMA, *Reforma política em Cabo Verde – Do paternalismo à modernização do Estado*, Grafedito, Praia, 1992, págs. 32 e 33, advogava um aumento da eficácia e eficiência do Parlamento, pois reconhecia que o parlamento cabo-verdiano só tinha duas sessões legislativas por ano, por um período que rondava os 10 dias de cada vez. Apontava um conjunto de insuficiências do trabalho parlamentar e concluía que «a falta de condições suficientes para um eficiente e eficaz desempenho do Parlamento acarreta ineluctavelmente a diminuição do papel da oposição, que fica, assim, chamada a cumprir o triste e improdutivo papel de mero álibi da democracia pluralista, enquanto o processo político tende a ser dominado pela excessiva governamentalização da decisão política e pela prática de subalternização efectiva e silenciosa do Parlamento».

Num outro registo, ABILÍLIO DUARTE, in, JOSÉ VICENTE LOPES, *Cabo Verde – os bastidores da independência*, Spleen Edições, Praia, 2002, pág. 499, afirmou que a «*II República encontrou uma Assembleia a funcionar sobre rodas*».

Cada uma das questões assim formuladas pode constituir objecto de estudo autónomo, mas não fugiremos a deixar aqui registadas algumas notas de reflexão.

Deixando de lado considerações relativas à época colonial, o acordo de independência consagrou um Governo de Transição, com poderes administrativos e legislativos, e foi a este Governo que coube a tarefa de preparar, não só a independência do país, mas também as primeiras estruturas administrativas do Cabo Verde independente, sobre a supervisão política do partido único *de facto*: o PAIGC. Proclamada a independência, reestruturados os Ministérios, o Governo da República continuou as actividades urgentes e imediatas de satisfação das necessidades colectivas, iniciadas pelo Governo de Transição. Os olhos estavam postos na actividade governamental.

Enquanto o Governo assumiu-se como órgão de soberania fundamental para a satisfação das necessidades colectivas, a Assembleia Nacional Popular, definida na LOPE como órgão supremo do poder do Estado, marcava passo, o que era normal, pois os portugueses não tinham deixado instituições parlamentares em Cabo Verde. Neste sentido, escreveu JORGE MIRANDA que, no anterior Direito público português havia assembleias legislativas (de competência bastante limitada) nas províncias ultramarinas e que os seus membros não eram, porém, deputados, apenas vogais[114]. Deputados eram unicamente os membros da Assembleia Nacional.

A construção da Assembleia Nacional Popular a partir de 1975 foi lenta, fruto de vários factores, mas apontemos apenas três que consideramos mais importantes: em primeiro lugar, como vimos, foi necessário começar do nada, como era reconhecido por todos, não tendo sequer instalações próprias onde reunir[115]; em segundo lugar, o

---

[114] Base XXXIX da Lei n.º 5/72, de 23 de Junho.

[115] ABILIO DUARTE, primeiro Presidente da ANP, afirmou a JOSÉ VICENTE LOPES, *Cabo Verde-Os Bastidores da Independência*, Spleen edições, 2ª edição, Praia, 2002, pág. 499, que se tinha começado do nada: *tínhamos um pequeno gabinete nos Negócios Estrangeiros onde guardávamos os dossiers da ANP (…). Uma das minhas primeiras preocupações foi providenciar a construção do Palácio da Assembleia Nacional, porque a dignificação do parlamento passava por instalações próprias*. Ainda segundo JOSÉ VICENTE LOPES, ob. cit. pág. 499, «o parlamento estava à partida limitado por vários condicionalismos, um deles o nível académico e político dos seus 56 deputados. Destes, apenas um reduzido número possuía formação média ou superior, sendo constituído o grosso dos parlamentares por "trabalhadores", professores, estudantes e "quadros dirigentes" do PAICV, sem esquecer que havia deputados que eram simultaneamente membros do governo».

seu Presidente não se dedicava em exclusivo aos trabalhos da ANP, acumulando estas funções com as de Ministro dos Negócios Estrangeiros, uma vez que se institucionalizou a prática de os Ministros poderem ser também Deputados[116]; em terceiro lugar, os Deputados não eram profissionalizados e dedicavam-se aos trabalhos da Assembleia, em regra, quando funcionava o plenário.

A evolução posterior a partir de 1980, com a aprovação da primeira Constituição do país, foi no sentido de se criarem condições para o funcionamento regular da AN que hoje funciona com sessões plenárias mensais, mas ainda assim, aquém da eficiência e eficácia requeridas pelas suas competências constitucionais.

É, pois, perante estas dificuldades estruturais de afirmação da Assembleia[117], face à evolução histórica de centralidade governamental, desde a independência e atendendo à autonomia constitucional de que goza e o lugar que a Constituição lhe reserva no sistema político, que o Governo surge como elemento central do nosso sistema político e a proeminência do Primeiro Ministro não passa despercebida[118]. Como tivemos ensejo de apontar, este facto nada tem de anormal no plano nacional e internacional, antes corresponde à evolução dos sistemas democráticos de matriz ocidental. Anormal, sim, é a ausência de um controlo eficaz por parte do Parlamento que não pode continuar a funcionar apenas com sessões plenárias mensais e sem um trabalho consistente das comissões especializadas. A última reforma do Parlamento ocorreu no ano 2000 e, desde então, este órgão de soberania aguarda por uma profunda reforma: a que vai criar as condições legais, financeiras, materiais e humanas, necessárias para que as comissões funcionem com eficácia e eficiência e o plenário possa funcionar quinzenalmente numa primeira fase e, depois, semanalmente. Quando isso acontecer, o Parlamento estará em melhores

---

[116] A acumulação de funções manteve-se até ao início da II Legislatura, que teve lugar no dia 12 de Fevereiro de 1981, pois a Constituição de 1980 veio tornar incompatível a função de Presidente da Assembleia Nacional com a de membro de Governo (Artigo 58.º).

[117] Para GOMES CANOTILHO, ob. cit. pág. 607, o sistema cabo-verdiano é misto parlamentar-presidencial com inequívoca predominância da dimensão parlamentarista, mas em rigor, o padrão básico evoluiu para um trialismo governamental, dado que às reduzidas funções do Presidente da República se associa o funcionamento intermitente da Assembleia.

[118] Ficam aqui registados alguns tópicos, cujo desenvolvimento ultrapassa a dimensão do presente trabalho.

condições de exercer um maior controlo sobre o Governo, um dos pontos fracos do nosso sistema político-constitucional[119].

Se globalmente o sistema político-constitucional funciona com estabilidade e eficácia, pois houve sempre maiorias qualificadas e absolutas, o futuro levanta o problema de saber como funcionará o sistema no dia em que faltar a maioria absoluta de deputados.

Praia, Outubro de 2009.

---

[119] Este *deficit* do controlo do Governo é especialmente sentido quando levarmos em conta que, não obstante as normas constitucionais que estabelecem um novo modelo de controlo jurisdicional da Administração Pública, a reforma da justiça administrativa ainda não foi feita e a lei em vigor data dos anos oitenta, ou seja, do regime de partido único. Estas e outras omissões do legislador não são de molde a aprofundar a democracia e a salvaguardar os direitos subjectivos e interesses legítimos dos particulares.

Fiscalização de Constitucionalidade das Leis e Atos Normativos no Direito Brasileiro: características e modelos

FERNANDO HORTA TAVARES[1]

1. Introdução

A inconstitucionalidade das leis exprime uma relação de conformidade ou de desconformidade entre a lei (em sentido genérico) e a Constituição, tomando-se esta como parâmetro básico. Pressupõe, por esta razão um sistema normativo hierarquizado e uma rigidez constitucional.

Pode-se apontar como pressupostos para se falar em inconstitucionalidade i) a supremacia constitucional e ii) a existência de um ato legislativo vigente e contrário ao texto constitucional. Logo, a fiscalização da constitucionalidade das leis e atos normativos tem como *finalidade* assegurar, de um lado, a gênese democrática do direito de modo a garantir os direitos fundamentais sem os quais não há autonomia cidadã, isto é, Homens e Mulheres autoilustrados e conscientes de suas possibilidades de interferir conscientemente na sociedade em que estão inseridos e, de outro, a manutenção da Ordem Jurídica estruturada hierarquicamente pela Constituição.

Haverá também inconstitucionalidade em face de omissão do legislador, no sentido de encontrar-se em mora ao não formular a regra infraconstitucional complementadora do comando constitucional e, ainda, frente ao bloco de constitucionalidade, que é tudo o que

---

[1] Professor da Faculdade Mineira de Direito, da Pontifícia Universidade Católica de Minas Gerais (PUC Minas). O autor é Mestre e Doutor em Direito e em Direito Processual pela mesma Instituição de Ensino brasileira onde atua e obteve Pós-Doutoramento em Direito Constitucional pela Universidade Nova de Lisboa.

compõe o ordenamento jurídico com status constitucional, vale dizer, regras e princípios não inscritos na constituição que, em França, por exemplo, são o Preâmbulo, a Declaração de Direitos do Homem e as Leis de Responsabilidade. No Brasil, pode-se dizer que constituiria o bloco de constitucionalidade as garantias fundamentais e os direitos humanos reconhecidos em tratados internacionais (artigo 5.º, parágrafos 2.º e 3.º).

Pretende-se fazer uma breve apresentação da evolução histórica do constitucionalismo brasileiro neste artigo, descrevendo os modelos de fiscalização da constitucionalidade das leis e atos normativos existentes no Brasil na atualidade, seja aquele que impede a vigência do ato normativo e é realizado durante o processo legislativo, seja aquele posterior à vigência do ato normativo, quando entra em cena o direito do cidadão de provocar os órgãos judiciais exigindo ele mesmo a concretização da constituição, exercitando assim o direito de ação em situação de defesa de interesse individual apoiado no projeto constitucional.

Há ainda todo um rol de pessoas e entidades autorizados a, diretamente, concentrar no Tribunal a arguição de inconstitucionalidade de determinada norma, abreviando o tempo de discussão e alcançando um número maior de pessoas, pela decisão processual no sentido de obter a certeza quanto à (in)constitucionalidade da lei ou ato normativo, mantendo-se, por conseqüência, a força normativa da Constituição.

O trabalho irá ainda realçar a presença de princípios de direito fundamental que norteiam o Processo conducente à fiscalização de constitucionalidade das leis e atos normativos em solo brasileiro, além de apontar especificidades do mencionado controle só existentes no ordenamento jurídico do Brasil, que o difere dos demais sistemas e o torna um dos estudos mais ricos e fascinantes em tema de Fiscalização de Constitucionalidade.

Ao final, apresentar-se-á as consequências e os reflexos do reconhecimento da inconstitucionalidade em sede difusa ou pela via de ação, hipótese esta em que o Direito Constitucional Processual é chamado para modular os efeitos da mencionada declaração, abstraindo-se do modelo clássico de anulação total das norma viciada de inconstitucionalidade.

2. Tipologia de inconstitucionalidade e espécies normativas sindicáveis

A inconstitucionalidade de uma norma pode se dar em sentido *material* ou *formal*. Quando o conteúdo da lei colide com o texto constitucional está-se diante da inconstitucionalidade *material* e, quando não se atende ao procedimento previsto para elaboração da lei, seja sob o ponto de vista subjetivo (referente a competência do órgão para criar a regra jurídica), seja sob o ponto de vista objetivo (referente a inobservância das fases que compõem o devido processo legislativo ou a inobservância do quorum de votação nas duas cadas parlamentares) está-se diante da inconstitucionalidade *formal*.

Nesta última hipótese enquadram-se questões ligadas à inobservância dos objetivos específicos do ato normativo, como é o caso, por exemplo, da edição das Medidas Provisórias que devem levar em conta requisitos de relevância e urgência. É a situação, ainda, da impossibilidade de efetuar-se emenda à Constituição na vigência de intervenção federal, de estado de defesa ou de estado de sítio, e não será objeto de deliberação parlamentar a proposta de emenda tendente a abolir a forma federativa de Estado; o voto direto, secreto, universal e periódico; a separação dos Poderes e os direitos e garantias individuais, consideradas "cláusulas pétreas" da Constituição Brasileira e, portanto, o seu "núcleo duro" híper-rígido.

Partindo-se da ideia de norma como sendo uma *regra de direito geral, abstrata e permanente, proclamada pela vontade da autoridade competente e expressa numa fórmula escrita*, pode-se dizer que tal formulação teórica, no direito brasileiro, indica que esta comporta, essencialmente três elementos:

- um elemento *material* que é o seu composto, o conteúdo da lei e todos os aspectos de generalidade, abstratividade, vigência, eficácia e validade que envolvem a norma jurídica de acordo com a conduta que disciplina, seja de ordem constitucional, civil, criminal, comercial, tributária, enfim, o aspecto da vida em sociedade para o qual a norma está direcionada;
- um elemento *formal* decorrente da necessidade de que esse elemento material (preceito geral, abstrato e permanente) seja declarado pelo órgão legislativo competente. Elemento formal da lei relaciona-se, pois, com as formalidades previstas para a elaboração da norma e, portanto, diz respeito ao Devido Processo Legislativo.

– e, finalmente, do conceito dado extrai-se um elemento *instrumental* da lei, relacionado com a forma física de sua apresentação, a maneira escolhida para documentar e materializar a lei, qual seja, através de texto escrito que, no Brasil atende a uma técnica legislativa específica disciplinada por Lei Complementar (Lei Complementar n.º 95 de fevereiro de 1998 e alterações dadas pela Lei Complementar n. 107 de abril de 2001).

Assim, no Brasil estão sujeitas à fiscalização de constitucionalidade as espécies normativas relacionadas no artigo 59 da Constituição Brasileira, quais sejam: Emendas à Constituição, as Leis Complementares, as Leis Ordinárias, as Leis Delegadas, as Medidas Provisórias, os Decretos Legislativos e as Resoluções, mas também todas as normas oriundas dos órgãos de governo e até mesmo no âmbito privado, considerando-se o princípio da legalidade inserto no artigo 5.º, número I, da Constituição, verdadeiro pilar do Estado de Direito que se traduz no texto de que "ninguém será obrigado a fazer ou deixar de fazer senão em virtude de lei".

Por *Emendas à Constituição*, que é um mecanismo normativo de alteração da Constituição Federal, entenda-se como sendo uma categoria de norma constitucional submetida a um Processo Legislativo Especial (votação em dois turnos em cada uma das casas do parlamento - Câmara dos Deputados e Senado Federal) e por três quintos dos parlamentares), tendo *legitimidade* para proposição restrita à pessoas e entidades relacionadas no art. 60, da CFB, isto é, i) um terço, no mínimo, dos membros da Câmara dos Deputados ou do Senado Federal; ii) o Presidente da República e iii) mais da metade das Assembléias Legislativas das unidades da Federação, manifestando-se, cada uma delas, pela maioria relativa de seus membros.

As *Leis Complementares*, como o próprio nome diz, complementam a própria Constituição e visam determinadas matérias cuja previsão já se fez durante a elaboração do texto constitucional, como por exemplo os dispositivos que tratam do aviso prévio contra dispensas injustas (art. 7.º, número I); as condições para integração de regiões em desenvolvimento (art. 43, § 1.º) ou, a que dispõe sobre o Estatuto da Magistratura brasileira, em nível nacional, de iniciativa do Supremo Tribunal Federal (art. 93). As leis complementares se submetem a um *processo legislativo diferenciado* posto exigir maioria absoluta dos membros do Parlamento para sua aprovação (art. 69 CFB).

Já as denominadas *Leis Ordinárias* também chamadas de "comuns" ou "típicas" porque independem de previsão especial para proposta desse tipo de lei, bem podem ser encaixadas como **fontes normativas em geral,** definidas como "...um acto do poder público (que) for mais do que isso, e contiver uma regra de conduta para os particulares ou para a Administração ou um critério de decisão para esta última ou para o juiz, aí estaremos perante um acto "normativo".[2]

São ainda espécies normativas no direito brasileiro as *Leis Delegadas* – que são atos normativos elaborados e editados pelo Presidente da República, nos exatos limites de **autorização** do Poder Legislativo e as *Medidas Provisórias* vigentes "com força de lei ordinária" a partir de sua publicação pelo Chefe do Poder Executivo, mas submetidas aos requisitos de relevância e urgência e limitadas aos conteúdos não vedados pelo art. 62, § 1.º (não podem tratar sobre nacionalidade, cidadania, direitos políticos, partidos políticos e direito eleitoral, penal, processual penal e processual civil; de organização do Poder Judiciário e do Ministério Público, a carreira e a garantia de seus membros; nem de planos plurianuais, diretrizes orçamentárias, orçamento e créditos adicionais e suplementares, ressalvado o previsto no art. 167, § 3.º; tampouco que visem a detenção ou seqüestro de bens, de poupança popular ou qualquer outro ativo financeiro; à matéria reservada a lei complementar e, por fim, a temas já disciplinados em projeto de lei aprovado pelo Congresso Nacional e pendente de sanção ou veto do Presidente da República). As medidas provisórias, após editadas passam pelo imediato crivo do Parlamento brasileiro, que as pode revogar ou transformar em lei ordinária.

Estão contidos na ordem jurídica brasileira os *Decretos Legislativos,* destinados a regular matérias do Congresso Nacional no âmbito administrativo externo. O decreto legislativo é ato de natureza administrativa que traduz deliberação do Congresso Nacional sobre matéria de sua competência e não necessita de aprovação do Poder Executivo.

---

[2] Como explica Jorge Bacelar Gouveia, *Manual de Direito Constitucional*, vol. II, 3.ª Edição, Revista e Atualizada, Coimbra, 2009, pp. 1.351 e ss.. Este constitucionalista português também refere às *fontes normativas privadas*, como as convenções colectivas de trabalho ou as normas internas das entidades privadas como também sujeitas ao controle de constitucionalidade, idéia que também pode ser transportar para o contexto do direito brasileiro, considerando que a Constituição brasileira estatuiu, expressamente em seu artigo 5.º, n. I, que "ninguém será obrigado a fazer ou deixar de fazer alguma coisa senão em virtude de lei", além de elevar à dignidade constitucional, como direito social do trabalhador, os acordos e convenções coletivas (art. 7.º, n. XXVI). Ambos os dispositivos são princípios de direito fundamental.

É promulgado pelo Presidente do Senado Federal. (Art. 49 da Constituição Brasileira).

Por fim, as *Resoluções* são atos destinados a regular matérias do Congresso Nacional no âmbito administrativo interno como concessão de licença, criação de Comissão especial de Inquérito, perda de mandato de parlamentar – exceto a resolução da Lei Delegada. Enquadram-se como resoluções também as decisões proferidas por autoridades judiciárias (sentenças normativas da Justiça do Trabalho), ou autoridades administrativas no plano da Administração Pública (portarias, avisos, ordens internas, despachos, etc...). Ainda no plano institucional têm-se os estatutos os regimentos e normas internas.

É bem de ver que, sendo o Brasil um país dotado de estrutura federativa, no âmbito dos entes autônomos que compõe a federação – Estados membros e Municípios – esses modelos se repetem e as normas advindas da atividade legislativa dos órgãos federados estão sujeitas ao mesmo controle de constitucionalidade, em seus respectivos níveis e controles.

3. Épocas constitucionais no Brasil

Importante para se compreender a gênese do controle de constitucionalidade brasileiro é saber que no contexto histórico de suas Constituições, no que diz respeito a uma "vivência como cidadão", a sociedade brasileira custou a experimentar os auspícios da democracia, como é o caso atual em que o país festeja a instituição de um Estado de Direito Democrático de forma ininterrupta há pouco menos de trinta anos.

Podem-se divisar quatro períodos históricos do constitucionalismo brasileiro[3]: *i)* a partir da independência política do país em 1822, *ii)* a partir da adoção de modelos políticos europeus e, *iii)* a partir da instalação da República, do padrão adotado pelos Estados Unidos da Norte América, no entanto inspirado pelas Constituições de Weimar, de Bona e, por último, da Constituição Portuguesa de 1976 e, em menor escala, da Constituição Espanhola de 1978, face à proximidade histórica de rompimento de regimes autoritários e o estabelecimento do Estado de Direito e Democrático.

---

[3] A respeito Paulo BONAVIDES, *Curso de Direito Constitucional*. São Paulo: Malheiros Editores, 2007, pp. 361/391.

O *primeiro período* da história constitucionalista brasileira pode ser denominado de "modêlo francês e inglês" que se inicia com a independência política do país em 1822 e corresponde ao período do Império até 1889, quando é "proclamada" a República. No mencionado marco temporal é instalada no país uma Monarquia Constitucional Parlamentarista "sui generis", como a outorga à jovem nação emancipada da coroa portuguesa a **Constituição de 1824**, cuja característica é a presença em seu texto do Poder Moderador, considerado "a chave de toda a organização política" do Império.

Pelo texto do artigo 98 da mencionada Constituição de 1824, o Imperador concentrava em suas mãos o Poder Legislativo (a "Assembléia Geral" era composta por uma Câmara de Deputados e Senadores vitalícios, eleitos indiretamente por sufrágio censitário) e o Poder Executivo pois, não obstante o país ser administrado a partir de um Governo de Gabinete, o monarca não só indicava o Presidente do Conselho de Ministros (e este, a seu turno, escolhia seus auxiliares mas sob a expectativa do veto por parte do Soberano), como também nomeava o Presidente das Províncias que, mais tarde se transformaram em estados membros federados. Por fim, podia o Imperador ainda em alguns casos, constranger o Judiciário em caso de decisões eivadas do vício de parcialidade.

Não obstante a eventual interferência de cariz absolutista do Monarca, a Constituição brasileira de 1824 está impregnada, nomeadamente, do ideal liberal que marcaram as constituições francesa de 1793 e norte-americana de 1787, ostentando em seu texto as Declarações de Direitos de proteção ao Cidadão, além das normas gerais de organização do estado, inclusive com o princípio de separação dos poderes. Não obstante a marca do Estado Liberal, o país convivia com a ausência de legitimidade eleitoral (sufrágio censitário e eleições indiretas para o parlamento) e, paradoxalmente, era uma sociedade escravocrata, de triste memória e que só definitivamente findou em 1888.

O *segundo período* da história do constitucionalismo brasileiro pode bem receber a denominação de "modelo norte americano" com a instalação da República, fruto do golpe armado perpetrado em 1889 e que vai até o ano de 1964, não obstante no período receber as influências dos ventos fascistas vindos da Europa. Com efeito, é inaugrada a "Primeira República", de matiz liberal, com a promulgação da **Constituição de 1891**, em que se adota o Presidencialismo e se institui o Federalismo, com a transformação das antigas províncias em estados membros dotados de autonomia, aos moldes norte-americanos. O período é conhecido como o da "Política dos Governadores", em que se alternavam na presidência os governadores dos estados de Minas Gerais e de São Paulo.

A "Segunda República" se inicia com o movimento armado de 1930 tendo à frente o governador do estado do Rio Grande do Sul Getúlio Dorneles Vargas, que põe fim ao ciclo anterior (Minas Gerais/São Paulo), e inicia um período de grandes reformas no país com a instalação de um "estado social" a partir do estabelecimento do voto secreto e universal estendido ao universo feminino, além de um conjunto de normas protetivas do trabalhador antes inexistentes, e uma melhor distribuição das rendas tributárias entre a União, Estados e Municípios.

O Estado clássico republicano, representativo e federal estruturado pela **Constituição brasileira de 1934** é permeável ao modelo social esculpido pela Constituição de Weimar 1919 – em que se fazem presentes os direitos humanos de segunda geração ou dimensão e cria as bases de um estado social de direito –, pois é uma resposta à crise econômica de 1929 e fruto dos movimentos sociais por melhores condições de vida que abalam o liberalismo econômico e democrático de 1891. A mencionada constituição confirmou a laicidade do estado e um bicameralismo, com representantes eleitos pelo voto secreto; criou Tribunais e Juízes Federais e uma Corte Suprema (11 juízes) aos moldes norte-americanos e instituiu uma nova ordem econômica e social, dedicou um texto à família, à educação e à cultura e à "segurança nacional" e uma lista de direitos fundamentais, entre os quais as garantias processuais da ação popular, do habeas corpus e do mandado de segurança.

Contudo, decerto influenciado pelos ventos fascizantes oriundos da Europa – era o período de ascensão dos regimes nazi e fascistas em Alemanha e em Itália – o país sofre um golpe de Estado por parte do próprio Getúlio Vargas que, com apoio dos militares, impõe à nação a **Carta de 1937** marcada por forte apelo anti-democrático: por essa ocasião é fechado o parlamento e o governo central exerce amplo domínio sobre o Judiciário, o que resulta no enfraquecimento dos direitos fundamentais com o estabelecimento, por exemplo, de pena de morte para "crimes políticos e homicídios por "motivo fútil ou praticados com perversidade".

De 1937 a 1945 vigorou no país um "Estado de Emergência" com a modificação dos efeitos de declaração de inconstitucionalidade pelo Presidente da República, além da supressão das garantias constitucionais do habeas corpus, do devido processo legal e da irretroatividade das leis e do princípio da reserva legal. Vivia-se um "federalismo de fachada", pois os Estados membros perderam sua autonomia política. Além disso, a Constituição, em realidade, não vigorava pois a Presidência da República governava por decretos-leis que, na prática, estavam acima da carta constitucional. É dessa época a "Era da Codificação Brasileira" com a publicação dos atuais Códigos Penal e Processo Penal e de uma Consolidação das Leis do Trabalho e de um Código de Processo Civil nacionalmente unificado.

A terceira república brasileira é aquela pelo retorno à democracia, com a promulgação da **Constituição de 1946**, grandemente influenciada pela Constituição de Weimar de 1917 e, sobretudo, pelo influxo democrático determinado pelo fim da Segunda Grande Guerra, e que propiciou, no Brasil, a queda do "ditador" Getúlio Vargas e o restabelecimento de todas as garantias de direitos anteriormente previstos nas Constituições de 1891 e 1934 e funcionamento regular das Instituições. Houve um breve período (1961-1963) em que o país adotou um regime parlamentarista.

O *terceiro período da história* do constitucionalismo brasileiro pode ser chamado do "O Ocaso da Democracia" com a instalação em 1964 de um Estado de Exceção pela via de uma ditadura militar e um governo ilegítimo, e um ciclo de "generais presidentes" até 1984, os quais ditaram as regras legais sem respaldo na **Constituição de 1967** outorgada ao país pelos militares, governavam a partir de "atos institucionais" com suspensão das garantias e direitos fundamentais, um judiciário amordaçado e um Congresso Nacional sujeito a cassação de mandatos dos parlamentares. Voltou-se ao tempo do "federalismo de fachada", com os governadores dos Estados nomeados pelo General presidente de plantão.

O "Ato Institucional número 5" de 1969", de triste memória, consistiu em um "golpe dentro do golpe" e acabou de vez com os pálidos sinais de democracia já que, revogando de vez a frágil Constituição de 1967 que restou substituída pela Emenda Constitucional n.º 1, do mesmo ano.

Por fim, *o quarto período da história* do constitucionalismo brasileiro, que é o período atual, se inicia ainda no ano de 1982 com eleições livres e diretas nos Estados membros e renovação para o Parlamento nacional, e culmina em 1984 com a eleição (indireta pelo Congresso) do primeiro presidente civil após a ditadura militar, o governador de Minas Gerais Tancredo Neves que, por força do destino, adoeceu um dia antes de tomar posse falecendo em 21 de abril de 1985. Em seu lugar assumiu o então vice-presidente José Sarney. Coroando com êxito o retorno definitivo à democracia promulgou-se a **Constituição Brasileira de 1988**, fortemente influenciada pelas Constituições Portuguesa de 1976, Espanhola de 1978 e, em boa medida, pela Carta Fundamental da Alemanha (Bonn, 1949), pois é a que ostenta o maior rol de direitos e garantias fundamentais de toda a história do constitucionalismo mundial.

Além disso, a Constituição de 1988 reimplanta o pluripartidarismo, põe fim à censura à imprensa, estabelece eleições diretas para todos os níveis políticos, com o funcionamento democrático e regular das instituições políticas embasadas nos modernos conceitos da dignidade da pessoa, da soberania popular, do devido processo, do estado de direito democrático, da liberdade religiosa, da liberdade de pensamento e de associação e, no que toca ao tema deste trabalho, um complexo e democrático sistema de controle de constitucionalidade tanto prévio (na via política) quanto posterior (por via de ação) das leis e atos normativos.

4. Fiscalização de constitucionalidade das leis e atos normativos no Brasil: características e modelos

O Brasil adota *dois modelos de fiscalização da Constitucionalidade*: um **preventivo,** de cariz político e inspirado no "modelo francês", exercido no decorrer do processo legislativo e, portanto, antes da entrada em vigor da norma jurídica impedindo a sua vigência e, outro, **posterior ou repressivo**, também chamado de "por via de ação" ou "jurisdicional", que ocorre após a vigência do ato normativo e pode retirar do ordenamento jurídico uma norma em vigor por inconstitucionalidade. O sistema repressivo é feito, segundo o modelo processual: *i)* pela via *difusa* (no caso concreto de interesse individual) ou, *ii)* pela via da *ação direta* (também chamado de controle concentrado, proposto diretamente no Supremo Tribunal Federal).

4.1. *Do Controle prévio ou preventivo no Brasil*

O Controle prévio ou preventivo de constitucionalidade consiste na Fiscalização Política que é feita no decorrer do Processo Legislativo no qual um projeto de lei é remetido para as Comissões de Constituição e Justiça tanto da Câmara dos Deputados quanto do Senado brasileiro e, quando for o caso, do Congresso Nacional, que podem opinar ou pela emenda ao projeto (adequando-o à Constituição), ou rejeitá-lo por inconstitucionalidade, hipótese em que haverá o arquivamento da proposta de lei.

Obtendo parecer favorável pela Comissão de Constituição e Justiça o projeto segue para o Plenário de cada uma das casas parlamentares, momento em que qualquer Deputado ou Senador poderá contra ele se insurgir apontando vício de inconstitucionalidade material, mas essa intervenção pode ser voto vencido pela maioria parlamentar e, inobstante, o projeto ser aprovado.

Qualquer deputado ou senador, se constatar ter havido ofensa ao Devido Processo Legislativo – a chamada inconstitucionalidade formal – pode se dirigir diretamente ao Supremo Tribunal Federal, aqui funcionando como tribunal constitucional, via Ação de Mandado de Segurança (própria para invalidar ilegalidade de atos emanados dos órgãos públicos), objetivando o retorno do procedimento legislativo à normalidade prevista na Constituição.

Por fim, o controle político de constitucionalidade da lei também é feito pelo Presidente da República, que também é partícipe do Processo Legislativo e pode, ao invés de conceder o selo da "sanção" ao projeto de lei do Parlamento, vetá-lo por entendê-lo inconstitucional. O veto presidencial deverá se apresentar motivado, isto é, deve explicitar pormenorizadamente as razões da oposição no prazo de 15 dias a contar do recebimento do projeto de lei do Parlamento que pode, todavia, derrubar o mencionado veto por maioria parlamentar qualificada, em sessão conjunta do Congresso Nacional.

4.2. *A fiscalização preventiva da constitucionalidade no Direito Português*

O controle prévio de constitucionalidade em Portugal, como é o caso brasileiro, "consiste na possibilidade de este controlo se efectuar num momento intermédio em que o procedimento de produção do acto jurídico-público ainda não se completou"[4].

---

[4] Em pormenores: JORGE BACELAR GOUVEIA, *Manual*..., op. cit. pp. 1362 e ss.

Apontam-se desvantagens ("perigo da maior politicização da actividade de controle" e o pouco tempo destinado ao debate) e vantagens no modelo, estas de se "evitar a entrada em vigor na Ordem Jurídica de grosseiras inconstitucionalidades" e de propiciar um debate político. No sistema português, existem *regimes em matéria de fiscalização preventiva* dos *actos legislativos em geral*; *das leis orgânicas*; *das convenções internacionais*; *dos decretos legislativos regionais* e *da legalidade dos referendos*.

A fiscalização preventiva dos *actos legislativos em geral* tem como objecto processual as leis e os decretos-leis, ainda na sua fase intermédia de decretos legislativos, de autoria da Assembleia da República (leis), e do Governo (decretos-leis). A fiscalização aí se faz pelo **Presidente da República** que, *antes da promulgação*, pode consultar o Tribunal Constitucional que, em até 25 dias, pode responder *negativamente* (não havia inconstitucionalidade e o processo legislativo tem sua sequencia com promulgação ou veto, por parte do Presidente da República), ou a resposta pode ser positiva, mas neste caso existirão:

i) efeitos imediatos, em que o Presidente da República tem que agir vinculativamente e, obrigatoriamente, vetar o acto legislativo em causa, o qual é devolvido ao órgão que o promanou. Este órgão tomará uma das três atitudes possíveis: a) *expurgo* das normas consideradas inconstitucionais, procedendo à reformulação do diploma; b) *nada fazer*, colocando um ponto final no respectivo procedimento legislativo e c) *confirmação do diploma por maioria qualificada*, de dois terços dos Deputados presentes, desde que superior à maioria dos deputados existentes na legislatura (o aumento do quórum significa maior legitimidade para a regra jurídica) e,

ii) efeitos mediatos, relacionados ao destino que se dará ao acto reputado inconstitucional, vale dizer, de respeito à decisão jurisdicional.

Se o órgão criador do acto legislativo for o **Governo** (caso dos decretos-leis), a solução será o **expurgo** da norma considerada inconstitucional.

Já na fiscalização preventiva *das leis orgânicas*, em Portugal há particularidades na definição da legitimidade activa das entidades que têm acesso ao Tribunal Constitucional para o efeito, a saber:

O presidente da República, o Primeiro-Ministro, um quinto dos Deputados que compõe a Assembleia da República.

Por fim, no direito português a fiscalização preventiva *das convenções internacionais* se faz, no caso dos tratados, depois da sua aprovação parlamentar por resolução e *antes* da *ratificação presidencial* em decreto autónomo; no caso dos acordos, dentro da fase de sua aprovação e *antes da assinatura presidencial*. A Constituição da República Portuguesa admite, no caso dos tratados solenes, mesmo padecendo de inconstitucionalidade, possam ser confirmados por uma maioria de dois terços dos Deputados presentes, desde que superior à maioria absoluta dos Deputados da Assembleia e, em outras situações, é possível estabelecer-se a abertura das negociações com vistas a superar o problema da inconstitucionalidade entre o tratado e a Constituição da República Portuguesa.

Por fim, no que concerne à fiscalização preventiva da *legalidade dos referendos,* só é possível se o Tribunal Constitucional não julgou negativamente a respeito dele. É também um controle de constitucionalidade e legalidade.

4.3. *Fiscalização processual pelo método difuso da constitucionalidade*

Este tipo de controle repressivo tem origem no direito constitucional norte-americano ("judicial review") e obedece ao seguinte modelo: *i)* competência de fiscalização atribuída legal e processualmente a todos os órgãos judiciais, de qualquer instância; *ii)* possibilidade de recurso para o mais alto tribunal que, no caso, detém competência recursal, funcionando o Supremo Tribunal Federal brasileiro como órgão decisório, *iii)* declaração de inconstitucionalidade no caso concreto e individual da norma fustigada e, *iv)* a remessa de certidão pelo órgao judicial ao Senado brasileiro para, em se completando o processo legal de controle difuso de constitucionalidade, decidir se retira ou não do ordenamento jurídico brasileiro a referida norma.

A fiscalização **concreta** da constitucionalidade (ou controle **difuso** ou incidental aberto, descentralizado ou, por via de exceção) caracteriza-se pela existência de um caso específico e individualizado que as partes submetem à análise em qualquer órgão judiciário e em qualquer ação; é *concreta* porque incide sobre fontes normativas já formadas e "surge a propósito da sua aplicação a uma *situação da* *vida* que o tribunal é chamado a resolver"[5]; no Brasil se desenvolve em três níveis de competência, isto é, em qualquer juízo de primeiro grau ou, em grau recursal, perante os Tribunais de Justiça, do Trabalho ou Regionais Federais e, em última instância junto ao Supremo Tribunal Federal, que aqui funciona como órgão recursal e decisório.

Com efeito, tem-se que os efeitos da decisão positiva, isto é, reconhecedora da inconstitucionalidade da lei *opera efeitos ex tunc (retroativos)*, valerá somente *para as partes* do processo, ou seja, a norma continua produzindo efeitos a terceiros, é dizer, continua vigente no ordenamento jurídico brasileiro. O Senado Federal poderá, por meio de resolução, suspender sua executoriedade, com *efeitos erga omnes e ex nunc, ou seja*, não retroativos.

Em conclusão: o Senado brasileiro, pelo método difuso do controle de constitucionalidade, poderá suspender a executoriedade (a vigência) da totalidade ou parte da lei sindicada, complementando o Devido Processo Legal relativo a esta forma de fiscalização de constitucionalidade, nos exatos termos do artigo 52, inciso X, da Constituição brasileira de 1988.

Já no sistema constitucional português é diferente: os efeitos dos acórdãos em sede de fiscalização concreta de constitucionalidade, se a decisão for *positiva* (a norma jurídica fustigada é inconstitucional), resultará na "*não aplicação da norma*" ,ou que se *interprete-a no sentido dado pelo acórdão* fazendo "caso julgado no processo quanto à questão da inconstitucionalidade ou ilegalidade suscitada" (art. 80, n. 1 da Lei do Tribunal Constitucional [LTC]), razão pela qual os tribunais inferiores portugueses devem reformar ou mandar reformar a decisão, naquele sentido dado pelo Tribunal Constitucional (art. 80, n. 4, LTC). Já se a decisão for negativa, "dá-se automaticamente o caso julgado da decisão recorrida"[6].

---

[5] A expressão é de JORGE BACELAR GOUVEIA, *Manual...*, op. cit. p. 1377 e ss.

[6] É como entende JORGE BACELAR GOUVEIA, *Manual....* pp. 1383 e ss. e remata o assunto: "Observe-se que a decisão do Tribunal Constitucional tomada por ocasião da fiscalização concreta da constitucionalidade se circunscreve "à situação concreta e pessoal de vida que se encontra em juízo", vale dizer, na órbita dos estreitos *limites subjectivos e objectivos da coisa julgada e do caso sub iudice.* (grifou-se).

4.4. *Controle* a posteriori: *a fiscalização abstracta da constitucionalidade*

O controle concentrado ou por "ação direta" tem origem no modelo austríaco elaborado por Hans Kelsen e tem por objectivo a obtenção da declaração de constitucionalidade ou inconstitucionalidade de uma lei ou ato normativo diretamente perante o órgão encarregado de dar a interpretação constitucional em grau definitivo que, no caso brasileiro, é o Supremo Tribunal Federal (STF) e, em Portugal, o Tribunal Constitucional.

Esta ação direta de constitucionalidade obedece aos princípios constitucionais do processo e ostenta um rol exclusivo de legitimados à propositura da ação, isto é, as entidades públicas e particulares listadas no artigo 103 da Constituição Brasileira, a saber: o Presidente da República; a Mesa do Senado Federal; a Mesa da Câmara dos Deputados; a Mesa de Assembléia Legislativa ou da Câmara Legislativa do Distrito Federal; o Governador de Estado ou do Distrito Federal; o Procurador-Geral da República; o Conselho Federal da Ordem dos Advogados do Brasil; partido político com representação no Congresso Nacional; e confederação sindical ou entidade de classe de âmbito nacional.

O controle concentrado de constitucionalidade brasileira apresenta *ações específicas*, como adiante se discorrerá sucintamente.

4.4.1. Ação direta de Inconstitucionalidade Genérica (ADI)

Visa a ADI a retirar do ordenamento jurídico lei ou ato normativo incompatível com a ordem constitucional. Tem por escopo também a declaração de inconstitucionalidade de lei ou ato normativo estadual ou municipal. *Face às constituições estaduais* a competência é do Tribunal de Justiça de cada Estado-membro, e admite uma medida cautelar provisória para obtenção de *liminar com efeito erga omnes e ex nunc* (apenas futuros), *suspendendo a vigência da lei ou ato normativo argüido de inconstitucionalidade*.

Produz os seguintes *efeitos* da decisão positiva, isto é, reconhecedora da inconstitucionalidade: *i) não torna a lei inconstitucional*, embora o julgamento pelo Tribunal alcance toda a gente operando-se, portanto, *erga omnes*, e, em regra, *ex tunc* (retroativamente); *ii)* possível *interpretação conforme à Constituição*, ou seja, segundo a decisão a lei objeto da ação pode ostentar, em algumas passagens do seu corpo normativo, termos compatíveis com as normas constitucionais e outras partes do texto da lei não e, *iii)* para evitar a retirada da norma do ordenamento jurídico, o Supremo Tribunal Federal brasileiro estabelece como deve ser interpretada a norma, não se tornando mais cabível outra interpretação por qualquer outro órgão judicial de instância inferior ou órgãos da administração pública federal, estadual ou municipal. Referida interpretação poderá dar-se *com redução de texto* ou *sem redução de texto* da lei discutida em sede de ação declaratória de inconstitucionalidade.

No Direito Constitucional português, esta mesma ação pode ser proposta independente de qualquer pressuposto de tempestividade e obedece a uma tramitação definida na Lei Tribunal Constitucional (LTC), a saber: autuação; 10 dias para decisão preliminar; 30 dias para manifestação do autor da norma; 15 dias para Presidente do Tribunal para fixar uma "orientação sobre a matéria"; 40 dias para o relator escolhido elaborar um *projecto de acórdão, de "harmonia com aquela orientação"* e, 15 dias para decisão final, em sessão plenária".

Nesse caso, a fiscalização concreta pode ser promovida também em outra situação, qual seja, quando se depara com a *repetição* de julgados de inconstitucionalidade em três casos concretos pode o Ministério Público em razão de sua "posição de defensor da jurisdicidade" **e** os próprios juízes do Tribunal obter um julgamento que ponha fim à dúvida quanto à constitucionalidade da norma em causa.

Por fim, quanto aos efeitos do acórdão prolatado pelo Tribunal Constitucional português: se pela improcedência do pedido, não assumem o valor de caso julgado material e só vinculam os sujeitos processuais no âmbito do processo. Restando declarada a inconstitucionalidade esta contém "eficácia geral e abstracta com força obrigatória geral" *provocando a eliminação (lógica-jurídica) do acto inconstitucional*, exatamente como acontece no Brasil, como se disse anteriormente.

Observe-se que o Tribunal Constitucional português, em linha com as decisões do Tribunal Constitucional alemão, tem um "poder discricionário" para formular os efeitos do seu acórdão fora dos padrões retro, nos casos de "segurança jurídica" (incerteza quanto à possibilidade de se frustrarem "expectativas que se considerassem estabilizadas"); há "razões de equidade" e "razões de interesse público de excepcional relevo", exigindo-se, nestas hipóteses, uma *especial fundamentação.*

4.4.2. Ação Declaratória de Constitucionalidade (ADC)

Objetiva a ADC dirimir a insegurança jurídica suscitada por ações de inconstitucionalidade pela via do controle difuso, ajuizadas contra determinada lei ou ato normativo *federal* e em curso perante os diversos juízos de primeiro e segundo graus (isto em várias partes de um país de dimensões continentais como Brasil). É proposta também diretamente junto ao Supremo Tribunal Federal pelos mesmos legitimados para proporem a Ação Declaratória de Inconstitucionalidade (ADI). Uma vez declarada a constitucionalidade da lei objeto da mencionada ação, a decisão do tribunal *tem efeito ex tunc e erga omnes*, além de efeito vinculante relativamente ao Poder Executivo e aos demais órgãos do Poder Judiciário.

4.4.3. Ação de descumprimento de preceito fundamental (ADPF)

Essa ação, criação do Direito Constitucional brasileiro, tem como objetivo o controle concentrado de constitucionalidade de ato atentatório contra preceito fundamental expresso na Constituição perpetrado por qualquer órgão ou entidade pública da administração federal, estadual ou municipal.

Tem cabimento nas seguintes hipóteses: *i)* para *evitar lesão a preceito fundamental*, resultado de ato do Poder Público; *ii)* para *reparar lesão a preceito fundamental*, resultado de ato do Poder Público e *iii)* quando for relevante o fundamento da *controvérsia constitucional* sobre lei ou ato normativo federal, estadual ou municipal, incluídos os anteriores à Constituição.

Os **preceitos fundamentais** de que trata a Constituição Brasileira são os relativos ao estado democrático de direito, à soberania nacional, à cidadania, à dignidade da pessoa humana, aos valores sociais do trabalho e da livre iniciativa, ao pluralismo político, aos direitos e garantias fundamentais, aos direitos sociais, à forma federativa do estado brasileiro, à separação e independência dos poderes e ao voto universal, secreto, direto e periódico.

Uma vez constatada a lesão aos preceitos fundamentais constitucionais a decisão do Tribunal tem os efeitos: em decisão tomada pelo menos *dois terços dos Juízes*, terão *eficácia erga omnes* e *efeito vinculante* relativamente aos demais órgãos do Poder Público e serão comunicadas pelo Presidente do Supremo Tribunal Federal, para cumprimento imediato, às autoridades ou órgãos responsáveis pela prática do ato impugnado, lavrando-se e publicando-se posteriormente o acórdão.

Ou seja, a manifestação do Tribunal ensejará ao órgão da Administração, federal, estadual ou municipal que adote uma postura no sentido de fazer valer o comando normativo constitucional, concretizando o direito fundamental em favor do cidadão.

Poderá ainda o Tribunal, por maioria de dois terços de seus membros, *restringir os efeitos* da declaração de inconstitucionalidade em argüição de descumprimento de preceito fundamental, ou decidir que ela só tenha eficácia a partir de seu trânsito em julgado, ou outro momento que venha a ser fixado.

4.4.4. Ação direta de inconstitucionalidade interventiva

Objetiva a apreciação da constitucionalidade unicamente de lei ou ato normativo estadual contrário aos *princípios sensíveis* constantes do artigo 34 da Constituição Brasileira, a saber: forma republicana de governo, dignidade da pessoa humana, autonomia municipal, prestação de contas da administração pública, direta e indireta, e aplicação do mínimo exigido da receita resultante de impostos estaduais, compreendida a proveniente de receitas de transferência, na manutenção e desenvolvimento do ensino.

Pode ser proposta pela União Federal contra o Estado membro ou deste contra o Município e, uma vez reconhecida a ocorrência de falta pelo Tribunal, a decisão produzirá o efeito de viabilizar ou permitir que o Presidente da República ou o Governador do Estado, dependendo do caso, intervir no órgão incumpridor da norma para, exatamente, fazer incidir o comando constitucional tido por violado.

4.4.5. Ação de Fiscalização de Inconstitucionalidade por Omissão

Também é uma ação proposta diretamente no Supremo Tribunal Federal brasileiro e, em Portugal, onde o direito brasileiro foi buscar inspiração para a criação deste tipo de ação, perante o Tribunal Constitucional. Tem por objetivo a efetividade dos comandos constitucionais que dependam de complementação infraconstitucional, as chamadas *normas constitucionais de eficácia limitada*, bem como as *normas programáticas*.

Assim, a ação é cabível quando o "poder público" se abstém de cumprir um dever determinado pela Constituição, como nos exemplos mencionados por Gilmar Ferreira Mendes[7], cujas idéias aqui se complementam:

- *i)* a *organização da função judiciária* de forma adequada a atender ao comando do princípio de direito fundamental da duração razoável do processo (art. 5.º, inciso LXXVIII, da Constituição), "sem a qual não se pode assegurar a própria garantia da proteção judiciária (art. 5.º, inciso XXXV, da Constituição);
- *ii)* a organização, em grau de operacionalidade de recursos humanos, técnicos e patrimoniais, dos serviços da Defensoria Pública, "imprescindível para assegurar o direito à assistência jurídica dos necessitados (art. 5.º, inciso LXXIV combinado com art. 134, ambos da Constituição brasileira de 1988);
- *iii)* a organização dos serviços de assistência social (art. 203, da Constituição brasileira) e
- *iv)* a organização e estruturação do sistema de ensino (art. 205 e ss. Da Constituição brasileira), especialmente para garantir, efetivamente, o acesso à educação a todo cidadão brasileiro, em todos os níveis de ensino.

No direito português tem-se um leque das inconstitucionalidades por omissão mais relevantes, como bem acentua Jorge Bacelar Gouveia, a saber[8]:

- – em função da natureza do acto em falta (omissão de actos legislativos, políticos, legislativos ou jurisprudenciais);
- – em função da extensão da omissão violadora da Constituição (ausência total ou parcial do dever de cumprir a Constituição);
- – em função da relação da omissão para com a Constituição violada – antecedente (ausência de um acto devido e exigido pela Constituição da República Portuguesa) – ou consequente (falta de um acto jurídico-público que não permita executar a Constituição da República Portuguesa "que apresenta um outro acto de mediação entre ela própria e a realidade constitucional").

---

[7] *Curso de Direito Constitucional*. 4ª. ed. São Paulo: Saraiva/IDP, pp. 1246 ss.
[8] Mencionadas por JORGE BACELAR GOUVEIA, *Manual....*, op. cit. p.1394 e ss.

Na realidade, o Direito Constitucional Português fez uma **opção** de "*apenas* fiscalizar a omissão de actos legislativos destinados a executar as fontes constitucionais imediatamente aplicáveis", isto é, o Tribunal Constitucional decide nos casos de omissão "das *medidas legislativas* necessárias para tornar exequíveis as normas constitucionais" (art. 283, n. 1, in fine, da CRP).

Neste caso, a medida legislativa deve ser entendida como aquela que teria a aptidão, no plano da eficácia, de conseguir a aplicação da Constituição (especialmente, lei em sentido material), qualitativa e quantitativamente.

No sistema brasileiro, uma vez reconhecida a mora legislativa, a decisão resulta em um efeito meramente declarativo do acórdão e comunicação ao órgão: *i)* quando o relapso é algum órgão público administrativo, que terá 30 dias para tomar providências; *ii)* quando o relapso é o Poder Legislativo, a decisão *não tem efeito mandamental*, apenas **declaratório**. O *Poder Legislativo é cientificado* de que deve legislar sobre a matéria objeto da ação de inconstitucionalidade por omissão, *mas não é obrigado* a isso, dado o princípio da separação dos poderes na estrutura republicana brasileira, o mesmo acontecendo com a realidade portuguesa.

5. Considerações finais

Nas sucintas considerações aqui expostas acerca das características e modelos de fiscalização de constitucionalidade das leis e atos normativos no direito brasileiro com breves remissões ao Direito Português, cumpre destacar o relevo que assume a garantia constitucional do devido processo.

No capítulo destinado aos Direitos e Deveres Fundamentais, dispõe o artigo 5.º, inciso LIV, da Constituição Brasileira que ninguém será privado de sua liberdade ou de seus bens sem o devido processo legal. O empenho dinâmico dos atos do Estado (Estado-Nação, Unidades Federadas e órgãos estatais) é capaz de abrir brechas de potestatividade incompatíveis com o modelo democrático da Constituição e, daí, o direito do Cidadão de exigir a concretização dos comandos de autonomia em sede de direitos fundamentais de Vivência Digna, bem presentes na Constituição Brasileira.

Os próprios modelos de fiscalização de constitucionalidade devem submeter-se ao Devido Processo Constitucional a fim de que nenhum mecanismo, nem mesmo o de controle, se torne instrumento de poder[9]. Daí o cuidado necessário com a atuação e alcance das decisões acerca da constitucionalidade vinculadas aos limites interpretativos ali contidos e formatados em estrita conformidade com o *Princípio da Fundamentação das Decisões* escriturado no inciso IX, do artigo 93, da Constituição Brasileira, como uma exigência de fiscalidade incessante e democrática da aplicabilidade dos direitos fundamentais sociais, econômicos e políticos enfeixados na principiologia de uma Vivência na Liberdade com Dignidade, eixo fundamental da permanente construção da uma Federação, Republicana, Democrática e de Direito do Brasil.

O sistema de controle e fiscalização da constitucionalidade brasileira é um dos mais ricos da história do constitucionalismo, dotado de densidade normativa suficiente a garantir o atingimento dos objetivos fundamentais perseguidos pela sociedade brasileira – e delineados nos vários incisos do artigo 3.º da Constituição – posto conjugar obediência ao Devido Processo Constitucional, seus princípios e normas de procedimento e tramitação, nomeadamente Contraditório, Isonomia, Ampla Defesa, Acesso ao Direito e Duração Razoável do Processo (este ainda um pouco distante da operacionalidade prática) com pluralidade de métodos, de legitimados e de órgãos jurisdicionais aptos a conhecer do diálogo democrático dos Interessados na discussão sobre a distonia entre leis e atos normativos frente à supremacia da Constituição Brasileira.

---

[9] Ao se manifestar acerca do problema do "poder" no sistema legal e social em seu Sociedade Aberta e Seus Inimigos, Karl Popper alerta para a necessidade de vigilância constante sobre qualquer tipo de intervenção. Segundo ele "o intervencionismo é, portanto, extremamente perigoso. Isso não é argumento decisivo contra ele; o poder do estado deve sempre permanecer um mal perigoso, ainda que necessário. Mas é uma advertência de que, se relaxarmos nossa vigilância, se não fortalecermos nossas instituições democráticas ao mesmo tempo que dermos maior poder ao estado através do "planejamento" intervencionista, então poderemos perder nossa liberdade. E se a liberdade for perdida, estará perdido tudo o mais, inclusive o "planejamento". (*In Sociedade Aberta e Seus Inimigos*. Tradução de Milton Amado. São Paulo: Itatiaia, 1998, p. 137)

Referências bibliográficas

BITTENCOURT, Lúcio. *Controle jurisdicional da constitucionalidade das leis.* Rio de Janeiro: Forense, 1968.
BONAVIDES. Paulo. *Curso de direito constitucional.* São Paulo: Malheiros, 2006.
CANOTILHO, J. J. Gomes. *Direito constitucional e teoria da constituição.* 4.ª ed. Coimbra: Almedina, 2001.
CAPPELLETTI, Mauro. *O controle judicial de constitucionalidade das leis no direito comparado.* Porto Alegre: Fabris, 1999.
CLÈVE, Clèmerson Merlin. *A fiscalização abstrata da constitucionalidade no direito brasileiro.* São Paulo: Revista dos Tribunais: 1995
FERRARI, Regina Maria Macedo Nery. *Efeitos da declaração de inconstitucionalidade.* São Paulo: Revista dos Tribunais, 1987
FIUZA, Ricardo Arnaldo Malheiros. *Direito constitucional comparado.* Belo Horizonte: Del Rey, 2004.
GOUVEIA, Jorge Bacelar. *Manual de Direito Constitucional.* 3.ª edição revista e atualizada. Volume II. Coimbra: Almedina, 2009
HORTA, Raul Machado. *Direito Constitucional.* Belo Horizonte: Del Rey, 2003.
LENZA, Pedro. *Direito constitucional esquematizado.* São Paulo: Método, 2007.
MENDES, Gilmar Ferreira; COELHO, Inocêncio Martires e BRANCO, Paulo Gustavo Gonet Branco. *Curso de Direito Constitucional.* 4.ª ed. São Paulo: Saraiva/IDP, 2009.
MORAES, Alexandre. *Direito constitucional.* São Paulo: Atlas, 2007.
POPPER, Karl. *A Sociedade Aberta e seus Inimigos.* São Paulo: Itatiaia/EDUSP, 1998.
SILVA, José Afonso da Silva. *Curso de direito constitucional positivo.* São Paulo: Malheiros, 2003.
TAVARES, André Ramos. *Curso de Direito Constitucional.* São Paulo: Saraiva, 2003.
TAVARES, Fernando Horta. *Mediação e Conciliação.* Belo Horizonte: Mandamentos, 2002.
TAVARES, Fernando Horta (org). *Constituição e Processo: princípios constitucionais do processo.* Curitiba: Juruá, 2007.

Região de Direito – alguns tópicos
sobre fiscalização da constitucionalidade
e *jurisdição da liberdade* num Direito
(também) em Língua Portuguesa

PAULO CARDINAL[1]

I. Introdução

Como se previne desde logo no título do presente trabalho, o que aqui trazemos aos leitores não é mais do que um conjunto de alguns tópicos. Não constituindo, pois, este texto, um *normal* e clássico artigo que vise tratar doutrinária, global e exaurientemente um dado tema. Circunstâncias várias, aqui despiciendas de identificar, assim não o permitiram pelo que aqui pedimos a compreensão do *auditório de leitores*. Alguns *assuntos* possíveis não serão sequer abordados e, de outra banda, a densidade que é dada a cada um dos que mereceu tratamento é variável.

Num exercício telegráfico de contextualização alguns tópicos assomem de imediato:, *e.g.* transição e transferência de soberania, o sumo princípio de «Um País, dois sistemas» propugnado por Deng Xiaoping, a Declaração Conjunta, a Lei Básica, a Região Administrativa Especial de Macau, o alto grau de autonomia[2].

---

[1] Assessor da Assembleia Legislativa de Macau, docente convidado da Faculdade de Direito da Universidade de Macau. As linhas aqui expressas representam somente as opiniões do autor não podendo ser, de modo algum, interpretadas como sinónimo de publicitação de eventuais posições, ou seu reflexo, de entidades públicas às quais se acha profissionalmente ligado.

[2] Para desenvolvimentos, entre vários outros, PAULO CARDINAL, *Continuity and Autonomy – Leading Principles Shaping the Fundamental Rights Constitutional System in the Macau Special Administrative Region*, no livro, La ciencia del derecho procesal constitucional. Estudios en homenaje a Héctor Fix-Zamudio en sus cincuenta años como investigador

Em jeito de súmula avancemos. Macau, outrora território sob administração portuguesa, é uma Região Administrativa Especial da República Popular da China estruturada em torno de princípios rectores como os de «Um país, dois sistemas» e do «alto grau de autonomia» *ex vi* os comandos normativos expressos pelo tratado internacional denominado Declaração Conjunta do Governo da República Portuguesa e do Governo da República Popular da China sobre a questão de Macau[3], posteriormente plasmados, densificados e expandidos pela Lei Básica da RAEM[4], lei aprovada nos termos excepcionais permitidos pelo artigo 31.º da Constituição da RPC, e por aquela exigida.

Refira-se ainda que a língua portuguesa merece guarida na *constituição* de Macau: *Além da língua chinesa, pode usar-se também a língua portuguesa nos órgãos executivo, legislativo e judiciais da Região Administrativa Especial de Macau, sendo também o português língua oficial.*[5]

A questão da continuidade[6] – diversa porque heterónoma e «não voluntária» Diversa porque a termo, diversa face a outros

---

del derecho, T. IV, Derechos fundamentales y tutela constitucional, Ferrer Mac-Gregor, Eduardo/Zaldívar Lelo de Larrea, Arturo, (coord.), Universidad Nacional Autónoma De México, Instituto Mexicano De Derecho Procesal Constitucional, Marcial Pons, 2008, pp. 169 – 231, JORGE BACELAR GOUVEIA, *A Lei Básica da Região Administrativa Especial de Macau – Contributo para uma compreensão de direito constitucional*, Boletim da Faculdade de Direito, No. 13, 2002, WANG ZHENMIN, *Um País, dois sistemas» e a Lei Básica de Macau*, Assembleia Legislativa da Região Administrativa Especial de Macau, 2008.

[3] Assinada por ambas as partes soberanas contratantes em Pequim, a 13 de Abril de 1987. Foi, em Portugal, aprovada para ratificação pela Resolução n.º 25/87 da Assembleia da República, ratificada pelo Presidente da República pelo Decreto n.º 38-A/87 e posteriormente publicada no Boletim Oficial de Macau, 23, 3.º Suplemento, de 7 de Junho de 1988. Foi depositada por ambas as partes contratantes nas Nações Unidas.

[4] Adoptada em 31 de Março de 1993, pela Primeira Sessão da Oitava Legislatura da Assembleia Popular Nacional da República Popular da China e promulgada pelo Decreto n.º 3 do Presidente da República Popular da China para entrar em vigor no dia 20 de Dezembro de 1999 e publicada no Boletim Oficial de Macau, 1.ª série, a 20 de Dezembro de 1999.

[5] Lei Básica de Macau, artigo 9.º O. (5) da Declaração Conjunta prevê, por seu turno, *«Além da língua chinesa, poder-se-á usar também a língua portuguesa nos organismos do Governo, no órgão legislativo e nos Tribunais da Região Administrativa Especial de Macau.»*, portanto, sem o qualificativo de «língua oficial». Por sua vez, o VII do Anexo I estabelece que A RAEM *«definirá, por si própria, as suas políticas de cultura, educação, ciência e tecnologia, designadamente sobre as línguas de ensino, incluindo a língua portuguesa».*

[6] Sobre este princípio absolutamente inescapável, e seus corolários, PAULO CARDINAL, *A panoramic view on fundamental rights in Macau – from territory under Portuguese*

exemplos historicamente conhecidos, nomeadamente após o estabelecimento de Estados soberanos em consequência de processos de descolonização ainda porque cria uma «ilha» ordenamental.

Com efeito, o princípio da continuidade deve assumir-se omnipresente para quem proceda ao estudo do ordenamento jurídico de Macau, com ainda mais ênfase mas não apenas, quando esse estudo incida em matérias de direito público. Ele apresenta-se multidimensionalmente e, no que ao tema importa, de uma forma tríptica, isto é, enquanto:

a) princípio aglutinante de manutenção da maneira de viver – «*Os actuais sistemas social e económico em Macau permanecerão inalterados, bem como a respectiva maneira de viver*»[7];

b) princípio de inalterabilidade essencial do ordenamento jurídico previamente vigente – «*as leis vigentes manter-se-ão basicamente inalteradas*»;[8] e,

c) princípio de manutenção de todos os direitos fundamentais anteriormente existentes – «*A Região Administrativa Especial de Macau assegurará, em conformidade com a lei, todos os direitos e liberdades dos habitantes e outros indivíduos em Macau, estipulados pelas leis previamente vigentes em Macau*»[9].

Pode, destarte, fazer-se aqui um apelo à *ideia* de *adquiridos constitucionais*, sinteticamente posto, soluções constitucionais participativas da realidade constitucional de dado ordenamento jurídico e

---

Administration to Special Administrative Region of the P.R. of China, a publicar no livro The legal system of Macau and its European roots, Jorge Godinho (editor), FDM, Macau, JORGE COSTA OLIVEIRA, *A continuidade do ordenamento jurídico de Macau na Lei Básica da futura Região Administrativa Especia*l, Revista Administração, n.ºs 19/20, 1993.

[7] Declaração Conjunta, 2, (4). Na Lei Básica, v.g., Preâmbulo e artigos 5. e 11.º

[8] Declaração Conjunta, 2, (4). Ver ainda artigo 8.º da Lei Básica.

[9] Declaração Conjunta, V, Anexo I. Na Lei Básica, artigos 4.º, 11.º e 40.º, os quais, não reflectem *expressis verbis* a totalidade da garantia dada na norma da Declaração Conjunta. Daí não resultando, todavia, e por razões jurídicas várias, a sua desconsideração. Veja-se uma aplicação concreta do princípio em COSTA ANDRADE, defendendo o autor, no silêncio da Lei Básica, a manutenção de uma garantia fundamental processual penal (extensão do princípio da legalidade às medidas de segurança) expressamente consagrada no direito constitucional anterior, *Constituição e direito penal (na perspectiva da Lei Básica de Macau)*, Boletim da Faculdade de Direito, Macau, 13, p. 208. Sobre esta dimensão, ver nomeadamente, VIEIRA DE ANDRADE, *Direitos e Deveres Fundamentais dos Residentes em Macau*, s/d, FDUM.

que já valeram no passado mas que também valem no presente e que se podem projectar para o futuro sendo constante e pacificamente aceites[10] e, neste caso, carreadas pela Declaração Conjunta e ancoradas no *jus cogens do jus cogens: o princípio pacta sunt servanda*.

A continuidade formal e heteronomamente garantida. Não *apenas* material e voluntária como, por exemplo, o que sucede em vários Estados de língua oficial portuguesa[11], normalmente circunscrita a diversos ramos de Direito. Esta é, naturalmente, uma continuidade importante, porventura até mais poderosa e vincada mas diversa daqueloutra a vários títulos.

Como havíamos já afirmado[12],

«*In truth, contrary to what may have been perceived, the whole idea of continuity of a given legal system is far more common – and adequate if not necessary in many cases – than the cases within the Chinese context. These phenomena can be witnessed in a multitude of situations by which some shift of sovereignty occurs, be it by the transfer of sovereignty over a given territory, access to independence, or other situations historically in existence.The main differentiation brought forward by the Macau and Hong Kong cases is an added formal guarantee originally created by an international treaty and later (re)confirmed by a domestic constitutional act. In other words, one may propose the idea of hetero continuity as opposed to self continuity in the sense of a continuity solely decided on the basis of an independent political wish by way of a decision of the new sovereign of a given legal system. Thus, it is a continuity not externally imposed by, for example, a Joint Declaration.*

A specific example of this kind of continuity connected with Portuguese law is Cape Verde. In fact, '[u]pon achieving independence, Cape Verde decided to continue to apply Portuguese Law as it was at that time, provide it was not contrary to national sovereignty, laws of the new republic ... Article 288 of the present Constitution of 1992 preserves this

---

[10] AFONSO DE OLIVEIRA MARTINS, *Para uma teoria dos adquiridos constitucionais*, in Estudos em homenagem ao Prof. Doutor Rogério Soares, Coimbra Editora, 2002, p. 1049 e 1050. Veja-se, a propósito, REQUEJO PAGÉS, *Las normas preconstitucionales y el mito del poder constituyente*, CEPC, 1998, especialmente p. 123 e suas considerações sobre Constituição versus continuidade, afirmando que o ordenamento não é tanto a consequência de um poder que o constitui *ex novo* mas outrossim o resultado de uma articulação de poderes constituintes ao longo do tempo entrelaçados por um princípio de continuidade.

[11] Como sucede, aliás, amiúde em outras anteriores colónias de língua inglesa e de língua francesa.

[12] *A panoramic view on fundamental rights in Macau* cit.

continuity by stipulating that the law valid prior to the Constitution's entry into force shall remain in force, unless it is contrary to the Constitution or to the principles enshrined therein.'[13] *One can move to other spheres and find a commonalty of solutions, for instance when former British colonies achieved independence, '[t]ypically all the laws (including relevant UK statutes) continue in force, with a proviso that they shall be 'construed with such modifications, adaptations, qualifications and exceptions as may be necessary to bring them into conformity' with the new Constitution ... This way there are no gaps in the law.'*[14]

The similarity of the abovementioned solutions and phraseology with the Macau norms on the subject is striking. The differences reside mainly in an external imposed continuity for Macau and Hong Kong legal systems and on the consequent method delineated and employed.».

A continuidade das normas e do sistema. Das regras e dos princípios. Das soluções gerais e do espírito enformador. E também da língua do Direito, embora esta, naturalmente, em convivência com a língua chinesa.

Ou seja, é premente relevar que no que ao conceito de leis previamente vigentes diz respeito deve este ser entendido, como o faz LEONEL ALVES, num sentido lato, isto é compreendendo não somente o aspecto formal da lei escrita mas também o espírito do sistema jurídico, a sua lógica interna, a sua dogmática conceptual e tudo o resto que fornece vida e sentido ao ordenamento previamente existente à data da transferência do exercício de soberanias[15]. Isto é, a continuidade não se compadece com supostas hermenêuticas isoladas da essência do sistema, não se destina apenas a garantir normas despidas dos valores que as enformam. Também aqui há-se assumir especial relevo o intérprete.

E a recusa de importação de normas da RPC, como regra. A ideia de «*imunidade*» do sistema jurídico apresenta-se com argumentos sólidos independentemente de porventura poder não ser politicamente correcta no enclave do sul da China.

---

[13] MICHAEL BOGDAN, *The Law of the Republic of Cape Verde after 25 years of independence*, Journal of African Law, 44, 2000, p. 93.

[14] YASH GHAI, *Hong Kong's new constitutional order*, Hong Kong University Press, 1997, p. 336.

[15] *A Região Administrativa Especial de Macau e os trabalhos da Comissão Preparatória*, BFDM, 12, 2001, p. 207.

Macau está dotado de um sistema jurídico próprio, com as consequências que daí se achem de retirar. O princípio geral é o da separação do sistema jurídico de Macau face ao do da China (soberana), a excepção é a da intersecção de ambos os sistemas[16], facto que ocorre em apenas algumas limitadas circunstâncias[17]. O sistema jurídico de Macau é, destarte, composto por regras próprias[18], enformado por princípios que lhe são conaturais e historicamente sedimentados e que se apresentam, alguns, como pré condicionantes[19] – e aos quais não se lhes exige similitude ou conformidade com os que imperam na *mainland* – constitucional e jusinternacionalmente garantidos, um sistema específico de fontes, que se expressa numa língua característica *própria*[20].

---

[16] YASH GHAI, *The intersection of Chinese Law and the common law in the Hong Kong Special Administrative Region: Question of technique or politics?*, Hong Kong Law Journal, 37, 2, 2007, pp 363 e ss.

[17] YASH GHAI, *The intersection cit.*, pp. 372-373, identificando, por exemplo, a aplicação das leis nacionais (com um âmbito de aplicação deveras restrito), alteração da Lei Básica e sua interpretação. Especificamente quanto a Macau, LIU GAOLONG, *Leis nacionais a aplicar na Região Administrativa Especial de Macau*, in Repertório de Direito de Macau, Faculdade de Direito da Universidade de Macau, 2007, pp. 49-50, diz-nos que o âmbito de aplicação a Macau das leis nacionais tem um alcance muito limitado e uma baixa quantidade. CARLOS BLANCO DE MORAIS fala-nos, por comparação com o sistema anterior, de uma capacidade de penetração menor por parte da legislação soberana acompanhada de uma maior amplitude da legislação local. *A organização do poder politico-legislativo no Território de Macau – durante e após a transição para a soberania chinesa*, in Estudos em homenagem ao Prof. Doutor Rogério Soares, Coimbra Editora, 2002, p. 147

[18] Note-se que, para além de poucas interferências ao nível das fontes do direito, o pouco que vem de fora, Lei Básica incluída, de algum modo *rearranja-se* ao sistema que vai incorporar. Quanto à Lei Básica, é mister ter presente que tem um conteúdo magno pré-definido pela Declaração Conjunta e dá concretização a vários princípios de *reforço local* como os da continuidade e autonomia.

[19] Atente-se nas palavras que se seguem, «*A elaboração de nova legislação(...) impõe ainda que seja atendida, prudentemente, a relação entre a Lei Básica e as leis anteriormente vigentes, mas também que sejam mantidas as características do direito continental europeu, de modo a assinalar o estilo típico de Macau.*», SUN WANZHONG, *A Lei Básica da RAEM e a construção do sistema jurídico de Macau*, Boletim da Faculdade de Direito, Macau, n.º 13, 2002, p. 54. LIUTING WANG, *Macao's return: Issues and concerns*, Loyola of Los Angeles International and Comparative Law Review, Vol. 22, 1999, n.2, p. 180 fala-nos na necessidade de o *novo* soberano reconhecer a existência de um sistema jurídico distinto em Macau e bem assim do acervo dos costumes sociais locais.

[20] ZHU LIN, *A situação da língua chinesa nas sentenças judiciais de Macau – duma perspectiva dos direitos fundamentais*, Administração, 75, 2007, p. 159.

A afirmação no tecido normativo da RAEM de diversos tópicos conaturais ao Estado de Direito:

– Princípio da constitucionalidade, princípio da legalidade, princípio da salvaguarda dos direitos fundamentais[21], catálogo extenso de direitos fundamentais, princípio da separação de poderes, princípio da independência judiciária, princípio do acesso ao Direito e à Justiça, princípio da tutela judicial efectiva, princípio da proporcionalidade, princípio da defesa da dignidade humana, princípio da igualdade e princípio da não discriminação. Todos estes princípios, em maior ou menor medida, com maior ou menor clareza e expressão, com maior ou menor âncora textual normativa encontram abrigo na ordem jurídica da RAEM[22].

E, *depurando* a nossa análise na perspectiva da Região enquanto o *outro* sujeito da tensão dialéctica na relação «centro-periferia», Estado-Região, encontramos, nesta *relativização* de afirmação autonómica: o princípio «Um País, dois sistemas», o princípio do «alto grau de autonomia» – que ultrapassa mesmo em vários aspectos o grau de autonomização de estados federados –, o princípio de um sistema social próprio e diferente, o princípio de um sistema jurídico também ele próprio e diferente (e quase imunizado), o princípio de uma organização judiciária própria e estanque, o princípio de uma (outra) língua privativa – precisamente o português – o princípio da garantia internacional da sobredita autonomia, entre outros. Isto é, a afirmação, concretização e garantia de uma unidade na diversidade, da autonomização de uma dada periferia face ao poder central, é deveras evidente. De tal sorte que a afirmação de uma Região de Direito pode ser feita independentemente de o Estado (em que se insere) ser um Estado de Direito ou não.

---

[21] Sobre o sistema de direitos fundamentais na RAEM, por exemplo, JORGE BACELAR GOUVEIA, *Fontes de direito e direitos fundamentais em Macau*, comunicação apresentada às Segundas Jornadas de Direito e Cidadania da Assembleia Legislativa, 2009, PAULO CARDINAL, *A panoramic view on fundamental rights in Macau*, VITALINO CANAS, *The general regime of fundamental rights in the Basic Law and in the international instruments*, a publicar em One Country, Two Systems, Three Legal Orders – Perspectives of Evolution, Springer (P. Cardinal/JC Oliveira, eds.).

[22] Desenvolvidamente, PAULO CARDINAL, *The Constitutional Layer of Protection of Fundamental Rights in the Macau Special Administrative Region*, a publicar em Themis, Revista da Faculdade de Direito da UNL.

Uma **Região de Direito**. Uma *Rechtsregion* em sentido similar a *Rechtsstaat*. Vero que não perfeita mas substancialmente existente no domínio normativo e constitucional-organizatório.

A Ideia de **Juslusofonia**. A pertença da RAEM a essa subfamília de matriz romano-germânica e «cozida» por uma mesma língua, titular de muitas e profundas raízes históricas comuns, prenhe de influências técnicas e principiológicas geradas, primacialmente, em Portugal, sem embargo, naturalmente, de identidade própria de cada sistema jurídico que comporá esta subdivisão da família jurídica romano-germânica.

Como escrevemos já[23],

– «*one may wonder if it is adequate to mention a subfamily[24] within the civil law legal family – a jus-lusophony subfamily.[25] A subsystem that is bounded by language, institutionalized in an international organization – the CPLP – but also by a strong common asset in history and law. It is an acquis that originated from Portugal and then imposed at the first stage and later assumed by the Portuguese speaking countries and jurisdictions. If the answer is in the affirmative, Macau can also claim to be a full member.*

Naturally, the concrete density of commonness varies from, for example Brazil – probably the less common – to Cape Verde, which is surely one of the legal systems sharing a larger commonality with the reference point. Probably, the intensity level of this commonality will also vary from one branch of law to another. Moreover, within a branch of law, it may be possible to find nuances. For instance, in the field of fundamental rights text, pretext, and possibly also in the context, there is a popular sharing

---

[23] *A panoramic view on fundamental rights in Macau* cit.

[24] *Or, one may even attempt the use of the new approach and concept of family trees (implying many more groups than the legal families approach) anchored, namely, in the predominance of the ingredient sources from which they are formed*, ESIN ORUCU, *Family trees for legal systems: Towards a contemporary approach, in* Mark van Hoecke (ed) *Epistimology and methodology of comparative law*, 2004, pp. 362-363.

[25] Sobre esta hipótese, PAULO CARDINAL, *La institución del recurso de amparo de los derechos fundamentales y la juslusofonia – los casos de Macau y Cabo Verde*, in El Derecho de Amparo en el Mundo Hector Fix-Zamudio / Ferrer-Macgregor, UNAM, Editorial Porrúa, México, 2006, pp. 897-898. Para uma visão pessimista, sobretudo na perspectiva da ordem constitucional, CARLOS BLANCO DE MORAIS, *Tópicos sobre a formação de uma comunidade constitucional lusófona*, in Ab Uno ad Omnes, Coimbra Editora, 1998, pp. 55 e ss.

among several lusophony jurisdictions due, namely, to the irradiating force of the Portuguese constitutional system of fundamental rights.

This aspect is of great importance in several planes.[26] *For example, there is a common academic doctrine even if the specific written law has some variances. For a small place such as the case of Macau, which has a tiny legal community, this aspect is of high relevance.*[27] *With probably less importance but still relevant, one can also have access to a certain common law of judicial decisions. And given the shortage of qualified jurists to fulfil the needs of the magistratures, why should we not, as in Hong Kong*[28] *– although here more facilitated due to the common law tradition – recruit judges and public prosecutors from Cape Verde or Brazil, aside from Portugal.».*

II. Fiscalização da constitucionalidade

A fiscalização da constitucionalidade na RAEM: frouxa, limitada e política numa perspectiva de controlo abstracto.

---

[26] Zhu Lin, *A situação da língua chinesa, cit.* p. 159, tells us, for example, that the use of Portuguese as a technical-juridical language is one of the characteristics of Macau, revealing the origins of the system previously in force and maintaining the unity of the judiciary language and thus assuring, both from the doctrine stance and the jurisprudence stance, the intrinsic relationship with the original system.

[27] For example, the case of Cape Verde illustrates the advantages of, even after independence and even after reforming the legal system, maintaining a point of reference. 'All these projects follow openly in many (albeit not all) respects legal developments in Portugal. Rather than deviating from Portuguese law, they tend to re-create the similarity or even identify of the rules of the two legal systems', Michael Bogdan, *The Law of the Republic of Cape Verde after 25 years of independence*, Journal of African Law, 44, 2000, p. 94. All is done by, of course, exercising full sovereign powers and without prejudice or sense of a lesser capacity. No drama, political or other, is needed to cloud normal juridical communications and interfaces of legal systems. The circulation of models based on judicial decisions is common in common law, and whereas in civil law, namely the lusophone branch, by its nature, the circulation and transplant of models based on written law and a common pool of doctrine is more common. See, on the importance of Macau being in the orbit of CPLP (among other factors) Manuel Escovar Trigo, *Por um lugar para Macau*, Administração, 40, 1998, pp. 432 e ss.

[28] For example, at the Court of Final Appeal, there are non-permanent judges from, for example, Australia, United Kingdom, New Zealand, Brunei, and South Africa. The same trend is present in other Hong Kong courts.

A fiscalização pelo Governo Central:

– Artigo 17.º, Lei Básica:

«As leis produzidas pelo órgão legislativo da Região Administrativa Especial de Macau devem ser comunicadas para registo ao Comité Permanente da Assembleia Popular Nacional. A comunicação para registo não afecta a sua entrada em vigor.

Se, após consulta à Comissão da Lei Básica da Região Administrativa Especial de Macau a ele subordinada, o Comité Permanente da Assembleia Popular Nacional considerar que qualquer lei produzida pelo órgão legislativo da Região não está em conformidade com as disposições desta Lei respeitantes às matérias da competência das Autoridades Centrais ou ao relacionamento entre as Autoridades Centrais e a Região, pode devolver a lei em causa, mas sem a alterar. A lei devolvida pelo Comité Permanente da Assembleia Popular Nacional deixa imediatamente de produzir efeitos. Esta cessação de efeitos não tem eficácia retroactiva, salvo nas excepções previstas noutras leis da Região Administrativa Especial de Macau.»

Ainda, um mecanismo de «interpretação oficial», externo e político.

Artigo 143.º, Lei Básica:

«O poder de interpretação desta Lei pertence ao Comité Permanente da Assembleia Popular Nacional.

O Comité Permanente da Assembleia Popular Nacional autoriza os tribunais da Região Administrativa Especial de Macau a interpretar, por si próprios, no julgamento dos casos, as disposições desta Lei que estejam dentro dos limites da autonomia da Região.

Os tribunais da Região Administrativa Especial de Macau também podem interpretar outras disposições desta Lei no julgamento dos casos. No entanto, se os tribunais da Região necessitarem, no julgamento de casos, da interpretação de disposições desta Lei respeitantes a matérias que sejam da responsabilidade do Governo Popular Central ou do relacionamento entre as Autoridades Centrais e a Região e, se tal interpretação puder afectar o julgamento desses casos, antes de proferir sentença final da qual não é admitido recurso os tribunais da Região devem obter, através do Tribunal de Última Instância da Região, uma interpretação das disposições por parte do Comité Permanente da Assembleia Popular Nacional. Quando o Comité Permanente fizer interpretação dessas disposições, os tribunais da Região devem seguir, na aplicação dessas disposições, a interpretação do Comité Permanente. Todavia, as sentenças proferidas anteriormente não são afectadas.

Antes de interpretar esta Lei, o Comité Permanente da Assembleia Popular Nacional consulta a Comissão da Lei Básica da Região Administrativa Especial de Macau a ele subordinada.».

Mecanismos inconciliáveis com a «normal» fiscalização judicial? Não se nos afigura que haja incompatibilidade. Ademais, atente-se na RAE homóloga de Hong Kong.

A negação formal da fiscalização judicial logo após 1999 em diversos acórdãos do TUI, Tribunal de Última Instância de Macau.

O Acórdão 1/2000, 2000/2/16, «*Extinta a instância dos recursos das decisões dos tribunais com fundamento da violação da Constituição da República Portuguesa pelas normas aplicadas nos termos do art.º 70.º, n.º 2, al. 3) da Lei n.º 9/1999 da Região Administrativa Especial de Macau, não há lugar à reabertura da nova instância de recurso para apreciar a validade da norma aplicada face à Lei Básica da Região Administrativa Especial de Macau.*». E, por exemplo, Acórdão 2/2000, 2000/2/23.

Haverá lugar a uma importação de conceitos numa fiscalização concreta? Tendência negadora seguida de uma tendência de admissão. Progresso jurisprudencial inegável.

Quid Juris se houver violação de norma da Lei Básica? Inaplicabilidade? Ao caso concreto somente?

Exemplo das matizes jurisprudenciais e evolução. Acórdão 21/2007, 2008/5/14 «*A violação do princípio da hierarquia das normas, é de conhecimento oficioso do Tribunal, pelo que se deve conhecer da questão em recurso jurisdicional, ainda que se trate de matéria não suscitada no recurso contencioso.*».

Anote-se, todavia, «*No Acórdão de 15 de Novembro de 2006, no Processo n.º 38/2006, decidimos não conhecer da questão. Mas aí o recorrente não enfatizou devidamente a violação do mencionado princípio jurídico.*», idem.

Vejamos mais alguns exemplos de admissão de fiscalização da conformidade constitucional.

Acórdão 8/2007, 2008/4/30:

«*Os tribunais da Região estão sujeitos apenas à lei no julgamento. Por isso, se o tribunal entenda no julgamento que a norma que devia ser aplicada viola outra norma de hierarquia mais elevada, o tribunal deve aplicar a norma de hierarquia superior ou outra norma legal, e já não a norma de hierarquia inferior e ilegal. Salvo disposição legal em sentido diferente, qualquer que seja o tipo de processos, a instância e a fase processual, o tribunal, ao aplicar uma norma, pode apreciar a sua validade, nomeadamente se há violação de norma de hierarquia superior, oficiosamente ou a pedido, desde que não se encontra esgotado o poder jurisdicional. Se entenda que existe este vício, o tribunal já não pode aplicar a norma que teria de aplicar e reputada agora ilegal, passando a aplicar outra norma legal a fim de julgar a causa de acordo com o pedido de autor. No entanto, é de salientar que o juízo aqui falado de que uma norma viola outra de hierarquia superior é apenas uma parte integrante da fundamentação da sentença, ou seja, um passo de todo o raciocínio lógico-jurídico da decisão final, não constituindo o conteúdo da decisão da sentença. O tribunal não pode servir deste juízo para proferir uma sentença de que uma norma seja ilegal e com força obrigatória geral. Tal juízo é válido apenas no próprio processo, já não em relação a outros processos ou até outros tribunais. A norma que se considera ilegal não se torna inválida por causa deste juízo.». «Observe-se que uma coisa é falar em questão prejudicial, outra coisa – noutro plano – falar em incidente de inconstitucionalidade. A questão de inconstitucionalidade não é uma questão incidental ou de Direito processual, é uma questão prejudicial ou de Direito constitucional substantivo; mas é suscitada incidentalmente em processo que tem por objecto uma questão diferente.»*[29].

Tendência que é positiva[30] e que se vai sedimentando, embora com naturais dúvidas e cautelas face à falta de legislação processual. Mas insuficiente ainda.

Os mecanismos são, todavia, manifestamente, insuficientes. Há Doutrina, quer em língua portuguesa, quer em língua chinesa, que

---

[29] E, entre outros, Acórdão 28/2006, 2007/7/18, «*Nos casos submetidos a julgamento não podem os tribunais aplicar normas constantes de leis ou regulamentos administrativos que infrinjam o disposto na Lei Básica ou os princípios nela consagrados, ainda que nenhuma parte suscite a questão da ilegalidade, sem prejuízo do disposto no artigo 143.º daquela Lei.*». Acórdão 9/2006, 2006/10/25, «*Na Ordem Jurídica da Região Administrativa Especial de Macau os tribunais podem conhecer da conformidade das leis com a Lei Básica no julgamento dos casos e, cumprindo o disposto no artigo 11.º da mesma Lei, não podem aplicar normas que infrinjam o disposto na Lei Básica ou os princípios nela consagrados, sem prejuízo do disposto no artigo 143.º do referido diploma legal. Na Ordem Jurídica de Macau, o conhecimento da conformidade das leis com a Lei Básica, no julgamento dos casos, faz-se de acordo com os meios processuais que couberem à situação, por não existir nenhum meio processual específico para fiscalização da conformidade das leis com a mesma Lei.*».

[30] Veja-se, por exemplo, LUÍS PESSANHA, *Breves Reflexões em Torno da Reserva de Lei da Assembleia Legislativa da RAEM*, Segundas Jornadas de Direito e Cidadania da Assembleia Legislativa de Macau Direitos fundamentais – consolidação e perspectivas de evolução, 2008.

pugna por mais mecanismos de fiscalização e/ou maior *activismo judicial*[31].

Atente-se nas seguintes palavras:

«*The Macau Special Administrative Region, being a territory that enjoys a high degree of autonomy and is vested with executive, legislative and independent judicial powers, including that of final adjudication, needs a system of control that is comprehensive and that includes the cases of all normative acts in conflict with the Basic Law (...) and in guaranteeing the fundamental rights of citizens. The establishment and perfection of the system of control regarding the Basic Law is a objective demand in order to assure the social order and guarantee the fundamental rights.*»[32]

Como também se propugnou já eliminar, no âmbito do contencioso administrativo, a impossibilidade de declarar com força obrigatória geral a ilegalidade de regulamentos administrativos por violação directa de normas da Lei Básica[33].

---

[31] Propugnando um tal sistema, PAULO CARDINAL, *e.g.* em *Continuity and Autonomy – Leading Principles Shaping the Fundamental Rights Constitutional System* ZHAO GUOQIANG, *O meio de tutela do processo executivo da Lei Básica*, Administração, 57, 2002, pp. 922 e ss., GUO TIANWU/CHEN YAN, *As sugestões das Leis Básicas de Hong Kong e de Macau para o alargamento do regime jurídico da China*, Administração, 51, 2001, pp. 22-223, ANTÓNIO MALHEIRO MAGALHÃES, *O princípio da separação dos poderes na Lei Básica da futura Região Administrativa Especial de Macau*, Administração, 41, 1998, pp. 721 e ss., sem prejuízo de se atentar no seguinte, que nos diz VITALINO CANAS, «*On the contrary, in the context of the Basic Law, there is no possibility of judicial review of the constitutionality by a Constitutional Court. But we may consider whether MSAR ordinary courts can, under BLM, Article 143 and 11, 2nd paragraph, refuse the application of rules in conflict with that same BLM. It is relevant to underline that in Hong Kong, in spite of the English tradition of the Parliament sovereignty, and the law sovereignty, and of the impossibility of the courts to review the constitutionality of laws, there is a doctrinal and jurisprudential opening to the possibility for the courts not to apply rules in the grounds of "breach of the Basic Law", very much in line with north American tradition of Marbury vs. Madison.*», *The general regime*, *The general regime of fundamental rights in the Basic Law and in the international instruments*, a publicar em One Country, Two Systems, Three Legal Orders – Perspectives of Evolution, Springer (P. Cardinal/JC Oliveira, eds.), JORGE REIS NOVAIS, *As restrições aos direitos fundamentais na ordem jurídica de Macau*, faz também apelo expresso ao artigo 143 da Lei Básica.

[32] WANG AI MIN, *Perfecting the system of control of the Macau Basic Law*, p. 820.

[33] Veja-se, TUI, Acórdão 9/2006, de 2006/10/25.

O «*estatuto constitucional da Lei Básica no ordenamento jurídico da RAEM*», TUI, Acórdão 7/2001, 2001/9/26[34].

Problemas outros: qual o padrão ou padrões de aferição? Lei Básica. Apenas? Há bloco de constitucionalidade? E como é então composto?

Umas advertências prévias no sentido de considerarmos que o **bloco constitucional de Macau** é multicomposto porquanto assenta, em enunciados normativos que repousam em diversos instrumentos jurídicos diferenciados.

Decorre ainda da multi-origem das normas de valor e função constitucional uma (quase necessária) *multilevel constitution*. Isto é, o bloco da constitucionalidade surge em uma ordenação diferenciada e não dotado de uma homogénea força jurídica. Por último, e também aqui já habituados aos dissensos, o documento normativo Lei Básica corresponde, ao menos em alguma medida, à Constituição, formalizada, de Macau. Afirma-se a Lei Básica como a constituição a título principal de Macau, que não a título supremo, diga-se. Isto é, a principal fornecedora normativa – em termos de quantidade e de abrangência e, bem assim, de estruturação, articulação e estabilização de valores e princípios – da ordem constitucional de Macau. As outras fontes desta ordem superior são-no ou esparsamente (Constituição da RPC, mormente artigo 31.º) ou dirigente e principiologicamente (de grande riqueza, diga-se) com, todavia, relativa escassez de densidade normativa (Declaração Conjunta). Se outras mais fontes contribuem para a composição da ordem constitucional, fazem-no subordinadamente e fragmentariamente (por exemplo, PIDCCP?[35]).

---

[34] Cfr., «A transição do sistema judicial previamente existente em Macau observa igualmente o princípio da transição condicional. Para se manter, o sistema judicial previamente existente, incluindo os diversos procedimentos judiciais e actos processuais, tem de estar conforme com a Lei Básica, a Lei de Reunificação e outros diplomas legais aplicáveis, em particular a nova Lei de Bases da Organização Judiciária (Lei n.º 9/1999), o que representa o estatuto da Lei Básica como lei constitucional no ordenamento jurídico da RAEM e o princípio de que aquela constitui a base de todos os sistemas e políticas da RAEM. Devido ao estatuto constitucional da Lei Básica no ordenamento jurídico da RAEM e ao princípio da legalidade das actividades administrativas, o órgão administrativo não deve praticar o acto desconforme com a Lei Básica nos termos definidos pelo acórdão do então Tribunal Superior de Justiça, e o referido acórdão não pode ser executado pelo respectivo órgão administrativo.», nos dizeres do TUI.

[35] Cfr. Artigo 40.º da Lei Básica:
«*As disposições, que sejam aplicáveis a Macau, do Pacto Internacional sobre os Direitos Civis e Políticos, do Pacto Internacional sobre os Direitos Económicos, Sociais e*

A Lei Básica é uma Constituição? Esta uma primeira interrogativa a colocar. Apetece-nos,[36] afirmar que se assume que é um documento constitucional ou que, ao menos, desenvolve um papel constitucional. Por razões que, as mais das vezes se prenderão ora com um purismo de formas estrito e radicalizante ora com concepções neoclássicas fundamentalistas assentes em considerações nacionalistas exorbitantes e bacocas, é por muitos apodado de quase pecado material a consideração da Lei Básica como constituição.

Quanto a estas consideração não convocamos outros mais comentários para além de se dizer que a consideração da Lei Básica como lei constitucional não vem beliscar a soberania da RPC face a Macau e, quanto aquelas não desconhecemos conceitos nem pressupostos (*Kompetenz-kompetenz, v.g.*[37]) outrossim partindo da premissa de existência de um ordenamento separado e que cada ordenamento jurídico há-de ter uma lei constitucional[38], a que juntamos razões de *pragmatismo*, operatividade e, de densificação do alto grau de autonomia assumimos uma referência à Lei Básica enquanto realidade normativa constitucional. Por outro lado, é inescapável o comando expresso no artigo 11.º impondo a superioridade normativa interna da Lei Básica[39]. Uma Constituição «lato sensu», em suma.

Culturais, bem como das convenções internacionais de trabalho, continuam a vigorar e são aplicadas mediante leis da Região Administrativa Especial de Macau.

Os direitos e as liberdades de que gozam os residentes de Macau, não podem ser restringidos excepto nos casos previstos na lei. Tais restrições não podem contrariar o disposto no parágrafo anterior deste artigo.».

[36] Por exemplo com JOSÉ FARIA COSTA, *A Lei Básica da RAEM e o processo penal – afloramento de alguns pontos 'básicos'*, Boletim da Faculdade de Direito, 13, Macau,, p.218, «É óbvio que estamos, aqui, a fazer um juízo de similitude material entre a chamada 'Grundgesetz.' – que é como sabemos a Constituição – e a Lei Básica da RAEM. Não obstante estarmos conscientes das diferenças que intercedem entre as duas realidades normativas que se convocam consideramos ser, juridicamente, sustentável e até salutar afirmar-se a pertinência de uma tal analogia material, que não estritamente nominal.».

[37] Ver, por exemplo, JORGE BACELAR GOUVEIA, *A Lei Básica da Região Administrativa Especial de Macau* cit..

[38] ANDREI MARMOR, *Constitutional interpretation*, University of Southern California Law School, disponível em Interpretation and legal theory, 2.ª edição, Hart, 2005, «*if by 'constitution' we mean the basic political structure of the legal system, its basic law making and law applying institutions, then every legal system has a constitution.*»

[39] «*The Basic Law has constitutional status and dominates all other Hong Kong laws. (…) The Basic Law dominates all local statutes of the territory, and enjoys constitutional status, namely, as a charter which cannot be defied and one that guarantees social stability and steady economic development. In light of this, all governmental*

Inexiste, naturalmente, órgão ou instância especial de controlo judicial. Isto é, não existe algo como um Tribunal Constitucional nem sequer, por exemplo, uma espécie de TUI em conferência alargada, para efeitos de justiça constitucional. Ou seja, considera-se, v.g. o TUI, que inexistirá um órgão que possa declarar a inconstitucionalidade de dada norma com força obrigatória geral.

Contraponto de Hong Kong. Existe, incluindo arrogando-se os tribunais, *rectius*, o CFA (a instância judicial suprema, equivalente ao TUI) o poder de «eliminar» / «expurgar» normas do ordenamento jurídico.

Atente-se nas palavras do CFA[40],

«*In exercising their judicial power conferred by the Basic Law, the courts of the Region have a duty to enforce and interpret that Law. They undoubtedly have the jurisdiction to examine whether legislation enacted by the legislature of the Region or acts of the executive authorities of the Region are consistent with the Basic Law and, if found to be inconsistent, to hold them to be invalid. The exercise of this jurisdiction is a matter of obligation, not of discretion so that if inconsistency is established, the courts are bound to hold that a law or executive act is invalid at least to the extent of the inconsistency.*».

E adiante,

«*We consider that the unconstitutional parts of the No 3 Ordinance can be appropriately severed from the rest which is constitutional. The test is whether the constitutional parts are distinct from the unconstitutional parts so that what is unconstitutional may be severed from what is constitutional leaving what is constitutional intact. In our view, that question must be answered in the affirmative. The following parts are unconstitutional and should be excised. (...) we grant the following*

---

institutions, organizations and individuals must strictly adhere to the Basic Law.», RAO GEPING, *Two Views of Hong Kong's Basic Law:From Beijing, "One Country" Must Dominate the Two Systems...*, Hong Kong Journal, http://www.hkjournal.org/archive/2006_spring/rao.html. GIANCARLO ROLLA coloca assim a questão, «*Further evidence of the constitutional nature of Basic Law is provided by the fact that its revision may be carried out only by way of a special procedure, a "reinforced" procedure, (...) which cannot be amended by the national People's Congress except following specific procedures.*» . The development of asymmetric regionalism and the principle of autonomy in the new constitutional systems – a comparative approach, a publicar em One Country, Two systems, Three Legal Orders – Perspectives of Evolution, Springer.

[40] CFA Hong Kong, FACV No. 14 of 1998.

declarations and relief. (..) A declaration that the following parts of the Immigration Ordinance and Regulations are null and void and are excised therefrom».

O sucesso considerável da justiça constitucional em Hong Kong e a cerca de uma dezena de declarações de inconstitucionalidade «com força obrigatória geral» de normas legais tem sido de tal sorte que, «*Many of these cases have involved government playing a more sophisticated role in presenting constitutional arguments. It is no longer the case that a constitutional remedy is a measure sought by the applicant party upon a successful rights violation being shown. Nowadays, government may seek a constitutional remedy (such as remedial interpretation) to save legislation from being declared unconstitutional or to suspend temporarily the declaration of unconstitutional in order to allow the legislature time to pass corrective legislation*»[41].

III. Jurisdição da liberdade

Jurisdição da liberdade. A jurisdição da defesa dos direitos fundamentais.

Já houve amparo *genérico*. Foi recusada – por virtude de uma revogação global da lei onde o «recurso de amparo» viajara até ao sistema jurídico de Macau, quase ao jeito de «um turista acidental» – sua sobrevivência pelo TUI, por um par de acórdãos.

O ordenamento jurídico de Macau já consagrou positivamente o emblemático recurso de amparo enquanto remédio judicial de defesa de um dado universo relativamente lato de direitos fundamentais[42], isto é um remédio não acoplado a um dado direito fundamental – por exemplo *habeas corpus* ou *habeas data*.

Nada inculcava a necessidade de erradicação do recurso de amparo da panóplia do sistema de direitos fundamentais de Macau.

---

[41] SIMON NM YOUNG, *Developing Constitutional Rights Jurisprudence in the Hong Kong Court of Final Appeal*, comunicação apresentada às 2.ᵃˢ Jornadas de Direito e Cidadania da Assembleia Legislativa de Macau, 2009.

[42] Veja-se, por exemplo, PAULO CARDINAL, *La institución del recurso de amparo de los derechos fundamentales y la juslusofonia* cit. GOMES CANOTILHO, *As palavras e os homens – reflexões sobre a Declaração Conjunta Luso-Chinesa e a institucionalização do recurso de amparo de direitos e liberdades na ordem jurídica de Macau*, O Direito, Outubro, 1994.

O instituto já estava enraizado no ordenamento local mediante a sua aplicação prática em diversos casos.

Todavia, por circunstâncias político-jurídicas, a lei onde constava o preceito consagrador do recurso de amparo foi revogada e o TUI considerou extinto aquele mecanismo judicial, apesar da doutrina que se perfilhou em sentido adverso, isto é, defendendo a continuação do amparo[43].

Há que não olvidar dificuldades para e na imposição desta tese. Dificuldades essas que, com efeito, e pese embora os argumentos carreados em desfavor da tese da erradicação do instituto do amparo no dia 20 de Dezembro de 1999, fizeram vencimento, porquanto o TUI já se pronunciou, por duas vezes, – e expressamente – quanto à não sobrevivência do amparo na ordem jurídica da RAEM afirmando-se não mais haver o direito de impugnar decisões judiciais *inconstitucionais*, Acórdãos exarados nos processos n.ºs 1/2000 e 2/2000 que sufragam, aliás, a posição do Ministério Público ali expendida «*o ordenamento jurídico da Região Administrativa Especial de Macau não prevê (...) qualquer meio extraordinário de impugnação, nomeadamente o que se encontrava contemplado no artigo 17.º, n.º 1, da Lei n.º 112/91, de 29 de Agosto.*».

Subjacente a esta tese está, nomeadamente, a visão restrita que se impôs quanto ao âmbito do princípio da continuidade a qual levou à desconsideração *in toto* da lei portuguesa onde estava estabelecido o recurso de amparo e mesmo, aparentemente, uma certa confusão entre recurso de constitucionalidade e amparo.

Há, no entanto, alguns *amparos inominados* – no âmbito da protecção de dados pessoais[44] e no direito de reunião e manifes-

---

[43] JORGE MIRANDA, *Manual de Direito Constitucional*, Coimbra Editora, 2001, VI, p. 56, PAULO CARDINAL, *La institución del recurso de amparo de los derechos fundamentales y la juslusofonia cit*, entre outros.

[44] Lei N.º 8/2005, Lei da Protecção de Dados Pessoais.

«*Artigo 29.º, Tutela jurisdicional especial*

1. De decisão proferida por tribunal cabe sempre recurso para o Tribunal de Última Instância com fundamento em violação de direitos fundamentais garantidos na presente lei, sendo o recurso directo e per saltum, restrito à questão da violação e revestindo carácter urgente.

2. Sem prejuízo do disposto no número anterior, cabe recurso para o tribunal administrativo de actos administrativos ou da simples via de facto de poderes públicos, com fundamento na violação de direitos fundamentais garantidos na presente lei o qual reveste carácter urgente.

tação[45] – e *habeas corpus*. O TUI é a alta instância competente, sendo que também é, perdoe-se a aparente redundância, a entidade judicial que se pronuncia uni-instancialmente e sem recurso.

IV. Conclusões (ou perspectivas de evolução)

Pretendemos agora, tentativamente, apresentar algumas perspectivas de evolução ou caminhos possíveis:

Criação de um processo formal de fiscalização da constitucionalidade. Neste momento, como se viu, inexiste[46] não sendo necessário aqui relembrar os enormes inconvenientes que tal situação acarreta, ademais quando a actuação jurisprudencial em Macau não segue o «*arrojo*» da jurisprudência de Hong Kong.

Seria uma tarefa adequada e de bom caminho. Como escreveu um conhecido autor Chinês[47],

> «*Em caso de necessidade, a RAEM deve estipular por si só algumas leis, por forma a poder desempenhar com verdade a função de fiscalização,*

---

3. À tramitação processual dos recursos de tutela jurisdicional especial previstos nos números anteriores aplica-se, com as devidas adaptações, o disposto no artigo 7.º do Código de Processo Civil e subsidiariamente, e com as necessárias adaptações, a lei de processo civil e a lei do processo administrativo respectivamente, com observância do disposto nos números anteriores.»

[45] Artigo 12.º, Lei n.º 2/93/M, de 17 de Maio, alterada pela Lei n.º 7/96/M, de 22 de Julho, e Lei n.º 16/2008

(«*Recurso*»

1. Das decisões das autoridades que não permitam ou restrinjam a realização de reunião ou manifestação, cabe recurso para o Tribunal de Última Instância, a interpor por qualquer dos promotores no prazo de 8 dias contados da data do conhecimento da decisão impugnada.

2. O recurso é interposto directamente, minutado sem dependência de artigos, processado com dispensa de pagamento prévio de preparos e com indicação de todas as diligências de prova.

3. A autoridade recorrida é citada para responder, querendo, no prazo de 48 horas, sem dependência de artigos, sendo a decisão proferida nos 5 dias imediatos.

4. Não é obrigatória a constituição de mandatário judicial.».

[46] Assim o afirmou expressamente o TUI, Acórdão 9/2006, 2006/10/25. Com os inconvenientes que ao caso concreto adviram, quer para a parte quer, sobremaneira, para a defesa da ordem constitucional da RAEM, ou, ao menos, para a dilucidação de uma eventual violação de uma norma da Lei Básica.

[47] ZHAO GUOQIANG, *O meio de tutela do processo executivo da Lei Básica*, Administração, 57, 2002, pp. 924 e ss.

garantindo ao mesmo tempo, a aplicação da Lei Básica. (...) por outro lado, como o Tribunal não está a julgar, também não tem competência para interpretar. Quer isto dizer que ninguém pode fiscalizar. Eu acho que, de acordo com o princípio da correcta execução e perfeição do sistema, terá que haver alguém com competência para fiscalizar, sendo um assunto interno da RAEM, o poder de fiscalização pertence à Região e não ao Governo Popular Central, isto é tem que existir um órgão da RAEM para fiscalizar. Mas que órgão? Em minha opinião, julgo poder incluir esta fiscalização no Tribunal de Última Instância da RAEM. (...) Assim, uma lei que estipular competência ao Tribunal de Ultima Instância, deve incluir a decisão final na fiscalização das deliberações que violem o direito constitucional de todas as leis, decretos-leis, regulamentos executivos e outros regulamentos, não sendo contrário à Lei Básica, já que se encontra no âmbito dos assuntos internos da RAEM, por forma a preencher a lacuna acima mencionada.».

Recriação de um recurso de amparo.

Em várias instâncias foi já expressamente defendida a criação de um novo recurso de amparo ou instituto semelhante ainda que porventura de diferente rótulo. Por exemplo JORGE REIS NOVAIS, afirmou isso mesmo ao preconizar, entre outros, «*a reposição do instituto*»[48].

Há que reconhecer que, como diz o mesmo autor, com a abolição do recurso de amparo, «*se abriu objectivamente, na ordem jurídica de Macau, um campo de desprotecção que deveria ser compensado.*»[49]

Será tal duplo intento possível? Se sim, então com certeza se estará muito mais à vontade e muito mais confiante no crismar da RAEM como uma *Rechtsregion*, de corpo inteiro.

---

[48] *As restrições aos direitos fundamentais na ordem jurídica de Macau cit.*. Também nós vimos propondo essa reintrodução, por exemplo em *Continuity and Autonomy – Leading Principles Shaping the Fundamental Rights Constitutional System cit.*

[49] Idem.

Existe algum modelo de Organização Jurídica das Uniões Íntimas no Direito de Língua Portuguesa?[1]

JORGE DUARTE PINHEIRO[2]

1. **Introdução:** *Do modelo único à ausência de modelo?*

Temos a ideia de uma época em que havia um único modelo legítimo de família e de como ele era rígido e bem delimitado.

Temos também a ideia de que essa época está distante, tão distante que, por vezes, nos perguntamos o que é e o que não é família.

Que concluir? O que se passou?

2. **O modelo português no Direito de língua portuguesa**

  2.1. *O casamento tradicional: significado da expressão no Direito Português*
  2.2. *O modelo de organização de uniões íntimas que Portugal levou ao mundo*
     – Ordenações e Direito Canónico: união matrimonial, monogâmica, católica, indissolúvel, chefiada pelo marido
  2.3. *A independência do Brasil*
     – Ordenações e Código Civil Brasileiro de 1916

---

[1] Texto que serviu de base à intervenção do autor no I Congresso de Direito de Língua Portuguesa (4.º Painel "Casamento civil, união de facto, casamento religioso e casamento tradicional: que modelo familiar nos Estados de Língua Portuguesa"), que se realizou no dia 7 de Maio de 2009. Os títulos a cheio e a itálico foram projectados em diapositivos do sistema "PowerPoint", durante a exposição.

[2] Doutor em Direito e Professor Associado da Faculdade de Direito da Universidade de Lisboa.

2.4. *O Código Civil Português de 1867*
 – Modelo anterior, com possibilidade de casamento civil
 – Aplicação em África e na Ásia
2.5. *A integração de Goa na União Indiana*
 – A vigência até hoje do Código Civil Português de 1867
 – Particularidades
2.6. *O Código Civil Português de 1966*
 – A persistência do modelo anterior
 – Aplicação em África
2.7. *A independência dos Países Africanos; evoluções em Portugal e no Brasil*
2.8. *A atitude perante a união de facto*
2.9. *Rumo a uma análise específica da situação portuguesa actual*

No Direito Português, a expressão "casamento tradicional" não é sinónimo de uma modalidade de casamento, constituindo um termo que alude a uma visão não contemporânea, antiga, das uniões íntimas.

Ora, o modelo antigo de organização das uniões íntimas que vigorou nos territórios não europeus que estiveram sob administração portuguesa é um modelo que foi levado de Portugal.

É primeiramente o modelo que resultava das Ordenações e do Direito Canónico: isto é, um modelo que atribuía ao casamento carácter exclusivo na organização das uniões íntimas; e um modelo que assentava num casamento heterossexual, monogâmico, indissolúvel, celebrado segundo o rito da Igreja Católica e chefiado pelo marido.

Não obstante a independência do Brasil, em 1822, o modelo português antigo perdurou por muito tempo na América. As Ordenações Filipinas vigoraram até ao Código Civil Brasileiro de 1916 e este Código consagrou também a união matrimonial monogâmica, indissolúvel e chefiada pelo marido.

O Código Civil Português de 1867 não se demarcou do modelo português anterior, limitando-se a admitir a possibilidade de celebração do casamento civil. E o diploma de 1867 vigorou em Portugal e nos territórios africanos e asiáticos sobre administração portuguesa.

Apesar da integração de Goa na União Indiana, em 1961, o Código Civil Português de 1867 continuou a vigorar naquele Estado da República federal da Índia, na parte relativa ao Direito da Família e ao Direito das Sucessões. Vigora ainda hoje, quando deixou de vigorar no resto do mundo há mais de 40 anos. Por conseguinte, o Código Civil Português de 1867 é um dos mais antigos códigos civis do mundo que se encontra em vigor. Não se pense, porém, que o modelo português de união íntima do séc. XIX persiste em Goa.

O Código de 1867 está a ser aplicado num sistema híbrido, em que a jurisprudência é uma importante fonte do Direito. E é justamente a jurisprudência que tem adaptado a legislação civil de origem portuguesa às mudanças sociais que se produziram em Goa. Por exemplo, por acção dos tribunais, é desde 1975 permitido o divórcio a pessoas unidas por casamento católico.

Ao Código Civil de 1867 sucedeu o Código Civil Português de 1966, cuja versão originária manteve, no essencial, o modelo antigo de união íntima.

O Código de 1966, na versão originária, vigorou tanto em Portugal como nos territórios africanos sob administração portuguesa.

Todavia, o modelo consagrado na versão originária do Código Civil Português de 1966 e no Código Civil Brasileiro de 1916, que atribuía ao casamento carácter exclusivo na organização das uniões íntimas e que o configurava como uma união indissolúvel dirigida pelo marido, acabou por ser afastado. Em Portugal, nos Países Africanos de Língua Portuguesa, que se tornaram independentes, e no Brasil, adoptou-se o princípio da igualdade dos cônjuges e admitiu-se, com maior ou menor abertura, o divórcio.

Paralelamente, o casamento deixou de ser a única espécie de organização socialmente aceitável das uniões íntimas. O casamento concorre com a união de facto ou com a união estável. Contudo, até agora, o Direito Português tem sido o mais tímido dos Direitos de língua portuguesa no reconhecimento de efeitos jurídicos à união de facto, o que talvez se deva ao entendimento de que se trata de figura pouco necessária num território em que existe e tem existido um número suficiente de pessoas com competência para celebrar o casamento (funcionários do registo civil, párocos, ministros do culto)

Vejamos justamente os aspectos específicos da regulamentação jurídica portuguesa das uniões íntimas, o casamento e a união de facto

3. Casamento *versus* união de facto

   A. Noção de casamento e de união de facto
   B. A coabitação, elemento comum
   C. Principais elementos distintivos
   – Formalidades
   – Deveres

O casamento identifica-se com um acto solene que implica a assunção de deveres recíprocos de plena comunhão de vida entre duas pessoas de sexo oposto. A união de facto consiste numa comunhão de leito, mesa e habitação, que não é precedida por uma cerimónia ou qualquer outra forma especial.

A coabitação é um elemento comum ao casamento e à união de facto. Os cônjuges estão reciprocamente obrigados a coabitar (cf. art. 1672.º do Código Civil Português). A união de facto existe desde que haja coabitação, isto é, a mencionada comunhão de leito, mesa e habitação.

No entanto, a coabitação é objecto de um dever jurídico no casamento, o que não acontece na união de facto. E, enquanto a coabitação é essencial para que haja união de facto, a ausência de coabitação não obsta à validade e à existência do vínculo matrimonial.

Note-se que a união de facto não é susceptível de ser convertida em casamento, ainda que tal seja pedido pelos dois membros da união de facto. Os companheiros só podem ficar subordinados aos efeitos do casamento se se casarem e desde a altura em que contraírem o casamento.

Mas há mais um aspecto que separa estas duas realidades. Como se disse, o casamento é um acto solene, estando marcado por formalidades: formalidades que precedem o acto (processo preliminar de casamento), formalidades que se referem à cerimónia e formalidades subsequentes (registo). A própria dissolução do casamento por ruptura da vida em comum também depende de formalidades. As formalidades em apreço exigem a presença do Estado ou de autoridade equivalente (pároco, ministro do culto). Isto não sucede com a união de facto.

4. Modalidades de casamento

A. Duas modalidades: casamento civil e casamento católico
B. Três formas: casamento laico, católico e religioso não católico

O Direito Português conhece duas modalidades de casamento: o casamento civil e o casamento católico.

O matrimónio católico é uma verdadeira modalidade de casamento, uma vez que o Estado admite a eficácia civil do Direito Canónico na regulamentação de aspectos não meramente formais do casamento católico. De facto, à luz do art. 16.º da Concordata entre a República Portuguesa e a Santa Sé, de 2004, e do art. 1626.º do

Código Civil Português, na redacção do Decreto-Lei n.º 100/2009, de 11 de Maio, as decisões das autoridades eclesiásticas relativas à nulidade do casamento e à dispensa pontifícia do casamento rato e não consumado podem produzir efeitos civis. Tais decisões aplicam o Direito Canónico aos requisitos de validade do matrimónio católico (o que abrange não só a matéria da forma como a da possibilidade legal, capacidade e consentimento dos contraentes), e incidem sobre uma causa particular de dissolução desta mesma espécie de matrimónio (a dispensa do casamento rato e não consumado).

Outro é o tratamento dado pelo Estado Português aos demais casamentos religiosos. Aos casamentos religiosos não católicos celebrados perante o ministro do culto de uma igreja ou comunidade religiosa radicada no país (evangélico, judaico, islâmico, etc.) são reconhecidos efeitos civis (art. 19.º, n.º 1, da Lei da Liberdade Religiosa – Lei n.º 16/2001, de 22 de Junho). Contudo, estão integralmente sujeitos ao regime que vigora para o casamento civil, salvo no que toca a alguns aspectos de forma (cf. arts. 19.º e 58.º da Lei da Liberdade Religiosa).

O casamento civil compreende duas formas, a civil e a religiosa, pelo que, tendo em conta a outra modalidade de casamento (o católico), há afinal três formas: laica (casamento civil sob forma civil), católica e religiosa não católica (casamento civil sob forma religiosa).

Naturalmente, tais distinções não se estendem à união de facto.

5. O regime do casamento e da união de facto (protegida)

5.1. *Requisitos substanciais*
– *Prazo da coabitação*
– *Sexo das partes*
– *Impedimentos*
– *A não cumulação de uniões*

A união de facto pode ser protegida ou não protegida. A união de facto protegida é aquela que goza das medidas de protecção da Lei n.º 7/2001, de 11 de Maio.

Dada a quase total irrelevância da união de facto não protegida no Direito Português, interessa apenas confrontar o regime do casamento com o da união de facto protegida.

A união de facto protegida exige um prazo de coabitação superior a dois anos. Como se mencionou anteriormente, a existência e a validade do casamento não são atingidas pela falta de coabitação entre as partes

A heterossexualidade é condição de existência do casamento. A protecção da união de facto ocorre independentemente de os membros serem do mesmo sexo ou de sexo oposto.

Os impedimentos que obstam à validade do casamento são idênticos aos que obstam à eficácia da união de facto (p.e., parentesco na linha recta ou no 2.º grau da linha colateral).

A lei estabelece obstáculos ao casamento de uma pessoa que se encontre casada; atribui ao casamento o carácter de causa de dissolução da união de facto; e não permite uma união de facto protegida se um dos membros se encontrar casado, a não ser que ele esteja separado de pessoas e bens.

Na falta de disposição legal expressa, deve entender-se que há um obstáculo de eficácia à união de facto de uma pessoa que se encontre com a viver em união de facto com outra, já que a união de facto é protegida em consideração do que a aproxima, na aparência, do casamento, que, entre nós, é monogâmico.

5.2. Efeitos

A. *Efeitos essenciais do casamento*
  – *Idênticos, independentemente da forma*
  – *Deveres de plena comunhão de vida*
  – *Bens e dívidas*
  – *Regra da imperatividade*

Os efeitos essenciais do casamento são iguais no ordenamento jurídico português, qualquer que seja a forma de celebração do matrimónio. Tais efeitos compreendem deveres de comunhão plena, bem como regras próprias em matéria de bens e dívidas.

Os deveres de comunhão plena desdobram-se em deveres recíprocos de respeito, fidelidade, coabitação, cooperação e assistência.

As regras próprias em matéria de bens e dívidas ditam que certos bens pertençam a ambos os cônjuges numa contitularidade de mão comum, que haja certas particularidades no que respeita à administração e disposição de bens quer próprios de cada um quer comuns e que muitas vezes as dívidas contraídas por um cônjuge responsabilizem ambos.

As normas sobre efeitos essenciais do casamento são, em princípio, imperativas. Admite-se, quando muito, a fixação prévia da titularidade de bens, mediante convenção antenupcial.

Todavia, a imperatividade que abrange os deveres de comunhão plena de vida não influi muito na vida concreta das partes dada a formulação vaga dos deveres e a falta de consenso actual quanto ao conteúdo dos mesmos.

 B. *Efeitos principais da união de facto subsistente*
   – *Vigentes (Lei n.º 7/2001, de 11/5)*
   – *"Iminentes" (Projecto de Lei n.º 665/X)*

Na lei vigente, a união de facto produz mais efeitos jurídicos quando se dissolve do que quando subsiste.

Embora a Lei n.º 7/2001, de 11 de Maio (que adopta medidas de protecção das uniões de facto) contenha um artigo com sete alíneas, subordinado à epígrafe "efeitos" (o art. 3.º), os efeitos da união de facto (enquanto existe) resumem-se a benefícios do domínio do Direito do Trabalho, do Direito da Função Pública e do Direito Fiscal. A lei em vigor não prevê deveres jurídicos específicos entre os membros da união de facto, nem estabelece uma regulamentação própria no campo dos bens e das dívidas.

O Projecto de Lei n.º 665/X (publicado no *Diário da Assembleia da República,* II série A, n.º 77, de 28 de Fevereiro de 2009) consagra expressamente duas regras específicas em matéria de titularidade de bens e de dívidas: uma delas prevê a possibilidade de os membros da união de facto estipularem cláusulas sobre a propriedade dos bens adquiridos durante a constância do matrimónio, o que não se compara às possibilidades de estipulação conferidas aos nubentes na convenção antenupcial; outra regra determina que os membros da união de facto respondem solidariamente pelas dívidas contraídas por qualquer deles para ocorrer aos encargos normais da vida familiar, solução que já decorria da teoria da tutela da confiança de terceiros e que, no quadro da relação conjugal, traduz somente um de entre vários casos de dívidas comunicáveis.

C. Vias de convergência de efeitos
– Deveres conjugais difusos
– Abolição da declaração de culpa

Os efeitos jurídicos do casamento são distintos, superiores aos efeitos da união de facto. E, como se afirmou atrás, não é admitida, em Portugal, a conversão da união de facto em casamento.

Apesar de tudo, as fronteiras tendem a esbater-se. No caso dos efeitos predominantemente patrimoniais, anuncia-se, a curto prazo, uma demarcação menos forte entre casamento e união de facto por força de intervenção legislativa directa. No caso dos deveres conjugais, a respectiva formulação legal, assente em conceitos indeterminados, que estão à mercê de uma certa hesitação valorativa, e a recente abolição da declaração de culpa no divórcio, criam a ideia de que os deveres que a lei impõe aos cônjuges, e não aos unidos de facto, são dotados de reduzida efectividade.

5.3. *Extinção*

A. *Extinção do casamento e da união de facto: modos*
B. *Divórcio e ruptura da união de facto: pressupostos*
C. *Efeitos do divórcio e da ruptura da união de facto*
D. *Convergência de pressupostos e efeitos*
– *Papel da Lei n.º 61/2008, de 31 de Outubro*

Os modos principais de extinção do casamento são três: morte de uma das partes, divórcio e invalidade. A união de facto extingue-se por morte de um dos companheiros e por ruptura da vida em comum. Por conseguinte, a invalidade surge como categoria exclusiva do casamento, revelando o carácter negocial ou contratual da figura.

Convém comparar o divórcio com a ruptura da união de facto.

Antes da Lei n.º 61/2008, de 31 de Outubro, estavam consignados três pressupostos de divórcio: mútuo consentimento, violação culposa de deveres conjugais e ruptura da vida em comum (tendo como melhor exemplo a hipótese de separação de facto por mais de 3 anos).

A referida lei assentou o divórcio em dois grandes pressupostos: o mútuo consentimento e "qualquer facto que, independentemente de culpa dos cônjuges, mostre a ruptura definitiva do casamento" (incluindo a separação de facto há mais de um ano).

O pressuposto da ruptura da união de facto reconduz-se à vontade de qualquer um dos seus membros.

Será realmente grande a diferença entre os pressupostos do divórcio e o pressuposto da ruptura da união de facto?

Não caberá no conceito "qualquer facto que, independentemente de culpa dos cônjuges, mostre a ruptura definitiva do casamento" uma qualquer manifestação unilateral de vontade de um dos cônjuges no sentido de não continuar ligado ao casamento (por exemplo, a mera propositura de uma acção de divórcio, independentemente do fundamento que seja invocado)?

Prosseguindo a comparação no domínio da extinção do casamento e da união de facto, há que considerar os efeitos do divórcio e os efeitos da ruptura da união de facto.

Antes da Lei n.º 61/2008, de 31 de Outubro, previa-se a possibilidade de divórcio litigioso com declaração de culpa dos cônjuges, o que acarretava consequências negativas para o cônjuge declarado único ou principal culpado no campo da partilha, das liberalidades, da responsabilidade civil e dos alimentos; em regra, um cônjuge que não tivesse sido declarado culpado e carecesse de alimentos tinha direito aos mesmos.

Com a lei de 2008, desaparece a declaração de culpa e segue-se o princípio segundo o qual o papel das partes na ruptura não tem impacto relevante nas consequências do divórcio; após o divórcio, fixa-se o destino da casa de morada de família com base em juízos de equidade e em princípio não há lugar a alimentos; há partilha e pode haver responsabilidade civil nos termos gerais.

No que toca à união de facto, os efeitos da ruptura não variam em razão do papel de cada uma das partes na dissolução; não há partilha, nem alimentos; o destino da casa de morada comum é definido com base em juízos de equidade; é possível aplicar institutos como o enriquecimento sem causa e a responsabilidade civil, nos termos gerais.

Aparentemente, a Lei n.º 61/2008, de 31 de Outubro, aproximou o regime do divórcio do regime da ruptura da união de facto. A obtenção do divórcio tornou-se mais fácil e deixou de haver consequências negativas claras para comportamentos censuráveis das partes na constância do matrimónio; a regra tornou-se a não concessão de alimentos pós-matrimoniais.

6. Modelo actual e futuro de união familiar e parafamiliar

6.1. Características do modelo actual
- Individualista
- Contrário à poligamia simultânea, mas aberto à sucessiva
- Adaptado a um modelo económico que pressupõe mobilidade, fungibilidade e inovação

Continua a haver um modelo de organização jurídica das uniões íntimas. O modelo actual tem como base a vontade de uma só parte, pelo que não é democrático. A vontade individual é determinante na configuração dos efeitos da ligação e na sua ruptura. Isto significa que ou há acordo ou tende a prevalecer a vontade do mais forte, do mais impulsivo ou do menos escrupuloso.

A facilidade na ruptura do vínculo matrimonial e da união de facto, aliada à ideia de que as pessoas devem procurar viver uma relação inteiramente feliz, propicia a poligamia sucessiva. No entanto, o sistema é contrário à poligamia simultânea.

O modelo familiar em questão adequa-se ao modelo económico. O modelo económico exige mobilidade da mão-de-obra, o que implica unidades familiares pequenas, que, portanto, não convém que sejam poligâmicas no sentido estrito do termo. O modelo económico exige que haja consumo, que as pessoas se desfaçam de certas coisas para comprar outras ou que comprem coisas antes inexistentes acreditando que elas são essenciais. A ruptura, o divórcio, a constituição de novas ligações permite aumentar o consumo, as vendas de imóveis, automóveis e objectos para o lar. Além disso, a predisposição para a troca de parceiros adere ao espírito de disponibilidade para produzir e adquirir bens novos. Tudo é permutável e tudo é que novo é bom. Coisas, pessoas, experiências.

6.2. O modelo futuro
- Impacto da crise económica?

O modelo actual de uniões íntimas está ligado a um modelo económico que apresenta sinais de crise, cujo desenrolar não é previsível.

Por conseguinte, é arriscado vaticinar qual virá a ser o modelo futuro de união familiar e parafamiliar.

O Casamento na Ordem Jurídica Timorense actual: perspectivas de evolução

JAIME VALLE[1]

I. A formação da ordem jurídica timorense (1975-2002)

a) *No período 1975-1999*

A refundação da ordem jurídica timorense em 1999, baseada num Estado independente de Timor-Leste, depois da tentativa falhada de 1975 – que culminou com a declaração de independência de 28 de Novembro de 1975, em plena guerra com a Indonésia, poucos dias antes da tomada de Díli, e que foi reconhecida apenas por um reduzido número de Estados[2-3] –, veio confrontar-se com um cenário peculiar, que a singulariza de certo modo perante as experiências de emancipação de outras sociedades coloniais[4].

Em primeiro lugar, a caracterização do sistema jurídico vigente em Timor-Leste antes da fase final do processo de autodeterminação,

---

[1] Mestre em Direito e Assistente da Faculdade de Direito da Universidade de Lisboa.

[2] Cfr. JAMES DUNN, *East Timor – A Rough Passage to Independence*, 3.ª ed., Double Bay, 2003, p. 235.

[3] A reivindicação da independência declarada em 1975 viria a ser abandonada em 1984 pela Resistência timorense, o que facilitou as diligências portuguesas no sentido da autodeterminação de Timor-Leste, pois deixou de poder ser argumentado – pela Indonésia e por outros Estados – o aparente conflito entre a qualidade de potência administrante reivindicada por Portugal e a qualidade de sujeito de Direito Internacional Público da proclamada República Democrática de Timor-Leste.

[4] Cfr. MIGUEL GALVÃO TELES, "Timor-Leste", *Dicionário Jurídico da Administração Pública*, 2.º Suplemento, 2000, pp. 569 e ss. (571), que qualifica o caso de Timor-Leste, juntamente com os casos do Zimbabwe, Namíbia e Sara Ocidental, como situações de autodeterminação especiais.

que se inicia com o referendo de 30 de Agosto de 1999, organizado sob a égide da ONU, apresenta-se eivada de dificuldades, superiores às que usualmente se encontram nas transições para a independência de outros territórios coloniais. Por um lado, a ordem jurídica efectivamente vigente ou, melhor dito, efectivamente aplicada em Timor-Leste entre 1975 e 1999 era a ordem jurídica indonésia, em resultado da invasão iniciada em 1975 e que progrediria nos anos seguintes para o controlo da quase totalidade do território de Timor-Leste[5]. Mas a anexação de Timor-Leste pela Indonésia contrariava princípios e regras basilares do Direito Internacional Público – desde logo o princípio da proibição de aquisição de território por intermédio da força e o princípio da autodeterminação dos povos[6] –, pelo que, não obstante ter sido reconhecida por alguns Estados, nunca se consolidou verdadeiramente na ordem jurídica internacional[7]. Assim, a aplicação das regras jurídicas indonésias em Timor-Leste, no período considerado, foi uma aplicação inválida, ainda que dotada de um maior ou menor grau de efectividade – as decisões tomadas e os actos praticados ao abrigo da ordem jurídica indonésia, se bem que tendo podido conformar, na prática, a actuação das autoridades públicas e as relações entre as pessoas, não se sustentavam num título jurídico válido[8].

Por outro lado, a posição da ordem jurídica que a Indonésia pretendera substituir em Timor-Leste, a ordem jurídica portuguesa, também se confrontava com alguns problemas. Desde logo, na sua legitimidade, pois ainda que em Timor-Leste não tivesse existido, no período anterior à Revolução de 25 de Abril de 1974, qualquer movimento ou agitação de monta que questionasse a presença portuguesa e reivindicasse a independência[9], essa presença, nos moldes em que se encontrava estabelecida, não deixava de se confrontar – e de

---

[5] Cfr. JAMES DUNN, East Timor..., pp. 263 e ss.

[6] Cfr. ANTONIO CASSESE, Self-Determination of Peoples – A Legal Reappraisal, Cambridge, 1995, pp. 226 e ss.

[7] Cfr. RAYMOND GOY, "L' Indépendence du Timor Oriental", Annuaire Français de Droit International, XLV, 1999, pp. 202 e ss. (204-205).

[8] Cfr. PAULO OTERO, "A Lei Aplicável às Relações Jurídico-Privadas Envolvendo Timorenses e Constituídas em Timor-Leste entre 1975 e 1999", in JORGE MIRANDA (ORG.), Timor e o Direito, Lisboa, 2000, pp. 37 e ss. (48 e ss.).

[9] Cfr. JAMES DUNN, East Timor..., pp. 31 e ss; MIGUEL GALVÃO TELES, "Timor-Leste", p. 290; PAULO GORJÃO, "O Fim de um Ciclo: As Políticas Externas da Austrália e de Portugal em relação a Timor-Leste", Análise Social, Vol. XXXVII (164), 2002, pp. 911 e ss. (913-914).

ser confrontada, no âmbito internacional[10] – com o princípio da autodeterminação dos povos[11-12].

Para além disso, a vigência da ordem jurídica portuguesa em Timor-Leste defrontava o problema da efectividade ou, melhor, da falta dela. Depois da saída definitiva das autoridades portuguesas de Timor-Leste em Dezembro de 1975[13], a ordem jurídica portuguesa, tirando a referência constitucional à vinculação de Portugal à autodeterminação e independência do território[14], não contemplou a questão da aplicação em Timor-Leste na sua evolução posterior. Ora, não se

---

[10] Logo com a inclusão de Timor-Leste na lista dos territórios portugueses a descolonizar pela Resolução da Assembleia Geral da ONU n.º 1542 (XV), de 15.12.1960, e com a subsequente condenação pelos órgãos da ONU, progressivamente mais firme, da posição portuguesa – cfr. MIGUEL GALVÃO TELES / PAULO CANELAS DE CASTRO, "Portugal and the Right of Peoples to Self-Determination", *Archiv des Völkerrechts*, Vol. 34, T. 1 (1996), pp. 2 e ss. (18 e ss.).

[11] Cfr., sobre este ponto de vista relativamente à (i)legitimidade do Direito Colonial em geral, ISSA G. SHIVJI, para quem "The colonial state law was strictly constructed in the crudest positivist tradition as a collection of rules to transmit force. (...) Thus colonial law was predominantly a self-sufficient body of rules giving widely discretionary powers to officials to control the governed; in other words, it made possible a thinly veiled exercise of state force wich was not disguised by ideologies of justice, rights and fairness. Colonial state law is, then, eminently a despotic law" ["Contradictory Perspectives on Rights and Justice in the Context of Land Tenure Reform in Tanzania", in MAHMOOD MAMDANI, *Beyond Rights Talk and Culture Talk – Comparative Essays on the Politics of Rights and Culture*, Nova Iorque, 2000, pp. 37 e ss. (39)].

[12] Em sentido diverso, cfr. ADRIANO MOREIRA, para quem "Consent legitimizes forms of political association, as happened in East Timor" ["The Invasion of East Timor by Indonesia", in *International Law and the Question of East Timor*, Nottingham, 1995, pp. 290 e ss. (292)], acrescentando ainda que "the Timorese understood that the presence of the Portuguese in Timor was by common consent, not based in colonial dependence, the result of conquest or occupation" (Op. Cit., p. 294).

[13] Desde finais de Agosto de 1975 confinadas à ilha de Ataúro, para onde o Governador se retirara quando deflagrou a guerra civil entre a UDT e a FRETILIN.

[14] Cfr. artigo 297.º da versão originária da Constituição portuguesa de 1976, cujo n.º 1 determinava que "Portugal continua vinculado às responsabilidades que lhe incumbem, de harmonia, com o direito internacional, de promover e garantir o direito à independência de Timor-Leste". A Revisão Constitucional de 1989 aditaria a esta norma do então renumerado artigo 293.º a obrigação de promover, ao lado da independência, a autodeterminação de Timor-Leste, aproximando assim a redacção do preceito constitucional da fórmula geralmente utilizada no âmbito internacional (cfr. DAR, 2.ª Série, N.º 55-RC, 07.11.1988, pp. 1754 e ss.). O artigo 293.º viria a ser removido pela Revisão Constitucional de 2004, atenta a sua caducidade decorrente do acesso de Timor-Leste à independência – cfr. VITAL MOREIRA, "Organização Político-Constitucional de Timor Lorosae", in *Timor – Um País para o Século XXI*, Lisboa, 2000, pp. 221 e ss. (222-223).

integrando Timor-Leste no território português, como resultava claramente do artigo 5.º da Constituição portuguesa de 1976, e tinha sido já estabelecido pela Lei n.º 7/74[15], as regras jurídicas produzidas por Portugal a partir dessa altura não se aplicariam, sem mais, em Timor-Leste. O que, a admitir-se a validade da vigência da ordem jurídica portuguesa em Timor-Leste no período 1975-1999, levanta a questão: qual ordem jurídica, a que existia em 1999, ou a que ali vigorava em 1975?

b) No período 1999-2002

O outro ponto singular da situação de Timor-Leste após a realização do referendo de 30 de Agosto de 1999 foi o grau da intervenção da Organização das Nações Unidas no processo de transição para a independência. A regra nos processos de descolonização é que, com a retirada da potência colonial, a administração do território passe para uma nova estrutura de organização do poder político criada para esse efeito pelo Estado que adquire a independência. Não foi assim no caso de Timor-Leste. A saída do Estado que ocupava, que administrava, de facto – que não de *jure* – Timor-Leste, não conduziu imediatamente à sua independência, mas sim a um período transitório de três anos, entre 1999 e 2002, em que a ONU esteve encarregue da administração directa do território, através da Administração Transicional das Nações Unidas em Timor-Leste (UNTAET)[16], uma estrutura criada pelo Conselho de Segurança e investida na plenitude dos poderes legislativos e executivos, incluindo a administração da justiça, sobre o território de Timor-Leste[17], cujo figurino se baseou amplamente no modelo da Missão das Nações Unidas para a Administração Interina do Kosovo (UNMIK)[18], criada poucos meses antes[19].

---

[15] Ao consagrar, pelo seu artigo 2.º, o direito à autodeterminação e independência dos territórios ultramarinos, derrogando nessa parte expressamente o artigo 1.º da Constituição de 1933, cujo n.º 5 incluía no território de Portugal "Timor e suas dependências".

[16] Criada pela Resolução n.º 1272 (1999) do Conselho de Segurança, de 25 de Outubro.

[17] Sobre os poderes e o mandato da UNTAET, cfr. DANIEL FITZPATRICK, "Developing a Legal System in East Timor: Some Issues of UN Mandate and Capacity", *Austrian Review of International and European Law*, N.º 5, 2000, pp. 5 e ss. (9 e ss.).

[18] Cfr. JOSÉ AZEREDO LOPES, "A Transição de Timor-Leste para a Independência: Certezas e Ambiguidades na Construção de um Estado", in *Timor – Um País para o Século XXI*, Lisboa, 2000, pp. 195 e ss. (200-201); PAULO GORJÃO, "O Legado e as Lições da

A actuação da UNTAET teve, naturalmente, um grande impacto na estruturação da ordem jurídica timorense. Por um lado, através da criação de um novo sistema jurídico aplicável em Timor-Leste no período de transição, traduzido no conjunto de actos de natureza legislativa e regulamentar que produziu sobre os mais variados aspectos da vida política, económica, social e cultural de Timor-Leste, conjunto esse que, nos seus componentes mais importantes, formou uma verdadeira "constituição material"[20]; por outro lado, através de uma intervenção assumida, depois de alguma reserva inicial, no aconselhamento e apoio aos trabalhos da Assembleia Constituinte, com a consequente influência em algumas das soluções que vieram a ser acolhidas na Constituição timorense de 2002[21].

II. O sistema de fontes na ordem jurídica timorense actual

Assim, ao passo que na maioria dos Estados que resultaram da descolonização, a ordem jurídica nascente teve, em regra, de lidar apenas com as opções e as decisões de uma ordem jurídica anteriormente aplicável – a da potência colonial –, cabendo-lhe ponderar a sua ressalva, nalguma medida, e a sua articulação com os princípios e regras jurídicas criadas após a independência, no caso de Timor--Leste essa difícil ponderação teve, de certa forma, de ser realizada em triplicado, pois os sistemas jurídicos ali sucessivamente aplicados, de forma efectiva, nos 30 anos anteriores à independência, foram três: o português – até 1975 –, o indonésio – entre 1975 e 1999 –, e o sistema criado pela UNTAET – entre 1999 e 2002.

A tarefa de articulação desta panóplia de sistemas jurídicos anteriores que recaiu sobre as autoridades timorenses não se adivinhava fácil, e o grau de complexização da solução adoptada é, inevitavelmente, elevado.

Administração Transitória das Nações Unidas em Timor-Leste", *Análise Social*, Vol. XXXVIII (169), 2004, pp. 1043 e ss. (1048).

[19] Com base na Resolução n.º 1244 (1999) do Conselho de Segurança, de 10 de Junho.

[20] JONATHAN MORROW / RACHEL WHITE, "The United Nations in Transitional East Timor: International Standards and the Reality of Governance", *Australian Year Book of International Law*, Vol. 22, 2002, pp. 1 e ss. (42).

[21] Cfr. JONATHAN MORROW / RACHEL WHITE, "The United Nations in Transitional East Timor...", pp. 40-41; HILARY CHARLESWORTH, "The Constitution of East Timor, May 20, 2002", *International Journal of Constitutional Law*, Vol. 1, T. 2 (2003), p. 328.

O legislador constituinte optou, avisadamente, pela manutenção em vigor das leis e regulamentos vigentes em Timor-Leste à data da independência, em tudo o que não se mostrasse contrário à Constituição e aos princípios nela consignados (artigo 165.º da Constituição).

Qual é, então, em concreto, este direito anterior mantido em vigor pela nova ordem jurídica timorense em 2002?

Uma primeira opção, que não foi pacífica[22], passou pela aparente não recuperação do sistema jurídico português. Ainda que Portugal tivesse sustentado, ao longo dos anos, a reivindicação legítima da manutenção do estatuto de potência administrante do território, que tinha como corolário implícito a aplicação do Direito português em Timor-Leste, essa aplicação não se pôde concretizar durante o domínio indonésio, e também não foi retomada pela UNTAET – sobretudo por razões de ordem prática, que, assentes em pressupostos de facto que não foram avaliados da forma mais correcta, procuraram obstar a um suposto vazio legal e atender à formação e experiência da comunidade jurídica timorense[23].

Assim, em atenção a um princípio da efectividade, o Parlamento Nacional, repetiu, no artigo 1.º da Lei n.º 2/2002, de 7 de Agosto, o conteúdo da disposição constitucional atrás citada que determinava que a legislação vigente em 19 de Maio de 2002 – data da independência – se manteria em vigor, vindo depois, face à orientação jurisprudencial em sentido diverso que se estava a formar[24], a interpretar autenticamente a norma em questão, através do artigo 1.º da Lei n.º 10/2003, de 10 de Dezembro, esclarecendo, ainda que de forma pouco precisa, que a legislação em causa era (também) a legislação indonésia que era aplicada e vigorava "de facto" em Timor-Leste antes do dia 25 de Outubro de 1999, nos termos estatuídos no Regulamento n.º 1999/1, da UNTAET.

---

[22] Cfr. JONATHAN MORROW / RACHEL WHITE, "The United Nations in Transitional East Timor…", p. 8; DANIEL FITZPATRICK, "Developing a Legal Systen in East Timor…", p. 16.

[23] Cfr. HANSJOERG STROHMEYER, "Policing the Peace: Post-Conflict Judicial System Reconstruction in East Timor", *University of New South Wales Law Journal*, Vol. 24 (1), 2001, pp. 171 e ss. (174); DANIEL FITZPATRICK, "Developing a Legal Systen in East Timor…", pp. 16-17.

[24] Cfr. Acórdãos do Tribunal de Recurso de 15.07.2003 (Proc. N.º 16/PID.C.G/2001/PD.DIL) e de 18.07.2003 (Proc. N.º 03/2002), acessíveis em *www.unmit.org*, nos quais se decidiu que a legislação vigente em Timor-Leste antes de 25 de Outubro de 1999 teria de ser a legislação portuguesa.

Esta opção, que foi primeiro tomada pela UNTAET em 1999 e depois confirmada pelos órgãos de soberania timorenses em 2002 e 2003, assenta, como foi referido, no princípio da efectividade, e teve em vista a salvaguarda das situações e das expectativas criadas ao longo de vinte e cinco anos de aplicação ininterrupta das leis indonésias. As razões desta opção foram, sobretudo, como também já se referiu, de ordem pragmática, tendo a escolha feita em 1999 condicionado, em certa medida, a decisão definitiva tomada em 2002. Não podemos aprofundar aqui este ponto, mas a opção que prevaleceu corresponde, como demonstra PAULO OTERO[25], à orientação do Direito Internacional Público, sendo suportada pelo Parecer Consultivo do Tribunal Internacional de Justiça sobre a Namíbia, e corresponde também ao entendimento dominante no âmbito do Direito Internacional Privado, que privilegia a aplicação do Direito efectivamente vigente no território estrangeiro em causa, não obstante a invalidade do seu título.

O que ficou então ressalvado foi, desde logo, o sistema jurídico criado pela UNTAET entre 1999 e 2002, com o seu amplo conjunto de regulamentos e directivas, sobre as mais variadas matérias.

Depois, ficou também em vigor o Direito indonésio aplicável em Timor-Leste em 19 de Maio de 2002 nos complexos termos previstos pelo artigo 3.º do Regulamento UNTAET n.º 1/1999 e pelo artigo 1.º da Lei n.º 10/2003, e que vamos referir já de seguida.

Temos então a actual ordem jurídica timorense estruturada, na sua componente legislativa, em três níveis:

- O primeiro é constituído pelos diplomas legislativos – leis e decretos-leis – aprovados pelos órgãos legiferantes da República Democrática de Timor-Leste, o Parlamento Nacional e o Governo;
- O segundo é constituído pelos Regulamentos da UNTAET produzidos entre 1999 e 2002 que foram aprovados pela Assembleia Constituinte – os Regulamentos que não foram objecto de tal aprovação passaram a assumir natureza regulamentar[26] –, que se mostrem conformes à Constituição e que

---

[25] "A Lei Aplicável às Relações Jurídico-Privadas Envolvendo Timorenses…", pp. 49 e ss.

[26] Esta distinção não é, contudo, pacífica, pois tem mero assento na lei (artigo 20.º, n.º 1, da Lei n.º 1/2002, de 7 de Agosto), e não na Constituição, e não foi retomada pelas leis posteriores – cfr. FLORBELA PIRES, "Fontes do Direito e Procedimento Legislativo na República

não foram ainda revogados pelos actos legislativos da República Democrática de Timor-Leste;
- O terceiro é composto pela legislação indonésia aplicável em Timor-Leste antes de 25 de Outubro de 1999, que se mostra conforme à Constituição e que não foi ainda revogada pelos actos legislativos da República Democrática de Timor-Leste ou da UNTAET, e que, para além disso, respeita os parâmetros do Direito Internacional dos Direitos do Homem constantes do Regulamento UNTAET n.º 1999/1 e não contraria o mandato conferido à UNTAET quanto à autodeterminação de Timor-Leste ao abrigo da Resolução n.º 1272 (1999) do Conselho de Segurança da ONU[27].

A opção pelo Direito indonésio enquanto direito supletivo levanta vários problemas, alguns de ordem geral, outros de ordem prática, que apenas podemos aflorar aqui. A primeira grande dificuldade é a da heterogeneidade do Direito indonésio; o sistema indonésio é um sistema jurídico misto[28], de feição pluralista, que combina as regras produzidas pelas autoridades indonésias depois da

---

Democrática de Timor-Leste", in *Estudos em Memória do Professor Doutor António Marques dos Santos*, II, Coimbra, 2005, pp. 101 e ss. (128-130).

[27] Em rigor, a legislação indonésia que se conforme com os seguintes requisitos:

i) fosse aplicável e vigorasse "de facto" em Timor-Leste antes de 25 de Outubro de 1999 (artigo 1.º da Lei n.º 10/2003);

ii) não tenha sido expressamente revogada pelo ponto 3.2. do artigo 3.º do Regulamento UNTAET n.º 1999/1;

iii) não preveja a pena de morte (ponto 3.3. do mesmo artigo);

iv) não contrarie o mandato conferido à UNTAET quanto à autodeterminação de Timor-Leste ao abrigo da Resolução n.º 1272 (1999) do Conselho de Segurança da ONU (ponto 3.1.);

v) não tenha sido substituída por outros regulamentos ou directivas da UNTAET (ponto 3.1, *in fine*);

vi) não tenha sido substituída por actos dos órgãos da República Democrática de Timor-Leste (artigo 165.º da Constituição);

viii) não contrarie as normas de Direito Internacional Público geral que constam do artigo 2.º do Regulamento UNTAET n.º 1999/1 (ponto 3.2. do artigo 3.º do Regulamento e agora artigo 9.º, n.º 1, da Constituição);

ix) não contrarie as normas e os princípios contidos na Constituição timorense (artigo 165.º da Constituição).

[28] Cfr. ANTÓNIO MARQUES DOS SANTOS, "O Sistema Jurídico de Timor-Leste – Evolução e Perspectivas", *Estudos de Direito Internacional Privado e de Direito Público*, Coimbra, 2004, pp. 595 e ss. (611).

independência, em 1949, moldadas pela ideologia nacional da «Pancasila»[29] e pelo modelo autoritário que lhe está subjacente, com o Direito anterior, de origem holandesa, e ainda com o Direito costumeiro – o «adat» – e o Direito islâmico – a «xaria» ou «syariah»[30].

Depois, para além desse problema geral, a aplicação do Direito indonésio defronta hoje em Timor-Leste dificuldades de ordem prática, relacionadas em primeiro lugar com a questão da língua. Dada a ausência de juristas timorenses em número e com qualificações suficientes para substituir os juízes e procuradores indonésios que desempenhavam funções no aparelho judiciário antes do referendo da independência, a magistratura, judicial e do Ministério Público, tem sido provida, em grande parte, por juízes e procuradores internacionais. Ora, os magistrados internacionais desconhecem, em regra, quer a língua indonésia, quer o sistema jurídico indonésio, pelo que, não se encontrando traduzidos para línguas que lhes são acessíveis senão os diplomas indonésios mais importantes – como o Código Civil e o Código Penal –, a grande parte da legislação indonésia teoricamente aplicável acaba por permanecer "letra morta" em Timor-Leste. A UNTAET não cuidou de criar as estruturas necessárias à compreensão e aplicação pelos operadores judiciários do intrincado sistema jurídico indonésio, optando em muitos domínios por resolver os problemas decorrentes da incerteza sobre as regras jurídicas indonésias e do seu controvertido conteúdo através da produção de legislação própria, o que contribuiu para a marginalização do Direito indonésio que anteriormente definira como direito supletivo[31].

Esta inaplicabilidade prática do Direito indonésio é acentuada por um fenómeno curioso. Referiu-se há pouco que a aplicação do Direito português após a independência tinha sido aparentemente afastada pelas autoridades timorenses. Porquê apenas aparentemente?

---

[29] Criada pelo primeiro Presidente indonésio, Sukarno, logo no seu discurso proferido em 01.06.1945, e que compreende cinco princípios: i) a crença em um só Deus; ii) uma humanidade justa e civilizada; iii) a unidade da Indonésia; iv) a democracia, à qual se chega pela sabedoria do consenso que resulta da deliberação dos representantes do povo; e v) a justiça social – cfr. E. DARMAPUTERA, *Pancasila and the Search for Identity and Modernity in Indonesian Society*, Leyden, 1988, pp. 146 e ss.

[30] TIMOTHY LINDSEY, "An Overview of Indonesian Law", in TIMOTHY LINDSEY (Org.), *Indonesia – Law and Society*, Sydney, 1999, pp. 1 e ss. (6 e 12).

[31] Cfr. JONATHAN MORROW / RACHEL WHITE, "The United Nations in Transitional East Timor…", pp. 9 e ss.

É verdade que o legislador timorense optou pelo Direito efectivamente aplicado no período anterior, ainda que sem título de validade – o Direito indonésio – em face do Direito não aplicado mas dotado, em princípio, de título de validade – o Direito português. Mas os diplomas legislativos que têm vindo a ser aprovados pela República Democrática de Timor-Leste, substituindo os regulamentos da UNTAET e as leis indonésias, acabam, em muitos casos e nas matérias mais importantes, por adoptar soluções muito similares, se não idênticas, às dos correspondentes diplomas legislativos portugueses. É o que se passa, por exemplo com o Código de Processo Civil[32] ou com o diploma relativo ao Procedimento Administrativo[33], e é o que sucede com o Anteprojecto do Código Civil. Se, como tudo indica, a versão que consta deste Anteprojecto vier a ser aprovada como Código Civil, a ordem jurídica timorense e a ordem jurídica portuguesa ficarão irmanadas no respeitante ao Direito Civil. No fundo, a disciplina civilística que vigorou em Timor-Leste até 1975, e foi afastada de facto nessa altura, não tendo sido recuperada nem em 1999 nem em 2002, vai agora ser reposta, na sua versão actualmente vigente em Portugal, com um novo e diferente título de legitimidade, através da aprovação do Código Civil timorense.

Esta brevíssima súmula sobre a ordem jurídica timorense actual, essencial para perceber as perspectivas de evolução da instituição matrimonial, que versaremos a seguir, não ficaria completa sem uma referência ao costume enquanto fonte de Direito em Timor-Leste. Isto porque o costume, no quadro actual, sobretudo fora das zonas urbanas, pouco ou nada fica atrás das fontes escritas na solução dos problemas da vida quotidiana em Timor-Leste[34].

O legislador constituinte teve consciência da importância do costume enquanto fonte de Direito na realidade sociocultural de Timor-Leste, pelo que a Constituição prevê a atendibilidade, no seu artigo 2.º, n.º 4, das normas e usos costumeiros que não contrariem a Constituição e a legislação que trate especialmente do Direito costumeiro[35]. A fórmula utilizada pela Constituição contém algumas dificuldades, pois a ideia positivista de uma legislação que trata do

---

[32] Aprovado pelo Decreto-Lei n.º 1/2006, de 21 de Fevereiro.
[33] Decreto-Lei n.º 32/2008, de 27 de Agosto.
[34] Cfr. HANSJOERG STROHMEYER, "Policing the Peace...", p. 179.
[35] Cfr. JORGE BACELAR GOUVEIA, "A Primeira Constituição de Timor-Leste", *Estudos de Direito Público de Língua Portuguesa*, Coimbra, 2004, pp. 305 e ss. (312).

Direito costumeiro esquece que o costume não se deixa «capturar» ou «aprisionar» pela lei; a própria lei que trate do costume e estabeleça, por exemplo, requisitos para a sua atendibilidade, pode vir a ser revogada por costume em sentido contrário...[36].

Esta atendibilidade do costume, reconhecida pela Constituição, não está, porém, ainda suficientemente interiorizada pela ordem jurídica timorense no seu todo. A Lei n.º 10/2003, que trata da questão das fontes de Direito, proclama solenemente (e inconstitucionalmente[37]) no seu artigo 2.º, n.º 1, que a lei é a única fonte imediata de Direito em Timor-Leste, e o Anteprojecto do Código Civil, aparentemente na esteira do dispõe o artigo 3.º do Código Civil português a este respeito, limita-se a afirmar, no seu artigo 2.º, numa formulação redutora e desfigurada relativamente ao presumível modelo[38], que os usos costumeiros são juridicamente atendíveis quando a lei o determine.

III. Família e casamento na Constituição timorense de 2002

A Constituição timorense de 2002, que apresenta fortes influências da Constituição portuguesa de 1976[39] e também, ainda que em menor medida, da anterior Constituição moçambicana de 1990[40], confere, compreensivelmente, um lugar importante à matéria dos Direitos Fundamentais no conjunto das suas disposições[41].

O sistema de Direitos Fundamentais gizado pela Constituição estrutura-se em três Títulos: Princípios Gerais, Direitos, Liberdades e

---

[36] Sobre este ponto cfr., por todos, JOSÉ DE OLIVEIRA ASCENSÃO, *O Direito – Introdução e Teoria Geral*, 13.ª ed., Coimbra, 2005, pp. 272-273.

[37] Cfr. FLORBELA PIRES, "Fontes do Direito e Procedimento Legislativo...", p. 148.

[38] Pois o artigo 3.º do Código Civil português ainda pode ser salvo se interpretado no sentido de abranger unicamente os meros usos, e não o costume (JOSÉ DE OLIVEIRA ASCENSÃO, *O Direito...*, pp. 278-279).

[39] Cfr. JORGE MIRANDA, *Manual de Direito Constitucional, I – Preliminares. O Estado e os Sistemas Constitucionais*, 7.ª ed., Coimbra, 2003, p. 244; DÁRIO MOURA VICENTE, *Direito Comparado*, Vol. I – *Introdução e Parte Geral*, Coimbra, 2008, p.89; JORGE BACELAR GOUVEIA, "A Primeira Constituição de Timor-Leste", pp. 317 e ss.

[40] Cfr. HILARY CHARLESWORTH, "The Constitution of East Timor...", p. 328; DENNIS SHOESMITH, "Timor-Leste: Semi-Presidentialism and the Democratic Transition in a New, Small State", in ROBERT ELGIE / SOPHIA MOESTRUP (Org.), *Semi-Presidentialism Outside Europe – A Comparative Study*, Londres e Nova Iorque, 2007, pp. 219 e ss. (220).

[41] Cfr. JORGE BACELAR GOUVEIA, "A Primeira Constituição de Timor-Leste", pp. 313-314; HILARY CHARLESWORTH, "The Constitution of East Timor...", p. 330.

Garantias Pessoais e Direitos e Deveres Económicos, Sociais e Culturais. A trave mestra do sistema de Direitos Fundamentais, como aliás de todo o sistema constitucional timorense, é o princípio da dignidade da pessoa humana (artigo 1.º, n.º 1, *in fine*).

A família é versada no Título referente aos Direitos, Liberdades e Garantias Pessoais, no artigo 39.º, epigrafado "família, casamento e maternidade". A sua importância é claramente enfatizada pela formulação escolhida pelo legislador constituinte para a consagrar: diz o artigo 39.º, n.º 1, que "o Estado protege a família como célula base da sociedade e condição para o harmonioso desenvolvimento da pessoa", acrescentando o n.º 2 do mesmo artigo que "todos têm o direito a constituir e a viver em família".

A Constituição timorense combina assim, no seu artigo 39.º, a garantia institucional da família (no n.º 1) com os direitos subjectivos de constituir família e de viver em família (no n.º 2).

Embora seja neste local que a família é versada a título principal, ela não deixa de ser referida noutros locais da Constituição. Especialmente relevante para o contexto sociocultural timorense é a previsão do artigo 17.º, que, acrescendo ao princípio da igualdade vertido no artigo 16.º, consagra um direito à igualdade de género, estabelecendo que a mulher e o homem têm os mesmos direitos e obrigações em todos os domínios da vida familiar, cultural, social, económica e política. A densidade deste direito à igualdade de género é ainda reforçada pelo artigo 6.º, alínea j), da Constituição, que atribui ao Estado um objectivo fundamental de "criar, promover e garantir a efectiva igualdade de oportunidades entre a mulher e o homem".

O casamento é consagrado logo de seguida no n.º 3 do artigo 39.º, que estabelece que "o casamento assenta no livre consentimento das partes e na plena igualdade de direitos entre os cônjuges, nos termos da lei." Lei esta que terá de ser lei parlamentar, uma vez que o Direito da Família e das Sucessões se integra na reserva absoluta de competência legislativa parlamentar [artigo 95.º, n.º 2, alínea f), da Constituição].

O artigo 39.º finaliza, no seu n.º 4, com a protecção da maternidade, assegurando especial protecção às mulheres durante a gravidez e após o parto, e constitucionalizando a licença de maternidade.

Perante este quadro, poderá perguntar-se, socorrendo-nos do oportuno título do painel em que esta comunicação se integra, para que modelo familiar aponta a Constituição timorense.

É certo que, das diversas formas de constituir família, a Constituição apenas refere, no artigo 39.º, o casamento. No entanto, nada na Constituição inculca que apenas pelo casamento se pode constituir família. O casamento é uma das formas de constituir ou estruturar a família, não precludindo a existência de outras, como a união de facto. Aliás, pode mesmo perguntar-se se a contraposição feita no artigo 39.º, n.º 2, entre o direito de constituir família e o direito de viver em família não poderá corresponder, de alguma forma, à própria distinção entre o casamento e a união de facto, na medida em que pelo casamento se constitui formalmente uma situação jurídica nova, que altera o estado civil dos cônjuges, ao passo que na união de facto a vida em comum não é formalmente vertida numa situação jurídica distinta, antes vai sendo vivida informalmente no dia-a-dia, sustentada no mútuo consentimento dos que nela participam.

Assim sendo, parece que a Constituição timorense não veda, antes acolhe a possibilidade da consagração da união de facto, como é também indiciado pela prescrição da igualdade de direitos e de protecção das crianças nascidas fora do matrimónio, contida no seu artigo 18.º, n.º 3.

Pode, pois, concluir-se que a Constituição timorense adopta um conceito alargado de família, abrangendo em primeiro lugar a que resulta do casamento – a família conjugal –, mas abrindo também a possibilidade de outras formas de estruturação das relações familiares.

IV. O Direito Matrimonial no Anteprojecto do Código Civil de Timor-Leste: aspectos fundamentais

O regime jurídico positivo do casamento actualmente vigente em Timor-Leste consta da Lei indonésia n.º 1/1974[42], e, na parte em que não foi por aquela revogado, do Livro I do Código Civil indonésio de 1847, baseado por sua vez no anterior Código Civil holandês de 1838[43]. No entanto, é um regime em vias de substituição pelo que consta do Anteprojecto do Código Civil de Timor-Leste. É sobre este que vamos fazer incidir brevemente a nossa atenção.

---

[42] Sobre o conteúdo desta lei, cfr. WILA CHANDRAWILA SUPRIADI, "Indonesia – The Indonesian Marriage Law", in *The International Survey of Family Law – 1995*, The Hague, 1997, pp. 279 e ss.

[43] Cfr. S. POMPE, *Indonesian Law 1949 – 1989: A Bibliography of Foreign Language Materials with Brief Commentaries on the Law*, Dordrecht, 1992, pp. 163 e ss.

A versão que esteve até há pouco em discussão pública, e que se julga que será brevemente apresentada como proposta de lei pelo Governo ao Parlamento Nacional, apresenta uma grande similitude com o Código Civil português de 1966. E essa aproximação – quase uma identificação – é também visível no que respeita ao Direito da Família e, dentro deste, ao Direito Matrimonial.

Também no Anteprojecto do Código Civil timorense as fontes das relações jurídicas familiares são o casamento, o parentesco, a afinidade e a adopção (artigo 1466.º) e o casamento é o contrato celebrado entre duas pessoas de sexo diferente que pretendem constituir família (artigo 1467.º). Do regime matrimonial realcem-se, entre outros aspectos, que os impedimentos matrimoniais são idênticos aos do Código Civil português (artigos 1490.º e ss.), os deveres dos cônjuges também são os de respeito, fidelidade, coabitação, cooperação e assistência (artigo 1560.º), o regime de bens supletivo também é o da comunhão de adquiridos (artigo 1610.º), e as modalidades e os fundamentos do divórcio (artigos 1650.º e 1656.º a 1658.º) são de igual modo idênticas às do Código Civil português de 1966.

Onde o Anteprojecto do Código Civil inova, e bem, é na consagração, a par do casamento civil e do casamento religioso, de um terceiro tipo de casamento, o casamento tradicional monogâmico, que é definido no artigo 1478.º, n.º 1, como o casamento "celebrado entre pessoas de sexo diferente segundo os usos e costumes de uma determinada região", por uma autoridade comunitária (artigo 1542.º, n.º 3); no entanto, a abertura assim demonstrada ao direito costumeiro é logo matizada no número seguinte do mesmo artigo, quando se estabelece que os efeitos do casamento tradicional monogâmico se regem pelas normas comuns do Código Civil, salvo disposição em contrário. E noutros aspectos do seu regime, o casamento tradicional monogâmico é equiparado quer ao casamento civil, quer ao casamento católico, como sucede no caso da capacidade matrimonial (artigo 1485.º), da invalidade do casamento (artigo 1515.º) e da transcrição do casamento (artigo 1541.º). Parece, pois, que a autonomia do casamento tradicional monogâmico se limita, no Anteprojecto, aos aspectos formais do matrimónio – os relativos à forma da sua celebração[44] –, ficando os seus aspectos materiais disciplinados pelo

---

[44] A qual, no âmbito do casamento tradicional, se tem vindo a reduzir e simplificar de forma progressiva – cfr. JORGE BARROS DUARTE, "Barlaque: Casamento Gentílico Timorense", *Arquivos do Centro Cultural Português*, XIV, 1979, pp. 377 e ss. (389).

regime comum e pelo regime do casamento civil, e, em menor medida, pelo regime do casamento católico que o Código consagrará.

Este modo de ver as coisas é perfeitamente congruente com a visão restritiva que o Anteprojecto, como já vimos, tem em relação ao costume, degradado em usos que serão atendíveis quando a lei o determine. Cabe no entanto perguntar se o Código Civil estará apto a regular nestes termos o costume, através daquilo que a que a Constituição o habilita – como vimos já ao referir o seu artigo 2.º, n.º 4 – enquanto "legislação que trata especialmente do Direito costumeiro". Aliás, pode mesmo questionar-se se o artigo 2.º do Anteprojecto não violará o artigo 2.º, n.º 4, da Constituição, na medida em que pouco ou nada valoriza e reconhece as normas costumeiras de Timor-Leste; o seu tratamento do direito costumeiro consiste fundamentalmente em negar-lhe relevância em termos gerais. Este é um ponto fulcral para a compreensão do sistema das fontes do Direito em Timor-Leste, que não poderemos todavia desenvolver aqui.

V. A relação matrimonial no direito costumeiro timorense. Breve referência ao instituto do barlaque

Para terminar, uma breve referência ao Direito costumeiro matrimonial timorense, cuja riqueza e diversidade é muito grande[45], variando a concreta configuração dos seus institutos de região para região, mas conservando um grau de efectividade na sua aplicação que aparenta ser muito elevado, sobretudo nas zonas onde a presença das instituições estaduais e o acesso às formas institucionalizadas de administração da justiça é menor.

Aludiremos apenas ao mais conhecido desses institutos, o barlaque, cuja configuração apresenta variações de acordo com cada região, mas que está presente em todo o território timorense, e que corresponde ou se insere no casamento tradicional[46], implicando um dote entregue pela família do noivo à família da noiva, que se pode caracterizar como "a compensação material entregue à família da noiva pela perca de um seu elemento activo e é a base e o esteio material do casamento. Funciona o dote, em última análise, como garantia do bom comportamento dos cônjuges: pode a consorte

---

[45] Cfr. ANTÓNIO MARQUES DOS SANTOS, "O Sistema Jurídico de Timor-Leste...", p. 609.
[46] Cfr. JORGE BARROS DUARTE, "Barlaque: Casamento Gentílico Timorense", pp. 377-378.

abandonar o lar se é maltratada pelo esposo, o que obrigará este, quando contrai novo matrimónio a pagar segundo dote; por seu lado, é permitido ao marido repudiar a mulher quando esta lhe for infiel, exigindo da família a devolução do dote"[47]. O valor a entregar é minuciosamente discutido entre os representantes das duas famílias, e é satisfeito geralmente em duas partes, uma composta por animais e a outra por jóias, sendo em qualquer caso admitida a sua substituição pelo correspondente valor em dinheiro[48]. Quando o matrimónio cessa no que à mulher diz respeito, por morte ou por divórcio – porque, como já vimos, foi repudiada ou abandonou o lar –, há lugar à restituição ou reposição do valor dos bens entregues à sua família aquando do casamento.

A admissibilidade do direito matrimonial costumeiro timorense pode mostrar-se problemática em muitos casos, atento o princípio da igualdade entre homens e mulheres[49] que a Constituição consagra e que o Anteprojecto do Código Civil reafirma no princípio da igualdade de direitos e deveres entre os cônjuges contido no artigo 1559.º, n.º 1, mas julga-se que o sucesso do esforço de codificação civil, também na área do Direito da Família, dependerá numa parte apreciável da capacidade que o novo regime mostre de coexistir com alguns dos aspectos essenciais do Direito costumeiro que continua a ser efectivamente aplicado na solução dos problemas da vida quotidiana. A evolução subsequente dirá se o novo Código Civil é capaz de cumprir esse desiderato, ligando-se com a realidade social que visa regular e transformar.

---

[47] RUY CINATTI, *Arquitectura Timorense*, Lisboa, 1987, p. 32.
[48] Cfr. JORGE BARROS DUARTE, "Barlaque: Casamento Gentílico Timorense", pp. 379 e ss.
[49] Cfr. FLORBELA PIRES, "Fontes do Direito e Procedimento Legislativo...", p. 147; DANIEL FITZPATRICK, "Developing a Legal System in East Timor...", p. 16, n. 13.

O Presente e o Futuro do Direito de Língua Portuguesa

RUI CHANCERELLE DE MACHETE[1]

1. O tema insere-se no contexto geral do Congresso sobre "O Direito da Língua Portuguesa". Esse factor influenciará a abordagem que escolhemos.

Poderíamos começar por procurar definir o Direito, relembrando a velha nota de roda pé da página de Kant na sua "Crítica da Razão Pura": *"Noch suchen die Juristen eine definition zu ihrem Begriff vom Recht"*, ainda hoje actual como ponto de partida para uma interrogação fundamental sobre o que é o Direito.

Tal cedo nos conduziria às questões de *"Sprachphilosophie"* introduzidas na linguística por Wittgenstein e aos problemas do Direito como predicador e, ainda, ao significado das palavras e da definição dos conceitos e da sua utilização e, por essa via, à inquirição sobre a natureza da regra jurídica e da sua praxis.

Esse caminho obrigaria a uma descrição de parte substancial da moderna filosofia do Direito, mas por insuficiência própria acabaria por aborrecer o auditório, repetindo coisas já conhecidas mas, sobretudo, ao que julgamos, não interpretaria correctamente o assunto sobre que nos foi pedido falar, e que esperam razoavelmente que cumpramos.

Não enveredaremos assim por aí, sem porém deixar de fazer notar que existe uma relação ontológica entre o Direito e a Língua e que, por consequência, o Direito como fenómeno social que também é, constitui um sistema de comunicação entre as pessoas.

---

[1] Doutor *Honoris Causa* pela Universidade Católica Portuguesa. Presidente da Fundação Luso-Americana para o Desenvolvimento.

Em suma, sem linguagem não haveria Direito e também a matéria desta intervenção não existiria.

2. Se nos voltarmos agora para a Língua, poderemos fazer um discurso semelhante ao que realizámos para o Direito. É possível afirmar que ela constitui não apenas um meio por excelência de comunicação entre os homens, mas o próprio modo como se estrutura e desenvolve o pensamento.

Não existe pensamento sem linguagem, seja esta verbal, lógica ou matemática.

Na *Sprachphilosophie,* a Língua concede um acesso privilegiado ao Ser. Relembremos que, para Heidegger, a Língua é mesmo a sede, a casa do Ser (*"Die Sprache ist das Haus des Seins"*).

Adoptemos uma posição positivista ou antes transcendental, importa reconhecer a relevância primacial da Língua para o indivíduo e para as comunidades cuja integração promove, designadamente as políticas e as económicas.

3. O que brevemente expusemos – e que noutras circunstâncias mereceria outra atenção e minúcia – justifica afirmar que a situação de uma concreta língua, a sua expansão e modernização ou, pelo contrário, o seu declínio e estagnação, condicionam o Direito que nela não só vive mas também se define e realiza.

O Direito, na sua vigência e historicidade, requer assim uma Língua. É certo que pode sobreviver à morte social da língua em que se formou, como foi o caso do Direito Romano em relação ao latim. Não seria, todavia, Direito se Roma, como comunidade política, não tivesse existido. Um *"Ius"* do esperanto constituirá eventualmente um exercício abstracto interessante mas amputado na sua essência. Seria uma construção teórica, sem história e sem realidade.

4. O caminho que já até agora percorremos justifica que se dê primazia à Língua sobre o Direito no sentido de que aquela condiciona a existência e o desenvolvimento deste, sem deixar contudo de reconhecer tratar-se de um processo dialéctico em que o jurídico também pode contribuir para o progresso ou para o definhamento do idioma.

Para que uma língua seja factor de desenvolvimento para uma comunidade política, motor do seu robustecimento e coesão torna-se, é óbvio e necessário, que todos os cidadãos de um Estado, que adopte certo idioma, o falem. É, porém, também preciso que o seu léxico se diversifique e enriqueça, evidenciando a criação ou absorção de novos conceitos científicos, de novas realidades estéticas ou culturais. Tal dinamismo só é assegurado pela abertura da sociedade e do seu idioma ao intercâmbio com outras culturas e, também, igualmente, pela difusão dessa cultura e língua.

O dinamismo de que falamos implica no plano interno uma produção científica, cultural e artística pujantes, só exequível numa sociedade com uma economia que cresça e com instituições de ensino e investigação inovadoras.

5. Se movermos o nosso olhar para o plano externo – e este reporta-se não apenas a Portugal mas a todos os Estados de Língua Oficial Portuguesa – o português é a terceira língua mais falada no Ocidente e detém a oitava posição entre as dez línguas mais usadas no mundo. Tal expansão, pelas vantagens potenciais que lhe advêm, deverá merecer particular interesse aos seus falantes e esforços significativos aos governos dos seus Estados no sentido de desenvolverem uma política concertada de defesa e promoção da língua comum. É que, no contexto globalizado em que vivemos, os idiomas, para além de por natureza serem realidades dinâmicas, sofrem as pressões dos concorrentes que disputam o seu papel cultural e político, ou simplesmente, os benefícios económicos que a sua utilização proporciona.

6. O idioma português é hoje património comum, em pé de igualdade, dos Membros da Comunidade dos Países de Língua Portuguesa (CPLP). Por razões políticas e culturais, todos têm interesse, não apenas na sua defesa, mas, mais ainda, na sua progressiva afirmação como uma das línguas principais nas relações internacionais e no intercâmbio de culturas. Regista-se aí uma competição dura e permanente em que, em termos científicos, económicos, políticos e até civilizacionais, muito está em jogo. Para alcançar aqueles objectivos, requer-se que haja uma estratégia amadurecida, definida, aceite e participada pelos falantes de português e respectivos governos.

7. Não são iguais os problemas de aprendizagem e difusão do português como língua materna e do português como segunda língua, ainda que em muitos pontos se inter-relacionem. Essa interconexão é particularmente sentida no uso e ensino da língua nas comunidades emigrantes com prolongada ou definitiva permanência no estrangeiro e, mais agudamente, com as suas segundas e posteriores gerações.

Os Estados Unidos da América, onde se radicaram e criaram comunidades com um largo número de portugueses e cabo-verdianos e agora, em número cada vez crescente, de brasileiros, representa um bom exemplo dessa complexa problemática. Os Estados Unidos são também o país que ocupa o primeiro lugar na investigação científica e na excelência universitária e a economia mais desenvolvida do mundo. Constituem, assim, um teatro privilegiado para a experimentação e afirmação das políticas que procurem manter o bilinguismo dos emigrantes e alcançar para o português o estatuto de uma das grandes línguas da cultura e dos negócios.

8. A estratégia do ensino de português no estrangeiro e da sua difusão inclui questões tão complexas como a preparação de professores que ensinam o idioma como língua estrangeira, os livros adequados a esse ensino, os financiamentos feitos pelos países anfitriões dos docentes, a política dos professores visitantes, as bolsas de estudo, a tradução para a língua do país anfitrião das obras literárias e científicas de relevo, a instituição dos departamentos universitários onde se estude a língua portuguesa e as realidades dos países lusófonos, a utilização em português dos meios de comunicação, jornais, rádio, televisão, etc.

Bom exemplo de uma política necessária para a defesa e promoção da língua, fora das fronteiras dos países da CPLP, é a estratégia concertada de formação de conceitos nos diversos "*sites*" das instituições desses países para que o uso da internet não se continue a fazer cada vez mais apenas em inglês ou em espanhol, nossos directos concorrentes, e, certamente também, nas duas grandes línguas chinesas ou em línguas indianas.

9. O Direito não deverá ficar alheio a esse grande movimento de renovação e dinamização da língua. Desde logo, porque, como sublinhou Austin, o enunciar uma ideia através de um mero vocábulo torna por esse simples facto existente o enunciado. É um pouco como a realização das profecias nas ciências sociais.

Lembrou Garcia de Enterría que Michelet, no seu livro clássico sobre a Revolução Francesa, escreveu "e que não se diga que a palavra seja coisa pouca nestes momentos. Palavra e acto é a mesma coisa. A afirmação poderosa e enérgica que tranquiliza os corações é uma criação do acto; o que a palavra diz, realiza-se".

O poder persuasivo e concretizador da palavra, tão bem conhecido dos políticos, é particularmente aparente nos momentos revolucionários, mas está sempre presente no discurso político. E a linguagem do poder transforma-se muito frequentemente na linguagem do Direito através das constituições e do legislador ordinário.

Mas, sem o mesmo *"pathos"* e sem a mesma ambiguidade quanto aos fins últimos do Direito, também os nomes e os correspondentes conceitos que surgem de novo na vida económica, social ou científica, cedo ou tarde serão trabalhados pelo ordenamento jurídico. E aqui não se trata apenas de preservar a pureza do idioma, prevenindo a importação de estrangeirismos, mas, tarefa muito mais importante, pretende-se a inserção adequada na ordem jurídica nacional das inovações institucionais ou conceptuais.

10. O jurídico não é, porém, simples receptor passivo de conceitos ou realidades forjadas em sectores alheios. É ele próprio agente de mudança social e política. Comprovam-no os exemplos magníficos das constituições liberais e a obra modelar do *Code Napoléon* de 1804. Ontem como hoje, as Constituições com as inovações da separação dos poderes, das declarações de direitos, do princípio da legalidade e, mais recentemente, dos direitos fundamentais e do controlo da constitucionalidade das leis, constituem paradigma dessa acção de conformação da sociedade política.

Mas, o factor de mudança não se restringe às leis fundamentais, à obra codificadora do período liberal ou ao grande esforço científico do *"Bürgerlisches Gesetzbuch"*. Os novos ramos do direito, ou a evolução dos mais antigos e tradicionais solicitam um grande esforço doutrinal e um legislador ponderado e atento às necessidades da sua época e aos desafios do futuro.

Esse esforço aplica-se e pede-se a cada um dos países da CPLP e à própria CPLP no seu conjunto.

11. A concorrência internacional entre ordenamentos e suas instituições e a competição entre escolas de Direito, esta última crescente à medida que a internacionalização avança, medidas pela opção das empresas a instalarem nos países da CPLP os seus estabelecimentos ou pela procura dos estudantes estrangeiros, dar-nos-ão a dimensão do nosso êxito ou do nosso fracasso.

E é efectivamente um grande desafio.

12. A realização deste Congresso dá-nos, todavia, a certeza de que os juristas dos países da CPLP estão conscientes da importância dos problemas que enfrentam na sua profissão, seja ela científica ou prática, e da relevância que a resolução dos mesmos tem para o progresso dos respectivos países. Garante-nos também que concomitantemente entendem a necessidade de cada vez mais a língua portuguesa, património de todos nós, se afirmar como veículo internacional de comunicação e de cooperação na cultura, na actividade científica e na economia.

Lisboa, 7 de Maio de 2009.

Índice

Nota Prévia 5

I Congresso do Direito de Língua Portuguesa – Programa 7

ARTIGOS

Adriano Moreira – O Direito Português da Língua 11

Marcelo Campos Galuppo – Direito e Lusofonia: o que podemos aprender da Literatura 21

Assunção Cristas – A Propriedade Pública da Terra e a Actividade Económica Privada: entre a lei e a prática 35

Rui Pinto – O Direito de Uso e Aproveitamento da Terra de Moçambique: uma introdução 47

Carlos Feijó – A Propriedade Pública da Terra e a Actividade Económica Privada em Angola – entre a lei e a realidade 87

Armando Marques Guedes – O Semipresidencialismo e os Processos de presidencialização em Estados Lusófonos 115

Raul C. Araújo – O Semipresidencialismo em África Lusófona: experiências, (in)viabilidades, tendências 149

Mário Ramos Pereira Silva – Sistema de Governo: a singularidade cabo-verdiana 197

Fernando Horta Tavares – Fiscalização de Constitucionalidade das Leis e Atos Normativos no Direito Brasileiro: Características e Modelos 241

Paulo Cardinal – *Região de Direito* – alguns tópicos sobre fiscalização da constitucionalidade e *Jurisdição da Liberdade* num Direito (também) em Língua Portuguesa 263

Jorge Duarte Pinheiro – Existe algum modelo de Organização Jurídica das Uniões Íntimas no Direito de Língua Portuguesa? 283

Jaime Valle – O Casamento na Ordem Jurídica Timorense actual: perspectivas de evolução 293

Rui Chancerelle de Machete – O Presente e o Futuro do Direito de Língua Portuguesa 309

Índice 315